示范性汽车运用与维修专业一体化课程改革教材

纯电动汽车构造与维修

主　编　蔡小辉　莫雪山

副主编　黄府江　韦　正

参　编　唐　斌　欧阳分红　陈丽珍

唐苏新　邓　懋

西南交通大学出版社

·成　都·

图书在版编目（CIP）数据

纯电动汽车构造与维修 / 蔡小辉，莫雪山主编. —
成都：西南交通大学出版社，2020.5
示范性汽车运用与维修专业一体化课程改革教材
ISBN 978-7-5643-7435-8

Ⅰ. ①纯… Ⅱ. ①蔡… ②莫… Ⅲ. ①电动汽车 - 构造 - 教材②电动汽车 - 车辆修理 - 教材 Ⅳ. ①U469.72

中国版本图书馆 CIP 数据核字（2020）第 086375 号

示范性汽车运用与维修专业一体化课程改革教材
Chundiandong Qiche Gouzao yu Weixiu
纯电动汽车构造与维修

主编　蔡小辉　莫雪山

责任编辑　何明飞
封面设计　何东琳设计工作室

出版发行　西南交通大学出版社
（四川省成都市金牛区二环路北一段 111 号
西南交通大学创新大厦 21 楼）
邮政编码　610031
发行部电话　028-87600564　028-87600533
网址　http://www.xnjdcbs.com
印刷　四川森林印务有限责任公司

成品尺寸　185 mm × 260 mm
印张　16.25
字数　403 千
版次　2020 年 5 月第 1 版
印次　2020 年 5 月第 1 次
定价　39.80 元
书号　ISBN 978-7-5643-7435-8

课件咨询电话：028-81435775
图书如有印装质量问题　本社负责退换

示范性汽车运用与维修专业一体化课程改革教材

编审委员会

前 言

随着我国汽车产业的不断发展，汽车与能源、汽车与交通、汽车与环保、汽车与城市化等问题日益突出，国家和企业也越来越关注新能源汽车。发展新能源汽车还承载着我国汽车行业实现弯道超车的梦想，大力发展新能源汽车已成为我国汽车产业的主要趋势。

目前,我国新能源汽车在国内和国际市场上占有的比重越来越大，其中以北汽新能源和比亚迪为代表的新能源汽车生产企业已经在国内外新能源汽车市场中取得了优异的成绩。在国家的大力支持下，个人购买电动汽车的数量急剧增加，新能源汽车后市场对技能人才的需求量不断扩大。为此，我们组织教师成立了课程开发小组，深入企业一线广泛调研，结合新能源汽车维修企业岗位的实际需求，借鉴和参考了国内外新能源汽车方面的研究成果，形成以模块化课程为基础，以工作过程为主线，以任务驱动为形式的专业课程开发模式，编写了本教材。

本书的学习任务和任务导入情景都来源于企业一线的真实案例，选取了市场上两款颇具代表性的主流电动汽车：北汽 EV160 和比亚迪 E5 为参考，以电动汽车的典型结构原理及其检修方法为架构，按照新能源汽车维修职业岗位必需的技能和知识设定了五个学习项目：纯电动汽车基础认知、纯电动汽车电机驱动系统构造与检修、纯电动汽车电源系统构造与检修、纯电动汽车整车控制系统构造与检修、纯电动汽车空调系统构造与检修，对新能源汽车的构造与维修进行了全方位的阐述。

本书引用“互联网+汽车专业”思维创新模式，在书中融合了大量的图片，在关键知识点上整合了移动多媒体技术设置知识链接的二维码。使用者通过手机进行二维码扫描便可随时随地地学习和教材相关的知识，对提升读者学习兴趣和加深知识的理解具有很大的帮助。

本书由蔡小辉、莫雪山担任主编，黄府江、韦正担任副主编，唐斌、欧阳分红、陈丽珍、唐苏新、邓懋参与编写。本书在编写过程中，得到了桂林技师学院、西南交通大学出版社、上海景格科技股份有限公司的大力支持，在此一并表示衷心的感谢。

由于编者水平和经验有限，书中难免会存在不足和疏漏之处。为了进一步提高本书的质量，欢迎广大读者和专家对我们的工作提出宝贵的意见和建议。

编 者

2020 年 2 月

目 录

项目一 纯电动汽车基础认知 ······ 1

任务一 纯电动汽车结构与原理 ······ 1

任务二 纯电动汽车类型 ······ 11

项目二 纯电动汽车电机驱动系统构造与检修 ······ 18

任务一 电机驱动系统基本构造与原理 ······ 18

任务二 北汽 EV160 电机驱动系统构造与检修 ······ 37

任务三 比亚迪 E5 电机驱动系统构造与检修 ······ 58

项目二 纯电动汽车电源系统构造与检修 ······ 74

任务一 电源系统基本构造与原理 ······ 74

任务二 北汽 EV160 电源系统构造与检修 ······ 92

任务三 比亚迪 E5 电源系统构造与检修 ······ 110

项目四 纯电动汽车整车控制系统构造与检修 ······ 125

任务一 整车控制系统基本组成及原理 ······ 125

任务二 北汽 EV160 整车控制系统结构与检修 ······ 147

任务三 比亚迪 E5 整车控制系统构造与检修 ······ 171

项目五 纯电动汽车空调系统构造与检修 ······ 198

任务一 汽车空调系统的功能及组成 ······ 198

任务二 纯电动汽车空调系统的组成及检修 ······ 218

参考文献 ······ 252

项目一　纯电动汽车基础认知

项目概述

纯电动汽车是指由电机驱动车轮行驶的汽车，其动力源主要来自动力电池。与传统的内燃机汽车相比，纯电动汽车结构简单，运转、传动部件少，噪声小且“零”污染。同时，驱动电机可回收车辆行驶过程中消耗的部分能量，能量转换利用率高。纵观传统燃油车和各种新能源车辆，纯电动汽车无疑更受汽车制造商和汽车爱好者青睐，成为现代都市出行的重要选择。

本项目旨在通过对纯电动汽车基础理论知识——纯电动汽车的结构、工作原理及不同划分类型的内容梳理，帮助学生初步完成对纯电动汽车的基本理念认知，以便为后续的项目深入学习夯实理论基础。

任务一　纯电动汽车结构与原理

任务目标

（1）了解纯电动汽车总体结构及各组成部分的功能。

（2）了解纯电动汽车电源系统、电机驱动系统及整车控制系统的组成及作用。

（3）掌握纯电动汽车的工作原理。

（4）掌握纯电动汽车的特点。

任务导入

李某是一家 4S 店的实习营销顾问。一天，一位王女士来到店内，向李某表达了自己购买电动汽车的意向。王女士希望了解纯电动汽车的组成和特点，便于她判断其是否可以作为她上下班的代步工具。李某应该如何介绍纯电动汽车，以便更好地展现纯电动汽车的优点，从而引起王女士购买的欲望呢？在学习纯电动汽车的相关知识之后，请你帮助李某完成这个任务（详见本项目二维码资源——任务导入一）。

知识储备

现代汽车发展至今，车辆结构发生了很大变化，以纯电动汽车为例，其总体结构主要由电源系统、电机驱动系统、整车控制系统及车身、底盘、辅助电器等组成。且不同类型的纯电动汽车，其车型结构及工作特性也会有差异。本任务主要是介绍纯电动汽车的结构、特性与原理，帮助我们对纯电动汽车有一个初步认知。

一、纯电动汽车总体结构

与传统汽车相比，纯电动汽车取消了发动机等部件，整车结构和布局也发生了部分改变。现代纯电动汽车主要由决定工作性能的三大系统即电源系统、电机驱动系统、整车控制系统组成。另外，还有起支撑、防护等作用的底盘、车身和辅助电器等（纯电动汽车组成详见本项目二维码资源）。

（一）电源系统

纯电动汽车的电源系统是纯电动汽车的能源系统，它替代了传统燃油汽车的燃油供给系统，其主要作用是给电动机提供驱动电能、监测动力电池的使用情况（状态），并控制充电机向动力电池充电。电源系统主要由动力电池、电池管理系统、充电系统、电池冷却系统及低压电源系统等组成，如图 1-1 所示。

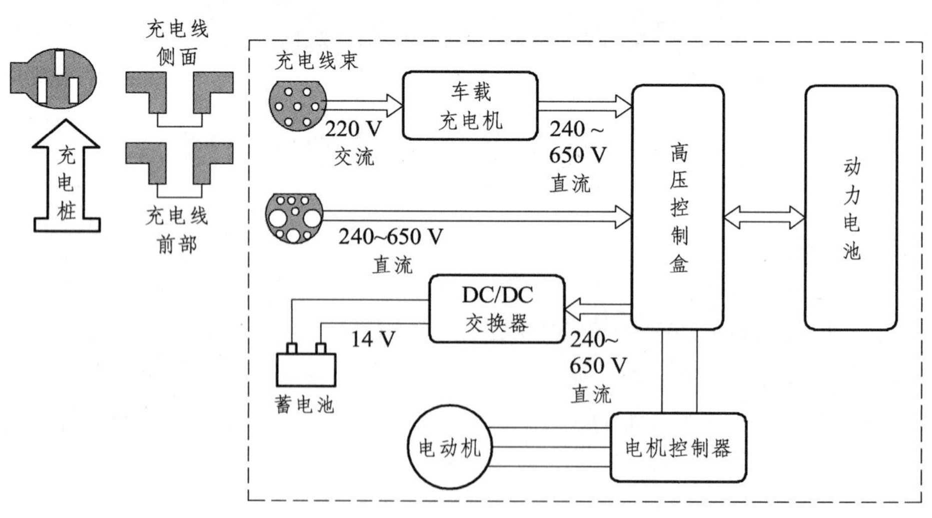

图 1-1　电源系统

1．动力电池

动力电池是能量存储装置，它的作用是向电动机提供驱动电能。对于没有辅助电源的纯电动汽车而言，动力电池是唯一的动力源，它的好坏直接影响到电动汽车的动力性能、续航能力和安全性，如图 1-2 所示。

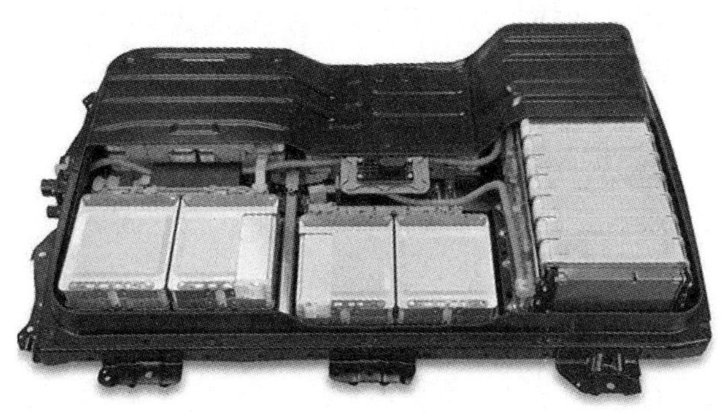

图 1-2　动力电池

2．电池管理系统

电池管理系统即能量管理系统，是电池保护和管理的核心部件。它一方面检测收集并初步计算电池的实时状态参数，并根据检测值与允许值的比较关系控制动力电池的充电和放电，并控制其电量的变化；另一方面，将采集的关键数据上报给整车控制器，并接收控制器的指令，与车辆上的其他系统协调工作。

电池管理系统能准确估测动力电池组的荷电状态（电池剩余电量），并动态监测动力电池组的工作状态，在单体电池、电池组间实现状态均衡调节。同时，汽车行驶过程中，它能够有效进行能源分配，协调各功能部分工作的能量管理，使有限的能量源最大限度地得到利用。

3．充电系统

纯电动汽车充电系统的作用是对车载储能装置即动力电池适时地补充电能，从而保证动力电池能提供持续且平衡的电能。纯电动汽车一般配有快充充电口和慢充充电口，所以纯电动汽车可以实现快充充电和慢充充电，如图 1-3 所示。其中，快充电流大、充电速度快、充电时间短，便于在车辆旅途中快速补充电能；慢充采用恒压、恒流的传统充电方式对电动车进行充电，充电速度较慢，充电时间要持续 8 h 以上。电动汽车家用充电设施和小型充电站多采用这种充电方式。

（a）快充充电口

（b）慢充充电口

图 1-3　充电口

4．电池冷却系统

纯电动汽车的电池冷却系统是指对供电系统的动力电池进行降温冷却的装置。动力电池的冷却性能的好坏直接影响电池的效率，同时也会影响到电池寿命和使用安全。由于充放电过程中电池本身会产生一定热量，从而导致温度上升，而温度升高会影响电池的很多特性参数，如内阻、电压、剩余电量（SOC）、可用容量、充放电效率和电池寿命。为了使电池发挥最佳性能和寿命，需要优化电池的结构，对它进行热管理，增加散热设施，控制电池运行的温度环境。

纯电动汽车为了将动力电池的温度控制在正常工作范围以内，一般动力电池系统专门配备单独的冷却系统。纯电动汽车电池冷却系统有空调循环冷却式、水冷式和风冷式三种类型，目前大多纯电动汽车采用水冷式或风冷式冷却系统中的一种进行冷却，如比亚迪 E5 采用水冷式，北汽 EV160 采用自然风冷却的风冷方式。

5．低压电源系统

低压电源系统主要由低压辅助电池和 DC-DC 转换器组成，其作用主要是给电动汽车各种辅助装置，如电动助力转向机构、制动力调节控制装置、灯光、空调、电动门窗、中控台、仪表等提供所需要的工作电源，一般为 12 V 或 24 V 的直流低压电源。DC-DC 转换器将动力电池的高压电转换成低压辅助电池需要的低压电，并给其补充电能；低压辅助电池接受 DC-DC 转换器提供的电能并给各种电器供电，常用的低压辅助电源有蓄电池和低压铁电池。

（二）电机驱动系统

电机驱动系统是纯电动汽车的心脏，其功用是在驾驶员的控制下，高效率地将存储在蓄电池中的电能转化为车轮的动能，推动汽车行驶，并能够在汽车减速制动或者下坡时，实现再生制动（将车轮的动能反馈到蓄电池中）。纯电动汽车电机驱动系统主要由驱动电机、电机控制器、机械减速装置和电机冷却系统等组成，并通过高低压线束、冷却管路与其他系统连接，如图 1-4 所示。

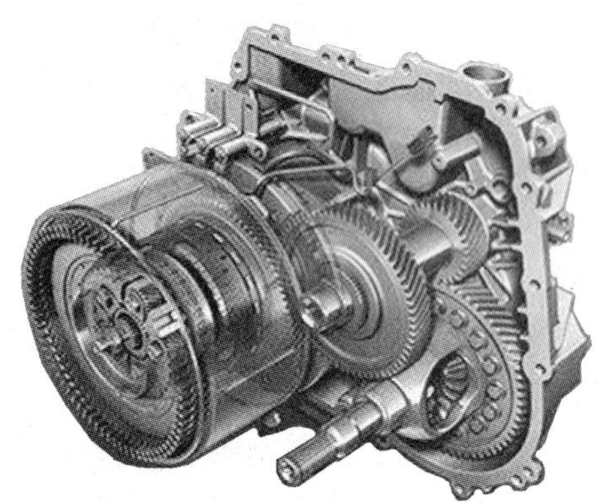
图 1-4　电机驱动系统

1．驱动电机

驱动电机是动力系统的执行机构，是电能与机械能之间的转化部件，如图 1-5 所示。驱动电机在纯电动汽车中承担着电动机和发电机的双重功能，即在正常行驶时发挥其主要的驱动电机功能，将电能转化为机械能，通过传动装置驱动或直接驱动车轮；而在降速和下坡滑行时又能进行转换发电，将车辆的惯性动能转换为电能。

2．电机控制器

电机控制器又称智能功率模块，是电机驱动系统的核心，如图 1-6 所示。其功用是根据电子控制单元的指令、电动机的速度和电流反馈信号，对电动机的速度、驱动转矩和旋转方向进行控制。

图 1-5　驱动电机

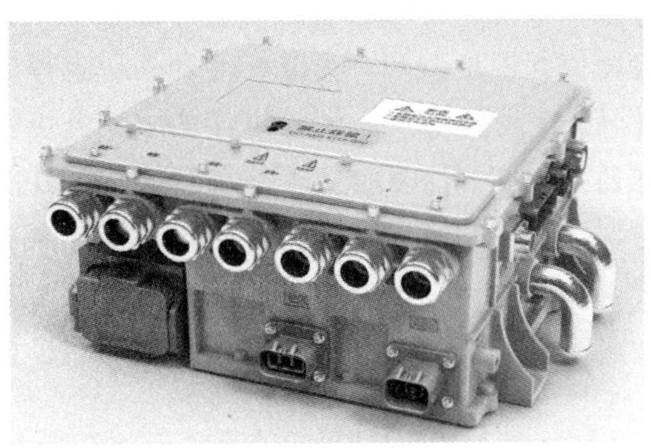

图 1-6　电机控制器

电机控制器与电动机必须配套使用，当汽车进行倒车行驶时，需通过驱动控制器使电动机反转来驱动车轮反向行驶。当纯电动汽车处于降速和下坡滑行时，驱动控制器使电动机运行于发电状态，电动机利用其惯性发电，将电能通过驱动控制器回馈给蓄电池。

3．机械减速装置

纯电动汽车机械减速装置作用是将驱动电机的驱动转矩传输给汽车的驱动轴，从而带动汽车车轮行驶，所以机械减速装置一般与驱动电机的输出端相连接，安装在于驱动桥上，如图 1-7 所示。由于纯电动汽车的驱动电机可以直接带动负载启动，并可以通过控制电路电流流向或者改变三相绕组顺序来改变电机转向来实现倒挡、通过改变电流大小改变电机转速，所以纯电动汽车用于动力传动的机械减速装置可以没有离合器。纯电动汽车机械减速装置大多采用具有固定传动比的二级减速器和差速器，这类机械减速装置与传统汽车的传动系统相比具有结构简单、体积小、占用空间少的特点。

图 1-7　机械减速装置安装位置

电动汽车机械减速装置可以通过三种不同的布置形式来实现车辆的减速运行，它们分别为通过差速器来驱动车轮的传统布置形式、电动机与车轮通过单级传动比齿轮箱或齿形皮带直接连接的分体单级减速布置形式和电动机直接与车轮相连接的电动机集成式。现代纯电动汽车常见的机械减速装置为电动机与车轮通过单级传动比齿轮箱连接式，而电动机集成式是未来电动汽车机械传动装置发展的主要方向。电机集成式具有巨大的潜在优势，它能实现 100% 的传动效率，可以节约汽车的空间布局。这个系统的劣势在于大多数电动机的转速比车轮转速快 2 ~ 4 倍，而把电动机设计成转速较慢的类型通常会使其质量增大，操纵性欠佳。纯电动汽车机械减速装置布置形式详见本项目二维码资源。

4．电机冷却系统

电机冷却系统主要用于保证驱动电机和电机控制器在规定的温度范围内工作，使其具有良好的工作性能。纯电动汽车运行过程中，电机驱动系统中的驱动电机和电机控制器会产生热量而使其温度上升。当温度上升到一定程度时，驱动电机的绝缘材料的绝缘性会下降，最终使其失去绝缘能力，同时也会使驱动电机相对运转的金属部件因温度升高而变形或膨胀，从而使其强度、硬度降低，甚至会影响部件的润滑，最终大大降低驱动电机相关部件的使用寿命。电机控制器温度过高会导致电机控制器中的半导体结点烧坏、电路损坏，甚至烧坏元器件，从而使电机控制器失效。纯电动汽车的电机驱动系统一般采用两种方式散热：空气冷却和水冷却。目前，使用较多的是水冷却，如图 1-8 所示。

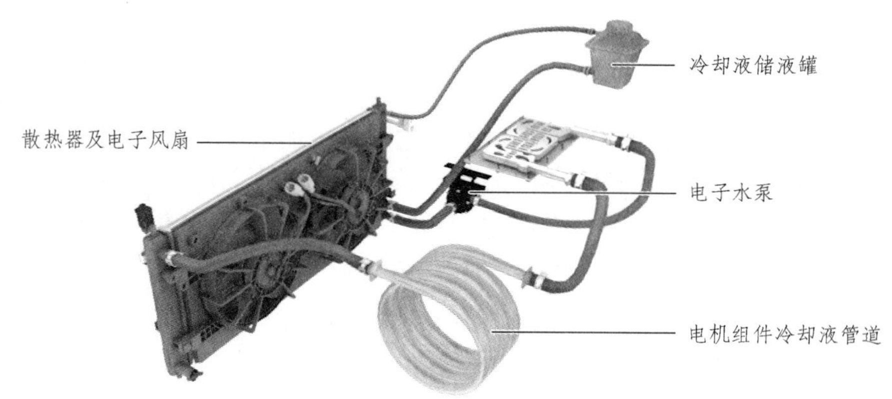

图 1-8　电机水冷却系统组成

（三）整车控制系统

电动汽车的整车控制系统是保证电动汽车正常工作的关键系统，它对整辆电动汽车的控制起协调管理作用。纯电动汽车的整车控制系统主要由低压电气系统、高压管理系统、车载网络系统组成。

1．低压电气系统

纯电动汽车的低压电气系统主要由低压电源、DC-DC 转换器、低压电气系统（车身电器、底盘电器）等组成，一般可提供 12 V 或 24 V 的电源。其一方面为灯光、雨刮等常规低压电器供电；另一方面为整车控制器、电机控制器和电动辅助装置供的工作电路供电，监控这些系统的运行状态和故障处理。

2．高压管理系统

纯电动汽车的高压管理系统主要部件是整车控制器、电机控制器、高压配电装置、电池管理器等。相对于传统汽车而言，纯电动汽车采用了大容量、高电压的动力电池及高压电机和电驱动控制系统，并采用了大量的高压附件设备，如电动空调、PTC 电加热器及 DC-DC 转换器等，如图 1-9 所示。因此，作为纯电动汽车高压系统安全管理的单元，其作用是进行动力电池电源的输出及分配，实现对各支路用电器的保护及切断，同时还可以控制汽车在减速制动或下坡滑行时的能量回收。

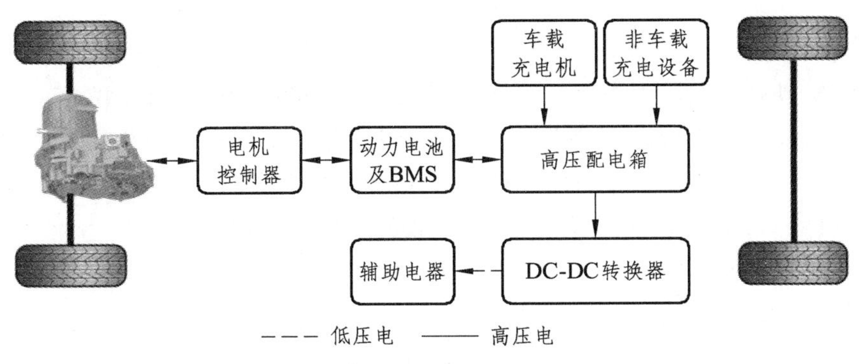

图 1-9　纯电动汽车高压管理系统

3．车载网络系统

纯电动的汽车车载网络系统使用的是控制器局域网络（CAN）总线，它是一种串行数据通信总线，是一种具有很高保密性，能有效支持分布式控制或实时控制的现场串行通信网络。其功能是实现通信和资源共享，并解决汽车电子化出现的线路复杂和线束增加问题，同时也为线控操作技术提供有力的支撑。使用车载网络控制系统可以减少汽车制造成本、简化汽车电器线路、提高汽车通信效率、提高汽车电控系统可靠性。

纯电动汽车有两条总线网络结构，即驱动系统的高速 CAN 总线和车身系统的低速 CAN 总线。高速 CAN 总线每个节点为各子系统的电子控制单元（ECU），低速总线按物理位置设置节点，基本原则是基于空间位置的区域自治。

（四）汽车底盘

汽车底盘是整个汽车的基体，它的功能是用来支撑蓄电池、电动机、驱动控制器、汽车车身及空调在内的各种装置，并将电动机动力进行传递和分配，使汽车按照驾驶员意图行驶。传统的汽车底盘包括传动系、行驶系、转向系、制动系四大系统。纯电动汽车的底盘要求具有足够的空间存放动力电池，并要求线路连接、充电、检查和拆卸方便。所以，纯电动汽车底盘的布置打破了传统汽车底盘的布置模式，主要由行驶系、转向系、制动系三大系统组成，如图 1-10 所示。

图 1-10　纯电动汽车底盘组成

1．行驶系统

电动汽车行驶系统主要由车架、车桥、车轮和悬架等组成。行驶系的主要功能是承受汽车的总质量；接收传动系传来的动力，通过驱动轮和地面之间的附着作用，产生驱动力，从而克服外界阻力，保证汽车正常行驶；传递并承受路面作用于车轮的各种反力及所形成的力矩；缓和不平路面对车身造成的冲击和振动，保证汽车平顺行驶。

纯电动汽车行驶系统还加大了承载空间的跨度和承载机构件的刚度，充分做好动力电池组可能渗出的酸或者碱液对底盘构件的防护。另外，纯电动汽车由于动力电池组的质量大，为了减轻整车质量，需要采用轻质材料制造底盘总成。

2．转向系统

当汽车需要改变行驶方向时，必须使转向轮绕主销轴线偏转一定角度，直到新的行驶方向符合驾驶员的要求时，再将转向轮恢复到直线行驶位置。这种由驾驶员操纵，转向轮偏转和回位的一整套机构，称为汽车转向系统。转向系统有机械助力和电动力助力两种形式。电动汽车转向系统主要由转矩传感器、车速传感器、助力电机、减速机构和电子控制单元（ECU）等组成，如图 1-11 所示。

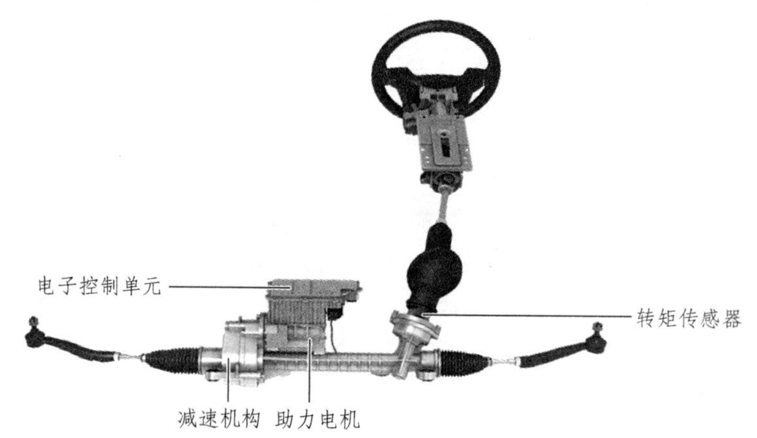

图 1-11　转向系统结构组成

3．制动系统

制动系统能使行驶中的汽车减速甚至停车，使下坡行驶的汽车速度保持稳定，以及使已停驶的汽车保持不动。为实现汽车制动，在汽车上必须装设一系列专门装置，以便驾驶员能根据道路和交通等情况，借以使外界（主要是路面）在汽车某些部分（主要是车轮）施加一定的与汽车行驶方向相反的力，对汽车进行一定程度的强制制动，这种可控制的对汽车进行制动的外力被称为制动力，这样的一系列专门装置被称为制动系统。电动汽车的行车制动系统主要由制动踏板、真空泵、真空罐、真空助力器、控制单元、制动主缸、制动轮缸和制动器及制动管路等组成，如图 1-12 所示。

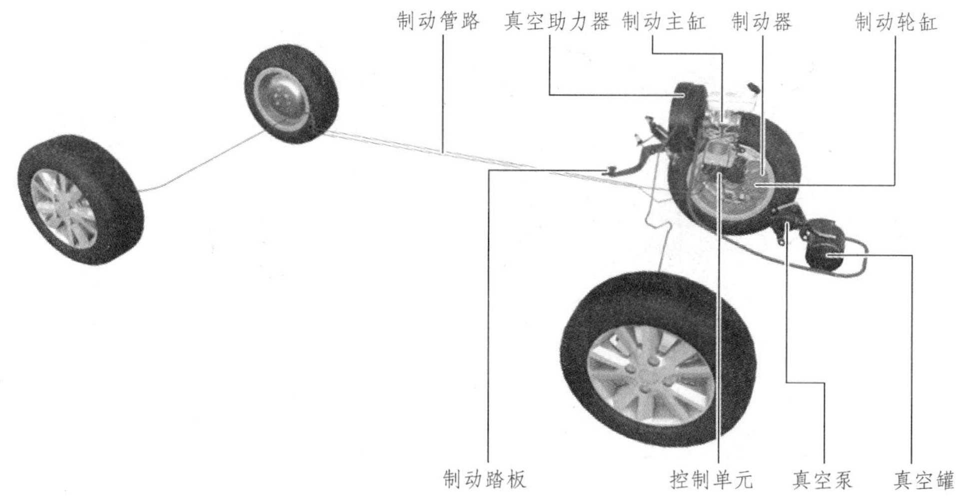

图 1-12　制动系统组成

（五）汽车车身

汽车车身主要由车身本体、开启件、座椅、内外饰部件和安全保护装置等组成。其中，开启件主要是指门、窗、行李箱和车顶盖等，而安全保护装置主要有保险杠、安全带、安全气囊等。汽车车身的作用是安全容纳驾驶员、乘客（员）及货物，使其免受外界侵袭和恶劣气候影响，即车身可以为驾驶员提供舒适的驾驶环境，为乘客（员）提供安全、舒适和享受的乘坐条件，保护他们尽量少受汽车行驶的振动、噪声、废气的影响，使其安全、舒适地到达目的地。

鉴于车身的安全作用，车身的构造与布局要符合下列要求：

（1）车身应保证汽车具有合理的外部形状，造型美观、色彩协调，在汽车行驶时能有效地减少空气阻力和能源消耗。

（2）针对纯电动车能源不富裕的特点，电动汽车车身外形应尽量符合空气流体动力学，减少行驶过程中的空气阻力，并选取高强度轻型材料来减轻自重。

（3）车内布局应尽量减少刚性机械部件连接的动能传动，选取柔性电缆，使得电动汽车车内布局有较大灵活度。动力电池作为电动汽车上必不可少的动力源，其自身也有一定质量，尽量使其分散布置，作为配重布局。

总体而言，纯电动汽车各个部件的总体布局应在符合车辆动力学对汽车质心要求的同时，尽可能降低汽车质心高度和汽车总体质量，如图 1-13 所示。

图 1-13　电动汽车车身

（六）辅助电器

电动汽车辅助电器主要包括空调、照明、各种声光信号装置、车载音响装置、刮水器、电动门窗、电动座椅调节器、车身安全防护装置等。这些辅助装置主要是为提高汽车操纵性、舒适性和安全性而设置的，可根据需要进行选用。在纯电动汽车上，空调系统压缩机采用独立电动机驱动，并由动力电池提供电能。空调压缩系统可以按照制冷量的变换调整运转速度，不受车速或汽车驱动力变化的影响。

二、纯电动汽车工作原理

当汽车行驶时，电机驱动系统将存储在动力电池中的电能高效地转化为车轮（驱动汽车行驶）的动能，整车控制系统的整车控制器根据加速踏板、制动踏板的输入信号，向电机控制器发出指令，电机控制器控制驱动电机的启动、加速、减速、制动以及汽车减速制动和下坡滑行过程中的能量回收。机械传动装置将驱动电动机的转矩传递给汽车的驱动轴，从而（将动力传递到车轮上，驱动汽车行驶）带动汽车车轮的前进和后退。电动汽车续航里程与动力电池容量有关，动力电池容量受很多因素限制，要提高一次充电续航里程，必须尽可能地节约能量。纯电动汽车工作原理详见本项目二维码资源。

三、纯电动汽车特点

纯电动汽车是现在新能源车型中最主流的，电动汽车需要通过外接电源来给车辆电池充电，然后驱动电动机行驶。汽车的特点影响汽车的应用，下面从纯电动汽车的优点、缺点两个方面来描述（可扫描本项目二维码观看）。

（一）纯电动汽车优点

1．能源效率高

纯电动汽车与传统内燃机汽车相比，其能源效率更高。传统内燃机汽车效率为 38%，尤其是在城市道路中行驶频繁停车、低速行驶等使其最终效率不超过 12%；纯电动汽车 80% 以上的电池能量可转为汽车的动力，即使考虑到原油的发电、送配电、电池充放电的效率，其最终效率也约达到 19%。而且，当车辆制动或减速时，电机可自动转化为发电机，实现能量的回收利用，汽车停止时，动力系统不消耗电量。

2．节能环保

纯电动汽车在各种工况下都是由动力电池的电力驱动，电力可以由煤炭、天然气、水力、核能、太阳能、风力、潮汐等能源转化，不一定要依靠石油资源，所以大大节省化石，能源消耗。纯电动汽车行驶过程中无燃料燃烧，也就无废气排除，不污染环境。

3．结构简单、易保养

纯电动汽车在工作过程中仅使用电动机及电池驱动，没有发动机、变速器、油箱和排气系统，而且车上运转、传动的部件很少，所以相较内燃机汽车结构简单。从使用方面来说，纯电动汽车没有传统发动机烦琐的养护项目，如更换机油、滤芯、皮带等，只需定期检查电机电池等组件即可。

4．噪声小

纯电动汽车整车完全在纯电动工况下行驶，其噪声主要来自电机、轮胎和风动，所以相较有内燃机噪声的传统汽车，车内、车外声音小。纯电动汽车行驶过程中没有换挡冲击，给用户提供燃油车无法比拟的驾驶、乘坐环境。

5．超高的安全性能

纯电动汽车动力电池包具有防水、防漏电的保护设计，并且电源管理系统智能监控动力电池的运行参数，保证电池的正常运行。

6．使用经济性

纯电动汽车使用成本低廉，只有汽油车的1/5左右。而且能量转换效率高，同时可回收制动、下坡时的能量，提高能量的利用效率。在夜间利用电网的廉价“谷电”进行充电，还可起到平抑电网峰谷差的作用。

（二）纯电动汽车缺点

1．续航里程短

目前蓄电池的单位质量能够储存的能量较少，单次充电后可续航里程有限，目前大多数的纯电动汽车续航里程都在100～300 km，再加上天气、路况、电池等方面因素，实际的续航能力也就100 km以上。可以满足平时上下班短途驾驶，但是周末外出、节假日出游等长距离需求较难满足。

2．充电时间长

目前纯电动汽车正常充电时间为8 h左右，快速充电需要1～2 h，其充电时间相较传统汽车补充燃料较长。

3．配套设施不完善

目前国内的充电桩、充电站等配套设施不完善，还需要一段比较长的时间建设配套基础设施。

4．易保养，但维修成本高

目前，纯电动汽车主要采用锂离子电池，电池组价格昂贵且循环使用寿命有限，加之未形成经济规模，成本较高。

任务二　纯电动汽车类型

任务目标

（1）了解纯电动汽车的分类方法。

（2）掌握每一类纯电动汽车的特点。

任务导入

听过营销顾问李某的简单介绍，王女士初步了解了纯电动汽车的结构，但不同款式的纯电动汽车的特点不同，她想深入了解一下纯电动汽车的类型。请你在学习纯电动汽车类型后，帮助李某完成这个任务（详见本项目二维码资源——任务导入二）。

知识储备

纯电动汽车是指由电机驱动的汽车。电机的驱动电能来源于车载可充电蓄电池或其他能量储存装置。它具有零排放、噪声小、结构简单等优点，是目前发展最快的新能源汽车。根据不同的划分标准，如用途、驱动电机类型、电源类型等，纯电动汽车可以划分为不同的类型。

一、按照用途分类

根据电动汽车使用过程中的用途不同，纯电动汽车分为纯电动乘用车、纯电动货运车和纯电动公交车三种类型。

（一）纯电动乘用车

纯电动乘用车是指以车载蓄电池（动力电池）为电源，以驱动电动机为动力源驱动，用于运送人员及其随身物品，且座位布置在汽车两轴间的车辆，其座位数不超过 9 个。

纯电动乘用车所选用的动力电池应该能提供足够高的比能量和比功率，并且在车辆制动时能回收再生制动能量，具有高比能量和高比功率的动力电池有助于改善纯电动乘用车的加速性和爬坡能力。纯电动乘用车动力电池可以集中布置在车的尾部或者布置在底盘下面。

现在普遍使用的纯电动乘用车在满足舒适性要求的前提下，具有经济性好、环保等特点。在国家政策的推动下，某些纯电动轿车使用成本为 0.1 元/千米，如图 1-14 所示。

图 1-14　纯电动乘用车

（二）纯电动货运车

纯电动货运车是指以车载动力电池来提供电能驱动行驶的卡车，该类车全部以电能驱动。

目前，纯电动货运车仍主要面向中短途运输和专用车市场，如图 1-15 所示。

例如，沃尔沃卡车推出的首款纯电动货运车 FL 系列及电动卡车 FE 系列都属于纯电动货运车类型，该系列车货总质量可达 27 t 左右，续驶里程约 200 km。特斯拉、奔驰、沃尔沃等国外企业及中国重汽、一汽解放、东风商用车、比亚迪等国内企业均推出有纯电动货运车型。可以看出，纯电动货运车的规模化应用离我们越来越近。

从发展情况来说，由于纯电动货运车对电池的蓄电能力和车辆续航能力要求较高，其续驶里程和充电设施普及水平还远未达到人们的期望，应用范围受到限制，但因其所具备的独特优势，纯电动货运车仍被业内人士看好。

图 1-15　纯电动货运车

（三）纯电动公交车

纯电动公交车是指以车载动力电池来提供电能驱动行驶的公交车，该类公交车全部以电能驱动，如图 1-16 所示。这种公交车具有良好动力性能、持续行驶里程达 500 km、电池使用寿命长，而且成本较低、与整车的配备良好。同时，这种公交车噪声小，行驶稳定性高，能实现“零”排放，且符合道路交通、安全法规的各项要求，是一种典型的绿色环保公交车。但是要求纯电动公交车具有良好的动力性、操控性，这使得其对传动系统的要求较高，同时如何延长其续航里程，也是待攻克的关键技术。

图 1-16　纯电动公交车

二、按照驱动电机类型分类

驱动电动机是纯电动的动力源，相当于传统汽车的发动机，它直接将动力电池的电能转换为机械能，并驱动汽车行驶，所以驱动电机的性能影响纯电动汽车的运行性能。搭载不同类型驱动电机的纯电动汽车具有不同性能，纯电动汽车按照驱动电机的类型不同，可分为直流电机驱动的纯电动汽车、交流电机驱动的纯电动汽车和双电机驱动的纯电动汽车。

（一）直流电机驱动的纯电动汽车

使用直流电机作为驱动电机的汽车是直流电机驱动的纯电动汽车，由于直流电机转速相对较低，转矩较大，所以直流电机驱动的纯电动汽车转速低、转矩大，适用于城市道路。在电动汽车发展的早期，因为直流电机技术较为成熟，有着控制方式容易、调速优良的特点，所以直流电机驱动的纯电动汽车在我国被广泛应用。常见的有小型、低速搬运设备上采用的小功率直流电动机驱动电动车，如休闲用电动汽车、高尔夫球车等；低速、大转矩的专用车上采用的大功率直流电机驱动电动车，如矿石搬运电动车、玻璃搬运电动车等。

直流有刷电机因电刷和换向器负载能力低、加速性能差和维护成本高等限制，所以在纯电动轿车上搭载的直流电动机一般为永磁无刷直流电动机。这种电机最大特点就是具有直流电动机的外特性而没有电刷组件的机械接触结构，是一种高性能的电动机。搭载永磁无刷直流电机的纯电动汽车，使用过程中没有换向火花、没有无线电干扰、转速不受机械限制、电机传动系统具有较高的能量密度和传动效率，且使用寿命长、运行可靠、维修简便，有着很好的应用前景。但是，永磁无刷直流电动机驱动的纯电动汽车因在恒功率模式下运行需要一套复杂的控制系统，所以其造价很高，而且其体积和质量较大。目前，这种类型的电动汽车已经很少见了。

（二）交流电机驱动的纯电动汽车

常用的交流电机驱动的纯电动汽车主要有交流异步电机驱动的纯电动汽车、永磁同步电机驱动的纯电动汽车和开关磁阻电机驱动的纯电动汽车三种。

1．交流异步电机（三相异步感应电机）驱动的纯电动汽车

鼠笼式感应电动机驱动的电动汽车是比较常见的交流异步电机（三相异步感应电机）驱动的纯电动汽车。这种电机驱动的纯电动汽车，因电动机内的定子和转子采用硅钢片叠压，并且定子之间没有相互接触的滑环、换向器等部件，所以汽车结构简单、运行可靠、经久耐用。使用这种电机驱动的纯电动汽车可采用空气或液体方式冷却驱动电机，冷却自由度高，对环境的适应性好。这种电机转速在 12 000 ~ 15 000 r/min 能输出要求的功率，并能在减速或者制动时实现能量回收，所以与同样功率的直流电动机驱动的纯电动汽车相比较，效率较高、质量较小、维修方便。

但是，交流异步电机驱动的纯电动汽车因电动机的耗电量较大，转子容易发热，在高速运转时需要保证对交流三相感应电动机的冷却，否则会损坏电动机。交流三相感应电动机的功率因数较低，使得变频变压装置的输入功率因数也较低，因此需要采用大容量的变频变压装置。交流三相感应电动机的控制系统的造价远远高于交流三相感应电动机本身，增加了电动汽车的成本。另外，交流三相感应电动机的调速性也较差。

2．永磁同步电机驱动的纯电动汽车

永磁同步电机驱动的纯电动汽车，其电机控制精度和转矩密度高，所以搭载该款电机的纯电动汽车转矩平稳良好，振动噪声小，已成为国内外最具竞争力的电动汽车类型之一。同时，因为电机体积小、质量小，且功率密度高，转矩惯量比大，所以搭载该款电机的纯电动汽车过载能力强，尤其低转速时输出转矩大，启动加速耗时短，受到国内外电动汽车界广泛重视。比较典型的应用车型有丰田普锐斯混联式混合动力轿车。

3．开关磁阻电机驱动的纯电动汽车

使用开关磁阻电机驱动的纯电动汽车，其电机的转子上没有滑环、绕组和永磁体等，

只是在定子上有简单的集中绕组，绕组的端部较短，没有相间跨接线。因此，这种类型的汽车比其他任何一种电机驱动的汽车都要简单，维修护理容易，且可靠性好。同时，该款电机转速可达 15 000 r/min，效率可达 85%~93%，且转子永磁体调速范围宽，搭载该款电机的纯电动汽车不仅控制灵活，易于实现各种特殊路况要求的转矩与速度，而且在很广的范围内能够保持高效率，甚至比交流感应电机驱动的汽车效率还要高。另外，开关磁阻电机结构和控制简单、扭矩大，无论通过正向电流或反向电流，其转矩方向不变，功率变换器电路较简单，因此对应的纯电动汽车可控性能好，再生制动能力强，且不易出现直通故障。

但由于该类型的纯电动汽车噪声大，转矩脉动和非线性严重，目前应用车型较少。

（三）双电机驱动的纯电动汽车

双电机驱动纯电动汽车具有两台电机和两组电机动力系统，并通过运动合成器将两者有机合成起来。这种纯电动汽车的两组电动机分别承担汽车低速运转和高速运转的工作，当汽车达到一定速度时两个电机可同时工作，使汽车兼具低速爬坡和高速续航的性能，在整个运行过程中全部是自动变速，从根本上改变了纯电动车的机动性能，同时也使其续驶里程达到最高。双电机驱动的纯电动汽车具有很高的工作效率、较强爬坡能力、较大的续航里程，而且有安全保险备用系统，是一种安全、节能、环保、经济的汽车。

特斯拉 Model S 60D（见图 1-17），以及 Model S 85D 两款车型就属于双电机驱动纯电动汽车。

图 1-17　特斯拉 Model S 60D 双电机纯电动汽车

三、按照电源分类

动力电池是电动汽车的能量存储装置，为驱动电机提供电能，相当于传统汽车的油箱。它属于二次能源，可以通过物理反应、化学反应、风力、水力、热能及太阳辐射产生。要使电动汽车能与燃油汽车相竞争，关键是开发出比能量高、比功率大、使用寿命长、成本低的电池。而随着纯电动汽车电动技术的提高，单一的动力电池已无法满足汽车的动力参数要求，有的纯电动汽车还需要增加储备电源来实现车辆的正常驱动。因此，按照采用的电源数量不同，纯电动汽车又可分为单电源纯电动汽车和多电源纯电动汽车两类。具体分类详见本项目二维码资源。

（一）单电源纯电动汽车

单电源纯电动汽车是指以单一动力电池作为动力源的纯电动汽车，它只配置了动力电池，其电力和动力传输系统（路线）如图 1-18 所示。

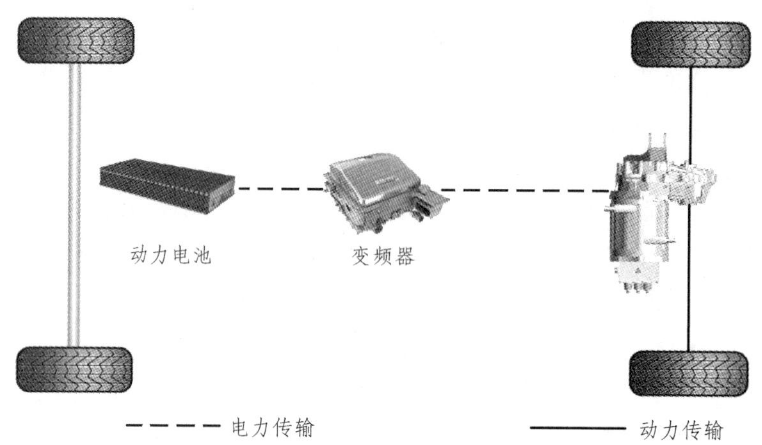

图 1-18　单电源纯电动汽车组成

单电源纯电动汽车的主电源就是动力电池，如铅酸电池、镍氢电池、锂离子电池等。这种纯电动汽车结构简单，控制器简便，但同时存在以下缺点：

（1）主电源的瞬时输出功率容易受蓄电池性能的影响。

（2）制动能量的回馈效率也会受制于蓄电池的最大可接受电流量及蓄电池的荷电状态。

（二）多电源纯电动汽车

以单一动力电池作为动力源的单电源纯电动汽车，动力电池的比能量和比功率较低，动力电池组的质量和体积较大。因此，某些纯电动汽车上增加了辅助电源，如飞轮电池、超级电容器、太阳能等，就形成了动力电池和超级电容或动力电池和飞轮电池的组合电源。这种组合电源，可以改善纯电动汽车的启动性能，增加其续航里程，并且降低对蓄电池容量、比能量、比功率等的参数要求。同时，在汽车起步、爬坡、加速等行驶工况下，辅助电源（超级电容器、飞轮电池）可在短时间内输出大功率，协助动力电池供电，使电动汽车的动力性大为提高。在汽车制动时，则利用辅助蓄能装置可接受大电流充电的特点，提高制动能量回馈的效率。多电源纯电动汽车的电力和动力传输系统（路线）如图 1-19 所示。

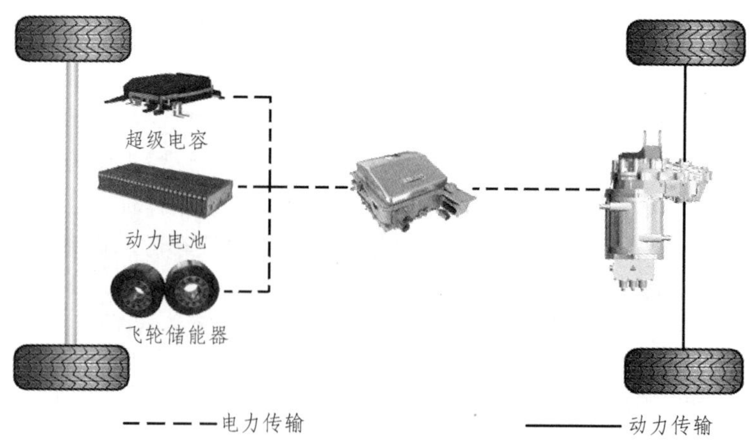

图 1-19　多电源纯电动汽车组成

项目小结

本项目介绍了纯电动汽车总体结构、纯电动汽车工作原理、纯电动汽车特性和纯电动汽车类型。

纯电动汽车主要由电源系统、电机驱动系统、整车控制系统、底盘、车身和辅助装置等组成。

纯电动汽车工作原理：当汽车行驶时，电机驱动系统将存储在动力电池中的电能高效地转化为车轮（驱动汽车行驶）的动能，整车控制系统的整车控制器根据加速踏板、制动踏板的输入信号，向电机控制器发出指令，电机控制器控制驱动电机的启动、加速、减速、制动以及汽车减速制动和下坡滑行过程中的能量回收。机械传动装置将驱动电动机的转矩传递给汽车的驱动轴，从而（将动力传递到车轮上，驱动汽车行驶）带动汽车车轮的前进和后退。

纯电动汽车的性能指标通常用传动系统的传动比、驱动电机功率及电压、电池性能续驶里程、动力等来评定。

按用途、按驱动电机类型、按电源三种分类方法，纯电动汽车可以分成不同的类型：根据电动车使用过程中的用途不同，纯电动汽车分为纯电动乘用车、纯电动货运车和纯电动公交车三种类型；按照驱动电机的类型不同分为直流电机驱动、交流电机驱动和双电机驱动三种类型纯电动汽车；按照采用的电源分为单电源纯电动汽车和多电源纯电动汽车两类。

项目一学习资源

项目二　纯电动汽车电机驱动系统构造与检修

项目概述

驱动电机是新能源汽车行驶中的主要执行机构，驱动电机及其控制系统是新能源汽车的核心部件之一，其驱动特性决定了汽车行驶的主要性能指标，它是电动汽车的重要部件，它可以在驾驶员的操控下，高效率地将动力电池的电能转换为车轮的机械能以及进行能量回收，从而达到节能减排的目的。

本项目先对驱动电机系统相关的理论知识进行基础学习，之后针对不同车型分任务讲解结构、原理、检测方法及检修技能操作。

任务一　电机驱动系统基本构造与原理

任务目标

（1）了解电机驱动系统及驱动电机的类型。

（2）了解机械传动装置、电机控制器、驱动电机及冷却系统的功用。

（3）掌握电机驱动系统的组成与工作原理。

（4）掌握电机控制器、机械传动装置、驱动电机及冷却系统的组成。

（5）理解驱动电机、电机控制器及冷却系统的工作原理。

任务导入

近日，北京汽车股份有限公司欲与我校合作成立“北汽纯电动汽车检测与维修”项目班，决定采用任务考核的方式选拔该项目班学生。考核任务之一是“完成纯电动汽车电机驱动系统的组装”，为了顺利通过考核，请你学习本节内容，充分掌握电机驱动系统的基本构造与原理，熟练进行纯电动汽车电机驱动系统的组装工作（详见本项目二维码资源——任务导入一）。

知识储备

现代电动汽车区别于内燃机汽车的最大不同点，就是普遍采用电机驱动系统替代传统的发动机。电机驱动系统作为现代纯电动汽车的心脏，它的系统结构、分类及工作原理，与传统的发动机有着很大的不同。通过本任务的学习，可以帮助我们更好地去认识现代汽车的驱动电机系统。

一、电机驱动系统功用及位置

纯电动汽车的电机驱动系统是纯电动汽车的核心系统，是车辆行驶的主要执行机构，它可以根据驾驶员的操作意图、动力电池和驱动电机的状态控制车辆的行驶和停止，同时在汽车减速制动或者下坡时，实现电能再生。纯电动汽车电机冷却系统功能详见本项目二维码资源。

纯电动汽车的电机驱动系统一般位于前机舱内，电机驱动系统完成驱动车辆任务的机械部件主要有产生驱动力的驱动电机和进行动能传递的机械减速装置。

二、电机驱动系统类型

纯电动汽车电机驱动系统的关键机械部件是驱动电机和机械减速装置，两者的布置形式和位置关系不同，会形成不同类型的电机驱动系统。按照驱动电机与机械减速装置布置形式和位置关系的不同，纯电动汽车的电机驱动系统可分为集中式驱动系统和轮毂式驱动系统两种类型。

（一）集中式驱动系统

集中式驱动系统一般由电机、变速器和差速器等组成。它采用单电机驱动代替内燃机，但保持传统内燃机汽车零部件及结构不变，故设计制造成本低，但动力传递路线相对较长，传动效率低。按照有无变速器，集中式驱动系统又可分为传统驱动模式和电机-驱动桥模式两种类型。

1．传统驱动模式

传统驱动模式与传统汽车驱动系统的布置方式一致，带有变速器和离合器，只是将内燃机换成电机，这种布置方式可以提高纯电动汽车的启动转矩，同时增加低速行驶时汽车的后备功率。该模式驱动系统所属汽车一般为改造型纯电动汽车，如力帆 100E 汽车。

2．电机-驱动桥模式

按照电机与驱动桥组合形式的不同，电机-驱动桥模式又分为电机-驱动桥组合模式和电机-驱动桥整体模式两种（详见本项目二维码资源）。

（1）电机-驱动桥组合驱动模式。

电机-驱动桥组合驱动模式取消了离合器和变速器，由 1 台电机驱动车轮旋转。这种组合式驱动系统结构紧凑，安装、使用和维护都十分方便。北汽 EV160 就是属于这种驱动模式的汽车。

（2）电机-驱动桥整体驱动模式。

电机驱动桥整体驱动模式是将电机装到驱动轴上，直接由电机实现变速和差速转换。这种传动方式不仅要求电机具有大的启动转矩和后备功率，还要求控制系统具备较高的控制精度和良好的可靠性，以保证纯电动汽车安全、平稳地行驶。

电机-驱动桥集中式驱动系统的布置形式多样，各有优劣，目前在纯电动小型乘用车上应用的多为电机-驱动桥组合驱动模式中的“（c）电动机轴与驱动轴相互平行”的布置形式，使用该形式布局的车型有宝马 i3、沃蓝达 Volt、江淮和悦 iEV、北汽 EV、比亚迪 EV300、比亚迪唐、比亚迪 E6、吉利帝豪等。

（二）轮毂式驱动系统

轮毂驱动系统可以布置在纯电动汽车的两个前轮、两个后轮或四个车轮的轮毂中，成为前轮驱动、后轮驱动或四轮驱动。

轮毂驱动系统有内定子外转子和内转子外定子两种结构类型，如图 2-1 所示。

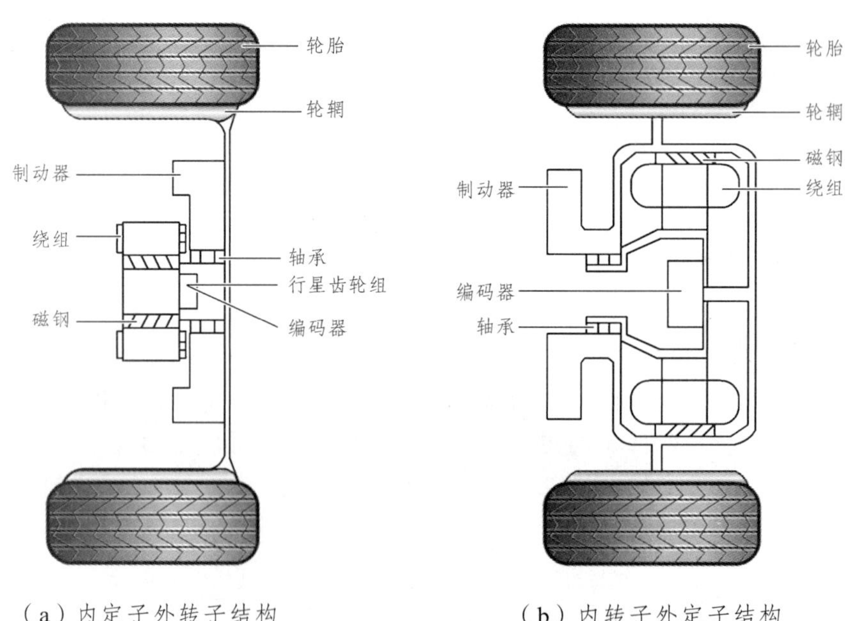

（a）内定子外转子结构　　（b）内转子外定子结构

图 2-1　轮毂电机驱动系统的结构

1．内定子外转子结构

这种结构的外转子直接安装在车轮的轮缘上，没有机械减速机构提供减速，通常要求电机为低速转矩电动机，如图 2-1（a）所示。

2．内转子外定子结构

这种结构的转子作为输出轴与拥有固定减速比的行星齿轮变速器的太阳轮相连，而车轮轮毂与齿圈连接，这样可以提供较大的减速比，放大其输出转矩。如图 2-1（b）所示。

轮毂电机如图 2-2 所示，当采用轮毂电机驱动时，由于可以对每台电机的转速进行单独调节控制，因此可以省去机械差速器，实现电子差速，提高汽车在转弯时的操纵性。同时，纯电动汽车上驱动电机输出的扭矩传递到驱动车轮的传递路径也将大大缩短，这样可腾出足够的空间。当采用内定子外转子结构时，还能够提高对车轮动态响应的控制性能。

轮毂驱动系统主要应用于老年代步四轮电动车和一些纯电动车，如奇瑞瑞奇 X1-EV、大众高尔夫 PHEV、比亚迪 K9 等。

图 2-2　轮毂电机实物

三、电机驱动系统部件结构与原理

纯电动汽车电机驱动系统的组成部件除了有产生驱动力的驱动电机和进行动能传递的机械减速装置，还包含电机控制器、电机驱动冷却系统，它们通过高低压线束、冷却管路与整车其他系统连接运转。新能源汽车电机驱动系统基本组成详见本项目二维码资源。

（一）驱动电机

驱动电机是动力系统的执行元件，其作用是将电源的电能转化为机械能，通过传动装置驱动或直接驱动车轮。纯电动汽车驱动电机一般位于前机舱内，如图 2-3 所示。

图 2-3　驱动电机

1．驱动电机常用类型

纯电动汽车应用的驱动电机主要有无刷直流电机、交流感应电机、永磁同步电机和开关磁阻电机，如图 2-4 所示。

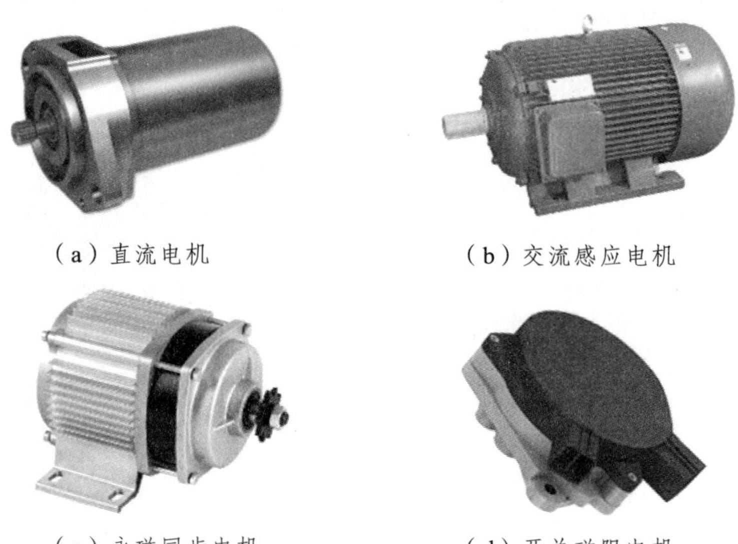

（a）直流电机　　（b）交流感应电机

（c）永磁同步电机　　（d）开关磁阻电机

图 2-4　驱动电机类型

（1）无刷直流电机。

无刷直流电机是用电子换向装置代替了有刷直流电机的机械换向装置，其保留了有刷直流电机优良的调速性能，且体积小、质量小、起动力矩大、再生制动效果好，是最理想的调速电机之一，广泛应用于高尔夫球车、观光游览车、巡逻车、送餐车、特种车、牵引车、叉车等。

（2）交流感应电机。

交流感应电机是由定子绕组形成的旋转磁场与转子绕组中感应电流的磁场相互作用而产生电磁转矩驱动转子旋转的交流电动机。其具有接近恒速的负载特性，且结构简单，制造、使用、维护方便，运行可靠性高，但调速性能差。目前采用该电机的车辆主要有美国通用公司的 EV-1 型和特斯拉电动汽车等。

（3）永磁同步电机。

所谓永磁，指的是在制造电机转子时加入永磁体，使电机的性能得到进一步的提升。而所谓同步，则指的是转子的转速与定子绕组的电流频率始终保持一致。因此，通过控制电机的定子绕组输入电流频率，电动汽车的车速将最终被控制。永磁同步电动机功率因数大，效率高；调速性能好，精度高；输出转矩大，频率高；驱动灵活，可控性强。长城汽车的电动车产品哈弗 M3 纯电动汽车和北汽集团的 BE701 插电式纯电动汽车，采用的都是永磁同步电机。

（4）开关磁阻电机。

开关磁阻电机是一种新型调速电机，调速系统兼具直流、交流两类调速系统的优点，是继变频调速系统、无刷直流电机调速系统后推出的最新一代无级调速系统。开关磁阻电机由双凸极的定子和转子组成，其定子、转子的凸极均由普通的硅钢片叠压而成。其可控参数多，调速性能好；结构简单，成本低；运转效率高，损耗小；起动转矩大，起动电流小。但同时，开关磁阻电机振动和噪声相对较大，控制复杂，主要应用于混合动力城市公交车。

2．驱动电机结构

纯电动汽车的驱动电机根据原理不同，有直流无刷电机、交流感应电机、永磁同步电机、开关磁阻电机等，不同的电机类型，结构也会有差异。本书以永磁同步电机为例，介绍驱动电机的结构。

永磁同步电机主要由定子、转子、壳体、机座等部件组成，其中定子主要由定子铁心和定子绕组组成，转子主要由转轴和永磁体转子组成，如图 2-5 所示。永磁同步电机冷却方式有风冷和水冷式，纯电动汽车上一般使用的为水冷式。

（1）定子。

永磁同步电机的定子由导磁的定子铁心、导电的定子绕组及其他附件构成。其他附件是指固定定子铁心和定子绕组的一些部件，和机座、绕组支架等，如图 2-6 所示。

图 2-5　永磁同步电机

图 2-6　定子

① 定子铁心。

永磁同步电机的定子铁心一般采用 0.5 mm 硅钢冲片叠压而成。当定子铁心外径大于 1 mm 时，用扇形的硅钢片来拼成一个整圆。在叠装时，把每层的接缝错开，以减少铁心的涡流损耗。定子铁心的内圆开有槽，槽内放置定子绕组，定子槽形一般都做成开口槽，便于嵌线。

② 定子绕组。

永磁同步电机的定子绕组是由许多线圈连接而成的，每个线圈又是由多股铜线绕制成的，放在槽里的导体是靠槽楔来压紧固定的，其端部用支架固定，如图 2-7 所示。定子绕组与绕线式三相同步电机的定子绕组一样，通入交流电源即产生旋转磁场。

永磁同步电机的定子绕组普遍采用分布、短距绕组；对于极数较多的电机，则普遍采用分数槽绕组；若需进一步改善电动势波形，也可考虑采用正弦绕组或其他特殊绕组。

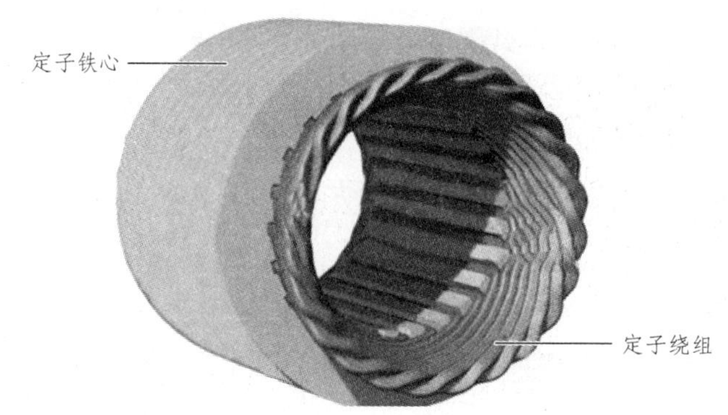

图 2-7　定子铁心与定子绕组

（2）转子。

永磁同步电机与其他电机最大的不同是转子结构，转子上安装有永磁体磁极。因此，永磁同步电机的转子主要由永磁体、转子铁心和转轴等部件构成，如图 2-8 所示。

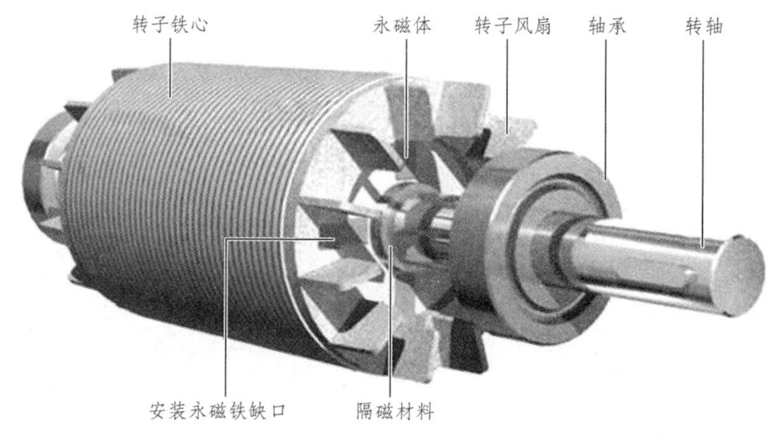

图 2-8　转子结构

其中，永磁体主要采用铁氧体永磁和钕铁硼永磁材料；转子铁心可根据磁极结构的不同，选用实心钢或采用钢板或硅钢片冲制后叠压而成。按照永磁体在转子上位置的不同，永磁同步电机的磁极结构可分为表面式转子磁路结构和内置式转子磁路结构。

① 表面式转子磁路结构。

表面式转子磁路结构中，永磁体通常呈瓦片形，并位于转子铁心的外表面上，永磁体提供磁通的方向为径向。

表面式转子磁路结构又分为表面凸出式转子磁路结构和表面嵌入式转子磁路结构，如图 2-9 和图 2-10 所示。

表面凸出式转子磁路具有结构简单、制造成本低、转动惯量小等优点。在矩形波永磁同步电动机和恒功率运行范围不宽的正弦波永磁同步电动机中得到了广泛应用。

表面嵌入式转子磁路结构可充分利用转子磁路不对称性所产生的磁阻转矩，提高电动机的功率密度，动态性能也较凸出式有所改善，制造工艺较简单，常被某些调速永磁同步电动机所采用。

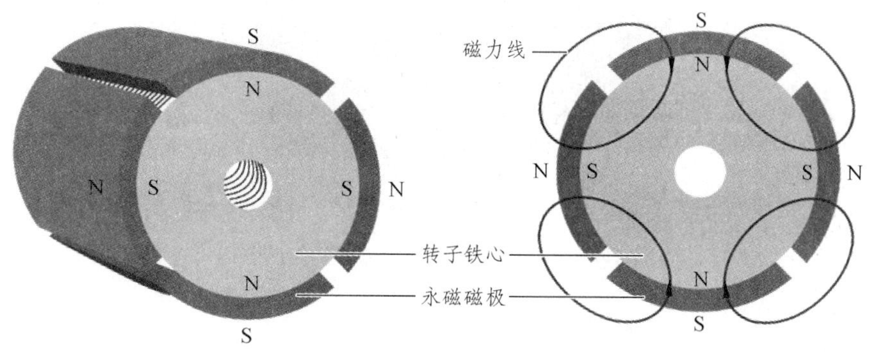

图 2-9　表面凸出式永磁转子

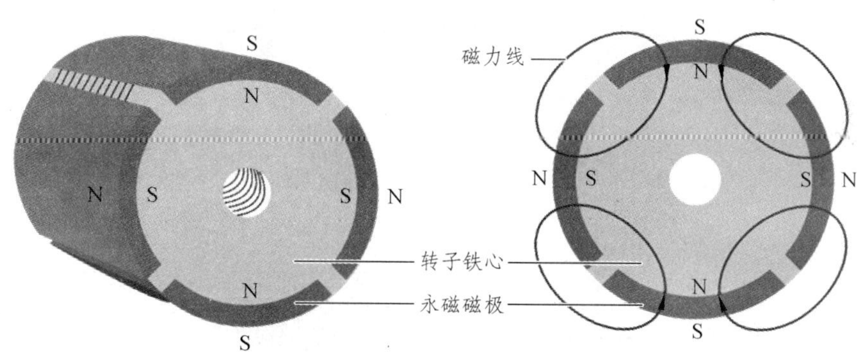

图 2-10　表面嵌入式永磁转子

② 内置式转子磁路结构。

内置式转子磁路结构的永磁体位于转子内部，永磁体外表面与定子铁心内圆之间有铁磁物质制成的极靴，极靴中可以放置铸铝笼或铜条笼，起阻尼或启动作用，广泛用于要求有异步启动能力或动态性能高的永磁同步电机。

按照永磁体磁化方向与转子旋转方向的相互关系，内置式转子磁路结构又可分为径向式转子磁路结构、切向式转子磁路结构和混合式转子磁路结构，如图 2-11 至图 2-13 所示。径向式转子磁路结构漏磁系数小，转轴上不需采取隔磁措施，极弧系数易于控制，转子冲片机械强度高，安装永磁体后转子不易变形等。切向式转子磁路结构，其一个极距下的磁通由相邻两个磁极并联提供，可得到更大的每极磁通。尤其当电动机极数较多、径向式转子磁路结构不能提供足够的每极磁通时，切向式转子磁路结构的优势更明显。此外，采用该结构的永磁同步电动机的磁阻转矩可占到总电磁转矩的 40%，对提高电动机的功率密度和扩展恒功率运行范围都是很有利的。混合式结构集中了径向式转子磁路结构和切向式转子磁路结构的优点，但结构和制造工艺都比较复杂，制造成本也比较高。

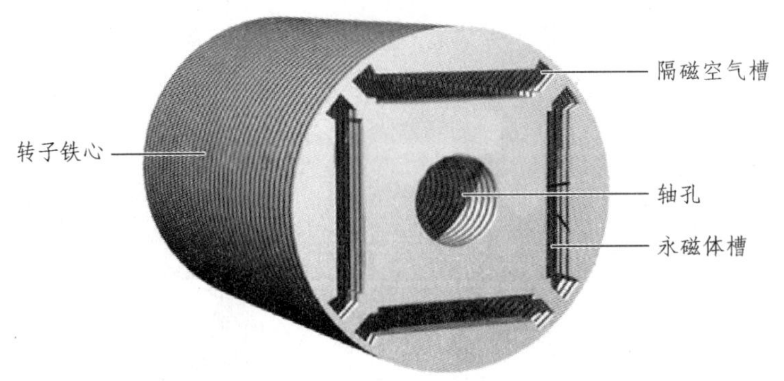

图 2-11　内置径向式永磁转子铁心结构

图 2-12　内置切向式永磁转子铁心结构

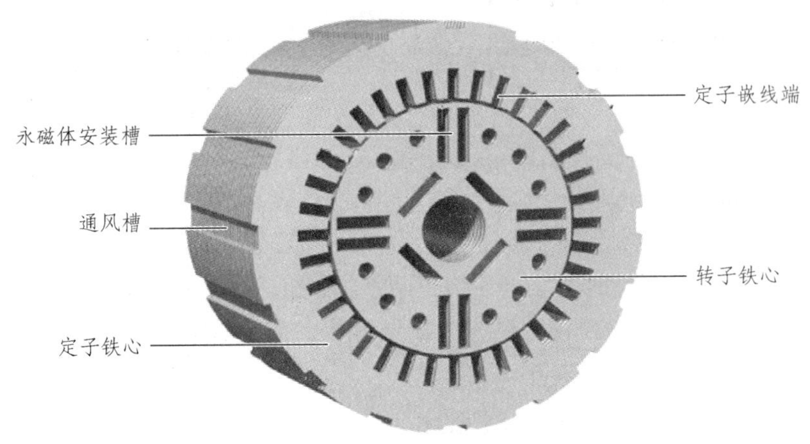

图 2-13　内置混合式永磁转子铁心结构

（3）转子位置传感器。

与其他电机相比，永磁同步电机还必须装有转子位置传感器，用来检测磁极位置，并以此对电枢电流进行控制，达到对永磁同步电机驱动控制的目的。转子位置传感器的种类较多，且各具特点，在永磁同步电机中常见的位置传感器有光电式位置传感器、霍尔位置传感器和旋转变压器。

① 光电式位置传感器。

光电式位置传感器结构简单、输出精度高、反应快，具有较为广泛的应用前景。但光电式位置传感器的光敏元件易受环境温度的影响，且在油污、粉尘等环境中监测效果会有所降低，故在油田采矿、火力发电等恶劣条件下难以应用。

② 霍尔位置传感器。

霍尔位置传感器可被封装在密闭环境中，适用于脏湿、粉尘等恶劣环境。霍尔传感器一般需要永磁体或者励磁才可以工作，因此应用时需安装与转子同轴的含永磁体位置检测的装置，这在一定程度上降低了其体积小的优势。

③ 旋转变压器。

旋转变压器是纯电动汽车应用较多的信号检测装置，主要用来检测驱动电机转子位置，并将其检测结果传输给电机控制器，经转换可获知电机转速信息。旋转变压器是一种输出电压随转子转角变化的信号装置。按照输出电压与转子转角间关系，旋转变压器可以分为正余弦旋转变压器、线性旋转变压器和比例式旋转变压器；按照信号产生的原理，旋转变压器有电磁感应式和磁阻式两种。目前，纯电动汽车驱动电机上多采用磁阻式旋转变压器，其产生正余弦波形，所以也是正余弦旋转变压器，本节主要介绍磁阻式变压器，即正余弦旋转变压器。

a. 旋转变压器的组成。

磁阻式旋转变压器是一种利用气隙磁阻变化而输出信号变化的旋转变压器，它是依据电磁感应原理，利用气隙变化和磁阻变化，而使输出绕组感生出电压随转子转角做相应正弦或余弦变化的传感元件。旋转变压器主要由定子和转子组成，如图 2-14 所示。旋转变压器转子由导磁性极强的硅钢片组成，转子外圆表面冲制有若干等分小齿，其数与极对数相等。旋转变压器定子主要由定子铁心、定子绕组两部分组成，定子铁心由导磁性良好的硅钢片叠加而成，定子铁心内圆冲制有若干极靴，每个极靴上又冲制若干等分小齿，定子绕组安放在极靴槽中。定子绕组有 3 组，分别为 1 组输入（励磁）绕组和 2 组输出绕组，输出和输入绕组均为集中绕制，其正余弦绕组的匝数按正弦规律变化，彼此相差 90°，所以能产生相差 90° 电角度的电信号。旋转变压器转子的作用是随驱动电机的转轴转动时改变定子励磁绕组产生磁场的强度；而定子的作用有两个，一是在励磁绕组通电时产生磁场，二是在旋转变压器转子转动时，励磁绕组的磁场强弱变化，使输出绕组上产生正弦和余弦的检测信号。

图 2-14　旋转变压器

b. 旋转变压器工作原理。

磁阻式变压器的基本原理是当转子相对定子转动时，空间的气隙磁导发生变化，每转过一个转子齿距，气隙磁导变化一个周期，转过一周，则变化转子齿数个周期。气隙磁导的变化，导致输入和输出绕组之间互感的变化，输出绕组感应的电势也发生变化。

驱动电机中的旋转变压器工作原理是驱动电机的三相线将高压电输送给驱动电机，驱动电机中的转子转动，从而带动旋转变压器的转子转动，与此同时，驱动电机控制器提供 12 V 电能供给旋转变压器定子的输入（励磁）线圈产生磁场。旋转变压器的转子相对定子转动时，使转子和定子之间气隙大小改变，定子上的磁场强度受气隙大小变化的影响而变化，变化的磁场切割旋转变压器定子上的两组输出绕组，由于两组绕组相差 90°，从而产生相位差 90° 正弦和余弦感应电动势。

3．驱动电机原理

纯电动汽车常用的驱动电机是三相永磁同步电机，电动机工作原理是电机控制器输出三相交流电至电机定子绕组。交流电在相应的定子绕组或者相邻绕组中产生旋转磁场，定子上旋转磁场与转子磁场相互作用产生转矩，拖动转子同步旋转。驱动电机通过位置传感器实时读取转子位置，并变换成电信号输出至电机控制器，以便于电机控制器调整输入三相电频率与电压值，实现电动机的转速变化与转矩功率变化。

永磁同步电机驱动的工作原理是永磁同步电机转子运转，旋转转子的磁场，分别切割 U 相、V 相、W 相的定子绕组，产生 U、V、W 三相交流电，如图 2-15 所示。U、V、W 为定子的三相线圈，每相线圈中通入电流幅值和相位都随时间变化的交流电，且彼此在相位上相差 120°。当时间轴 t 为某一时刻时，此时 U 相线圈电流方向为正，电流从始端流 U 相线圈，从末端流出，根据右手定则可产生相应的磁力线，磁场通过定子铁心形成闭合回路，对永磁转子产生吸引。此时的 V 相线圈电流方向为负，电流从末端流入 V 相线圈，从始端流出，根据右手定则，可产生相应方向磁力线。此时 W 相线圈电流为正，电流从始端流入 W 相线圈，

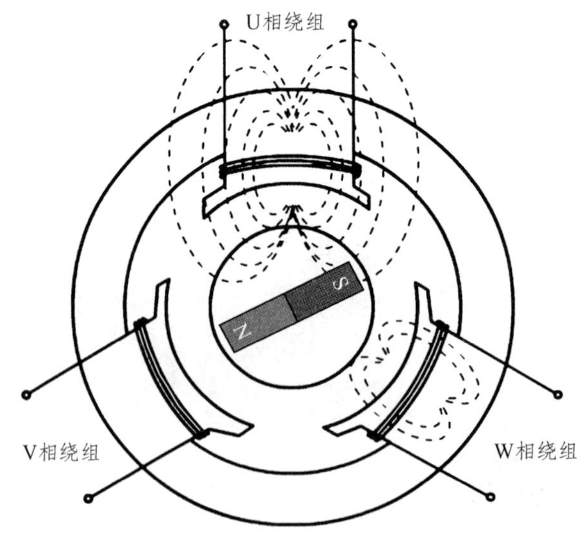

图 2-15　驱动电机——电动机工作原理

从末端流出，根据右手定则可产生相应方向的磁力线。相叠加的磁力线在左侧形成顺时针方向的磁力线，在右侧形成逆时针方向的磁力线，使得转子的 S 极和 N 极受到定子绕组的磁力线吸引。随着 U、V、W 三相绕组连续通入彼此相位相差 120° 的交流电，定子磁场沿顺时针方向旋转，吸引永磁转子也随之旋转，将电能转化为机械能。

永磁同步电机发电的工作原理是当定子产生一对磁极，上部为 S 极，下部为 N 极时，会将转子吸引到当前位置，即转子 N 极向上，S 极向下。在有负载状态下，定子旋转磁场在转速上微微领先转子一点，吸引转子以旋转磁场的转速进行旋转，在理想空载状态下转子与旋转磁场是完全对应的，当转子主动旋转，转子磁场会切割定子的磁场从而产生感生电流，此时状态为发电机，电动车制动能量回收就是利用的这种原理，如图 2-16 所示。

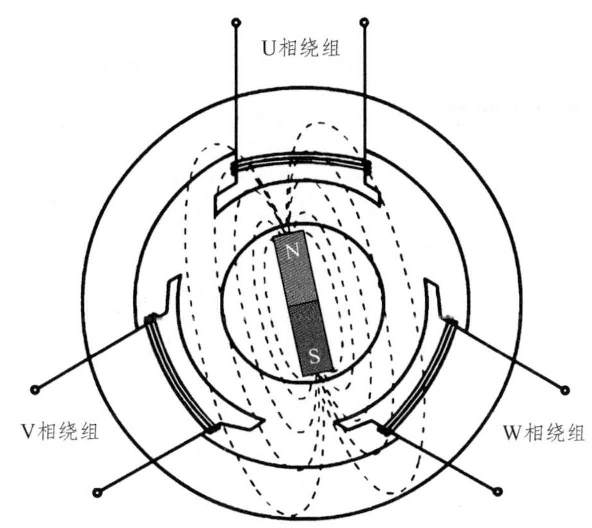

图 2-16 驱动电机——发电机工作原理

4．驱动电机要求

纯电动汽车在行驶过程中，经常频繁的启动/停车、加速/减速等，这就对驱动电机的使用和性能提出了更高的要求，具体如下：

（1）电压高。

纯电动汽车驱动电机在允许的范围内尽可能采用高电压，这样可以减小驱动电机的尺寸和导线等装备的尺寸，特别是可以降低功率变换器的成本。

（2）转速高。

电动汽车所采用的感应电动机的转速可以达到 8 000 ~ 12 000 r/min，满足短时加速或爬坡要求。同时，高转速电动机的体积较小，质量较小，有利于降低装车的装备质量。

（3）可靠性高。

纯电动汽车驱动电机要耐高温和耐潮性能强，运行时噪声小，少污染，能够在高温、坏天气及频繁振动等恶劣环境下长期工作。

（4）较大的起动转矩和较大的调速范围。

电动汽车的驱动电机要具有好的启动性能和加速性能，从而获得启动、加速、行驶、减速、制动等所需的功率与转矩。在恒转矩区，其在低速运行时需具有较大的转矩，以满足电动汽车启动和爬坡的工作要求；在恒功率区，其在低转矩时需具有较高转速，以满足电动汽车在平坦路面能够高速行驶的要求。

（5）瞬时功率大和负载能力强。

纯电动汽车的驱动电机要有较大的瞬时功率和较强的负载能力，这样可保证汽车带负载时启动性能好、加速性能强，并且使用寿命长。

（6）高效率、低损耗。

纯电动汽车仅有动力电池作为驱动电机的能源，其容量有限。为了延长纯电动汽车的续航里程，要求驱动电机在整个运行范围内具有很高的效率。同时，在车辆减速时，能够实现再生制动，能将能量回收并反馈给蓄电池，再生制动回收能量能达到总能量的 10%～15%。

（7）安全规范。

纯电动汽车的驱动电机控制系统的安全性和电气系统的安全性都必须符合国家（或国际）有关车辆电气控制的安全性能标准和规定，必须装备有高压保护设备。

（8）成本低。

要求纯电动汽车驱动电机结构简单坚固，适合批量生产、便于使用和维护，从而降低生产和使用成本。并且，为了降低纯电动汽车的价格，驱动电机要尽量价格便宜，提高性价比。

（9）质量小，体积小。

驱动电机应尽量采用铝合金外壳，以降低驱动电机的质量，还要设法降低驱动电机控制器的质量和冷却系统的质量。同时，在允许的范围内，尽可能采用高电压，这样可以减小驱动电机的外形尺寸和导线等装备的尺寸，特别是可以降低功率变换器的成本。

（二）电机控制器（MCU）

电机控制器（MCU）是电机驱动系统的核心，它是驱动电机的控制单元，即控制器输出命令，控制驱动电机的工作。电机控制器的主要作用是将输入的直流电逆变成电压、频率可调的三相交流电，供给配套的三相交流永磁同步电机使用。它能根据电子控制单元的指令、驱动电机的速度和电流反馈信号，对驱动电机的速度、驱动转矩和旋转方向进行控制。

1. 电机控制器组成

电机控制器就是控制主牵引电源与电机之间能量传输的装置，主要由电子控制装置和功率转换器组成，如图 2-17 所示。

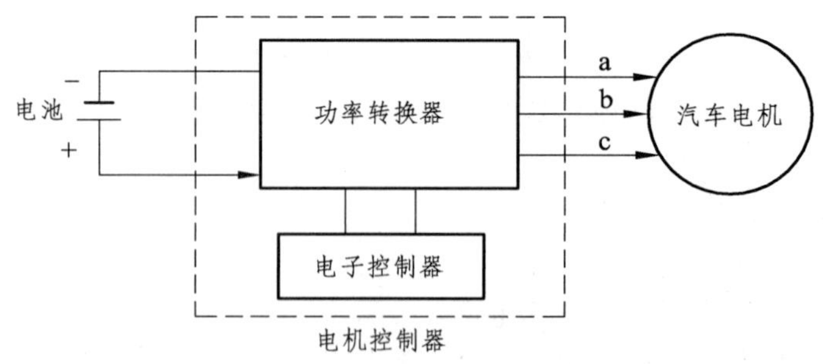

图 2-17　电机控制器组成

（1）电子控制装置。

电子控制装置主要通过电流传感器、电压传感器、温度传感器来监测和调整电机运行状态，并根据相应参数进行电压、电流的调整控制以来实现对驱动电机的转速、扭矩和功率的控制。

（2）功率转换器。

功率转换器则是一种起逆变和整流作用的变压器装置，它相当于是逆变器和整流器的集成装置，其功能是接收动力电池输送过来的直流电电能，逆变成三相交流电给驱动电机提供相应的工作电源。

2．电机控制器原理

电机控制器的电子控制装置通过电流传感器、电压传感器、温度传感器来进行驱动电机运行状态的监测，并根据相应参数对驱动电机进行电压、电流的调整控制，以实现对驱动电机转矩、转速和方向的控制。电机控制器输出频率和幅值可变的三相交流电，供给驱动电机定子绕组，形成磁场转动速度和磁场强度可变的旋转磁场。

同时，电机控制器有自诊断功能，这是通过电机控制器内含故障诊断码的电路实现的。当电机出现异常时，它将会激活一个错误代码发送给 VCU 整车控制器，并储存该故障码和相关数据。

3．电机控制器的应用

电机控制器与驱动电机必须配套使用，目前电机控制器对驱动电机的扭矩主要通过电压和电流的调节来实现；调速主要根据频率的改变实现，这主要取决于所选用的驱动电机类型。

（1）直流无刷驱动电机。

这类电机控制器一般采用脉宽调制（PWM）斩波控制方式，控制技术简单、成熟、成本低，但效率低、体积大。

（2）交流感应驱动电机。

这类电机控制器采用 PWM 方式实现高压直流到三相交流的电源变换，采用变频调速方式实现电机调速，通过矢量控制或直接转矩控制的策略来实现电机转矩控制的快速响应。

（3）交流永磁驱动电机。

这类驱动电机包括正弦波永磁同步电机驱动系统和梯形波无刷直流电机驱动系统，其中正弦波永磁同步电机控制器采用 PWM 方式实现高压直流到三相交流的电源变换，采用变频调速方式实现电机调速；梯形波无刷直流电机控制通常采用“弱磁调速”方式实现对电机的控制。

由于正弦波永磁同步电机驱动系统低速转矩脉动小且高速恒功率区调速更稳定，比梯形波无刷直流电机驱动系统具有更好的应用前景。

（4）开关磁阻驱动电机。

开关磁阻电机驱动系统的电机控制一般采用模糊滑模控制方法。

目前纯电动汽车所用电机均为永磁同步电机，交流永磁电机采用稀土永磁体励磁，与感应电机相比不需要励磁电路，具有效率高、功率密度大、控制精度高、转矩脉动小等特点。

（三）机械减速装置

纯电动汽车机械减速装置与驱动电机的输出端相连接，安装在驱动桥上。它可以将电动机的驱动转矩传输给汽车的驱动轴，从而带动汽车车轮行驶。

1．机械减速装置组成

纯电动汽车的机械减速装置大多采用固定传动比的二级减速器，主要由主减速器和差速器总成组成。主减速器和差速器总成的主要部件有箱体（左右箱体）、输入轴组件、中间轴组件、差速器组件等，如图 2-18 所示。

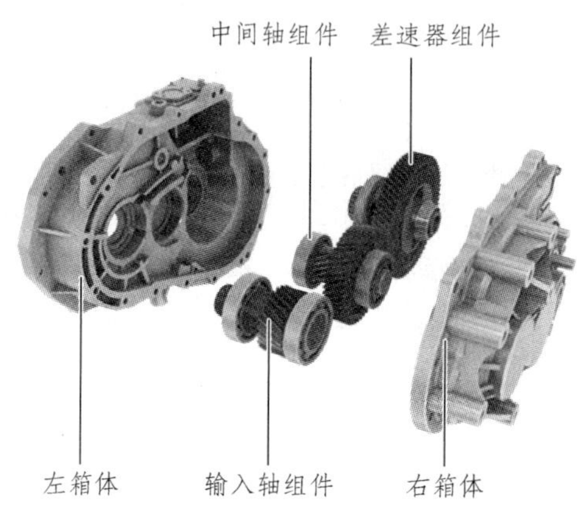

图 2-18　E50 型汽车减速器总成结构组成

2．机械减速装置的功用

机械减速装置的主要功用体现在两方面：一方面将驱动电机的输出转速降低、扭矩升高，并传递给汽车驱动轴，实现整车对驱动系统的扭矩、转速需求，最终带动车辆行驶。另一方面通过齿轮改变转矩的传递方向，通过差速器实现两侧车轮转速差，保证内、外侧车轮以不同转速滚动而非滑动。

3．机械减速装置工作过程

在纯电动汽车工作过程中，主减速器和差速器总成的输入轴组件接收驱动电机的驱动力，经一级减速器将驱动力传递给中间轴组件，从中间轴组件经二级减速器传递给差速器，差速器将转速分配后传递给两侧车轮带动汽车行驶。

（四）电机驱动冷却系统

驱动电机在运行过程中会产生热量而温度上升，当温度上升到一定程度时，驱动电机的绝缘材料会发生本质的变化，最终使其失去绝缘能力，同时也会使驱动电机中的金属构件强度和硬度逐渐下降。而且，电机控制器在工作过程中也会产生大量的热能使其升温，如果温度过高会导致驱动电机控制器中的半导体结点烧坏、电路损坏，甚至烧坏元器件，从而引起电机控制器失效。为了避免纯电动汽车驱动系统相关部件因过热而被损坏，需要冷却系统对其工作温度进行控制。纯电动汽车电机冷却系统功用详见本项目二维码资源。

1．电机驱动冷却系统作用

电机驱动冷却系统的作用是带走驱动系统中的驱动电机和驱动电机控制器工作过程中产

生的热量，将其工作温度控制在适宜的范围内。

2．电机驱动冷却系统类型

电动汽车的电机驱动系统一般采用两种方式散热：空气冷却和水冷却，电动汽车通常采用水冷却。

（1）空气冷却。

空气冷却是采用空气作为冷却介质的冷却系统，这种冷却系统利用吸入或者压入的冷空气和电机的发热部分接触，进行热交换，带走电机的热量实现冷却的。这种冷却系统结构简单、费用低廉、维护方便，但是会造成电机的磨损消耗，使电机的效率下降。空气冷却广泛用于水轮发电机中。

（2）水冷却。

水冷却是采用水作为冷却介质的冷却系统，这种冷却系统的冷却水在电机内的闭合回路循环，循环的冷却水和电机的发热部分或者机壳接触，把机壳的热量带走。机壳表面可以是光滑的或带肋的，也可以带外罩以改善热传递效果。这种冷却系统冷却效果好、运行噪声小，但是结构复杂、维护复杂，且使用过程中产生的水垢、空心铜线氧化产生物质沉积容易造成水路堵塞，使得局部绕组不能够得到良好冷却造成过热而被烧毁。同时，水接头和密封的泄漏也带来了短路和漏电等安全隐患。因此水冷电机的管路堵塞和泄漏成为其致命的弱点。

3．电机驱动冷却系统组成

电机驱动冷却系统通常由电动水泵、散热器、电动风扇、储液罐和冷却循环管路等组成，如图 2-19 所示。其中有些冷却循环管路还经过电机控制器底部和驱动电机壳体，以便于冷却电机控制器和驱动电机。

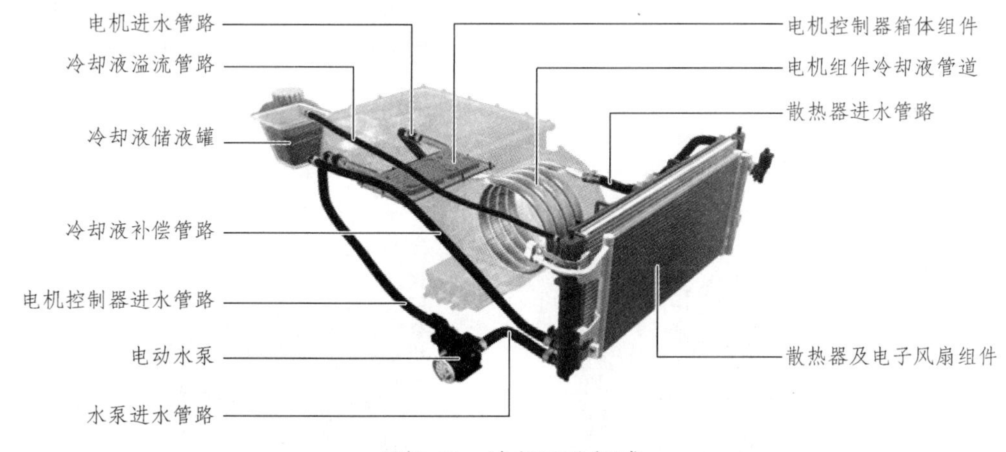

图 2-19　冷却系统组成

（1）电动水泵。

电动水泵，如图 2-20 所示，它的功用是对冷却液加压，保证其在冷却系统中循环流动。水泵是整个冷却系统唯一的动力元件，负责为冷却液的循环提供机械能。根据控制方式的不同，电动水泵主要有电磁离合器式电动水泵和电了控制式电动水泵，纯电动汽车上使用的电子控制式电动水泵。

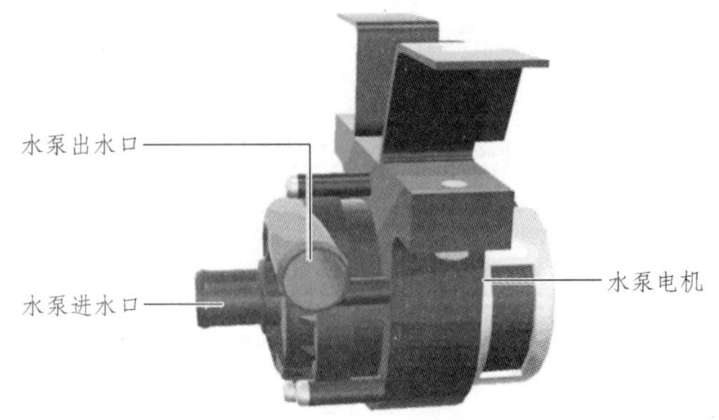

图 2-20　电动水泵

（2）散热器。

散热器主要由左储水室、右储水室、散热器翼片、散热器芯、进水管接口、出水管接口、放水螺塞以及溢流管接口等部件组成，如图 2-21 所示。

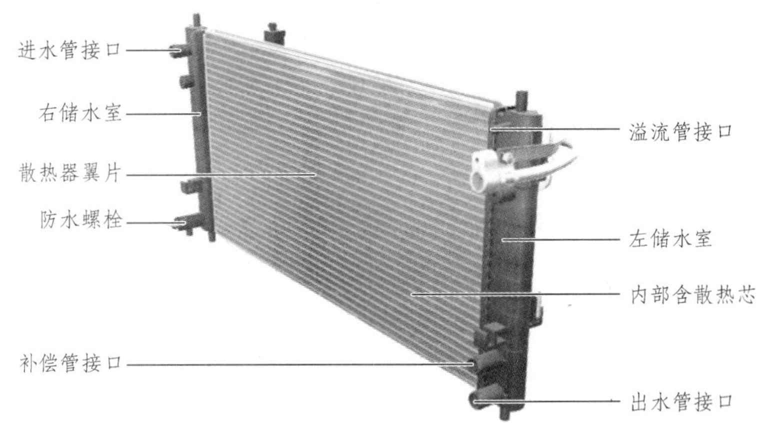

图 2-21　散热器结构组成

按照散热器中冷却液流动的方向，可将散热器分为直流式散热器和横流式散热器两种。如图 2-22 所示。

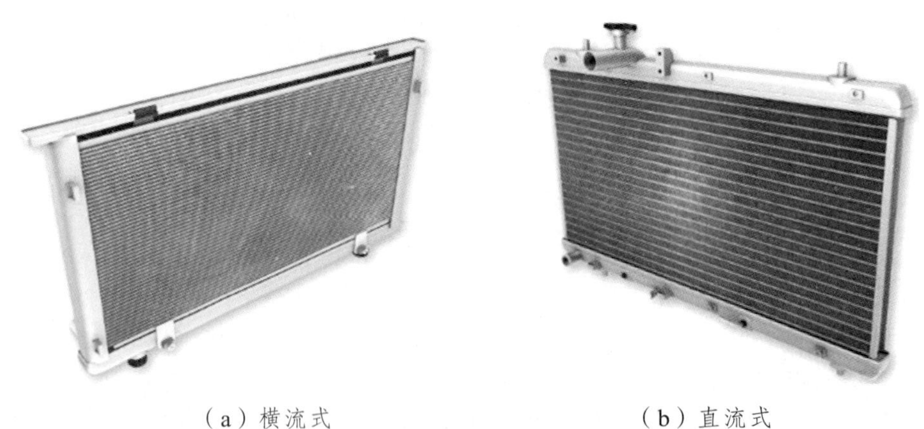
（a）横流式　　（b）直流式

图 2-22　散热器类型

① 直流式散热器。

直流式散热器的散热芯垂直布置，其上下分别布置了上水室和下水室，因而高度尺寸比较大，在发动机罩盖较低的轿车上布置比较困难。所以有些轿车上采用横流式散热器。

② 横流式散热器。

横流式散热器的散热芯水平布置，用左右两侧的水室代替传统的上下水室结构，冷却液左右流动。这种散热器宽度尺寸较大，散热芯正面有效面积增加 10%，从而加大风扇尺寸，得到更多迎风面积，使气流更为流畅。

（3）电动风扇。

电动风扇组件位于散热器的内侧，主要由导热罩、电动机、冷却风扇等部件组成，如图 2-23 所示。电动风扇的功用是提高通过散热器芯的空气流速与流量，增强散热器的散热能力，加速冷却液的冷却。风扇按其结构原理和驱动方式分为：轴流式电动风扇、离心式电动风扇、机械式电动风扇和电机驱动式电动风扇。目前，纯电动汽车常用的是电机驱动式电动风扇。

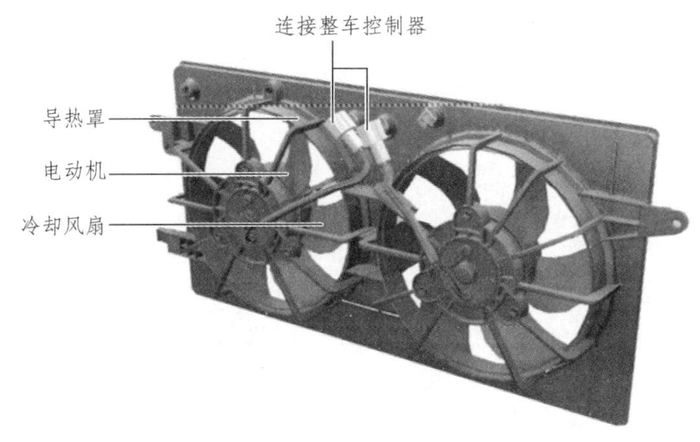

图 2-23　电动风扇

4．电机驱动冷却系统工作原理

电机驱动系统的冷却系统是先对电机控制器冷却，再对驱动电机冷却，经散热器和电动风扇相关的冷却循环管路回到储液罐中，其一般控制电机控制器的温度不超过 80 °C，驱动电机的温度不超过 120 °C。电机驱动冷却系统采用的是强制循环式水冷却，用电动水泵提高冷却液的压力，强制冷却液在电动水泵、驱动电机、电机控制器、散热器之间循环流动，通过热交换来降低电机驱动系统的主要部件的温度。

电动水泵将储液罐中的冷却液泵入电机控制器，电机控制器对冷却液进行冷却后，冷却液从出水口流入驱动电机外壳水套，吸收驱动电机的热量后冷却液温度上升，随后冷却液从驱动电机的出水口流出经过冷却管路流入散热器，在散热器中冷却液通过流经散热器周围的空气散热而降温，最后冷却液经散热器出水软管返回电动水泵，如此往复循环，如图 2-24 所示。

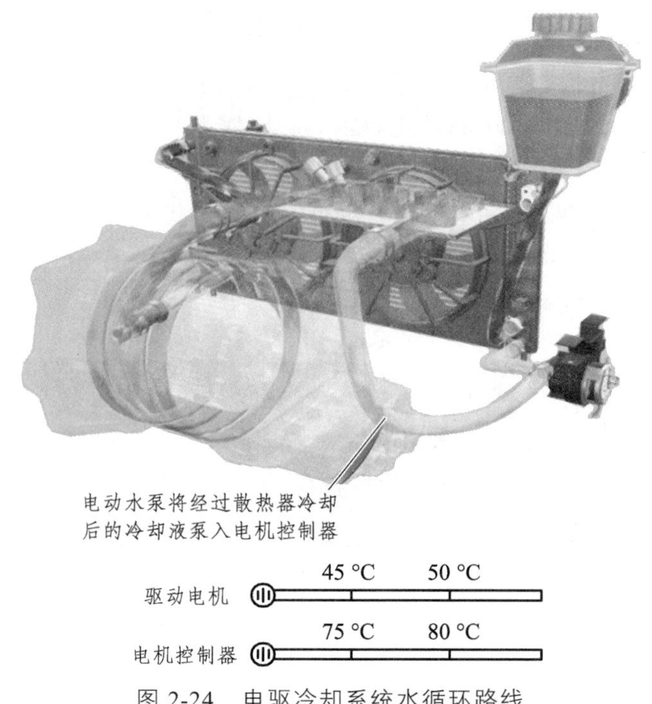

图 2-24　电驱冷却系统水循环路线

四、电机驱动系统工作原理

电机驱动系统工作原理如图 2-25 所示。纯电动汽车电机驱动系统工作时，根据接收到的驾驶员操纵信号和动力电池状态信息等信号，进行分析确定驾驶员的操作意图，得出相应的控制指令发送给电机控制器，电机控制器控制驱动电机工作，从而使电动汽车按照驾驶员的意图行驶。当纯电动汽车需要行驶时，电池管理系统将动力电池输出的高压直流电转换为三相交流电送给驱动电机，驱动电机将电能转换为机械能驱动车轮，从而实现汽车行驶。当汽车减速制动或者空挡滑行时，车轮带着驱动电机反转产生三相交流电，电机控制器将三相交流电转换为高压直流电充入动力电池，补充电能。

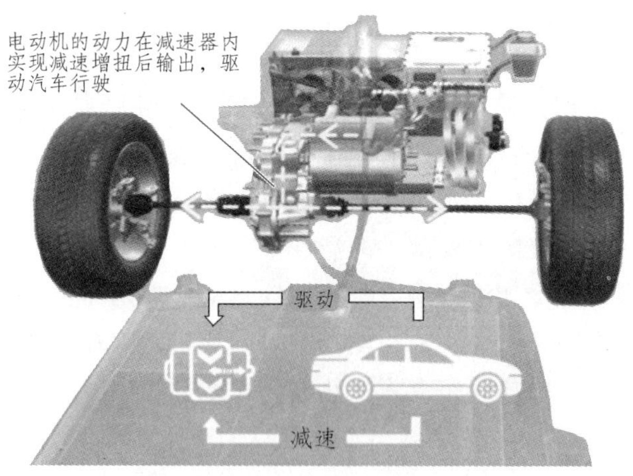

图 2-25　纯电动汽车驱动系统工作原理

任务二　北汽 EV160 电机驱动系统构造与检修

任务目标

（1）了解北汽 EV160 电机驱动系统的组成特点。
（2）掌握北汽 EV160 电机驱动系统的组成部件的结构。
（3）掌握北汽 EV160 电机驱动系统的原理。
（4）掌握北汽 EV160 电机驱动系统主要部件的检修。
（5）能按照操作规范完成北汽 EV160 电机驱动系统的拆装和检修。

任务导入

一辆北汽 EV160 型纯电动汽车（以下简称 EV160）被送至 4S 店进行维修，车主反映该车前期停放数周，现无法启动。维修接待人员试车发现汽车上电指示灯不亮、动力系统故障警告灯点亮，且仪表信息区域显示动力系统故障。经初步诊断，故障原因指向驱动电机。

作为“北汽纯电动汽车检测与维修”项目班考核任务其中之一，考官请 4S 店车间调度将任务工单派发至你手中，请先学习相关知识，然后安全规范地完成分派的检修任务（详见本项目二维码资源——任务导入二）。

知识储备

电机驱动系统作为现代纯电动汽车的心脏，它可以在驾驶员的操控下，高效率地将动力电池的电能转换为车轮的动能以及进行能量回收，从而达到节能减排的目的。EV160 的电机驱动系统主要位于前机舱内，如图 2-26 所示。本任务主要介绍 EV160 电机驱动系统的构造与检修。

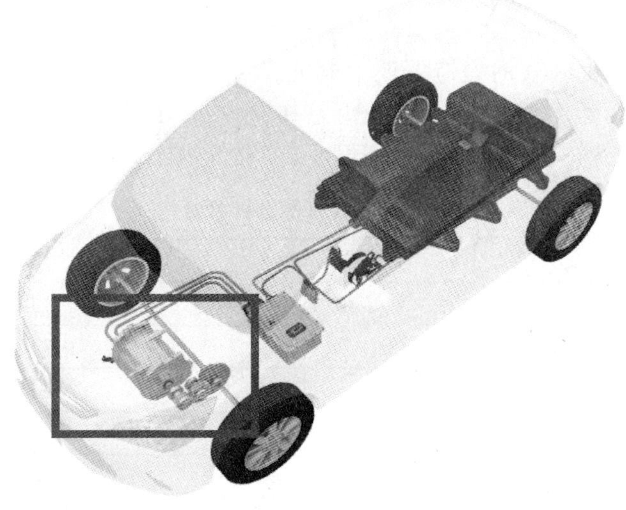

图 2-26　EV160 驱动电机位置

一、EV160 电机驱动系统组成

EV160 电机驱动系统具有驱动转矩大、动力性能强、节约能源、噪声小、易于实现自动控制等优点（详见本项目二维码资源——北汽 EV160 电机驱动系统组成）。其主要由驱动电机、电机控制器、减速器总成和电驱冷却系统四部分组成，各部件通过高低压线束、冷却管路与整车其他系统进行电气和散热连接。

（一）驱动电机

与其他纯电动汽车一样，EV160 的驱动电机是动力系统的重要执行机构，是电能与机械能转化的部件，且能监测自身的运行状态。北汽 EV160 选用的驱动电机是永磁同步电机（Permanent Magnet Synchronous Motor，PMSM），如图 2-27 所示。

图 2-27　永磁同步电机外壳

1．驱动电机特点

EV160 采用的永磁同步电机是由北京汽车集团有限公司自主研发，具有行驶效率高、体积小、质量小、可靠性高的特点，为整车提供动力。除此以外，该电机还具有转速快、加速快、起步快的优点。全封闭式的构造保证了电机清洁运转。电机额定功率为 30 kW，最大功率为 53 kW，最高车速可达 125 km/h；额定扭矩为 102 N · m，最大扭矩为 180 N · m，0 至 80 km/h 加速时间仅为 9.7 s，0 至 50 km/h 加速时间仅 5 s 左右。EV160 电机的具体参数见表 2-1。

表 2-1　EV160 电机参数

参数项目	数值参数
额定转速/（$r \cdot min^{-1}$）	3 000
转速范围/（$r \cdot min^{-1}$）	0～9 000
额定功率/kW	30
峰值功率/kW	53
额定扭矩/N · m	102
峰值扭矩/N · m	180
质量/kg	45

2．驱动电机结构

永磁同步电机主要由定子总成、转子总成、壳体总成、接线盒和内部传感器等构成，如图 2-28 所示。

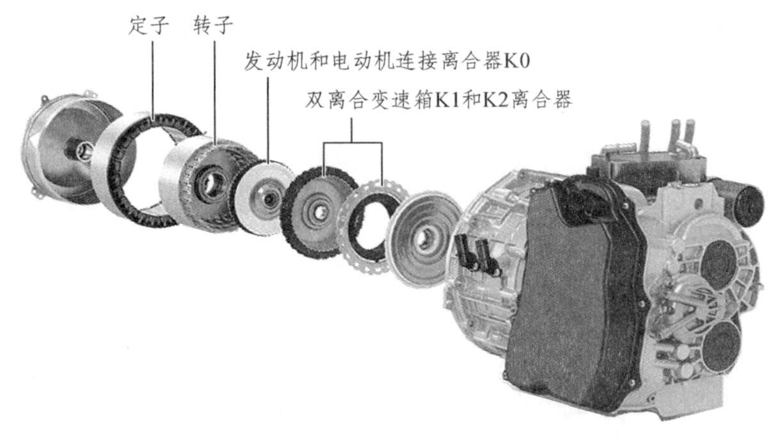

图 2-28 驱动电机结构

（1）接线盒。

EV160 的接线盒主要由三相连接线、高压互锁开关两部分构成。其中，高压互锁开关位于接线盒内，属于一种保护装置，主要由温度传感器和开合（拆卸）传感器组成，如图 2-29 所示。EV160 采用的是触点式互锁开关，当打开接线盒盖，互锁开关自动断开高压线路，防止维修人员发生触电危险。

图 2-29 带温度检测的高压互锁开关

（2）传感器。

与其他纯电动汽车一样，传感器主要用于检测驱动电机的工况，并将信息传送给电机控制器，从而向其提供基本的控制信息。EV160 驱动电机内的传感器由旋转变压器和温度传感器两部分构成。旋转变压器用以检测电机转子的位置，控制器解码后可以获知电机转速；温度传感器用来检测电机的绕组温度，控制器可以保护电机避免过热。

① 旋转变压器。

旋转变压器简称旋变，是一种能转动的变压器，主要由旋转变压器转子和定子组成，如图 2-30 所示。这种变压器的初、次绕组分别放置在定、转子上。初、次绕组之间的电磁耦合程度与转子的转角有关，因此转子绕组的输出电压也与转子的转角有关。

旋转变压器可分为正余弦旋转变压器、线性旋转变压器和比例式旋转变压器，EV160 采用的是正余弦旋转变压器，主要用来检测电机转子位置，并将其检测结果传输给电机控制器，经解码可获知电机转速。

图 2-30　旋转变压器

正余弦旋转变压器在定子槽中分别布置有两个空间互成 90° 的绕组，一个是定子励磁绕组（R1-R2），一个为定子交轴绕组（补偿），两套绕组的结构是完全相同的，如图 2-31 所示。

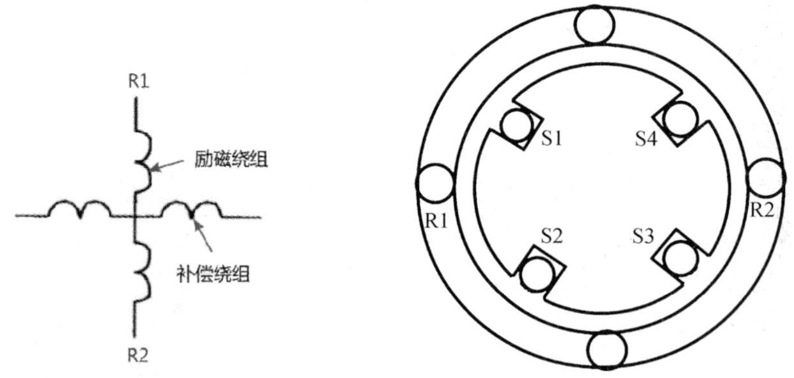

图 2-31　定子励磁绕组示意图

在转子槽中分别布置有两个空间互成 90° 的绕组，一个正弦输出绕组，一个余弦输出绕组，两套绕组的结构是完全相同的，如图 2-32 所示。

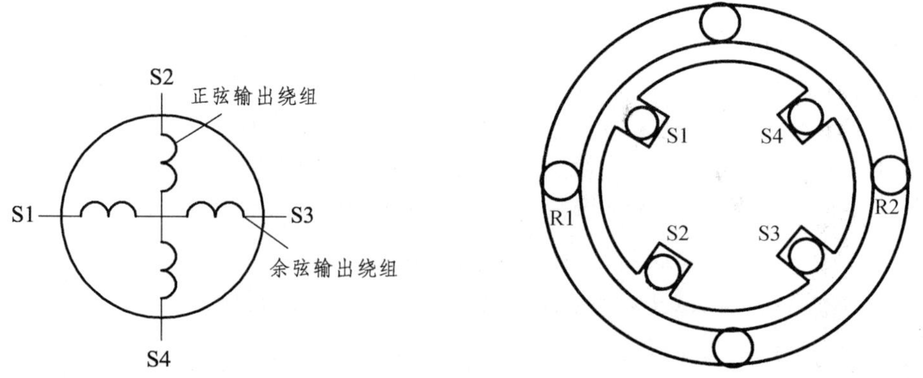

图 2-32　转子输出绕组示意图

当励磁绕组以一定的交流电压励磁时，输出绕组的电压幅值与转子转角成正弦、余弦函数关系，如图 2-33 所示。

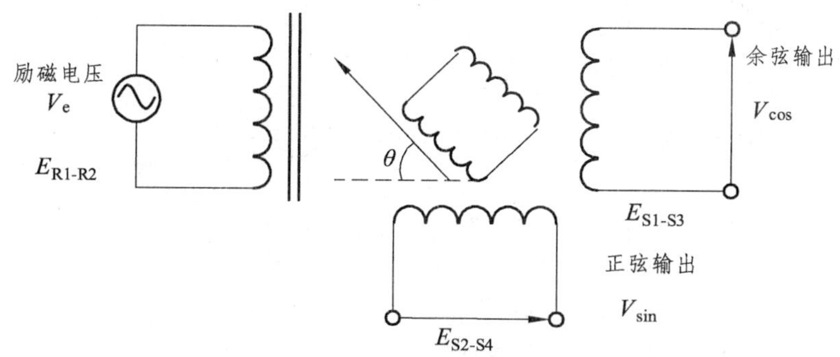

图 2-33　输出绕组电压幅值与转子转角的关系图

② 温度传感器。

温度传感器用来检测电机的绕组温度，将温度信号传输给电机控制器，电机控制器可以保护电机避免过热。EV160 采用的是 PT1000 型热敏电阻温度传感器，它是利用铂（Pt）金属的电阻会随温度变化而变化，并且具有很好的稳定性的物理特性制成的传感器，PT1000 表示在 0 °C 时，其电阻为 1 000 Ω。

3．驱动电机工作原理

EV160 的驱动电机具有驱动和发电两个功能。当车辆驱动行驶时，电机控制器控制电机使其发挥电动机的功能，将动力电池提供的电能转化为机械能，驱动车轮；当车辆减速或制动时，电机控制器控制电机使其发挥发电机的功能，将车轮的机械能转化为电能，回馈给动力电池。与此同时旋转变压器和温度传感器可将驱动电机的工作状态信息传输给电机控制器，电机控制器依据这些信息，对驱动电机实施控制和保护，如图 2-34 所示。电动机部件在工作过程中会产生大量的热，电机冷却循环水管中的冷却液可将多余热量带走，使其保持在正常的温度范围。

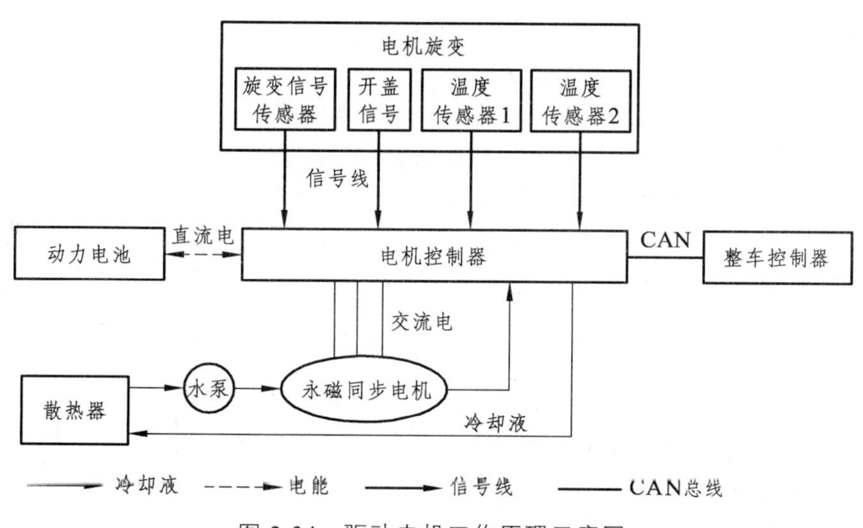

图 2-34　驱动电机工作原理示意图

（二）电机控制器

EV160 的电机控制器响应并反馈整车控制器（VCU）根据驾驶员意图发出的各种指令，实时调整驱动电机输出，以实现控制驱动电机的转速、转向和通断。电机控制器的另一个重要功能是通信和保护，它可以实时进行状态和故障检测，保护驱动电机系统和整车安全可靠地运行。

1．电机控制器结构

EV160 的电机控制器，又称智能功率模块，其主要以绝缘栅双极型晶体管（IGBT）模块、电子监测装置为核心，辅以驱动集成电路、主控的集成电路组成，如图 2-35 所示。

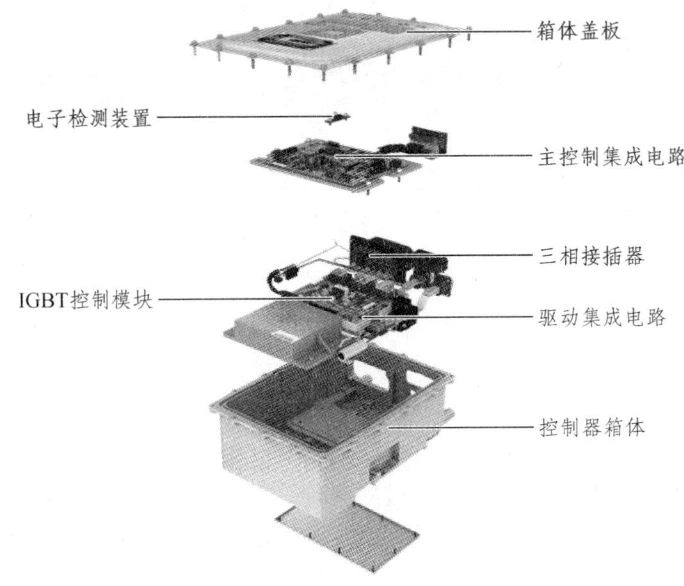

图 2-35　电机控制器组成

EV160 电机控制器的 IGBT 模块是一个三相两电平电压源型逆变器，是电机驱动控制中心。电子检测装置和驱动集成电路、主控集成电路共同组成电机控制器内的电子控制装置。电机控制器内的电子检测装置主要是电流传感器，用以检测电机工作的实际电流，包括母线电流、三相交流电流；主控集成电路对所有的输入信号进行分析处理，并将电机驱动系统运行状态的信息通过 CAN2.0 网络发送给整车控制器；驱动集成电路给驱动电机发出控制指令。电机控制器内含故障诊断电路，当诊断出异常时，它将会激活一个错误代码，发送给整车控制器，同时也会存储该故障码和数据。

2．电机控制器工作原理

EV160 的电机控制器的原理与其他纯电动汽车的一样，当驱动电机驱动车辆行驶时，电机控制器将动力电池的直流电转换为交流电（DC-AC 逆变）供给驱动电机。而当驱动电机作为发电机，回收能量时，电机控制器则将交流电转换为直流电（AC-DC 整流），为动力电池充电。与此同时，电机控制器通过电流传感器、电压传感器及温度传感器实时监测电机控制器本身与驱动电机的工作状态，确保电机驱动系统处于稳定的工作状态。

EV160 的电机控制器具体的工作原理如下：

（1）MCU 工作原理——驱动过程。

当电机驱动车辆前行或倒退时，动力电池通过高压控制盒将高压直流电流向电机控制器，电机控制器将动力电池的高压直流电逆变为三相交流电，供给驱动电机，驱动车辆，如图 2-36 所示。在车辆驱动过程中，电机控制器主要起逆变作用，其逆变电路主要由动力电池、绝缘栅双极型晶体管 IGBT1 ~ IGBT6、电机、整车控制器 VCU 等组成。其中 VCU 控制 IGBT 的导通和截止。

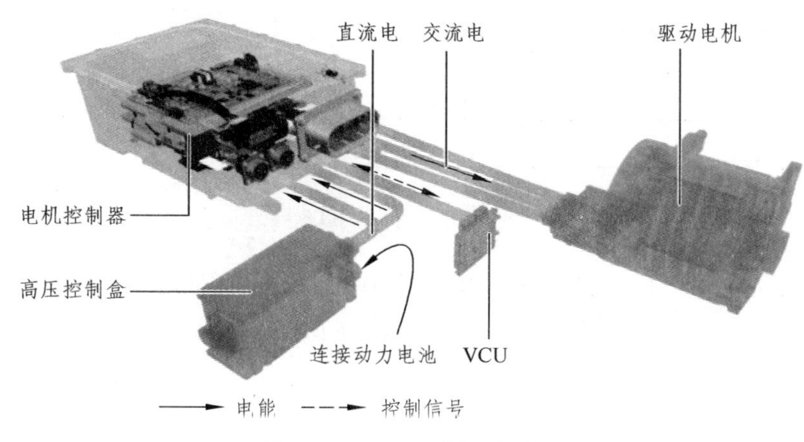

图 2-36 MCU 的驱动过程

当 VCU 控制 IGBT3 和 IGBT5 导通时，动力电池电流从电池正极流经 IGBT3 到驱动电机，从 W 相进、V 相出，通过 IGBT5 回到动力电池负极，形成回路，在驱动电机 W 相、V 相产生磁场，如图 2-37 所示。

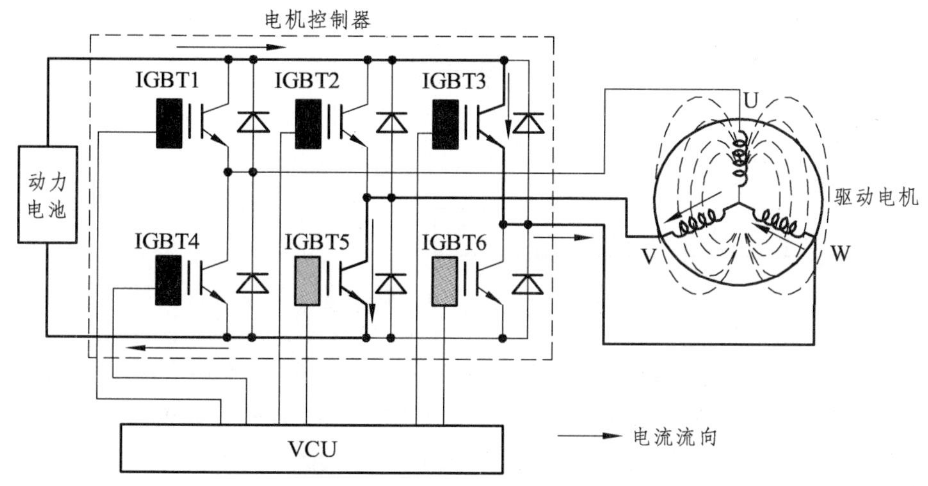

图 2-37 IGBT3 和 IGBT5 导通

当 VCU 控制 IGBT1 和 IGBT6 导通时，动力电池电流从电池正极流经 IGBT1 到驱动电机，从 U 相进、W 相出，通过 IGBT6 回到动力电池负极，形成回路，在驱动电机 U 相、W 相产生磁场，如图 2-38 所示。

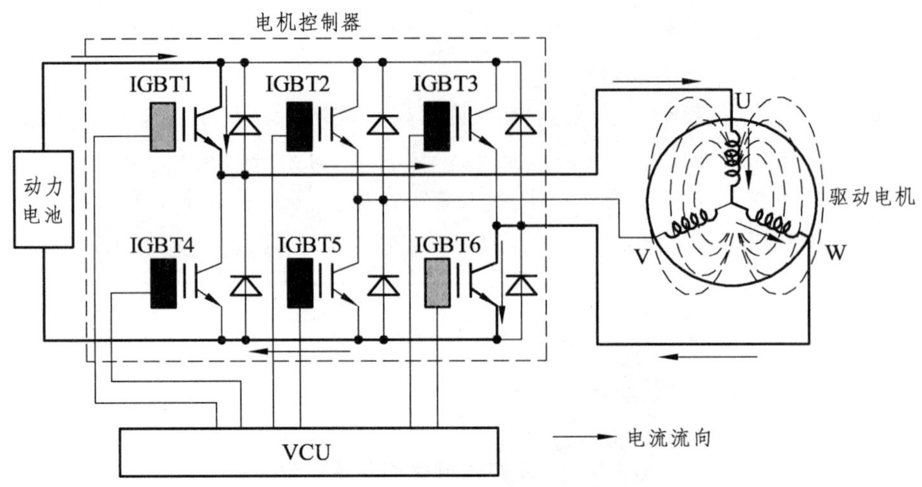

图 2-38　GBT1 和 IGBT6 导通

当 VCU 控制 IGBT2 和 IGBT4 导通时，动力电池电流从电池正极流经 IGBT2 到驱动电机，从 V 相进、U 相出，通过 IGBT4 回到动力电池负极，形成回路，在驱动电机 V 相、U 相产生磁场，如图 2-39 所示。

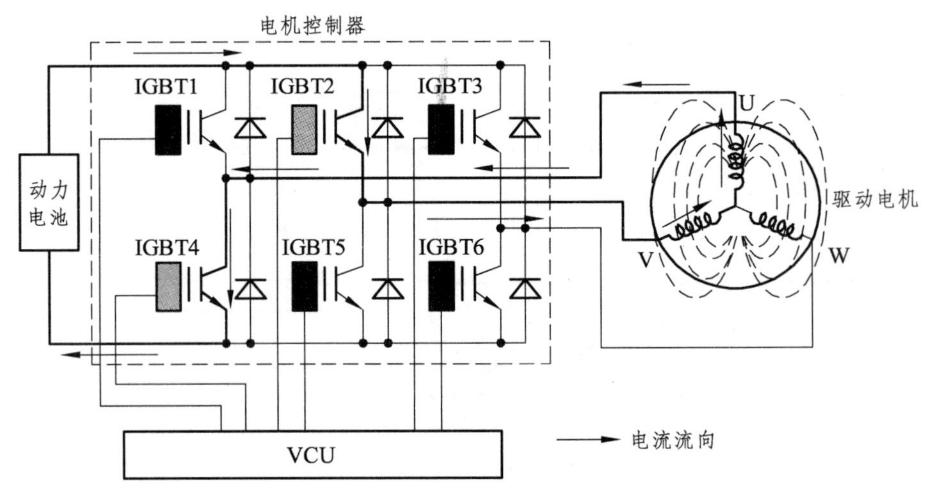

图 2-39　IGBT2 和 IGBT4 导通

连续不断的导通变化，在驱动电机绕组中形成连续的旋转磁场，根据电动机原理，转子在旋转磁场作用下形成旋转转矩。此外，改变 IGBT1 ~ IGBT6 的触发信号频率和时间，就能改变逆变器输入驱动电机定子绕组电流空间相量的相位和幅值，以适应驱动电机的驱动需要。

（2）MCU 工作原理——能量回收过程。

当车辆减速或制动时，驱动电机转变为发电机，向电机控制器输送三相交流电，电机控制器将驱动电机输送过来的三相交流电整流成稳定的直流电，再通过高压控制盒，输送到动力电池，为动力电池充电，如图 2-40 所示。

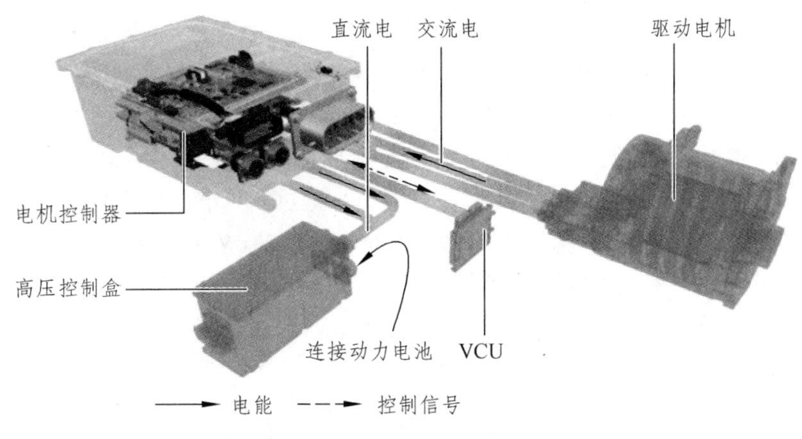

图 2-40　电机控制器的整流过程

在车辆能量回收过程中，电机控制器主要起整流作用，其整流电路主要由动力电池、二极管 D1 ~ D6、电机、整车控制器 VCU 等组成。电机控制器主要是利用其二极管的单向导电性能，将电机产生的三相交流电整流为直流电，如图 2-41 所示。

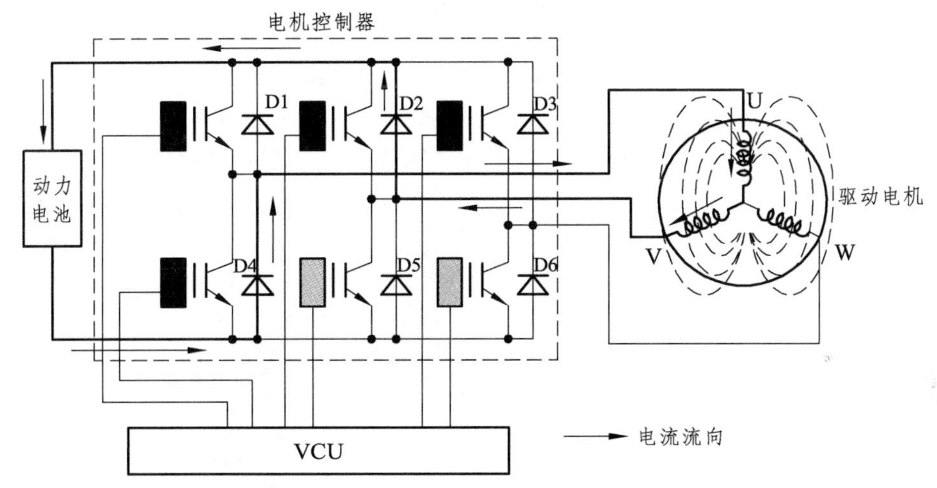

图 2-41　电机控制器的整流电路原理

（三）减速器总成

EV160 的机械减速装置采用的固定传动比的二级减速器，又称为减速器总成。EV160 减速器的主要功能是通过齿轮改变转矩的传递方向，通过差速器实现两侧车轮差速作用，保证内、外侧车轮以不同转速滚动而非滑动。总的来说就是将整车驱动电机的转速降低、扭矩升高，以实现整车对驱动电机的扭矩、转速需求。

1．减速器总成结构

EV160 的减速器总成是一款前置前驱减速器，采用左右分箱、两级传动结构设计（详见本项目二维码资源——北汽 EV160 减速器总成结构）。它具有体积小，结构紧凑的特点。采用前进挡和倒挡共用减速器总成这一结构，倒挡通过电机反转实现。减速器动力传动机械部分依靠两级齿轮副来实现减速增扭，其总传动比为 7.79。EV160 的减速器总成按功用和位置分为四大组件：输入轴组件、中间轴组件、差速器组件、箱体（左右箱体）。

（1）输入轴（详见本项目二维码资源——北汽 EV160 输入轴组件结构）。

输入轴由输入轴和一级减速主动齿轮（齿数：25）构成。输入轴的动力来自驱动电机。

（2）中间轴（详见本项目二维码资源——北汽 EV160 中间轴组件结构）。

中间轴主要由一级减速从动齿轮（齿数：49）和二级减速主动齿轮构成（齿数：17）构成。输入轴的一级减速主动齿轮与中间轴的一级减速从动齿轮啮合，传动为 1.9。

（3）差速器（详见本项目二维码资源——北汽 EV160 差速器结构）。

差速器由差速器外壳、行星齿轮轴、2 个行星齿轮、2 个半轴齿轮和二级减速从动齿轮（齿数：69）构成。差速器的功用是将二级减速从动齿轮的动力传递给左右两个半轴，并允许左、右半轴以不同的转速旋转，使左、右驱动轮相对地面滚动而不是滑动。二级减速从动齿轮与中间轴的二级减速主动齿轮啮合，传动比约为 4.1，是二级减速（二级减速器总传动比 = 一级传动比 × 二级传动比 = 7.79）。

差速器动力传递路线：二级减速从动齿轮→差速器壳→行星齿轮轴→行星齿轮→半轴齿轮→左右半轴→左右驱动轮。

（4）箱体。

箱体由左右箱体两部分构成，如图 2-42 所示。它是减速器中所有零件的基座，是支撑和固定轴系部件，保证传动零件的正确相对位置并承受作用在减速器上的负荷的重要零件。箱体一般还兼作润滑油的油箱，具有充分润滑和很好的密封箱体零件的作用。

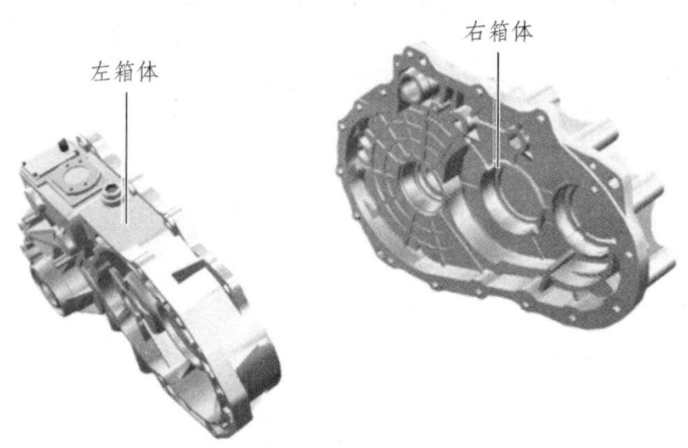

图 2-42　箱体结构

2．减速器总成工作过程

EV160 减速器采用的是两组齿轮副实现降速增扭。下面将从驱动状态（前进）、减速/制动（前进）、倒车三个方面对 EV160 减速器的动力传递路线进行讲解。

（1）驱动状态（前进）。

车辆前进驱动时，减速器的动力传递路线为：驱动电机（正转）→输入轴→一级减速主动齿轮→中间轴一级减速从动齿轮→中间轴二级减速主动齿轮→二级减速从动齿轮→差速器半轴齿轮→左右半轴→左右驱动轮，如图 2-43 所示。

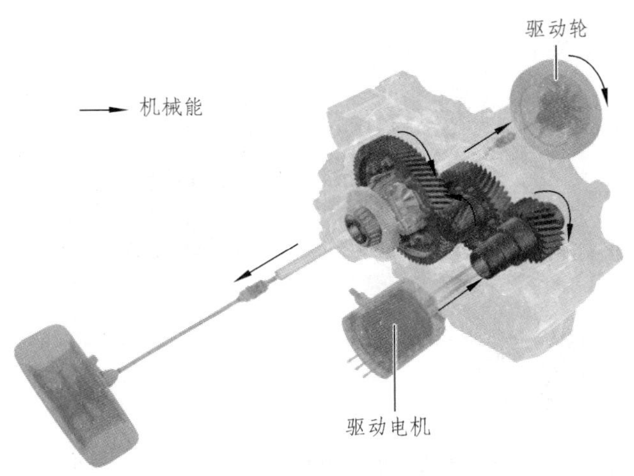

图 2-43　驱动状态（前进）减速器的动力传递路线

（2）减速/制动状态（前进）。

车辆在前进挡状态下，松开加速踏板/踩下制动踏板时，减速器的动力传递路线为：左右驱动轮→左右半轴→差速器半轴车轮→二级减速从动齿轮→中间轴二级减速主动齿轮→中间轴一级减速从动齿轮→一级减速主动齿轮→输入轴→驱动电机，如图 2-44 所示。

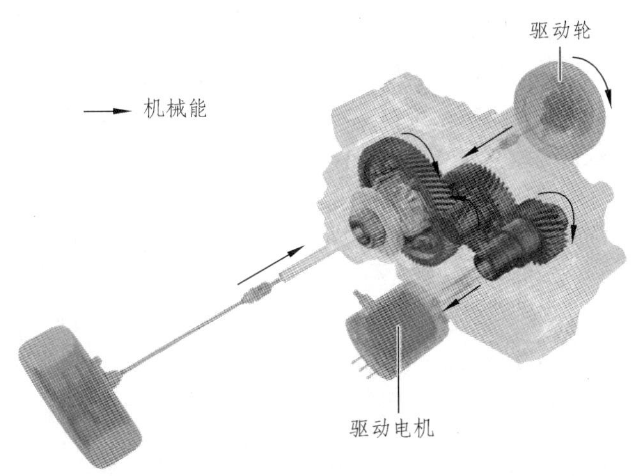

图 2-44　减速/制动状态（前进）减速器的动力传递路线

（3）倒车。

车辆倒车时，减速器的动力传递路线为：驱动电机（反转）→输入轴→一级减速主动齿轮→中间轴一级减速从动齿轮→中间轴二级减速主动齿轮→二级减速从动齿轮→差速器半轴齿轮→左右半轴→左右车轮，如图 2-45 所示。EV160 减速器主要是通过驱动电机的正反转来实现车辆的前进和倒退的。

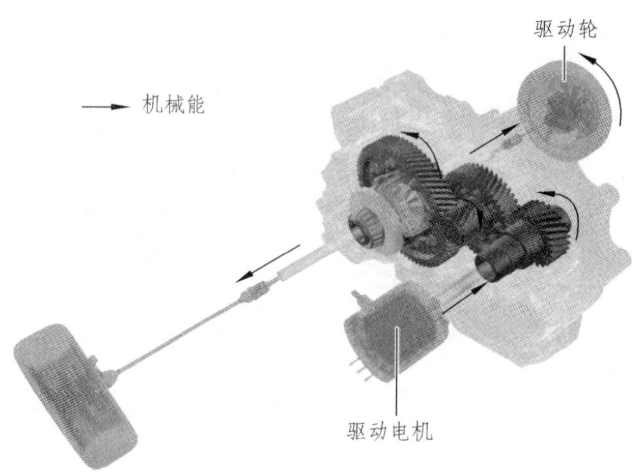

图 2-45　倒车时减速器的动力传递路线

（四）电驱冷却系统

1．电驱冷却系统的组成

EV160 的电机驱动系统是采用水冷方式进行冷却，该冷却系统主要由电动水泵、散热器、电动风扇、储液罐和冷却循环管路组成，如图 2-19 所示。

（1）电动水泵。

EV160 选用的是叶轮式电动水泵（详见本项目二维码资源——北汽 EV160 电动水泵结构），其功用是对冷却液加压，保证其在冷却系统中循环流动。电动水泵的电机带动叶轮旋转时，水泵中的冷却液在离心力作用下被甩到叶轮外缘，叶轮外缘压力升高，冷却液从出水口甩出。

（2）电机驱动系统散热器。

EV160 的散热器属于横流式（详见本项目二维码资源——北汽 EV160 散热器结构）。散热器主要由左储水室、右储水室、散热器翼片、散热器芯、进水管接口、出水管接口、放水螺塞以及溢流管接口等部件组成。

空气从散热器芯外面通过，冷却液在散热器芯内流动，冷空气将冷却液散在空气中的热量带走，散热器实质上是一个热交换器，如图 2-46 所示。

图 2-46　散热器工作原理示意图

（3）电动风扇（详见本项目二维码资源——北汽 EV160 电动风扇结构）。

电动风扇是由整车控制器（VCU）控制的，驱动电机和电机控制器的温度都会影响电动风扇的转速。驱动电机的温度传感器将驱动电机温度传送给整车控制器，当检测到电机的温度在 45 °C 至 50 °C 时，整车控制器控制冷却风扇低速启动；当检测到驱动电机温度不小于 50 °C 时，整车控制器控制冷却风扇高速启动；当检测到驱动电机温度降至 40 °C 时，整车控制器控制冷却风扇停止工作。

电机控制器的温度传感器将电机控制器散热基板的温度信号传送给整车控制器，当检测到电机控制器散热基板的温度不小于 75 °C 时，整车控制器控制冷却风扇低速启动；当检测到电机控制器散热基板温度不小于 80 °C 时，整车控制器控制冷却风扇高速启动；当检测到电机控制器散热基板温度降至 75 °C 时，整车控制器控制冷却风扇停止工作。

2．电驱冷却系统工作原理

电机驱动系统的冷却系统使用电动水泵提高冷却液的压力，强制冷却液在电动水泵、驱动电机、电机控制器、散热器之间循环流动。换句话说就是电机驱动系统采用强制循环式水冷却，由电动水泵提供循环动力。

电动水泵将储液罐中的冷却液泵入电机控制器，冷却液对电机控制器进行冷却后从出水口流入驱动电机外壳水套，吸收驱动电机的热量后冷却液随之升温，随后冷却液从驱动电机的出水口流出经过冷却管路流入散热器，在散热器中冷却液通过流过散热器周围的空气散热而降温，最后冷却液经散热器出水软管返回电动水泵进行往复循环，如图 2-47 所示。

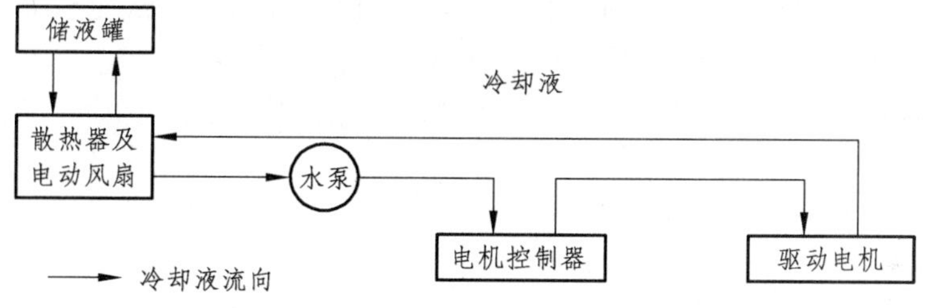

图 2-47　电驱冷却系统水循环路线

二、EV160 电机驱动系统工作原理

EV160 电机驱动系统的工作原理与其他纯电动汽车的原理基本相同，具体为：纯电动汽车是以驾驶员的操作（主要是对加速踏板的操作）为车辆的动作信号，整车控制器接收到驾驶员的操作信号之后，将控制信号发送给电机驱动系统的电机控制器，由电机控制器根据驾驶员的具体需求和电机的工况来控制驱动电机的转速、转矩、转向的动作，从而使电动汽车以驾驶员预期的状态行驶。其具体工作过程如下：

（一）行驶过程

以驾驶员的操作（主要是对加速踏板的操作）为车辆的动作信号，通过电控系统信息的传递，动力电池的电能通过高压控制盒和驱动电机控制器，将电能提供给驱动电机，从而驱动车辆行驶。电机控制器具有逆变功能，可将动力电池的直流电逆变为交流电，为驱动电机提供电能，如图 2-48 所示。

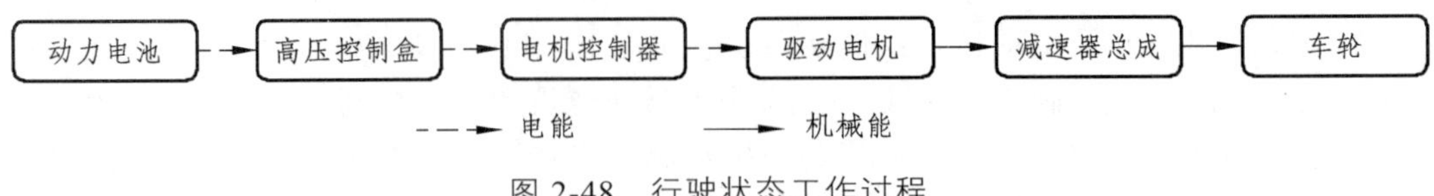

图 2-48　行驶状态工作过程

（二）能量回收过程

能量回收系统是电动汽车的重要组成部分，又称再生制动系统。当北汽 EV 系列电动车使用 D 挡或 E 挡进行滑行或者踩制动踏板减速时，车辆能够进入能量回收模式，通过驱动电机将车辆的一部分机械能转化为电能，然后将这部分电能储存在动力电池中，同时将车辆充电过程中的部分阻力施加给电机驱动系统，使车轮减速；当汽车再次启动或加速时，制动能量回收系统又将储存在动力电池中的能量转换为汽车行驶所需要的机械能，如图 2-49 所示。

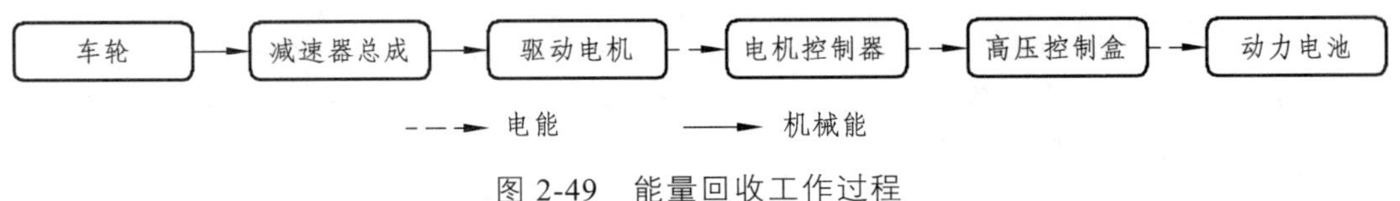

图 2-49　能量回收工作过程

（三）停车充电过程

北汽 EV 系列有 5 种充电方式：① 线充，家用 220 V 电源即可随插随充，6 ~ 8 h 充满；② 慢充盒,使用家用慢充设备，6 ~ 8 h 充满；③ 快充桩，外出使用快充桩，0.5 h 充满 80%，1 h 充满；④ 补电车，24 h 移动救援补电车，0.5 h 就能充满 80%。

以下主要从慢速充电（线充、慢充盒）和快速充电（快充桩）两个方面，讲解动力系统充电的工作过程。

1．慢速充电

北汽 EV 系列汽车慢速充电有家用交流电充电和 220 V 交流充电桩充电两种方式。

家用交流电充电是指利用家用交流充电线，将被充车辆与家用 220 V/50 Hz/16 A 的单相三孔插座可靠连接。

交流充电桩充电是指利用适用北汽 EV 系列的交流充电桩，按照操作说明要求与被充车辆进行可靠连接。通过插卡，输入密码，启动等一系列操作后，完成交流充电工作。

不管采用哪种慢充方式，交流电都是通过车载充电机转换为直流电，再经过高压控制盒充入到动力电池中，如图 2-50 所示。当电池温度高于 55 °C 或低于 0 °C 时，电池管理系统将自动切断慢充充电回路。

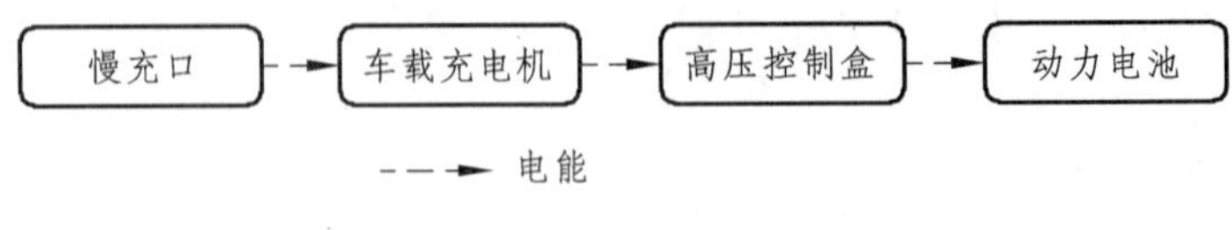

图 2-50　慢速充电工作过程

2．快速充电

快速充电是指将快速充电枪插入位于车辆前格栅商标（LOGO）处的快充充电口，来自充电桩的高压直流电通过高压控制盒充到动力电池中，如图 2-51 所示。当电池温度高于 55 °C 或低于 5 °C，电池管理系统将自动切断快充充电回路。

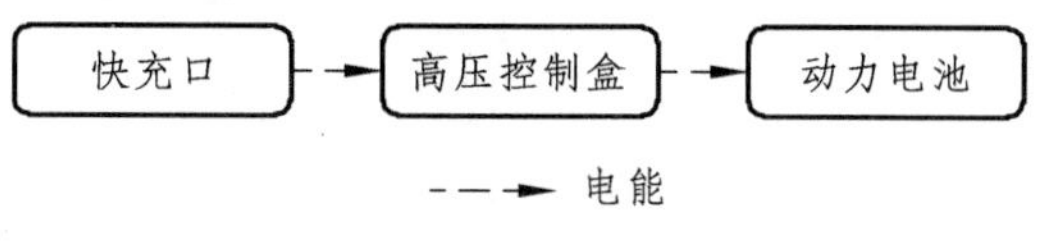

图 2-51　快速充电工作过程

三、EV160 电机驱动系统检修

EV160 电机驱动系统的检修要遵循由易到难、由外到内、由电气部件到机械部件的原则进行，并且一般是利用设备进行的不解体检修优先。本节主要介绍电机驱动系统驱动电机、电机控制器、减速器总成及电机冷却系统的检测。

（一）驱动电机的检测

EV160 驱动电机的检测主要包括基本检查、诊断仪在线检测、电气元件检测和机械部件检测等。

1．基本检查

（1）检查驱动电机外观是否有破损，各接插器连接是否可靠，线束是否有破损，若发现有破损或者是异常状况应立即停止使用车辆，并将车辆移至厂家指定维修站点。

（2）通过闻电机的气味判断故障。若发现有特殊的油漆味，说明电机内部温度过高，若发现较重的煳味，则可能是绝缘层被击穿或绕组已烧毁。

2．在线检测

在汽车启动以后，连接诊断仪读取电机驱动系统的相关数据流，根据数据流分析电机驱动系统的工况，需要读取的主要数据有：MCU 使能命令、驱动电机工作模式命令、驱动电机转矩、转速指令方向命令、MCU 初始化状态、驱动电机当前状态、驱动电机当前工作模式、驱动电机当前旋转方向等。

3．电气检测

驱动电机常见的电气故障有线路连接异常、电机绕组绝缘、短路、断路、断相运行等，可以借助万用表、兆欧表和数字电桥等检测工具进行检测。

（1）检查电机驱动系统相关电气连接是否正常。

（2）驱动电机绕组三线母线绝缘性检测。

使用绝缘兆欧表或绝缘测试仪的 500 V 挡位，测量电机三相绕组引出线与机壳之间的绝缘电阻，当检测值大于 500 Q/V 或电机整体绝缘电阻大于 20 MΩ，表明电机绝缘良好。

（3）驱动电机定子绕组断路检测。

使用万用表的 200 Ω 挡位，测量 2 相绕组 W 和 U 电路之间的电阻，正常情况下标准电阻值应小于 1 Ω，若测量值大于标准值，则说明二组线圈断路损坏；交换绕组以同样方法测量其他绕组（W 和 V、U 和 V）之间的电阻。

（4）驱动电机三相绕组均衡性检测。

使用万用表的 200 Ω 挡位，测量 2 相绕组 W 和 U 电路之间的电阻，以同样方法测量其他绕组（W 和 V、U 和 V）之间的电阻，三相绕组两项之间的电阻值的差值在 5% 以内为正常。

（5）电机旋转变压器检测。

① 根据电气接口表定义，用万用表欧姆挡检查旋转变压器励磁绕组的电阻值，正常为（7 ± 2）Ω（随温度不同而变化）。

② 根据电气接口表定义，用万用表欧姆挡检查旋转变压器正旋绕组的电阻值，正常为（15 ± 2）Ω（随温度不同而变化）。

③ 根据电气接口表定义，用万用表欧姆挡检查旋转变压器负旋绕组的电阻值，正常为（12 ± 2）Ω（随温度不同而变化）。

若检测数值为无穷大，表示已损坏，需更换旋转变压器。

4. 机械检测

驱动电机常见的机械故障主要有扫膛、振动、轴承过热、损坏等故障。轴承精度不合格及端盖内孔磨损或端盖止口与机壳止口磨损变形，使电机壳、端盖、转子三者不同轴心引起扫膛；转子动平衡不好、转轴转子弯曲，端盖、机壳与转子不同轴心，紧固件松动等会引起振动；轴承的配合太紧或太松会引起轴承过热而使轴承损坏。

（1）轴承轴向和径向跳动量。

用百分表测量转子轴承的径向跳动量和轴向跳动量，转子轴承径向跳动量小于 0.02 mm，转子轴承轴向跳动量小于 0.05 mm。

（2）测量转子轴弯曲度。

用高度游标卡尺等工具测量转轴的弯曲度，电动机主轴的弯曲度不大于 0.01 mm。

（二）电机控制器的检测

EV160 电机控制器的检测主要包括基本检查、在线检测和电气检测。

1. 基本检查

（1）检查电机控制器各连接插接器，确认插件是否连接到位，是否有退针现象，若有应及时插接到位。

（2）检查电机控制器各连接线束是否牢靠或破损，若发现有破损或者是异常连接状况应立即停止车辆使用，并将车辆移至厂家指定维修站点。

（3）通过闻电机控制器的气味，若发现有特殊的油漆味，说明电机内部温度过高，若发现较重的煳味，则可能存在烧坏现象。

2. 在线检测

在汽车启动以后，连接诊断仪读取电机控制器的相关数据流，根据数据流分析电机控制器的工况，主要需要读取的数据是电机控制器高压检测完成指标。

3. 电气检测

电机控制器的主要损坏是电气故障，可以借助相关检测工具和设备进行检测。

（1）电机控制器高压输入插接器 A 端子绝缘检测。

断开蓄电池负极，断开动力电池（PDU）低压插头，并断开电机控制器的高压输入接插器。使用兆欧表的 500 V 挡位，测量电机控制器高压输入接插器 A 端子和车身搭铁之间的阻值，正常阻值大于 20 MΩ；若测量值小于标准值，则说明电机控制器短路损坏。

（2）电机控制器高压输入插接器 B 端子绝缘检测。

断开蓄电池负极，断开动力电池（PDU）低压插头，并断开电机控制器的高压输入接插器。使用兆欧表的 500 V 挡位，测量电机控制器高压输入接插器 B 端子和车身搭铁之间的阻值，正常阻值大于 20 MΩ；若测量值小于标准值，则说明电机控制器短路损坏。

若通过检测确认电机控制器存在故障，需将驱动电机从车身上拆下检测维修或更换。

注意事项：

拆卸电机控制器之前必须严格按照规范进行下电操作，因为拆卸电机控制器需要断开电机与电机控制器之间的高压线束，为确保安全，要做好高压安全防护。

（三）减速器总成和电机冷却系统的检测

EV160 减速器总成和电机冷却系统的检测主要是基本检查。

1. 减速器总成基本检查

检查减速器表面是否有泄漏或者破损，若发现有破损或者漏油等异常状况应立即停止车辆使用，并将车辆移至厂家指定维修站点。

2. 电机冷却系统基本检查

（1）检查电机冷却系统各线束连接器的连接是否牢靠或者线束破损，若发现有破损或者是连接异常状况应及时进行检修。

（2）检查电机冷却系统冷却液循环管理是否有漏液状况，若有应及时进行检修。

若电机驱动系统相关部件的检测数值不在规定的范围内，请进一步检测确认故障，并根据故障点进行维修，具体检测标准见表 2-2。

表 2-2　电机驱动系统检测标准

检修内容	标准值范围
驱动电机三相电压母线绝缘检测	大于 20 MΩ
驱动电机绝缘检测	大于 20 MΩ
驱动电机三相绕组断路检测	小余 1 Ω
三相绕组电阻、电感值不均衡性	小于 5%
旋转变压器励磁绕组阻值	（7±2）Ω（随温度不同而变化）
旋转变压器正弦绕组阻值	（15±2）Ω（随温度不同而变化）
旋转变压器余弦绕组阻值	（12±2）Ω（随温度不同而变化）
电动机主轴弯曲度	不大于 0.01 mm
转子轴承径向跳动量	小于 0.02 mm
转子轴承轴向跳动量	小于 0.05 mm

技能训练

实训一　北汽 EV160 电机驱动系统拆装

一、实训准备

1．安全操作规范

（1）操作前需穿戴高压安全防护装备。

（2）拆卸高压系统部件时需要使用绝缘工具。

（3）升降平台需符合车辆部件承重要求。

（4）举升机和升降平台的操作应符合使用规范。

2．实操工具准备

（1）设备准备。

2016 款北汽 EV160 型纯电动汽车、举升机、承重 1 000 kg 升降平台。

（2）工具准备。

① 常用工具：世达 100 件工具套装；② 绝缘工具：世达 68 件绝缘工具套件；③ 检测工具：指针式扭力扳手；④ 专用工具：球头取出器、水管钳；⑤ 耗材：冷却液、齿轮油。

二、实训步骤

1．前期准备

（1）安装车轮挡块。

（2）打开车门降下左前窗，安装车内三件套。

（3）打开发动机机舱盖，安装翼子板布和前格栅布。

（4）穿戴高压防护装备。

2．电机控制器拆装

（1）电机控制器拆卸。

① 断开整车高压电，断开蓄电池负极，断开 PDU 的低压插头，并等待 15 min 以上。② 旋开冷却液储液罐罐盖，取出车轮挡块，举升车辆至合适位置；将冷却液回收器放置于冷却液散热器排放塞的正下方，旋出冷却液排放塞子，放尽冷却系统的冷却液；使用卡箍钳松开电机控制器的进水水管卡箍，并取下。③ 断开电机控制器的插接件降下车辆，并安装车轮挡块，松开驱动电机和电机控制器接插件卡扣并断开接插件线束，断开电机控制器的低压插接件，拆卸进出水管。④ 拆卸电机控制器，使用小号棘轮扳手、小号套筒、HW6 内六角套筒工具拆卸电机控制器的 3 颗固定螺栓，取出电机控制器放置到零件桌上。

注意：

① 将拆卸的螺栓放置在工具车的指定位置。

② 取下螺栓时首先做基本检查，确保螺栓无损坏。

（2）安装电机控制器。

① 安装电机控制器，将电机控制器放置到前机舱集成支架总成上；使用小号棘轮扳手、小号套筒、HW6 内六角套筒工具紧固电机控制器的 3 颗固定螺栓。② 安装进、出水管；安装电机控制器的进、出水管；使用卡箍钳工具安装驱动电机控制器进、出水管固定卡箍。③ 安装电机控制器的插接件，安装驱动电机和电机控制器接插件卡扣并断开接插件线束，连接电机控制器与 PDU 连接的高压插头，连接电机控制器的低压插接件。④ 安装冷却液排放塞，添加冷却液，并将冷却液储液罐盖上旋紧。

3．驱动电机拆装

（1）拆卸驱动电机。

① 拆卸车轮，使用小号一字螺丝刀取下两前轮的轮毂装饰盖；用指针式扭力扳手配合大号接杆和大号 21 mm 套筒工具预松两前车轮的紧固螺栓；安全装置举升机并将举升机上升至合适高度使四个车轮稍微离开地面不与地面接触；使用大号棘轮扳手配合大号接杆和大号 21 mm 套筒工具拆卸两前车轮的紧固螺栓；用手取出两前车轮的紧固螺栓；取下左前和右前轮胎并分别放到轮胎托架上；使用指针式扭力扳手配合大号接杆和大号 18 mm 套筒工具预松两前车轮的中心轮毂螺母；使用大号棘轮扳手配合大号接杆和大号 18 mm 套筒工具拆卸两前车轮的中心轮毂螺母；用手取下两前车轮的中心轮毂螺母。

② 排放齿轮油，将油液回收装置放置在减速器总成正下方，使用大号棘轮扳手配合大号接杆和 HW10 旋具套筒工具取下减速器放油孔螺栓，待油液放尽后使用定扭扳手配合大号接杆和 HW10 旋具套筒工具紧固放油孔螺栓，扭矩为 50 N · m，将油液回收装置放置回原位。

③ 拆卸电机进出水管，使用卡箍钳工具松开驱动电动机进、出水管固定卡箍，断开驱动电动机进、出水管路，断开驱动电机低压信号线束接插件，使用中号棘轮扳手配合中号接杆和中号 12 mm 套筒工具拆卸横向稳定杆与下摆臂的连接螺母，并取下螺母和橡胶垫。

④ 卸下摆臂，使用 18 mm 梅花扳手拆卸左前下摆臂锁紧螺母，用手取下左前下摆臂锁紧螺母，使用球头取出器将左前下摆臂球头压出锥形孔，使用 18 mm 梅花扳手拆卸右前下摆臂锁紧螺母，用手取下右前下摆臂锁紧螺母，使用球头取出器将右前下摆臂球头压出锥形孔。

⑤ 拆卸转向横拉杆和传动轴，使用鲤鱼钳取下左前、右前转向横拉杆球头上的开口销；使用指针式扭力扳手配合大号接杆和大号 16 mm 套筒工具预松左前转向横拉杆六角开槽螺母；使用大号棘轮扳手配合大号接杆和大号 16 mm 套筒工具拆卸左前转向横拉杆六角开槽螺母；使用球头取出器将左前转向拉杆球头压出锥形孔；使用指针式扭力扳手配合大号接杆和大号 16 mm 套筒工具预松右前转向横拉杆六角开槽螺母；使用球头取出器将右前转向拉杆球头压出锥形孔；扳动左前转向节使传动轴的外球笼的传动花键轴从轮毂的花键孔中脱离；扳动右前转向节使传动轴的外球笼的传动花键轴从轮毂的花键孔中脱离；使用扁平撬棍将左右传动轴内球笼传动花键轴从减速器总成中撬出；取下左前、右前传动轴。

⑥ 分离真空泵，使用中号棘轮扳手配合中号接杆和中号 13 mm 套筒工具拆卸真空泵 3 颗固定螺栓；使用绳索将真空泵和真空罐装置挂在车身上保持和驱动电机分开。

⑦ 分离空调压缩机；使用小号棘轮扳手配合小号接杆和 HW6 六角旋具套筒工具拆卸空调压缩机 2 颗固定螺栓；使用绳索将空调压缩机装置挂在车身上保持和驱动电机分开。

⑧ 分离减速器，使用中号棘轮扳手配合中号接杆和中号 13 mm 套筒工具拆卸减速器下

底板的 2 颗固定螺栓；使用中号棘轮扳手配合中号接杆和中号 15 mm 套筒工具拆卸后悬置软垫总成与减速器连接板的 2 颗固定螺栓，取下减速器下底板。

⑨ 拆卸电机，沿左右方向移开后悬置软垫总成使其不在减速器总成的正下方；将电动机举升装置移至驱动电机下方；操作举升机下降至驱动电机落平面支撑板上方保持与支撑板上方有一定的距离。并安全锁止举升机；操作电动机举升装置上升使平面支撑板和驱动电机接触，并安全锁止电动机举升装置；使用指棘轮扳手配合中号接杆和中号 13 mm 套筒工具拆卸位于车身左、右纵梁侧的 6 颗固定螺栓；操作举升机上升至合适高度并安全锁止举升机；将电动机举升装置缓慢移至零件桌。

（2）安装驱动电机。

① 安装电机，将电动机举升装置缓慢移至整车电动机安装位置下方；操作举升机下降至驱动电机与车身左、右纵梁侧的悬置安装支架螺栓对齐，安全锁止举升机；使用指棘轮扳手配合中号接杆和中号 13 mm 套筒工具紧固位于车身左、右纵梁侧的 6 颗固定螺栓；操作举升机上升至合适高度，并安全锁止举升机装置；将电动机举升装置移至车辆工具摆放区域。

② 安装减速器，安装减速器下底板和后悬置软垫总成；使用中号棘轮扳手配合中号接杆和中号 13 mm 套筒工具安装减速器下底板的 2 颗固定螺栓；使用中号棘轮扳手配合中号接杆和中号 15 mm 套筒工具紧固后悬置软垫总成与减速器连接板的 2 颗固定螺栓，扭矩设置为 100 N · m。

③ 安装空调压缩机，松开绳索将空调压缩机装置和驱动电机的螺栓孔对齐；使用小号棘轮扳手配合小号接杆和 HW6 六角旋具套筒工具紧固空调压缩机 2 颗固定螺栓。

④ 安装真空泵，松开绳索将真空泵和真空罐装置和驱动电机的螺栓孔对齐；使用中号棘轮扳手配合中号接杆和中号 13 mm 套筒工具紧固真空泵 3 颗固定螺栓。

⑤ 安装转向横拉杆和传动轴，安装新的减速器总成左、右内球笼传动花键轴的油封；安装左前、右前传动轴至轮毂的花键孔和减速器总成；调整左前、右前转向节使左前、右前传动轴安装到位；移动左前转向横拉杆球头件与左前轮转向节连接；使用大号棘轮扳手配合大号接杆和大号 16 mm 套筒工具预紧左前转向横拉杆六角开槽螺母；使用定扭扳手配合大号接杆和大号 16 mm 套筒工具紧固左前转向横拉杆六角开槽螺母，扭矩设置为 65 N · m；移动右前转向横拉杆球头件与右前轮转向节连接；使用大号棘轮扳手配合大号接杆和大号 16 mm 套筒工具预紧右前转向横拉杆六角开槽螺母；使用定扭扳手配合大号接杆和大号 16 mm 套筒工具紧固右前转向横拉杆六角开槽螺母，扭矩设置为 65 N · m；使用鲤鱼钳安装左前、右前转向横拉杆球头上的开口销。

⑥ 安装下摆臂，移动左下摆臂球头件与左前轮转向节连接；安装左前下摆臂锁紧螺母；使用 18 mm 梅花扳手紧固左前下摆臂锁紧螺母；移动右下摆臂球头件与右前轮转向节连接；安装右前下摆臂锁紧螺母；使用 18 mm 梅花扳手紧固右前下摆臂锁紧螺母；安装横向稳定杆与下摆臂的连接螺母；使用中号棘轮扳手配合中号接杆和中号 12 mm 套筒工具紧固横向稳定杆与下摆臂的连接螺母。

⑦ 安装电机进出水管，安装驱动电动机进、出水管路；使用卡箍钳工具安装驱动电动机进、出水管固定卡箍；连接驱动电机低压信号线束接插件。

⑧ 安装车轮，安装两前车轮的中心轮毂螺母；使用大号棘轮扳手配合大号接杆和大号 32 mm 套筒工具预紧两前车轮的中心轮毂螺母；使用定扭扳手配合大号接杆和大号 32 mm

套筒工具紧固两前车轮的中心轮毂螺母；从轮胎托架上取出左前和右前轮胎并分别安装到左前和右前的轮毂轴承总成上；用手取出两前车轮的紧固螺栓；使用大号棘轮扳手配合大号接杆和大号 21 mm 套筒工具预紧两前车轮的紧固螺栓；操作举升机下降至合适高度使 4 个车轮稍微接触地面并安全装置举升机；使用定扭扳手配合大号接杆和大号 21 mm 套筒工具用 100 N·m 的力矩紧固两前车轮的紧固螺栓；安装两前轮的轮毂装饰盖；安装驱动电机和电机控制器接插件卡扣并断开接插件线束。

4. 整理工位

按照 7S 管理标准，整理工具和场地。

实训二 北汽 EV160 电机驱动系统检修

一、实训准备

1. 安全操作规范

（1）操作前需穿戴高压安全防护装备。

（2）带电检修时需使用绝缘工具。

（3）举升机的操作应符合使用规范。

2. 实操工具准备

（1）设备准备。

2016 款北汽 EV160 型纯电动汽车、举升机、承载 1 000 kg 升降平台。

（2）工具准备。

① 常用工具：世达 100 件工具套装；② 防护装备：绝缘手套；③ 检测工具：数字兆欧表。

二、实训步骤

1. 前期准备

（1）穿戴好防护装备：穿好工作服和戴工作手套。

（2）车辆防护：① 目测车辆正确停至工位；② 安装车轮挡块；③ 目测车辆外观无异常；④ 将点火开关置于“OFF”挡；⑤ 依次安装车内三件套；⑥ 打开前机舱盖并安装车外三件套。

（3）车辆高压断电：① 拆卸低压蓄电池负极电缆；② 拆卸动力电池维修开关；③ 等待 20 min 至高压系统残余电量耗尽。

2. 电机控制器检测

（1）电机控制器基本检查：① 检查控制器外观；② 检查各连接线束是否牢靠有破损，若发现有破损或者是异常状况应立即停止使用车辆，并将车辆移至厂家指定维修站点。

（2）电机控制器绝缘检查：① 断开蓄电池负极。② 断开 PDU 低压插头等待 5 min。③ 断开电机控制器的高压输入接插器，将兆欧表旋至 500 V 挡位。④ 将兆欧表黑表笔连接搭铁，电机控制器的高压输入接插器 A 端子。⑤ 测量电机控制器的高压输入接插器 A 端子与搭铁之间的电阻值，标准电阻值为大于 20 MΩ；若测量值小于标准值，则说明电机控制器短路损坏。⑥ 以同样方法测量电机控制器的高压输入接插器 B 端子与搭铁之间的电阻值，标准电阻值为大于 20 MΩ；若测量值小于标准值，则说明电机控制器短路损坏。

3．驱动电机检测

（1）举升车辆至合适高度：① 将车辆举升垫块正确放到车辆下部，对准支撑点。② 将车辆向上举升少许，压实垫块，并检查垫块的位置是否正确。③ 在不同部位推动车身，确定举升没有问题。④ 再次举升车辆到可操作高度，并锁上举升机。

（2）驱动电机基本检查：① 目测检查驱动电机外观，是否有破损，各接插器连接是否可靠，线束是否有破损，若发现有破损或者是异常状况应立即停止车辆使用，并将车辆移至厂家指定维修站点。② 松开举升机锁止保险，放下车辆。

（3）检查三相电机线圈：① 按压锁舌断开三相接插器，将万用表旋至 200 Ω 测试挡位。② 用万用表测量 2 组绕组 W 和 U 电路是否断路损坏；标准电阻值为小于 1 Ω，若测量值大于标准值，则说明二组线圈断路损坏。③ 交换绕组以同样方法测量其他绕组（W 和 V、U 和 V）是否损坏。④ 测量完成接插器复位。

4．整理归位

按照 7S 管理标准，整理工具和场地。

任务三　比亚迪 E5 电机驱动系统构造与检修

任务目标

（1）了解比亚迪 E5 电机驱动系统的组成特点。
（2）了解比亚迪 E5 电机驱动系统的常见故障。
（3）掌握比亚迪 E5 电机驱动系统的结构。
（4）掌握比亚迪 E5 电机驱动系统的原理。
（5）能按照操作规范完成比亚迪 E5 电机驱动系统的拆装及检修。

任务导入

一辆比亚迪 E5 型纯电动汽车（以下简称 E5）被拖送至 4S 店进行维修，车主反映该车在涉水后次日无法启动。维修接待人员试车发现车辆上电指示灯不亮、动力系统故障警告灯点亮，且仪表信息区域显示驱动电机故障。经初步诊断，故障原因指向驱动电机旋转变压器。现车间调度将任务工单派发至你手中，请先学习相关知识，然后安全规范地完成分派的检修任务（详见本项目二维码资源——任务导入三）。

知识储备

本节主要介绍 E5 的电机驱动系统的组成及原理，可参阅本项目二维码资源——比亚迪 E5 电机驱动系统组成。

一、E5 的电机驱动系统组成

图 2-52　交流无刷式永磁同步电机

E5 的电机驱动系统位于前机舱内，采用的是集成式电机驱动系统，且驱动电机轴与驱动轴平行布置。其主要由驱动电机、电机控制器、机械减速装置和电驱冷却系统四部件组成，各部件通过高低压线束、冷却管路与整车其他系统连接。E5 电机驱动系统具有驱动转矩大、加速性能好、能源利用率高、噪声小等优点。

（一）驱动电机

E5 的驱动电机是动力系统的执行元件，如图 2-52 所示，它可以驱动汽车前进后退，也可以在滑行、制动过程中将动能转化为电能。

1．驱动电机特点

E5 采用的是交流无刷永磁同步电机，由比亚迪股份有限公司自主研发，其结构简单、体积小、质量小、损耗小、效率高。同时，E5 驱动电机的额定功率为 80 kW，最大功率为 160 kW，最大输出转矩为 310 N·m，从 0 加速到 100 km/h 的时间小于 14 s，最高车速可达 130 km/h，可提供高转速和大扭矩。E5 的电机参数见表 2-3。

表 2-3　比亚迪 E5 电机参数

项　目	参　数	工作条件
额定转速/（$r \cdot min^{-1}$）	12 000	
转速范围/（$r \cdot min^{-1}$）	0～12 000	
额定功率/kW	80	（4 775～12 000 $r \cdot min^{-1}$）/30 s
峰值功率/kW	160	
额定扭矩/（N·m）	160	（0～4 775 $r \cdot min^{-1}$）/持续
峰值扭矩/（N·m）	310	（0～4 929 $r \cdot min^{-1}$）/30 s
质　量/kg	103	

2．驱动电机结构

E5 交流无刷永磁同步电机的结构与 EV160 驱动电机的结构基本相同，主要由转子、定子、旋变传感器（见图 2-53）及温度传感器组成。其中，驱动电机内的旋转变压器和温度传感器与 EV160 的一样，具体结构本节不做描述（详见本项目二维码资源——比亚迪 E5 驱动电机结构）。

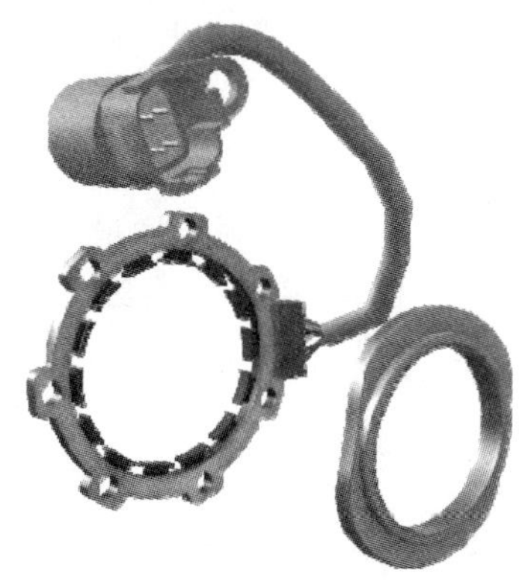
图 2-53　旋转变压器

（二）电机控制器

E5 的电机控制器是高压控制总成的一部分，它与高压配电箱、车载充电器、DC-DC 转换器集成组合为高压总成，位于前机舱内，如图 2-54 所示。E5 的电机控制器与其他电动汽车功能一样，可以执行高压电控总成的命令，实时调整驱动电机输出，以控制驱动电机的转速、转向和通断，同时可以将驱动电机的状态反馈给高压电控总成内的电机控制器，并实时进行状态和故障检测，保护驱动电机系统和整车安全可靠运行。

图 2-54　电机控制器位置

（三）机械减速装置

E5 的机械减速装置与其他纯电动车基本相同，它安装在驱动电机输出端处与驱动电机输出轴相连接。其作用是通过齿轮改变转矩的传递方向，通过差速器实现两侧车轮以不同转速滚动。总的来说就是将整车驱动电机的转速降低、扭矩升高，以达到整车对驱动电机的扭矩、转速需求。E5 机械减速装置的组成详见本项目二维码资源。

E5 的机械减速装置采用的是一个具有固定传动比的二级减速装置，也称为减速器总成，由两组齿轮副实现降速增扭，其总传动比为 9.342。其结构与其他纯电动汽车的机械减速装置相同，主要由输入轴组件、中间轴组件和差速器总成组成，其采用浸油润滑方式，润滑油为齿轮油 SAE80W-90，环境温度低于 – 15 °C 时换用 SAE75W-90。

（四）电机冷却系统

E5 的驱动电机采用单独的水冷冷却系统，主要由储液罐、散热器、电动水泵、电动风扇和冷却管路构成。其中，电动水泵专门为电机冷却系统提供动力。电动风扇总成采用吸风式双风扇，通过串联调速电阻的方式来实现风扇的高低速挡分级，从而降低风扇的噪声，提高整车舒适性。

需要注意的是，E5 的电机控制器位于高压电控总成内部，所以电机冷却系统工作时，电动水泵带着冷却液先流过高压电控总成再流过驱动电机，吸收热量后的冷却液再通过冷却管路流经散热器进行散热，之后进行下一个循环。E5 电机冷却系统工作过程详见本项目二维码资源。

二、E5 电机驱动系统工作原理

E5 电机驱动系统的工作原理与其他纯电动汽车的原理基本相同，需要注意的是 E5 汽车整车控制器与电机控制器集成在高压电控总成内部，所以其工作原理为：E5 在行驶过程中，高压电控总成内电机控制器根据接收到的驾驶员的操作信号（加速踏板位置和制动踏板位置信号）和驱动电机工况信号，控制驱动电机的转速、转矩和转向动作，从而使电动汽车以驾驶员预期的状态行驶。其工作过程与 EV160 基本相同，这里不再赘述。

三、E5 电机驱动系统检修

E5 电机驱动系统的检修要遵循由易到难、由外到内、由电气部件到机械部件的原则进行，并且一般优先利用设备进行不解体检修。本小节主要介绍电机驱动系统驱动电机、减速器总成及电机冷却系统的检测。

（一）驱动电机的检测

E5 驱动电机的检测主要包括基本检查、诊断仪在线检测、电气元件检测和机械部件检测等。

1．基本检查

（1）检查驱动电机外观，是否有破损，各接插器连接是否可靠，线束是否有破损，若发现有破损或者是异常状况应立即停止车辆使用，并将车辆移至厂家指定维修站点。

（2）通过闻电机的气味判断故障。若发现有特殊的油漆味，说明电机内部温度过高，若发现较重的煳味，则可能是绝缘层被击穿或绕组已烧毁。

2．在线检测

在汽车启动以后，连接诊断仪读取电机驱动系统的相关数据流，根据数据流分析电机驱动系统的工况，主要需要读取的数据有：MCU 使能命令、驱动电机工作模式命令、驱动电机转矩、转速指令方向命令、MCU 初始化状态、驱动电机当前状态、驱动电机当前工作模式、驱动电机当前旋转方向等。

3．电气检测

驱动电机常见的电气故障有线路连接异常、电机绕组绝缘、短路、断路、缺相运行等，可以借助万用表、兆欧表和数字电桥等检测工具进行检测。

（1）检查电机驱动系统相关电气连接是否正常。

（2）驱动电机绕组三线母线绝缘性检测。

使用绝兆欧表或绝缘测试仪的 500 V 挡位，测量电机三相绕组引出线与机壳之间的绝缘电阻，当检测值大于 500 Ω/V 或电机整体绝缘电阻大于 20 MΩ，表明电机绝缘良好。

（3）驱动电机定子绕组断路检测。

使用万用表的 200 Ω 挡位，测量 2 相绕组 W 和 U 电路之间的电阻，正常情况下标准电阻值应小于 1 Ω，若测量值大于标准值，则说明二组线圈断路损坏；交换绕组以同样方法测量其他绕组（W 和 V、U 和 V）之间的电阻。

（4）驱动电机三相绕组均衡性检测。

使用万用表的 200 Ω 挡位，测量 2 相绕组 W 和 U 电路之间的电阻，以同样方法测量其他绕组（W 和 V、U 和 V）之间的电阻，三相绕组的两项之间的电阻值的差值在 5% 以内为正常。

（5）电机旋转变压器检测。

① 根据电气接口表定义，用万用表欧姆挡检查旋转变压器励磁绕组的电阻值，正常为（7 ± 2）Ω（随温度不同而变化）。

② 根据电气接口表定义，用万用表欧姆挡检查旋转变压器正旋绕组的电阻值，正常为（15 ± 2）Ω（随温度不同而变化）。

③ 根据电气接口表定义，用万用表欧姆挡检查旋转变压器负旋绕组的电阻值，正常为（12 ± 2）Ω（随温度不同而变化）。

若检测数值为无穷大，表示旋转变压器已损坏，需更换。

4. 机械检测

驱动电机常见的机械故障主要有扫膛、振动、轴承过热、损坏等故障。轴承精度不合格及端盖内孔磨损或端盖止口与机壳止口磨损变形，使电机壳、端盖、转子三者不同轴心引起扫膛；转子动平衡不好、转轴转子弯曲，端盖、机壳与转子不同轴心，紧固件松动等会引起振动；轴承的配合太紧或太松会引起轴承过热而使轴承损坏。

（1）轴承轴向和径向跳动量。

用百分表测量转子轴承的径向跳动量和轴向跳动量，转子轴承径向跳动量小于 0.02 mm，转子轴承轴向跳动量小于 0.05 mm。

（2）测量转子轴弯曲度。

用高度游标卡尺等工具测量转轴的弯曲度，电动机主轴的弯曲度不大于 0.01 mm。

（二）减速器总成和电机冷却系统的检测

比亚迪 E5 减速器总成和电机冷却系统的检测主要是基本检查。

1. 减速器总成基本检查

检查减速器表面是否有泄漏或者破损，若发现有破损或者漏油等异常状况应立即停止使用车辆，并将车辆移至厂家指定维修站点。

2. 电机冷却系统基本检查

（1）检查电机冷却系统各线束连接器的连接是否牢靠或者线束破损，若发现有破损或者连接异常的状况应及时进行检修。

（2）检查电机冷却系统冷却液循环管理是否有漏液状况，若有应及时进行检修。

若电机驱动系统相关部件的检测数值不在规定的范围内，请进一步检测确认故障，并根据故障点进行维修，具体检测标准见表 2-4 至表 2-6。

表 2-4　E5 电机驱动系统维修相关标准数据

检修内容	标准值范围
驱动电机三相电压母线绝缘检测	大于 20 MΩ
驱动电机绝缘检测	大于 20 MΩ
驱动电机三相绕组断路检测	小于 1 Ω
三相绕组电阻、电感值不均衡性	小于 5%
旋转变压器励磁绕组阻值	（7±2）Ω（随温度不同而变化）
旋转变压器正弦绕组阻值	（15±2）Ω（随温度不同而变化）
旋转变压器余弦绕组阻值	（12±2）Ω（随温度不同而变化）
电动机主轴弯曲度	不大于 0.01 mm
转子轴承径向跳动量	小于 0.02 mm
转子轴承轴向跳动量	小于 0.05 mm

表 2-5　Y 系列（IP23）电机气隙长度　　单位：mm

中心高	160	180	200	225	250	280	315
2 极	0.8	1.0	1.1	1.2	1.5	1.6	1.8
4 极	0.55	0.65	0.7	0.8	0.9	1.0	1.4
6 极	0.45	0.5	0.5	0.55	0.65	0.7	1.2
8 极	0.45	0.5	0.5	0.55	0.65	0.7	1.0

表 2-6　Y 系列（IP44）电机气隙长度　　单位：mm

中心高	80	90	100	112	132	160	180	200	225	250	280	315
2 极	0.3	0.35	0.4	0.45	0.55	0.65	0.8	1.0	1.1	1.2	1.5	1.8
4 极	0.25	0.25	0.3	0.3	0.4	0.5	0.55	0.65	0.7	0.8	0.9	1.25
6 极		0.25	0.25	0.3	0.35	0.4	0.45	0.5	0.5	0.55	0.65	1.05
8 极		0.25			0.35	0.4	0.45	0.5	0.5	0.55	0.65	0.9

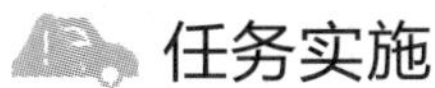

任务实施

实训一　比亚迪 E5 驱动电机总成拆装

一、实训准备

1．安全操作规范

（1）操作前需穿戴高压安全防护装备。

（2）拆卸高压系统部件时需要使用绝缘工具。

（3）升降平台需符合车辆部件承重要求。

（4）举升机和升降平台的操作应符合使用规范。

2．实操工具准备

（1）设备准备。

2018 款比亚迪 E5 型纯电动汽车、举升机、承重 1 000 kg 升降平台、冷却液回收器。

（2）工具准备。

① 常用工具：世达 100 件工具套装；② 绝缘工具：世达 68 件绝缘工具套件；③ 防护装备：车外三件套、车内三件套。

（3）个人防护。

工作服、手套、高压绝缘手套。

二、实训步骤

1．前期准备

（1）举升车辆至合适位置，锁止举升机。

（2）拆卸动力电池总成。

（3）拆卸高压电控总成。

（4）拆卸车辆悬架。

（5）拆卸驱动桥总成，并放置于移动升降平板车上。

2．拆卸驱动电机总成（驱动电机与主减速器，详见本项目二维码资源）

（1）拆卸驱动电动机与主减速器外部附件：① 使用十字梅花套筒、接杆、棘轮扳手，拆卸驱动电机冷却水泵固定螺栓，取下冷却水泵。② 使用水管钳拆卸驱动电机出水管固定卡箍，拆卸出水管。③ 使用 13 mm 套筒、接杆、指针式扭力扳手，预松 5 颗压缩机支架固定螺栓。④ 使用 13 mm 套筒、接杆、棘轮扳手，拆卸压缩机支架固定螺栓，取下压缩机固定支架。⑤ 使用 18 mm 套筒、接杆、指针式扭力扳手，预松 3 颗电动真空泵支架螺栓。⑥ 使用 18 mm 套筒、接杆拆卸电动真空泵支架固定螺栓，取下电动真空泵总成。⑦ 使用 8 mm 套筒、接杆、棘轮扳手，拆卸驱动电机温度传感器线束接插器固定螺栓；拔出线束接插器，按压锁舌，断开接插器。⑧ 使用 8 mm 套筒、接杆、棘轮扳手，拆卸驱动电机旋转变压器线束接插器固定螺栓；拔出线束接插器，按压锁舌，断开接插器。⑨ 使用 10 mm 套筒、接杆、棘轮扳手，拆卸驱动电机搭铁线固定螺栓，取下搭铁线。⑩ 使用 18 mm 扳手拆卸驱动电机冷却液温度传感器，取下冷却液温度传感器。⑪ 使用 10 mm 套筒、接杆、棘轮扳手，拆卸驱动电机三相接线盒盖固定螺栓，取下三相接线盒盖。⑫ 使用 8 mm 套筒、接杆、棘轮扳手，拆卸驱动电机三相母线固定螺栓。⑬ 使用 8 mm 套筒、接杆、棘轮扳手，拆卸驱动电机三相接线柱固定螺栓。⑭ 取下驱动电机三相母线。⑮ 晃动半轴以脱开半轴内花键，取下两侧半轴。

（2）拆卸驱动电机总成：① 使用安全绳捆绑驱动电机吊耳，使用吊架吊钩勾住安全绳，并调整吊钩位置。② 升起吊架至吊绳绷直。③ 使用 15 mm 套筒、接杆、指针式扭力扳手，预松 4 颗右侧悬置固定螺栓。④ 使用 15 mm 套筒、接杆拆卸右侧悬置固定螺栓。⑤ 使用 15 mm 套筒、接杆、指针式扭力扳手，预松 3 颗后侧悬置固定螺栓。⑥ 使用 15 mm 套筒、接杆拆卸后侧悬置固定螺栓。⑦ 使用 15 mm 套筒、接杆、指针式扭力扳手，预松 3 颗左侧悬置固定螺栓。⑧ 使用 15 mm 套筒、接杆拆卸左侧悬置固定螺栓。

（3）分离驱动电机与主减速器：① 两人合作操作，一人升高吊架，另一人分离驱动电机总成与副车架。② 推出驱动电机总成，并放置于平板车上。③ 使用 18 mm 套筒、指针式扭力扳手，预松减速器总成固定螺栓。④ 使用 18 mm 套筒、棘轮扳手，拆卸减速器总成固定螺栓。⑤ 使用一字螺丝刀轻撬驱动电机与主减速器结合面，增加分离间隙。⑥ 两人配合操作，一人固定主减速器，另一人晃动驱动电机，使驱动电机与主减速器完全脱离开。

注意：

① 分离过程中需要注意部件是否发生干涉，及时调整驱动电机总成位置，防止部件损坏。

② 操作时不可将手放置于驱动电机与主减速器结合面上，以免夹伤。

3．安装驱动电机总成（驱动电动机与主减速器，详见本项目二维码资源）

（1）组装驱动电动机与主减速器：① 两人配合操作，晃动驱动电机及主减速器使其置于安装位置。② 对齐主减速器螺栓安装孔，安装减速器总成固定螺栓。③ 使用 18 mm 套筒、棘轮扳手拧紧固定螺栓。④ 使用定扭扳手紧固减速器总成固定螺栓至 75 N · m。

（2）安装驱动电机总成：① 使用吊车吊起驱动电机总成，并推至副车架上方。② 两人配合操作，一人扶住驱动电机总成，另一人操作吊架缓慢下降驱动电机总成至合适高度。③ 使用 15 mm 套筒、接杆、棘轮扳手安装 4 颗右侧悬置固定螺栓；使用定扭扳手紧固右侧悬置固定螺栓至 90 N · m。④ 使用 15 mm 套筒、接杆、棘轮扳手安装 3 颗后侧悬置固定螺栓；使用定扭扳手紧固后侧悬置固定螺栓至 90 N · m。⑤ 使用 15 mm 套筒、接杆、棘轮扳手安装 3 颗左侧悬置固定螺栓；使用定扭扳手紧固左侧悬置固定螺栓至 90 N · m。

（3）安装驱动电动机与主减速器外部附件：① 安装右侧半轴。② 安装左侧半轴。③ 安装驱动电机三相母线。④ 使用 8 mm 套筒、接杆、棘轮扳手，安装驱动电机三相接线柱固定螺栓。⑤ 使用 8 mm 套筒、接杆、棘轮扳手，安装驱动电机三相母线固定螺栓。⑥ 安装三相接线盒盖，使用 10 mm 套筒、接杆、棘轮扳手，安装驱动电机三相接线盒盖固定螺栓。⑦ 安装驱动电机冷却液温度传感器，使用 18 mm 扳手紧固传感器。⑧ 安装搭铁线，使用 10 mm 套筒、接杆、棘轮扳手安装驱动电机搭铁线固定螺栓。⑨ 连接驱动电机旋转变压器线束接插器，将线束接插器固定到位。⑩ 使用 8 mm 套筒、接杆、棘轮扳手，安装驱动电机旋转变压器线束接插器固定螺栓。⑪ 连接驱动电机温度传感器线束接插器，将线束接插器固定到位。⑫ 使用 8 mm 套筒、接杆、棘轮扳手，安装驱动电机温度传感器线束接插器固定螺栓。⑬ 放置电动真空泵总成至安装位置，使用 18 mm 套筒、接杆安装 3 颗电动真空泵支架固定螺栓，使用定扭扳手紧固固定螺栓至 45 N · m。⑭ 放置压缩机固定支架至安装位置，使用 13 mm 套筒、接杆、棘轮扳手，安装 5 颗压缩机支架固定螺栓，使用定扭扳手紧固固定螺栓至 75 N · m。⑮ 安装驱动电机出水管，使用水管钳安装出水管固定卡箍。⑯ 安装冷却水泵，使用十字梅花套筒、接杆、棘轮扳手，安装驱动电机冷却水泵固定螺栓。

4．复位工作

（1）安装驱动桥。

（2）安装车辆悬架。

（3）安装高压电控总成。

（4）安装动力电池总成。
（5）降下车辆，锁止举升机。

实训二　比亚迪 E5 驱动电机检修

一、实训准备

1. 安全操作规范

（1）严禁违规使用绝缘工具、仪器仪表，注意轻拿轻放，有序操作。
（2）严格遵守实训规程，按照指导老师要求完成实训操作。
（3）为保证教学安全，严禁在车辆行驶的条件下进行任何测试。
（4）严禁长时间对辅助蓄电池进行放电操作，可采用其他低压电源设备替代。
（5）若仪器仪表出现故障，应立即停止一切操作，严禁私自拆卸修复。

2. 实操工具准备

（1）设备准备。
2018 款比亚迪 E5 型纯电动汽车。
（2）工具准备。
① 常用工具：常用拆装套件；② 绝缘工具：绝缘工具套件；③ 检测工具：数字兆欧表、景格智能考训盒、比亚迪 VDS2000 型专用诊断仪套件、万用表、示波仪；④ 防护装备：车内防护三件套、车外防护三件套。

二、实训步骤

1. 准备工作

（1）进入车内安装车内防护三件套。
（2）拉起驻车制动器。
（3）拉起前机舱盖手柄，打开前机舱盖，安装车外防护三件套。

2. 试　车

进入车辆，启动车辆发现车辆无法正常上电，且仪表显示动力系统故障。

3. 初步诊断

（1）取出比亚迪 VDS2000 型专用诊断仪套件，连接 VCDI 无线诊断接口。
（2）打开比亚迪专用诊断仪电源开关，进入 E5 诊断系统，并读取车辆 VIN 码，选择读取整车数据。
（3）等待车辆通信完成之后，点击高压电控总成，进入模块数据读取页面。
（4）读取高压电控总成故障码，记录后清除故障码，然后重新读取故障码。
（5）读取驱动电机相关数据流，判断驱动电机状态。

4．驱动电机低压控制系统检测（详见本项目二维码资源）

（1）安装适配器：① 断开低压蓄电池负极电缆。② 拆卸高压电控总成 64pin 线束插接器；安装景格智能考训盒 64pin 线束接插器。③ 拆卸高压电控总成 32pin 线束插接器；安装景格智能考训盒 32pin 线束接插器。④ 装复蓄电池负极电缆。⑤ 安装电源正极线束夹，安装电池负极线束夹。⑥ 安装景格智能考训盒电源线；打开电源开关。

（2）旋转变压器检测：① 旋转变压器在线检测驱动电机温度传感器检测；驱动电机旋转变压器励磁线圈检测；驱动电机旋转变压器正弦线圈检测；驱动电机旋转变压器余弦线圈检测。② 旋转变压器离线检测，拆蓄电池负极；驱动电机温度传感器电阻检测，选用万用表电阻 20 kΩ 测试挡，红色表笔连接 B28（A）15 检测孔，黑色表笔连接 B28（A）29 检测孔，测量驱动电机温度传感器电阻值。标准值应随温度在 1 Ω ~ 10 kΩ 变化；驱动电机旋转变压器励磁线圈检测，选用万用表电阻 200 Ω 测试挡，红色表笔连接 B28（A）60 检测孔，黑色表笔连接 B28（A）59 检测孔，测量旋转变压器励磁线圈电阻值。标准值应随温度变化在 6 ~ 8 Ω 变化；驱动电机旋转变压器正弦线圈电阻检测，选用万用表电阻 200 Ω 测试挡，红色表笔连接 B28（A）63 检测孔，黑色表笔连接 B28（A）64 检测孔，测量旋转变压器正弦线圈电阻值。标准值应随温度变化在 13 ~ 15 Ω 变化；驱动电机旋转变压器余弦线圈电阻检测，选用万用表电阻 200 Ω 测试挡，红色表笔连接 B28（A）61 检测孔，黑色表笔连接 B28（A）62 检测孔，测量旋转变压器余弦线圈电阻值。标准值应随温度变化在 6 ~ 8 Ω 变化。

（3）拆卸适配器，装复车辆。

5．驱动电机高压系统检测（详见本项目二维码资源）

（1）拆卸车辆低压蓄电池负极电缆，等待 15 min 车辆正常放电。

（2）使用一字螺丝刀拆卸车辆前部水箱框架上饰板固定卡扣，取下水箱框架上饰板。

（3）穿戴高压绝缘装备，做好高压安全防护：取出高压绝缘手套，目视检查高压绝缘手套无老化开裂现象对高压绝缘手套吹气，密封后放置到耳边，仔细听是否有漏气声，若有漏气声应及时更换高压绝缘手套。

（4）拆卸驱动电机三相电缆母线固定螺栓，取下三相电缆母线。

（5）将万用表旋至 200 Ω 测试挡，两手分别握住两表笔绝缘部位，将两表笔对接读取显示数值，标准值为 0.00 ~ 0.5 Ω。

注意：

① 检测过程中两手不能接触表笔金属部位。

② 在后续测量电阻值时都需要进行校表。

③ 在后面测量电阻元件时，读取的数值应减去两表笔的阻值，所得的差值才是被测元件的真实阻值。

（6）使用万用表电压挡检测电缆线残余电量：选用万用表 1 000 V 电压挡测试，红黑表笔分别连接动力电池输出正负极母线，标准值为 0 V。

（7）驱动电机绝缘性检测：使用电子兆欧表选择 1 000 V 测试挡位，使用红表笔连接三相电缆线，黑色表笔连接车身搭铁，检测驱动电机绝缘电阻值。正常情况下绝缘电阻值应大于 20 MΩ。

（8）驱动电机三相绕组检测：① 使用数字电子桥电阻挡测量电阻，使用红色表笔连接 A

相接线柱，黑色表笔连接 B 相接线柱，检测 A-B 相之间线圈，完成检测后记录数值：0.242 0 Ω；以同样方法交换红黑表笔检测 B-C 相，阻值：1.385 8 Ω；A-C 相绕组，阻值：0.213 1 Ω。② 使用数字电子桥电阻挡测量电感，使用红色表笔连接 A 相接线柱，黑色表笔连接 B 相接线柱，检测 A-B 相之间线圈，完成检测后记录数值：1.385 8 Ω；以同样方法交换红黑表笔检测 B-C 相，阻值：1.055 3 Ω；A-C 相绕组，阻值 1.055 3 Ω。

注意：

① 三相绕组电阻值，会随温度的不同，在 0.2～1.2 Ω 变化，小于 2 Ω 即正常。

② 三相绕组的电阻值应该是相近的，若产生三相阻值差距较多则说明驱动电机定子绕组存在故障。

（9）驱动电机绝缘性检测：使用电子兆欧表选择 1 000 V 测试挡位，使用红表笔连接三相电缆线，黑色表笔连接车身搭铁，检测驱动电机绝缘电阻值。正常情况下绝缘电阻值应大于 20 MΩ。

（10）装复驱动电机三相电缆母线，紧固三相绕组母线固定螺栓。并按照维修手册要求紧固至规定扭矩。

（11）安装高压维修开关。

（12）接蓄电池负极。

6．整理归位

检测操作完成，取下车内外三件套件，整理工具，实训设备归位。

实训三　比亚迪 E5 驱动电机分解与组装

一、实训准备

1．安全操作规范

（1）操作前需穿戴安全防护装备。

（2）拆卸驱动电机部件时需要使用专用拆装工具。

（3）举升机和吊架的操作应符合使用规范。

（4）两人合作完成实训操作，一人按住驱动电机使其固定，一人动手操作。

2．实操工具准备

（1）设备准备。

2018 款比亚迪 E5 型纯电动汽车、举升机、吊架、移动平板车。

（2）工具准备。

① 常用工具：世达 100 件工具套装，安全吊绳、橡胶锤；② 专用工具：指针式扭力扳手、定扭扳手；③ 防护装备：车外三件套、车内三件套。

（3）个人防护。

工作服、手套、工作鞋。

二、实训步骤

1．前期准备

（1）举升车辆。

（2）拆卸动力电池总成。

（3）拆卸车辆悬架。

（4）拆卸车辆前驱动桥。

（5）分离驱动电机与主减速器。

（6）吊装驱动电机总成，并确保其安放牢靠。

2．分解驱动电机（详见本项目二维码资源）

（1）一人按住驱动电机使其固定。

注意：分离过程中需要注意部件是否发生干涉，及时调整驱动电机总成位置，防止部件损坏。

（2）拆卸驱动电机后端盖固定螺栓：① 使用 8 mm 套筒、接杆、指针式扭力扳手预松驱动电机后端盖固定螺栓；② 使用 8 mm 套筒、接杆拧松并取下驱动电机后端盖固定螺栓。

（3）拆卸驱动电机线束支架：使用 8 mm 套筒、棘轮扳手组合工具拆卸驱动电机线束支架固定螺栓，取下固定支架。

（4）拆卸驱动电机吊耳：使用 10 mm 套筒、棘轮扳手组合工具拆卸驱动电机吊耳固定螺栓，并取下驱动电机吊耳。

（5）拆卸驱动电机后端盖：① 使用橡胶锤轻击驱动电机后端盖至其松动；② 使用一字螺丝刀撬松驱动电机后端盖；③ 取下驱动电机后端盖，并妥善放置。

注意：

① 由于驱动电机后端盖采用端面密封，因此在使用一字螺丝刀撬动电机端盖前需对螺丝刀进行包裹，以防止损伤端面。

② 撬动端盖时，应不断改变撬动位置，确保电机主轴后轴承能正常松脱出后端盖轴承座。

③ 取下驱动电机后盖时需要注意电机温度传感器线束是否正常脱离后端盖安装孔，以免造成线束损坏。

3．检查驱动电机内部情况

（1）检查驱动电机三相电缆有无老化、烧蚀、腐蚀现象。

（2）检查驱动电机三相绕组是否固定牢固，有无绝缘损坏情况。

（3）检查驱动电机气隙是否正常，有无发生扫膛现象。

注意：由于永磁同步电机转子磁力极大，不建议使用厚薄规测量气隙厚度，不建议继续拆卸转子以免发生意外。

4．组装驱动电机

（1）一人按住驱动电机使其固定。

（2）安装驱动电机后端盖：① 将驱动电机后端盖放置于驱动电机后部；② 旋转驱动电机后

端盖，对齐安装螺纹孔；③ 使用橡胶锤轻击驱动电机后端盖表面，使其贴紧驱动电机后端面。

注意：需要确定电机温度传感器接插器和旋转变压器接插器均从驱动电机后端盖上的圆形安装孔里穿过。

（3）安装驱动电机吊耳：使用 10 mm 套筒、棘轮扳手组合工具旋入驱动电机吊耳固定螺栓并紧固。

（4）安装驱动电机线束支架：使用 8 mm 套筒、棘轮扳手组合工具旋入支架固定螺栓并紧固。

（5）安装驱动电机前端盖：① 放置驱动电机前端盖至相应位置；② 旋入驱动电机前端盖固定螺栓，使用 8 mm 套筒、接杆、棘轮扳手组合工具旋紧前端盖固定螺栓；③ 使用定扭扳手，选择 30 N · m 扭矩，按照对角线顺序紧固驱动电机前端盖固定螺栓。

5．复位工作

（1）安装主减速器和驱动电机。

（2）安装驱动桥。

（3）安装车辆悬架。

（4）安装高压电控总成和动力电池总成。

（5）降下车辆，进入车内，启动车辆，确认车辆能正常上电。

6．整理归位

（1）取下车内防护三件套。

（2）回收车外防护三件套。

（3）关闭机舱盖，将设备放回原位，实训作业完成。

实训四　比亚迪 E5 主减速器分解与组装

一、实训准备

1．安全操作规范

（1）操作前需穿戴安全防护装备。

（2）拆卸主减速器部件时需要使用专用拆装工具。

（3）举升机和吊架的操作应符合使用规范。

2．实操工具准备

（1）设备准备。

2018 款比亚迪 E5 型纯电动汽车、举升机、移动平板车。

（2）工具准备。

① 常用工具：世达 100 件工具套装；② 绝缘工具：世达 68 件绝缘工具套件；③ 防护装备：车外三件套、车内三件套。

（3）个人防护：工作服、手套、工作鞋。

二、实训步骤

1．前期准备

（1）举升车辆。

（2）拆卸动力电池总成。

（3）拆卸高压电控总成。

（4）拆卸车辆悬架。

（5）拆卸驱动桥总成，并放置于移动升降平板车上。

（6）分离主减速器和驱动电机，将主减速器放置于升降平板车上。

2．拆卸减速器壳体（详见本项目二维码资源）

（1）拆卸半轴油封罩盖：① 使用小一字螺丝刀拆卸半轴限位卡簧；② 拆卸半轴密封圈；③ 使用小一字螺丝刀拆卸半轴油封罩盖。

（2）使用小一字螺丝刀拆卸输入轴限位卡簧。

（3）使用小一字螺丝刀拆卸输入轴密封圈。

（4）拆卸输出轴固定螺母：① 使用 10 mm 套筒、接杆、指针式扭力扳手，预松 6 颗输出轴固定螺母；② 旋下 6 颗输出轴固定螺母，并取出。

（5）拆卸主减速器壳体内侧固定螺栓：① 使用 10 mm 套筒、接杆、指针式扭力扳手，预松主减速器壳体内侧固定螺栓；② 使用 10 mm 套筒、接杆、棘轮扳手，拆卸主减速器壳体内侧固定螺栓；③ 取出主减速器壳体内侧固定螺栓。

（6）翻转减速器总成。

（7）拆卸另一侧半轴油封罩盖。① 使用小一字螺丝刀拆卸另一侧半轴限位卡簧；② 拆卸半轴密封圈；③ 使用小一字螺丝刀拆卸半轴油封罩盖。

（8）拆卸主减速器壳体外侧固定螺栓：① 使用 10 mm 套筒、接杆、指针式扭力扳手，预松主减速器壳体外侧固定螺栓；② 使用 10 mm 套筒、接杆、棘轮扳手，拆卸主减速器壳体外侧固定螺栓并取出。

（9）拆卸主减速器外侧壳体：① 两人配合操作，使用一字螺丝刀轻撬主减速器壳体，以分离主减速器两侧壳体；② 取下主减速器外侧壳体。

注意：可使用胶带裹住螺丝刀头部，防止螺丝刀划伤主减速器壳体密封面。

3．拆卸差速器齿轮轴（详见本项目二维码资源）

（1）拆卸差速器齿轮：① 取下差速器齿轮轴承垫圈；② 一人扶住主减速器外壳，一人晃动差速器齿轮至其松动后，抽出差速器齿轮，并妥善放置。

注意：拆卸人员需脱下手套操作，以免手套的绒毛进入减速器轴承造成故障。

（2）拆卸中间轴：① 使用 10 mm 套筒、接杆、指针式扭力扳手，预松中间轴固定螺栓；② 使用 10 mm 套筒、接杆、棘轮扳手，拆卸中间轴固定螺栓，并取出；③ 晃动中间轴至其松动后取下中间轴，并妥善放置。

（3）拆卸输入轴：① 使用 10 mm 套筒、接杆、指针式扭力扳手，预松输入轴固定螺栓；② 使用 10 mm 套筒、接杆、棘轮扳手，拆卸输入轴固定螺栓，并取出；③ 晃动输入轴至其松动后取下输入轴，并妥善放置。

4．安装差速器齿轮轴（详见本项目二维码资源）

（1）主减速器壳体清洁：① 使用美工刀清理主减速器壳体密封面残余密封胶；② 使用抹布清洁密封面及壳体内部。

（2）轴承表面润滑：① 用润滑油涂抹各轴承座，以便于在安装过程中保护轴承；② 检查输入轴两侧轴承，用润滑油涂抹轴承表面。

（3）安装输入轴：① 两人配合安装输入轴并确保其处于正确位置；② 使用 10 mm 套筒、接杆、棘轮扳手，安装输入轴固定螺栓；③ 使用定扭扳手紧固固定螺栓至（45 ± 5）N·m。

注意：需确保输入轴垂直于壳体装入，使轴承正确安装于轴承座中。

（4）安装中间轴：① 两人配合安装中间轴并确保其处于正确位置；② 使用 10 mm 套筒、接杆、棘轮扳手，安装中间轴固定螺栓；③ 使用定扭扳手紧固固定螺栓至（45 ± 5）N·m。

（5）安装差速器齿轮：① 两人配合安装差速器齿轮并确保其处于正确位置；② 转动差速器齿轮，检查减速器各齿轮是否啮合到位；③ 安装差速器齿轮轴承垫圈。

5．安装主减速器壳体（详见本项目二维码资源）

（1）主减速器外侧壳体防护：① 在主减速器外侧壳体轴承座上涂抹润滑油；② 使用密封胶涂抹主减速器壳体密封面。

注意：

① 涂抹密封胶时注意密封胶需涂抹均匀，密封胶呈线条状，无明显断开。

② 如遇螺纹孔处，密封胶需沿螺纹孔内侧涂抹。

（2）安装主减速器外壳：① 放置主减速器外侧壳体至安装位置；② 按压主减速器外壳使其进入正确位置；③ 检查主减速器外壳是否正常拼接，旋转输出轴检查主减速器齿轮是否安装到位；④ 使用 10 mm 套筒、接杆、棘轮扳手，安装差速器壳体外侧固定螺栓；⑤ 使用定扭扳手紧固固定螺栓至（60 ± 5）N·m。

（3）安装半轴：安装半轴油封罩盖，安装半轴密封圈，安装半轴限位卡簧。

（4）翻转减速器总成。

（5）安装差速器壳体内侧固定螺栓：① 使用 10 mm 套筒、接杆、棘轮扳手，安装差速器壳体内侧固定螺栓；② 使用定扭扳手紧固固定螺栓至（60 ± 5）N·m。

（6）安装输出轴固定螺母：① 使用 10 mm 套筒、接杆、棘轮扳手，安装 6 颗输出固轴定螺母；② 使用定扭扳手紧固固定螺栓至（45 ± 5）N·m。

（7）安装输入轴密封圈。

（8）安装输入轴限位卡簧。

（9）安装半轴油封罩盖、密封圈、限位卡簧。

6．复位工作

（1）安装主减速器和驱动电机。

（2）安装驱动桥。

（3）安装车辆悬架。

（4）安装高压电控总成和动力电池总成。

（5）降下车辆，进入车内，启动车辆，确认车辆能正常上电。

7. 整理归位

（1）取下车内防护三件套。

（2）回收车外防护三件套。

（3）关闭机舱盖，将设备放回原位，实训作业完成。

项目小结

本项目主要介绍了纯电动汽车电机驱动系统的组成及其工作原理，并以北汽 EV160 型和比亚迪 E5 型作为典型车型，分别讲述两种车型电机驱动系统的构造和检修方法。

电机驱动系统主要由驱动电机、电机控制器、机械减速装置和冷却系统等组成，它通过高低压线束、冷却管路等，与整车其他系统连接运转。

电机驱动系统工作原理：纯电动汽车电机驱动系统工作时，将相应的控制指令发送给电机控制器，电机控制器控制驱动电机工作，使电动汽车按照驾驶员的意图行驶。当纯电动汽车需要行驶时，驱动电机将电能转换为机械能送驱动车轮，从而实现汽车行驶。当汽车减速制动或者空挡滑行时，车轮带动驱动电机反转产生三相交流电，电机控制器将三相交流电转换为高压直流电充入动力电池，补充电能。

北汽 EV160 型汽车电机驱动系统的工作原理是电机控制器根据整车控制器的控制信号和驾驶员驾驶意图以及电机的工况来控制驱动电机的转速、转矩、转向，从而使电动汽车以驾驶员预期的状态行驶。

比亚迪 E5 型汽车的驱动电机是单独的冷却系统，采用的是水冷方式。E5 的电机冷却系统与其他纯电动汽车一样，主要由储液罐、散热器、电动水泵、电动风扇和冷却管路构成。在行驶过程中，E5 的高压电控总成内整车控制模块根据接收到的驾驶员的操作信号（加速踏板位置和制动踏板位置信号）和驱动电机工况信号，控制驱动电机的转速、转矩和转向动作，从而使电动汽车按驾驶员预期的状态行驶。

项目二学习资源

项目三　纯电动汽车电源系统构造与检修

项目概述

电源系统是纯电动汽车的“动力源”，可以将动力电池输出电能传递给驱动电动机产生转矩，经过电机驱动系统的机械传动装置将驱动力传递给车轮，从而带动汽车前进或后退。电源系统在纯电动汽车运行过程中为整车提供持续、稳定的电能，并监测动力电池的运行状态、测量动力电池的剩余容量，适时对动力电池进行充电保护或能量回收，从而使电机始终处于最佳的工作状态，为纯电动汽车的工作提供充足的能量。

在本项目先进行电源系统的基础理论知识学习，然后依次介绍动力电池包、电池管理系统、充电系统、电池冷却系统及电源系统的工作原理。

任务一　电源系统基本构造与原理

任务目标

（1）了解电源系统结构组成及各组成部分的作用。
（2）掌握电池管理系统的功能、作用及工作原理。
（3）掌握慢充充电系统工作原理。
（4）理解电源系统的工作原理。

任务导入

某高职院校新能源汽车技术专业学生，学习纯电动汽车电源系统组成之后，了解到纯电动汽车电源有动力电池和低压辅助电池。现有两位同学针对车身辅助电器由哪个电池供电出现争议。甲认为，电压辅助电池给车身辅助电器供电；乙认为动力电池的电能转换后直接给车身辅助电器供电。请学习纯电动汽车电源系统相关知识，整理纯电动汽车电源系统供电的一般规律，判定他们观点的正误（详见本项目二维码资源——任务导入一）。

知识储备

纯电动汽车的电源系统作用是为驱动电机提供电源，并对电源系统电量进行监测、调节、控制及充电，使动力电池始终处于最佳的工作状态，提供与车辆运行各工况相匹配的电能。纯电动汽车的电源系统位于汽车两轴之间的底盘中部，如图 3-1 所示。本任务主要讲解电源系统的构造与检修。

图 3-1　车载电源系统

一、电源系统结构

纯电动汽车的电源系统主要由动力电池、电池管理系统、充电系统、电池冷却系统及低压辅助电源等组成（详见本项目二维码资源——纯电动汽车电源系统组成），有些纯电动汽车有辅助动力电源，在提高纯电动汽车续航里程的同时，也降低了对动力电池的性能的要求，有些纯电动汽车将超级电容和飞轮电池作为辅助动力电池使用。

（一）动力电池

动力电池是电源系统的核心部件，主要由动力电池模组、动力电池箱、动力电池辅助加热装置和高压维修开关等组成，有些则没有维修开关。动力电池是纯电动汽车的动力电源，其作用是给驱动电机提供所需的电能，从而带动汽车行驶；动力电池辅助加热装置主要在工作温度较低的情况下给动力电池加热，使其达到正常温度范围，保证良好的工作性能；动力电池箱相当于动力电池的壳体，主要用于安装动力电池组合。

1．动力电池模组

电动汽车动力电池组是能量储存装置，是电动汽车日常行驶的唯一能量来源，它是电动汽车的核心组成部件之一，其性能好坏直接关系到电动汽车的动力性能、续驶能力，同时也影响电动汽车的使用安全性。

（1）纯电动汽车对动力电池要求。

纯电动汽车行驶完全依赖动力电池存储的能量，电池容量越大，可以实现的续驶里程越长，但其体积、质量也越大。纯电动汽车要根据电源系统设计、道路情况和行驶工况的不同来选配电池，其对动力电池的具体要求归纳如下：

① 动力电池组要有足够的能量和容量，以保证典型的连续放电不超过 1 C（C，库伦，电量单位，代表单位质量物质的电容量），典型峰值放电一般不超过 3 C；如果电动汽车上安装了回馈制动装置，动力电池组必须能够接受高达 5 C 的脉冲电流充电。

② 电池要能够实现深度放电而不影响其寿命，如放电 80% 不影响寿命，在必要时能实现满负荷功率和全放电。

③ 能实时检测动力电池的工作状态，所以需要安装电池管理系统和热管理系统，显示电池组的剩余电量和实现温度控制。

④ 动力电池要在整车上合理布置。由于动力电池组体积和质量大，电池箱的设计，电池的空间布置和安装问题都需要认真研究。

（2）类型。

动力电池按照不同的分类标准分为不同的类型，纯电动汽车常用的动力电池主要有铅酸电池、镍氢电池、锂电池三种，如图 3-2 所示。电动汽车所用电池以锂电池为主流。

（a）铅酸电池

（b）镍氢电池

（c）锂电池

图 3-2　动力电池类型

① 铅酸电池。

铅酸电池由于其成本低、适应性宽、可逆性好、大电流放电性能良好、可制成密封免维护结构等优点，被广泛应用于电力、通信、邮电、铁路、采掘等多个领域。在汽车领域，铅酸电池作为启动、点火、照明电池应用于传统内燃机车上；作为动力电池，主要用于纯电动汽车、高尔夫车、观光车、电动叉车等车上。铅酸电池可分为两大类：普通（注水式）铅酸电池和免维护（阀控式）铅酸电池。其中，后者通过安全控制阀自动调节密封电池体内充电和工作异常产生的多余气体，免维护，更符合电动汽车的要求。

铅酸电池在外形上各异，但其内部结构相似，主要由极板、隔板、电解液、壳体等组成。

极板是铅酸电池的核心部件，分为正极和负极；电解液是铅酸电池的血液，它是弱酸性的。正极板上的活性物质是二氧化铅，负极板上的活性物质是海绵状的铅，电解液是稀硫酸，所以称为铅酸电池。这种电池在放电时，正极板上的活性物质分离出的铅离子与电解液中硫酸根反应生成硫酸铅附在正极板上，同时电池中氢离子和阳离子结合生成水；在充电过程中硫酸铅分解，生成正极板上的二氧化铅和负极板上的铅，充电末期水电解，生成氧气和氢气分别从正负极板上析出。铅酸蓄电池在充足电的情况下可以长时间保持电池内化学物质的活性，而在电池放电以后，如果不及时充足电，电池内的活性物质很快就会失去活性，使电池内部产生不可逆的化学反应。所以铅酸蓄电池应充足电保存，并定期给电池补充电。

如果作为纯电动汽车动力电池使用，铅酸电池必须解决提高比容量和比功率、延长蓄电池使用寿命、能够实现快速充电三个方面的问题。因此纯电动汽车使用铅酸电池作为动力电池的不多，也有些纯电动汽车用铅酸电池作为低压蓄电池，给整车电控和低压辅助电器供电。

② 镍氢电池。

镍氢电池（Ni-MH）属于碱性电池，它的许多基本特性和镍镉（Ni-Cd）电池相似，但镍氢电池不存在重金属污染问题，被称为“绿色电池”。镍氢电池的高能量密度、大功率、无污染等综合特点使其适合作为动力电池使用，一些镍氢电池厂以此开发出动力汽车、电动摩托车和电动自行车的镍氢电池。

镍氢电池正极活性物质为 $Ni(OH)_2$（称 NiO 电极），负极活性物质为金属氢化物，也称储氢合金（电极称储氢电极），电解液为 6 mol/L 氢氧化钾溶液。充电时正极的 $Ni(OH)_2$ 和 OH^- 反应生成 NiOOH 和 H_2O，同时释放出 e^- 一起生成 MH 和 OH^-，总反应是 $Ni(OH)_2$ 和 M 生成 NiOOH，储氢合金储氢；放电时与此相反，MH_{ab} 释放 H^+，H^+ 和 OH^- 生成 H_2O 和 e^-，NiOOH、H_2O 和 e^- 重新生成 $Ni(OH)_2$ 和 OH^-。

镍氢电池优点为：比能量密度高、深度放电性能好、充放电效率高、无重金属污染、绿色环保、无记忆效应、全密封免维护、常规拆卸简单等，且其能量密度和功率密度均高于铅酸电池和镍镉电池，循环使用寿命在实际电动汽车用电池中是最高的，在正确使用条件下可循环使用 500 次以上。

镍氢电池缺点为：成本高，价格为相同容量铅酸电池的 5 ~ 8 倍；自放电损耗高，满电常温下存储自放电率 30% ~ 35%；高温性能差，在过充和过放电时会排出气体、耐高温性能差等。

近几年来，随着混合动力汽车的产业化和燃料电池汽车的研制开发，镍氢电池受到了非常普遍的关注，其能量密度、功率密度、循环寿命和快速充电能力还会提高，价格将会进一步降低。

③ 锂电池。

锂电池是一类由锂金属或锂合金为负极材料，使用非水电解质溶液的电池。锂金属电池通常是不可充电的，且内含金属态的锂；而锂离子电池不含有金属态的锂，如液态锂离子电池、聚合物锂离子电池等，并且是可以充电的，纯电动汽车使用的大都是锂离子电池。

早期锂离子电池主要用于笔记本电脑、手机等电器上，伴随着现在电池管理软件的进步，很多电动车也陆续采用了锂离子电池。锂离子动力电池能够在电动汽车上广泛应用，主要原因是其能量密度是铅酸动力电池的 3 倍，并且还有继续提高的可能性。特斯拉采用的 18650 锂电池，18650 即指电池的直径为 18 mm，长度为 65 mm，圆柱形的电池。

锂离子电池是在二次锂电池的基础上发展起来的。这种锂离子电池的正负极均由可以嵌入和脱出 Li^+ 的化合物或材料组成。其中，正极为锂化跃迁金属氧化物，如 Li_mO 或 Mn、Ni

等跃迁金属；而负极可嵌入 Li^+ 的碳，形成 Li_xC^- 碳化锂；电解质为有机溶液或固体聚合物。在电池充电时，Li^+ 从正极脱出，经过电解质嵌入负极；电池放电时，Li^+ 则从负极脱出，经过电解质再嵌回正极。电池的操作过程实际上是 Li^+在两电极之间来回嵌入和脱出的过程，故 Li^+ 电池也称为"摇椅式电池"。由于锂离子在正负极中有相对固定的空间和位置，因此锂离子电池充放电反应的可逆性很好。

锂离子电池具有能量密度高、平均输出工作电压高、自放电小、无效记忆、可快速充放电、充电效率高、环保性高、循环寿命长等多种优点。缺点是成本高、必须有特殊的保护电路，以防止过充或过放、与普通电池的相容性差等。具有技术竞争性的适用于电动汽车的锂离子电池，根据正极材料的不同分为锂镍钴铝（NCA）、锂镍锰钴（NMC）、三元材料（NCM）、磷酸铁锂（LFP）四种。但是从安全、寿命、性能、比能量、比功率和成本等对这四种锂离子电池进行比较，没有哪一种电池技术能在这几个方面都具有优势。

（3）动力电池组结构。

纯电动汽车常用的动力电池为锂电池，本节以锂离子电池为例来讲述动力电池组的结构。锂电池的动力电池组主要由电池模组组成，每个电池模组主要由多个电池模块组成，每个电池模块又由多个单体电芯组成。动力电池组中，把多个锂电池模块串联可以提高电池的电压；把多个锂单体电芯并联可以提高动力电池的容量和供电电流。纯电动汽车为了达到高电压高容量标准，一般使用串联和并联这两种方法组合连接单个电池。具体如下：

动力电池额定电压=单体电芯额定电压×单体电芯串联数

动力电池容量=单体电芯额定电压×单体电芯并联数

动力电池总能量=动力电池系统额定电压×动力电池系统容量

如：一个 36 V/10 A·H 电动车的电池是把 5 节 2 000 mA·H 的 3.6 V 锂离子电池并联起来，这样容量就可以达到 10 A·H；然后再把 10 组并联的电池串联在一起，电压就可以达到 36 V 以上。

动力电池组主要由多个电池模块串联而成，电池模块是单体电芯在物理结构和电路上连接起来的最小分组，每一个电池模块由多个并联的单体电芯组合而成，它是单体电芯的并联集成体。单体电芯是构成动力电池模块的最小单元，如图 3-3 所示，相邻单体电池之间用电芯绝缘板隔开。电池模组是由电池模块串联而成的单元。动力电池包是对外输出电能量的电源体，由若干电池模组串联而成。动力电池的形成过程详见本项目二维码资源。

图 3-3　单体电芯

① 单体电芯组成。

单体电芯一般由正极、负极、电解质（电解液）、隔膜及外壳等构成，如图 3-4 所示。可实现电能与化学能之间的直接转换，常见的磷酸铁锂单体电池电压为 3.2 V。

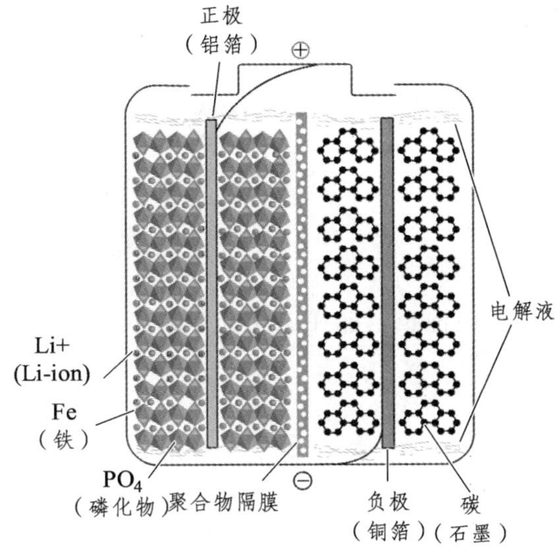

图 3-4　单体电池结构

② 单体电池工作原理。

以磷酸铁锂动力电池为例讲解单体电池工作原理。磷酸铁锂动力电池的充放电是在 $LiFePO_4$ 和 $FePO_4$ 两者之间进行的，参见图 3-5 对动力电池进行充电时，电池的正极上有锂离子脱出，脱出的锂离子经过电解质运动到负极。因负极的碳呈层状结构，有很多微孔，到达负极的锂离子就会嵌入到碳层的微孔中，生成 $FePO_4$，嵌入的锂离子越多，充电容量就会越高，即

$$LiFePO_4 - xLi^+ - xe^- \longrightarrow (1-x)LiFePO_4 + xFePO_4$$

而放电时则正好相反：当动力电池放电时，负极板上的锂离子从碳层中脱出，使得负极板处于富锂状态，脱出的锂离子通过电解质运动到正极，与正极板上 $FePO_4$ 反应，生成 $LiFePO_4$，移动至正极板的锂离子越多，动力电池的电量越低，即

$$FePO_4 + xLi^+ + xe^- \longrightarrow xLiFePO_4 + (1-x)FePO_4$$

需要注意的是磷酸铁锂电池在工作过程中既不能过充也不能过放，否则会影响电池的使用寿命。

锂离子电池的工作原理详见本项目二维码资源。

2．动力电池辅助加热装置

动力电池辅助加热装置是在温度较低的情况下预热动力电池使其达到正常的工作温度，从而保证动力电池的使用性能。动力电池辅助加热装置主要有电池 PTC（正的温度系数）组成。当纯电动汽车需要工作时，电池管理器根据车辆的上电信号和动力电池的温度信号，控制电池 PTC 工作，逐步加热动力电池的温度，使动力电池的工作温度达到正常的温度范围。

3．动力电池箱

动力电池箱是支撑、固定、包围动力电池的组件，多由铸铝和玻璃钢制成。动力电池箱有承载及保护动力电池组及电气元件的作用。

动力电池箱主要由动力电池箱体的上盖和下托盘、辅助元器件等组成，如图 3-5 所示。辅助元器件包括过渡件、护板、螺栓等。

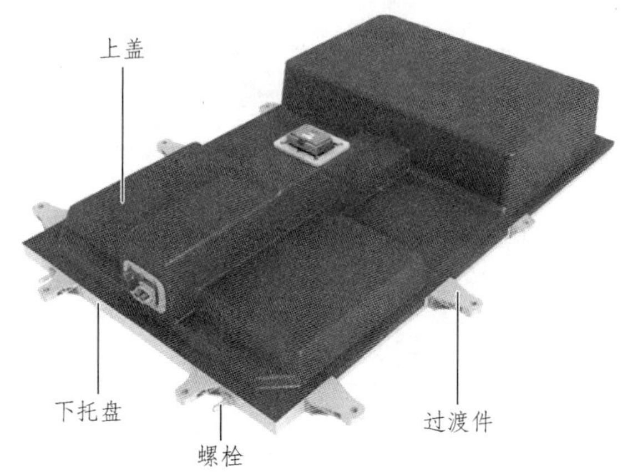

图 3-5　动力电池箱组成

动力电池箱体通过螺栓连接在车身地板下方，其防护等级一般为 IP67。电池箱体的外表面颜色要求为银灰色、黑色或亚光色，并且外表面还包含有产品铭牌、动力电池包序号、出货检测标签、物料追溯编码以及高压警告标志。

4．高压维修开关

纯电动汽车上的高压维修开关，也称为高压维修塞，它可以在维修纯电动汽车的高压电力系统时，起到防短路的保护作用，提供安全的维修环境，也可以对电力系统起到安全保护功能。一般，在纯电动汽车保养及维修时，都要先断开高压维修开关。某款汽车的高压维修开关，如图 3-6 所示。

图 3-6　高压维修开关

（二）电池管理系统

电池管理系统（Battery Management System，BMS）是电动汽车必备的系统，如图 3-7 所示。它承担着动力电池组的全面管理，与电机控制系统、整车控制系统共同构成电动汽车的三大核心技术。BMS 通过检测动力电池组中各单体电池的状态来确定整个电池系统的状态，并根据它们的状态对动力电池系统进行对应的控制调整和策略实施，实现对动力电池系统及各单体的充放电管理以保证动力电池系统安全稳定的运行。即一方面保证动力电池组的正常运作，显示动力电池组的动态响应并及时报警，以便使驾驶人随时都能掌握动力电池组的情况；另一方面对人身和车辆进行安全保护，避免因电池引起的各种事故。

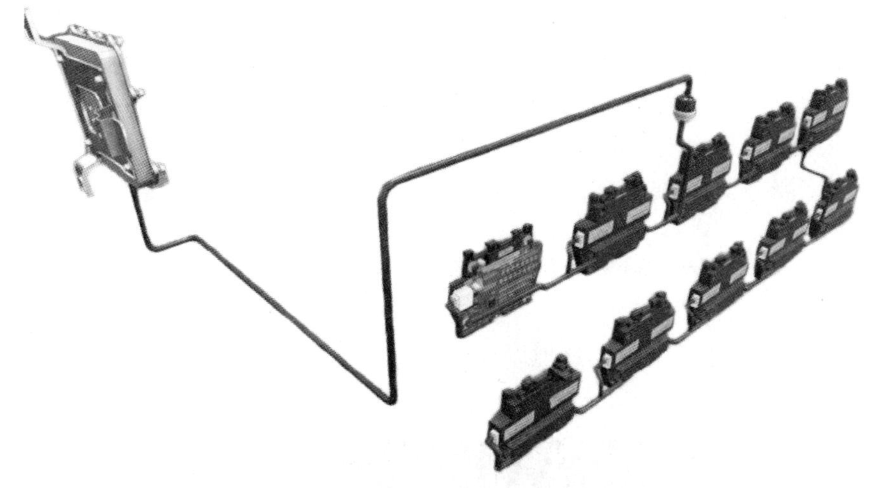

图 3-7　电池管理系统

1．电池管理系统的功能

电池管理系统的功能：通过电压、电流及温度检测等功能实现对动力电池系统的过电压、欠电压、过电流、过高温和过低温保护，继电器控制、剩余电量（SOC）估算、充放电管理、均衡管理、故障报警处理、与其他控制器通信等功能。此外，电池管理系统还具有高压回路绝缘检测功能，以及动力电池系统加热功能。

（1）过充电保护。

电池过充将破坏正极结构而影响性能和寿命，过充电还会使电解液分解，内部压力过高而导致漏液、变形、起火等问题。过充电保护，就是当电池组中的某个单元电池的电压高于设定的过充保护电压值，且该状态的保持时间超过预设延时，保护功能动作，切断充电电路，停止对电池组的充电，并锁定为过充电状态。

（2）过放电保护。

电池过放会导致大量活性物质不可逆地衰减，并可能导致漏液、零电压以及负电压，也是损害电池性能的主要原因之一。过放电保护就是当电池组中的某个单元电池的电压低于设定的过放保护电压值，且该状态的保持时间超过预设延时，保护功能动作，切断放电电路，停止对电池组的放电，并锁定为过放电状态。

（3）过流保护。

过流保护分为充电过流和放电过流。当电池组的充电电流或放电电流超过预设值，且该状态的保持时间超过预设延时，保护功能动作，切断充电电路或放电电路，停止对电池组的充电或放电，并锁定为过流状态。过流保护在一定时间后自动释放。

（4）短路保护。

当电池组发生短路，且该状态的保持时间超过预设延时，启动保护功能动作，切断充电电路和放电电路，禁止对电池组进行充电和放电。

（5）温度保护。

系统可进行多点温度采样，包括电池体温度、环境温度、功率器件温度等，根据不同的采样位置，预设相应的保护值。当检测到的温度超过设定的高温保护值，且该状态的保持时间超过预设延时，保护功能动作，切断充电电路和放电电路，禁止对电池组进行充电和放电，并锁定为短路状态。当检测到的温度恢复至设定的高温释放温度以下，且保持时间超过预设延时，高温保护释放。

（6）电压检测。

管理系统可对电池组中每个单元电池的电压进行监控，并转换为数字值。

（7）电流检测。

管理系统应可对电池组中的充放电的电流进行监控，并转换为数字值。

（8）温度检测。

管理系统应可对电池体温度、环境温度、功率器件温度等温度状态量进行监控，并转换为数字值。

（9）SOC 检测。

通过相应的方法估算电池的剩余容量，为系统进行相应的控制提供依据并为驾驶员合理安排驾驶提供参考。

（10）监控显示。

管理系统通过液晶显示屏，显示相关检测数据，便于用户直观了解电池使用情况。

（11）通信功能。

电池管理系统应具备通信功能，可扩充多种总线接口，通过通信接口与设备总线相连，收集电池组的参数和状态。

（12）受控功能。

电池管理系统应可以通过通信接口接受设备总线上发来控制指令，并做出相应响应，如按照总线指令对电池组完成开启或关闭等操作。电池管理系统也可以通过通信接口接收设备总线上下传的参数信息，可通过软件编程的方式更新或调整电池管理的相关参数，包括保护参数、电压参数、电流参数、温度参数、时间参数等。

（13）均衡功能。

由于电池制作工艺等的差异，生产出来的电池性能不可能完全一致，而使用中充放电的不同又加剧了电池的不一致性。这就需要对电池进行有效的均衡，以保证电池组在使用周期内的一致性，从而有效地改善电池组的使用性能、延长电池组的使用寿命。

（14）散热功能。

管理系统包含散热组件，可对电池体、功率器件等进行被动散热和主动散热。被动散热采用普通热传递方式，满足系统在正常温度下的散热需求。被动散热无须进行管理控制，不消耗电源功耗。当电池系统的温度超过正常值，被动散热无法满足要求时，管理系统可以开启主动散热功能，通过风扇加速空气循环，风扇的转速可根据温度高低自动调整。

（15）自检功能。

电池管理系统具备自检功能，系统每次运行首先完成初始化检测，如发现问题则自动做出相应的处理，并通过液晶显示屏或总线接口上报告警。电池组在工作过程中，管理系统定时巡检，及时发现可能出现的问题，自动做出相应安全处理，并告警显示。

2．电池管理系统的组成

动力电池管理系统主要由数据检测模块、中央处理器、显示单元模块、控制部件等组成，一般通过采用内部 CAN 总线技术实现模块之间的数据信息通信，如图 3-8 所示。控制部件主要是指继电器、加热继电器及熔断装置等；数据检测模块主要进行数据采集，包括电流传感器、电压传感器、温度传感器等；中央处理器指电池管理模块，主要与整车系统进行通信，控制充电机等；显示单元模块主要指显示装置，可以进行数据呈现，实现人机交互。

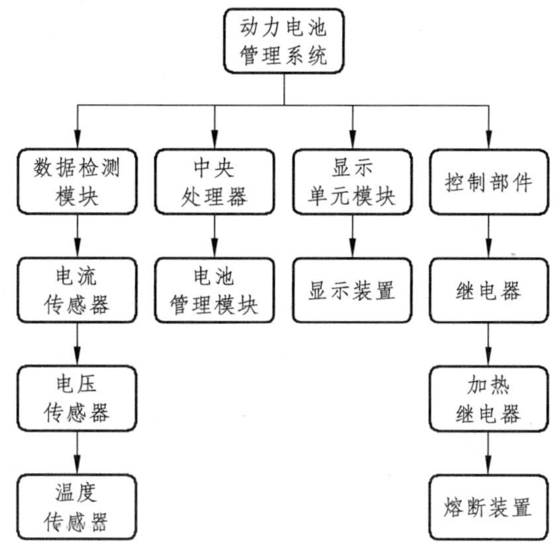

图 3-8　电池管理系统组成

3．电池管理系统的工作原理

电池管理系统与电动汽车的动力电池紧密结合在一起，通过传感器对电池的电压、电流、温度进行实时检测，同时还进行漏电检测、热管理、电池均衡管理、报警提醒。它能计算剩余容量（SOC）和放电功率，报告电池劣化程度（SOH）和剩余容量（SOC）状态，还根据电池的电压、电流及温度用算法控制最大输出功率以获得最大行驶里程，以及用算法控制充电机进行最佳电流充电，通过 CAN 总线接口与车载总控制器、电机控制器、能量控制系统、车载显示系统等进行实时通信。

电池管理系统的工作原理详见本项目二维码资源。

（三）充电系统

纯电动汽车充电系统可以为车载储能装置补充电能，它是电源系统中提供持续且平衡电能的关键系统。充电系统应该能够满足在多种不同应用情况下的充电需求。随着动力电池本身充放电速度的不断提高，充电系统的性能也在不断改进。

1．充电系统的类型

（1）按照输入电能的供给方式分类。

在对电动汽车进行充电时，根据输入的充电电流的不同可分为交流充电系统和直流充电系统两种。两种不同的充电方式，充电速度不一样。

① 交流充电系统。

所谓交流充电系统就是使用交流电源与交流电网连接，对新能源电动汽车进行充电。我国标准规定的电动汽车充电用交流电源电压的额定值最大可达 660 V，交流标称电压为单相 250 V、三相 415 V，允许偏差为标称电压的 ± 10%，频率的额定值为（50 ± 1）Hz。交流标称电流可以为 16 A、32 A、60 A、100 A、150 A 或 250 A。

图 3-9　带有车辆及电源连接器的独立活动电缆

将电动汽车和交流电网相连时，可以采用下述 3 种方式中的一种或多种。

连接方式 A：将电动车辆和交流电网相连时，使用和电动车辆连在一起的供电电缆和插头。

连接方式 B：将电动车辆和交流电源连接时，使用带有电动车辆连接器和电源连接器的独立活动电缆，如图 3-9 所示。

连接方式 C：将电动车辆和交流电源连接时，使用和交流电网连在一起的供电电缆和连接器，如图 3-10 所示。

图 3-10　供电电缆及连接器与交流电网连在一起

② 直流充电系统。

所谓直流充电系统是指采用直流电给纯电动汽车进行充电的系统。一般，电动汽车采用的直流电是在对交流电源进行整流后得到的，但这种充电系统需要单独设置整流装置或直流电源。如某充电站利用城市无轨电车的供电网作为输入电源，则对该充电站内的充电装置而言，输入电源即为直流电源。我国标准规定用于电动汽车充电的整流电源的电压最高为 1 000 V。

（2）按充电时长分类。

按照充电时间的不同，电动汽车的充电系统可分为快充充电系统和慢充充电系统两种。

① 快充充电系统。

快充充电系统可以不用车载充电机而完成对电动汽车的充电，所以快充充电系统可以用于没有车载充电机的充电系统。根据电动汽车动力电池性能的不同，充电电流一般在（0.2 ~ 1）C，少数动力电池的充电电流可达到 3 C。C 为放电倍率，等于充放电电流与额定容量的比值。根据电动汽车蓄电池剩余容量和充电电流大小的不同，一般充电时间在 20 ~ 60 min。

② 慢充充电系统。

慢充充电系统主要将 220 V 交流电转化为直流电，以实现动力电池的电能补给。

慢充充电系统一般采用交流充电桩进行交流充电，适用于有车载充电机的小型电动乘用车。充电电流相对较小，输出功率通常不超过 5 kW。根据车载充电机功率的不同，一般慢充电模式充电时间为 3 ~ 5 h，部分车辆长达 8 ~ 9 h。由于充电时间较长，通常不用于车辆紧急充电。

慢充系统使用的交流充电桩成本较低且安装比较简单，可建在停车场、住宅小区等场所，充分利用停车时间特别是夜间等用电负荷低谷时段对车辆进行充电，充电成本相对较低。

总体来说，快充充电系统的充电机通常固定安装在地面上，输入侧的交流电经过电能变换后转变为直流输出，并给电动汽车的动力电池组充电，因此也称为直流充电机；慢充充电系统的整流等电能变换环节都在电动汽车内完成，车外仅需要一个交流输入供电电源，因此也称为交流充电机。

纯电动汽车本身使用的是慢充（交流）充电机，慢充（交流）充电机是慢充（交流）充电系统的核心组成部件，下面将重点讲解慢充（交流）充电系统的组成及工作原理。

2. 充电系统的组成

纯电动汽车充电系统主要由车载充电机、充电口、DC-DC 转换器等部分组成，并辅以正负极母线接触器（继电器）、预充接触器（继电器）和预充电阻等辅助装置，如图 3-11 所示。

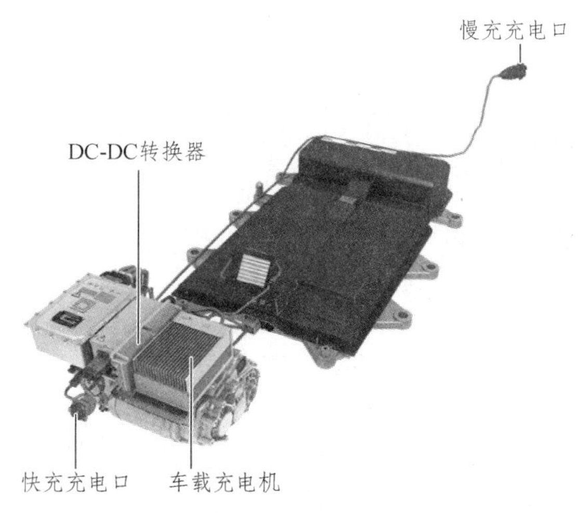

图 3-11　充电系统组成

（1）车载充电机。

① 车载充电机的功用（详见本项目二维码资源）。

车载充电机是充电系统的主要装置，它以受控的方式将 220 V 交流电转化成高压直流电传输到纯电动汽车或插电式混合动力汽车车载储能装置从而实现电能补充，即给车载充电装置充电。

充电机工作过程需协调 BMS 等部件进行充电综合管理，由 BMS 通过 CAN 通信控制车载充电机的工作状态，当监测到车载充电机温度高于 75 °C 时，充电机的输出电流变小；若温度高于 80 °C，车载充电机将切断供电，停止输出电能。电池管理系统为车载充电机提供过压、欠压、过流、欠流等多种保护措施。若充电系统出现异常，电池管理系统会及时采取应对措施甚至切断供电。

③ 电动汽车充电机的组成。

电动汽车充电机主要由散热风扇组、低压通信端、直流输出端、交流输入端几部分组成，如图 3-12 所示。

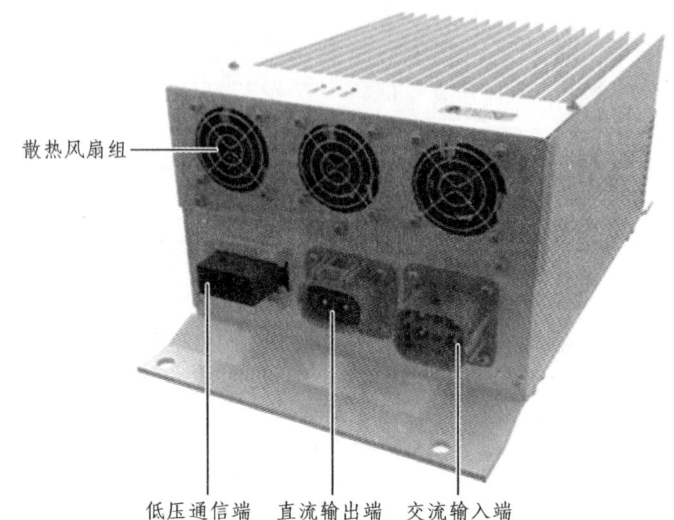

图 3-12　充电机组成

a. 散热风扇组在充电机工作温度超过预设温度范围后工作，用于充电机的散热。

b. 低压通信端主要实现车载充电机与慢充充电枪以及车上其他控制单元之间进行信息交互等功能。输出端口包括新能源 CAN-H、新能源 CAN-L 信号传输、互锁输出（到高压控制盒低压插件）、CC 信号输出（到集成控制器）、互锁输入（到空调压缩机低压插件）、12 V + 输入、慢充唤醒（到集成控制器）。

c. 直流输出端与高压控制盒相连，将车载充电机转换的直流高压电输出至高压控制盒。

d. 交流输入端与慢充口相连，将 220 V 交流电输入至车载充电机中。

（2）充电接口。

充电接口是指用于连接活动电缆和电动汽车的充电部件，纯电动汽车的充电接口有快充充电口和慢充充电口两种。它相当于充电插座，用于与充电插头结构和电气进行耦合，是充电系统的主要充电部件。

① 慢充充电口。

慢充充电口是完成慢速（交流）充电的接口，适用于电动汽车传导充电使用，其接口功能定义执行国家标准 GB/T 20234—2015《电动汽车传导充电用连接装置》的规定，参数见表 3-1。

表 3-1　慢充充电接口的额定值

额定电压/V	额定电流/A
250	16
	32

慢充充电孔为 7 孔式，各个针脚含义分别为控制连接确认（CP）、充电连接确认（CC）、交流电源（零线，N）、交流电源（火线，L）、备用连接 1（NC1）、备用连接 2（NC2）、车

身接地（PE），如图 3-13 示。

图 3-13 慢充充电口针脚名称

慢充充电口各针脚的电气参数和功能定义见表 3-2。

表 3-2 慢充充电口针脚定义及参数

触头编号/标志	额定电压和额定电流	功能定义
L	250 V	交流电源
NC1	—	备用触头
NC2	—	备用触头
N	250 V 16 A/32 A	中线
PE	—	保护接地（PE），连接供电设备地线和车辆底盘地线
CC	30 V 2 A	充电连接确认
CP	30 V 2 A	控制确认

② 快充充电口。

快充充电口是与快充充电桩上的快充充电枪进行物理连接的部件，负责完成充电和控制引导。快充充电桩与电动汽车的快充充电口功能定义执行国家标准 GB/T 20234—2015《电动汽车传导充电用连接装置》的规定，参数见表 3-3。

表 3-3 快充充电口额定值

额定电压/V	额定电流/A
750	125
	250

快充充电口为 9 孔式，其针脚布置形式如图 3-14 所示。

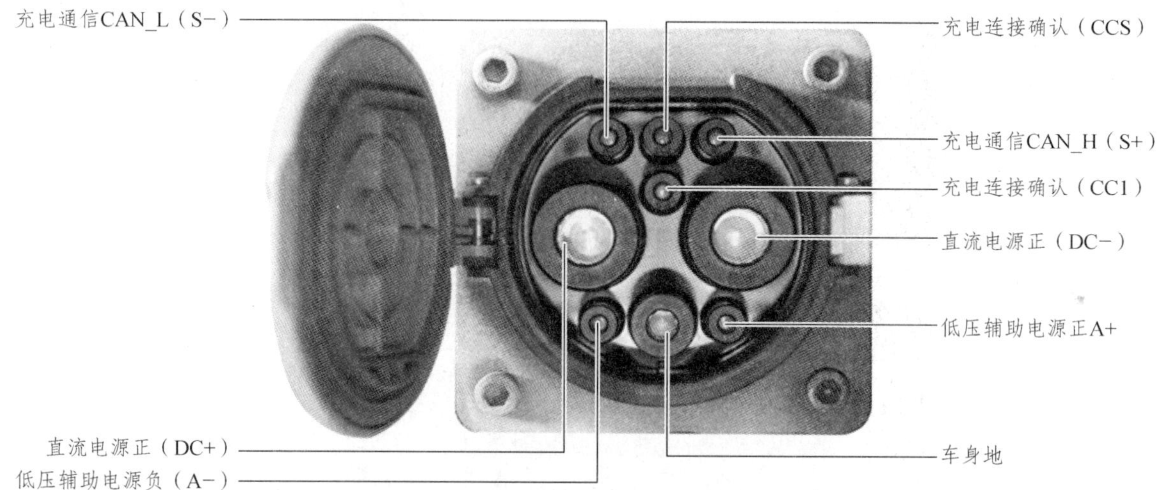

图 3-14　快充充电口针脚名称

快充充电口各针脚功能定义及参数见表 3-4。

表 3-4　快充充电口针脚定义及参数

触头编号/标志	额定电压和额定电流	功能定义
DC+	750 V 125 A/250 A	直流电源正极，连接直流电源正极与电池正极
DC −	750 V 125 A/250 A	直流电源负极，连接直流电源负极与电池负极
⏚	—	保护接地（PE），连接供电设备地线和车辆底盘地线
S+	30 V　2 A	充电通信 CAN-H，连接非车载充电机与电动汽车的通信线*
S −	30 V　2 A	充电通信 CAN-L，连接非车载充电机与电动汽车的通信线*
CC1	30 V　2 A	充电连接确认 1
CC2	30 V　2 A	充电连接确认 2
A+	30 V　20 A	低压辅助电源正极，连接非车载充电机为电动汽车提供的低压辅助电源
A −	30 V　20 A	低压辅助电源负极，连接非车载充电机为电动汽车提供的低压辅助电源

注：非车载充电机控制装置和车辆控制装置应用 CAN 总线终端电阻，建议为 120 Ω。通信线宜采用屏蔽双绞线，非车载充电机端屏蔽层接地。

（3）DC-DC 转换器。

DC-DC 转换器是为转变输入电压后有效输出固定电压的电压转换器，又被称为直流变换器。DC-DC 转换器分为三类：升压型 DC-DC 转换器、降压型 DC-DC 转换器以及升降压型 DC-DC 转换器。DC-DC 转换器主要由控制芯片、电感线圈、二极管、三极管、电容器等构成。DC-DC 转换器主要有输入低压保护、输入反接保护、输出短路保护、温度过高保护等四个功能。

① 输入低压保护功能。

当输入电压低于 220 V 时，DC-DC 转换器就会锁死输出，同时故障指示灯点亮，提示输入电压过低，需要对电池组进行检测与维护。

当电压高于 220 V 时，DC-DC 转换器自动解除输出闭锁，恢复正常工作，故障指示灯灭。

② 输入反接保护功能。

若 DC-DC 转换器输入端接反，便进入反接保护锁死输入，DC-DC 转换器不会被损坏，反接消除后 DC-DC 转换器恢复正常。

③ 输出短路保护功能。

输出端的负载存在短路时，DC-DC 转换器会自动进入短路保护状态，不再向外输出电量；当短路故障排除后，DC-DC 转换器会自动恢复输出功能。

④ 温度过高保护功能。

DC-DC 转换器工作温度不允许超过 363 K。工作温度超过 353 K 时，DC-DC 转换器首先自动降低功率进行自身降温；达到 363 K 时就会自动关闭，不再工作；当温度降到 353 K 时，DC-DC 转换器又恢复工作。

（4）正负极母线接触器（继电器）。

正负极母线接触器也称为主继电器，主要包含正极母线接触器和负极母线接触器。在部分纯电动汽车电池系统中，高压正极母线接触器由 BMS 控制，负极母线接触器由整车控制器控制。

（5）预充接触器（继电器）。

预充继电器与预充电阻在充电初期需要闭合预充继电器进行预充电，以防止汽车电路中出现过大的初始充电电流击穿电容。充电初期需要给各单体电池进行预充电，确保单体电池无短路。充放电初期需要低压、小电流给各控制器电容充电，当电容两端电压接近电池总电压时，断开预充继电器，闭合高压正极继电器，从而防止电容初充电流过大而被击穿。

3. 充电系统的工作过程

充电系统分为慢充充电系统和快充充电系统，本节主要介绍这两种充电系统的工作过程。

（1）慢充充电系统工作过程。

将充电枪对准慢充充电口，匹配成功后按下慢充插口上的蓝色按键，通过 12 V 低压唤醒整车控制系统以及电池管理系统等低压部件，电池管理系统会首先检测动力电池有无充电需求，检测完毕后如有充电需求就会将充电指令发送给车载充电机并闭合动力电池的继电器，开始充电。车载充电机将外部供电设备提供的 220 V 交流电转换为高压直流电储存到动力电池。当电池管理系统检测到充电完成后，发送指令给车载充电器机停止工作，动力电池继电器断开，如图 3-15 所示。

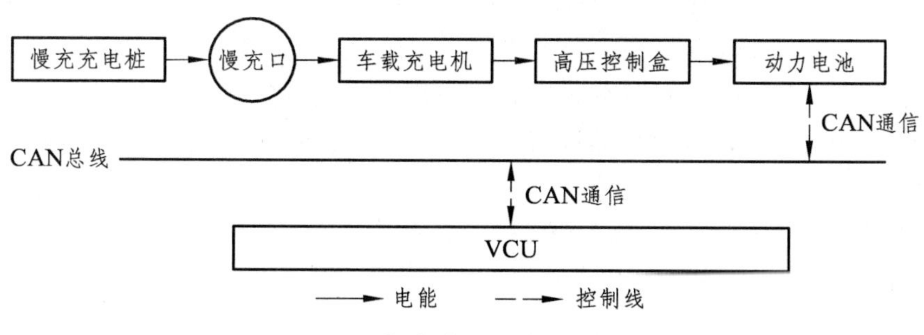

图 3-15　慢充充电系统工作过程

（2）快充充电系统工作过程。

快充充电桩通过接口与电动汽车相连，在将快充充电枪插入快充充电口后，用户在充电桩人机交互界面刷卡并进行相应操作。确认充电枪物理连接成功之后，快充充电桩与动力电池通过 CAN 总线进行数据信息交互。确认动力电池的状态信息之后，闭合高压控制盒与动力电池的继电器，开始充电。直流充电桩将输出的高压直流电直接输入到动力电池中，充电过程中，动力电池与充电桩之间时刻进行着信息交互，若检测到充电完成，充电桩主控制器将关闭充电模块并断开高压充电继电器，同时电池管理系统也将断开动力电池继电器，如图 3-16 所示。若控制器在充电过程中监测到故障，将停止充电。

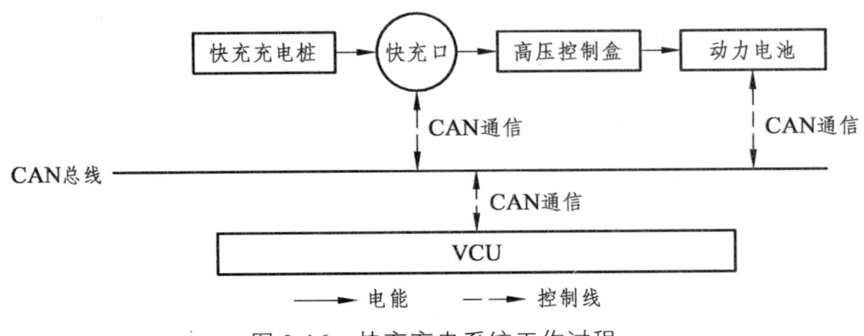

图 3-16　快充充电系统工作过程

（四）电池冷却系统

动力电池在充放电过程中会散发热量，为了保证其正常工作，一般纯电动汽车的动力电池系统专门设置了单独的冷却系统，从而使高压电池包的温度始终保持在正常的范围内，如图 3-17 所示。纯电动汽车电池冷却系统的功用详见本项目二维码资源。

1．动力电池冷却系统的类型

目前，纯电动汽车电池冷却系统有空调循环冷却式、水冷式和风冷式三种类型。

（1）空调循环冷却式。

在高端电动汽车中，动力电池内部有与空调系统连通的制冷剂循环回路。动力电池单元直接通过冷却液进行冷却，冷却液循环回路与制冷剂循环回路通过冷却液热交换器连接。采用空调循环方式电池冷却系统的电动汽车有宝马 i3、特斯拉等。

（2）水冷式。

水冷式电池冷却系统是使用特殊的冷却液在动力电池内部的冷却液管路中流动，将动力电池产生的热量传递给冷却液，从而降低动力电池的温度。比亚迪 E5 采用的就是水冷方式。

（3）风冷式。

风冷式电池冷却系统是利用散热风扇将来自车厢内部的空气吸入动力电池箱，以冷却动力电池以及动力电池的控制单元等部件。丰田普锐斯、凯美瑞（混动版）、卡罗拉双擎、雷凌双擎等电动汽车都是采用风冷式电池冷却系统。

现代纯电动汽车应用较多的冷却系统为水冷式冷却系统。

2．水冷式电池冷却系统的组成

水冷式电池冷却系统主要由电动水泵、散热器、冷却水管、储液罐等部件组成，如图 3-17

所示。其电动水泵、散热器、冷却水管及储液罐的组成与电机冷却系统的基本相同，这里不做赘述。

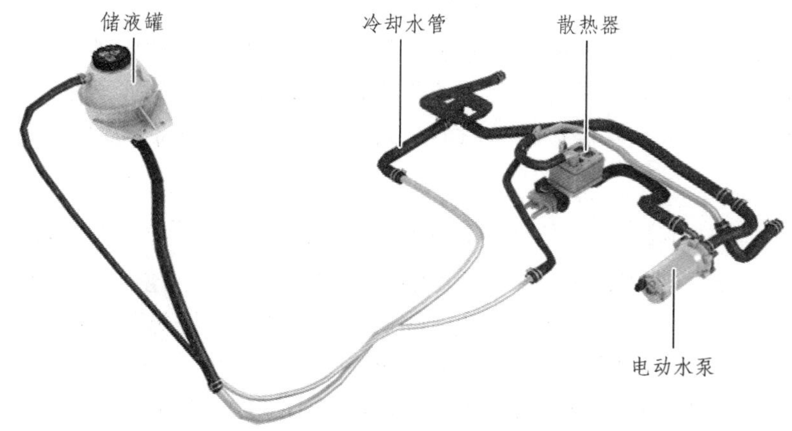

图 3-17　水冷式电池冷却系统结构

3．水冷式电池冷却系统的工作原理

当电动水泵接收到高压电池包内的温度传感器信号后，电动水泵旋转将高压电池包中温度较高的冷却液输送到散热器进行冷却。在电动水泵的作用力下，经散热之后的冷却液进入到高压电池包对其进行冷却。冷却过程中，若冷却液不足则由储液罐进行补偿，并且部分高温冷却液以水蒸气形式返回储液罐以平衡整个管路系统的压力。在电动水泵的作用下如此循环往复达到冷却目的，如图 3-18 所示。

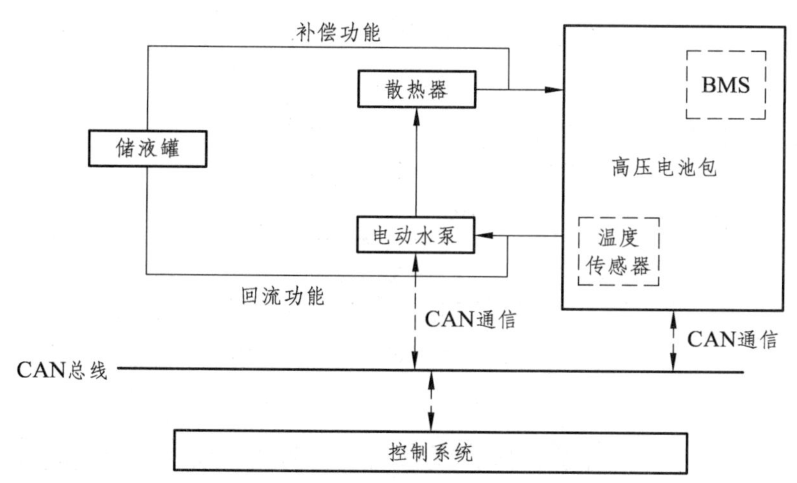

图 3-18　水冷式电池冷却系统工作原理

（五）低压辅助电源

纯电动汽车的低压辅助电源的作用是给纯电动汽车控制单元、控制电路以及其他各种辅助装置，如动力转向单元、制动压力调节器、灯光、空调、电动门窗、电动座椅等提供所需要的低压稳定电源，一般为 12 V 或 24 V 的稳定直流电。一般，纯电动汽车用铅酸蓄电池、低压铁锂电池作为低压辅助电源。

二、电源系统工作原理

在纯电动汽车工作过程中，电源系统根据接收的用电设备的信号和驾驶员的操纵信息，控制动力电池的工作状态，并根据动力电池管理系统（BMS）内的电池信息采集器对单体电池的电压、电流和温度等信息进行监测。若监测到异常状态，电池管理系统将及时发送新的控制指令，断开高压电路，以保护动力电池。其具体工作过程如下：

1．电源系统的充电控制与监测

当动力电池处于充电状态时，首先对动力电池进行预充电，以避免较大瞬时电流直接通过动力电池对其造成不可逆损伤。充电过程中，若监测到动力电池温度低于 5 °C，电池管理系统会先控制动力电池温度调节装置对电池进行加热，如果温度高于 55 °C，则停止充电。动力电池内的 BMS 实时采集各单体电池的电压、电流、温度，动力电池的总电压和总电流值，电池系统的绝缘电阻值，等数据，实时监控动力电池的工作状态，并根据电池管理系统中设定的阈值判断电池系统工作是否正常，对故障进行实时监控。

2．电源系统放电控制与监测

当动力电池处于放电状态时，电池管理系统通过 CAN 总线与整车控制器（VCU）和电机控制器之间进行通信，对动力电池组件放电等进行综合管理，避免出现过放及不均衡现象。动力电池组件使用可靠的高压接插件与高压控制盒相连，其输出的直流电由电机控制器转变为三相交流高压电，驱动电机工作，如图 3-19 所示。

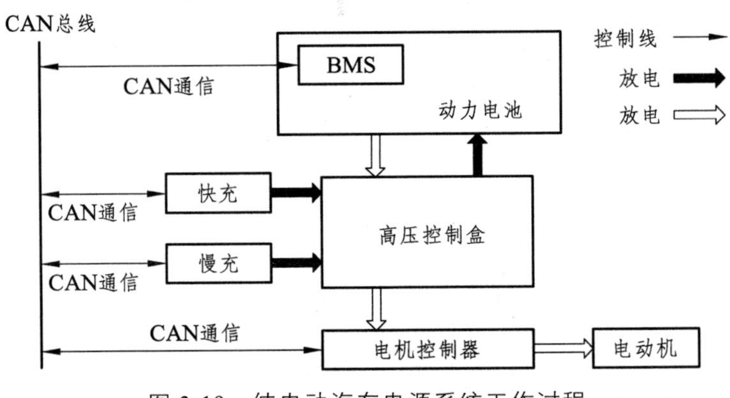

图 3-19　纯电动汽车电源系统工作过程

任务二　北汽 EV160 电源系统构造与检修

任务目标

（1）了解北汽 EV160 电源系统的结构。
（2）掌握北汽 EV160 电源系统的工作原理。
（3）掌握北汽 EV160 电源系统的检修方法。
（4）能按照操作规范进行北汽 EV160 电源系统的拆装与检修。

任务导入

一辆北汽 EV160 型纯电动汽车（以下简称 EV160）被拖送至 4S 店进行维修，车主反映该车一周前进行过动力电池维护，现无法启动。维修接待人员试车发现汽车上电指示灯不亮、动力电池故障警告灯点亮，且仪表信息区域显示动力电池故障。经初步诊断，故障原因指向动力电池包内部，需要针对此故障进行维修。现车间调度将任务工单派发至你手中，请先学习相关知识，然后安全规范地完成分派的检修任务（详见本项目二维码资源——任务导入二）。

知识储备

电源系统作为纯电动汽车的核心部件之一，不仅向汽车中所有用电设备提供低压直流电源，使汽车各部分能正常工作，保证汽车在行驶中和停车时的用电需要。同时，它的出现，将传统燃油汽车的机械控制系统和附件从发动机中分离，集成到一起，使机械系统由电动机直接驱动，提升了汽车动力效率，使车辆轻量化。本任务将以 EV160 的电源系统为例，进行该电源系统的组成、工作原理及检修内容的具体讲解。

一、电源系统组成

EV160 的电源系统主要由动力电池、电池管理系统、充电系统及低压辅助电源等组成，如图 3-20 所示。与其他纯电动汽车相比，EV160 的电池没有配置专门的冷却装置，它是利用汽车行驶过程中流动的风带走动力电池的热量，从而降低动力电池的温度，属于自然风冷却。

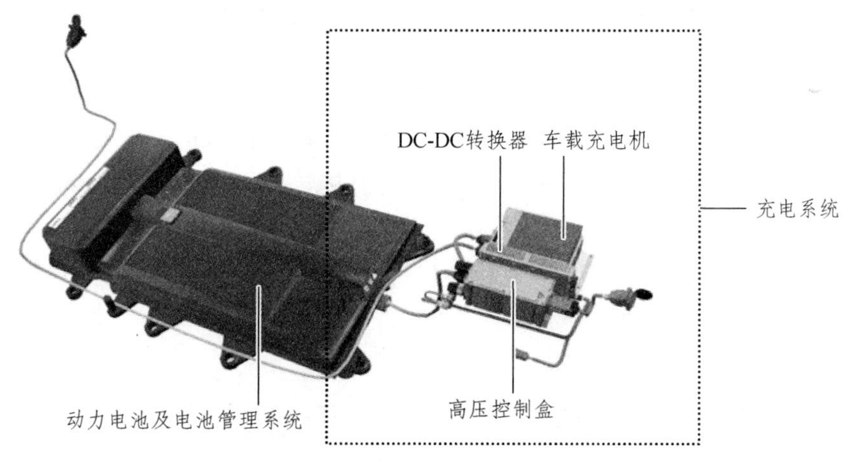

图 3-20　电源系统结构

电源系统主要用于接收和存储由外置充电装置和能量回收装置提供的电能，并通过高压控制盒连接动力电池包，为驱动电机、空调、DC-DC 转换器等用电设备提供电能。

（一）动力电池包

EV160 采用的是 ATL 普莱德磷酸铁锂动力电池包。主要由动力电池组、动力电池箱体、动力电池辅助装置和高压维修开关构成，如图 3-21 所示。与其他动力电池相比，ATL 普莱德磷酸铁锂动力电池的优势在于：高温性能更稳定，对温差的适应性较强（－20～75 °C），电热峰值更高，很大程度上提高了整车性能，并且电池不含任何稀有金属，安全稳定，污染更小。

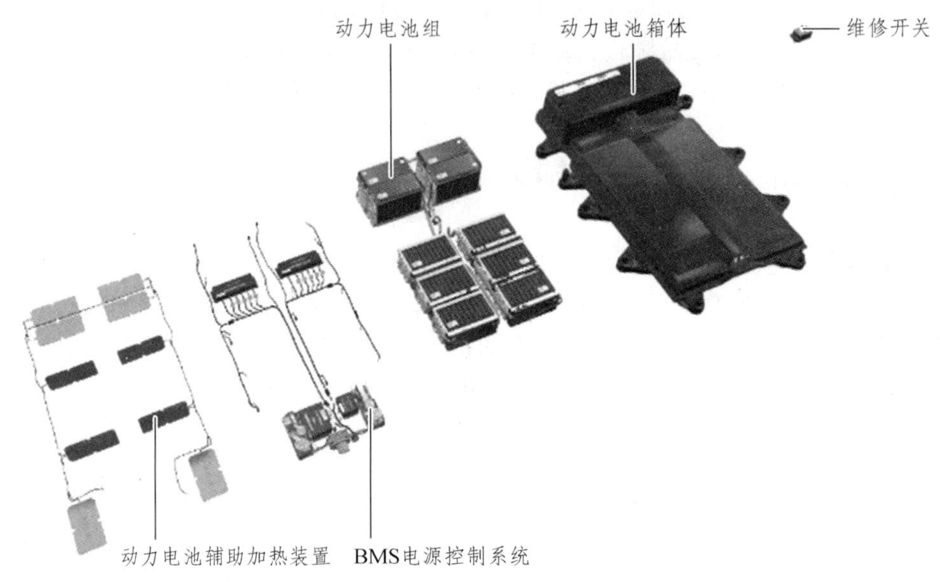

图 3-21　北汽 EV160 动力电池包组成

1．动力电池组

EV160 的动力电池组由 10 个模组串联组成，而动力电池模组是由 10 个电池模块串联组成的一个组合体，电池模块是由 10 个并联的单体电芯组合而成，是单体电芯在物理结构和电路上连接起来的最小分组，可以作为一个单元替换，该组合的额定电压与单体电芯的额定电压相等。单体电芯是构成动力电池模组的最小单元，一般由正极、负极、电解质（或电解液）和隔膜等组成，可以实现电能与化学能之间的直接转换。ATL 普莱德磷酸铁锂动力电池组主要依靠锂离子在正极和负极之间的移动来工作。EV160 的动力电池组内的每个电池模组电压为 32 V，共 10 个模组，动力电池的容量与每个模块的容量同为 80 A · h，所以该动力电池额定电压为 320 V，额定容量为 25.6 kW · h。

2．动力电池箱

EV160 的动力电池箱具有承载和保护动力电池组及内部电气元件的作用，其同样是由动力电池箱上盖和下托盘组成，主要用于切断动力电池内部的高压电路，防止发生触电事故，驾驶者一般接触不到。

3．动力电池辅助装置

EV160 的动力电池辅助装置主要包括动力电池内部的预充电继电器，高压正、负极继电器，动力电池辅助加热装置，等电子电器元件，还包含电子电器元件以外的高压线、密封条、绝缘材料等，如图 3-22 所示。

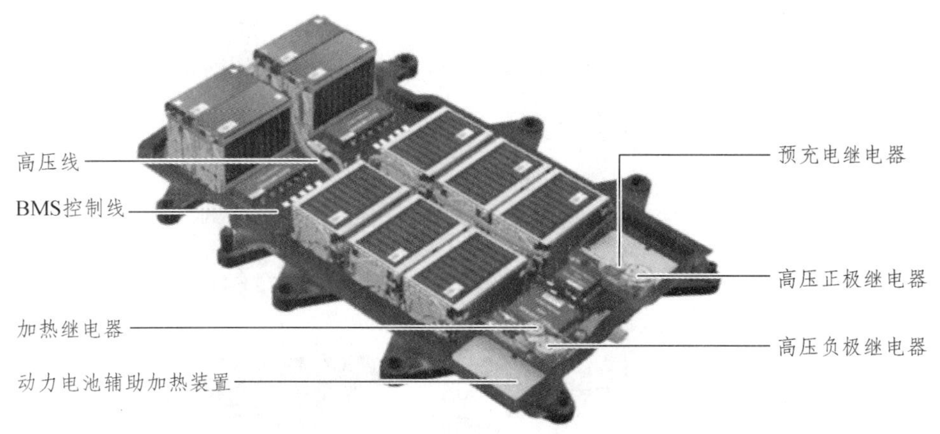

图 3-22　动力电池辅助装置

4．高压维修开关

EV160 的高压维修开关位于汽车后排座椅前中央通道下面的动力电池上，如图 3-23 所示，它用于切断动力电池内部的高压电路，防止发生触电事故，驾驶者一般接触不到，仅供专业人员检修时使用。

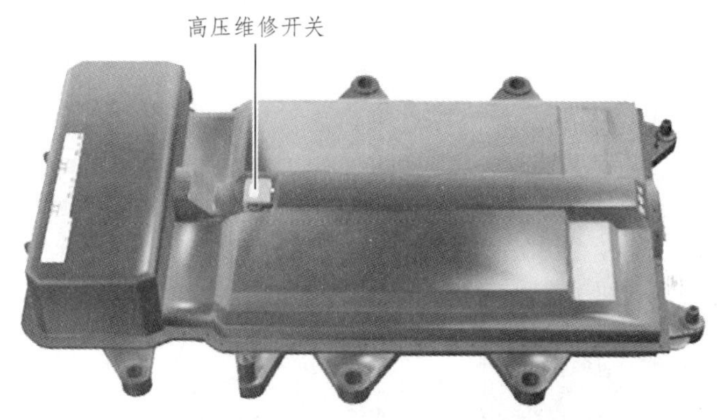

图 3-23　北汽 EV160 高压维修开关位置

（二）电池管理系统（BMS）

EV160 的电池管理系统是电池保护和管理的核心部件，在动力电池系统中，它相当于大脑，主要由 1 个主控制模块、1 个高压控制模块、2 个电池信息采集器等组成，如图 3-24 所示。其中，电池管理系统的 2 个电池信息采集器主要负责监测动力电池组的温度和单体电芯的电流、电压等实时信息，进行监测分析，然后通过低压控制线路上报给主控制模块；主控制模块通过 CAN 总线与整车控制器连接，将收集的数据进行综合分析处理后，发送新的指令信息给电池高压控制模块、整车控制器及其他子控制系统；另外，主控制模块还可以进行动力电池加热控制；高压控制模块负责监测高压回路状态信息，将信息传送给主控制模块，与主控制模块信息通信进行高压的输入和输出控制。

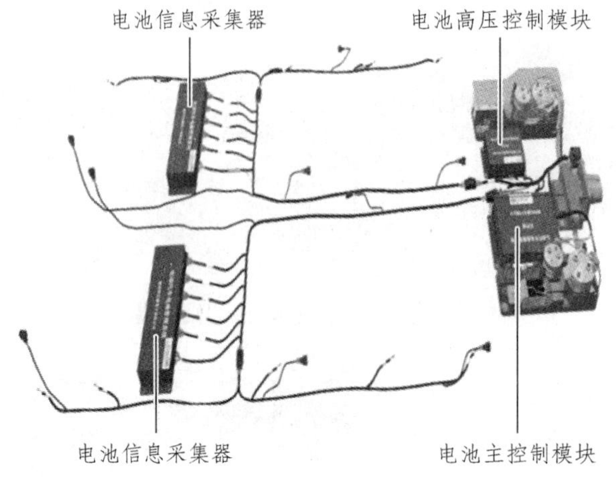

图 3-24　电池管理系统组成

（三）充电系统

EV160 充电系统的作用与其他纯电动汽车的充电系统一样，主要用于为车载储能装置补充电能，并满足不同应用情况下的充电需求。EV160 动力电池充电系统包括快充（直流）充电系统和慢充（交流）充电系统，其主要组成部件为充电口、车载充电机、DC-DC 转换器、高压控制盒、动力电池。

1．充电口

EV160 的充电口有快充充电口和慢充充电口。

（1）快充充电口。

EV160 的快充充电口位于车头前部正中间位置，如图 3-25 所示。

图 3-25　快充充电口位置

（2）慢充充电口。

EV160 的慢充充电口位于传统汽车的油箱口部位，打开充电盖后可以看到充电插头为 7

孔式，如图 3-26 所示。

图 3-26 慢充充电口针脚标志

2．DC-DC 转换器

EV160 的 DC-DC 转换器位于机舱内，如图 3-27 所示。主要用于将动力电池的高压直流电转换为低压直流电，为蓄电池及整车低压用电系统供电。

图 3-27 DC-DC 转换器位置示意

（1）DC-DC 转换器结构。

EV160 的 DC-DC 转换器主要由箱体、电路板等部件组成。其中，电路面板上共有 4 处接线口，分别为低压输出正极、低压输出负极、高压输入端和低压控制端，如图 3-28 所示。

（2）DC-DC 转换器的工作过程。

整车上电之后，通过低压控制系统唤醒整车控制系统，整车控制器给 DC-DC 转换器发送控制指令，DC-DC 转换器开始工作。此时动力电池中的 320 V 直流电经由高压控制盒输送到 DC-DC 转换器，该高压电经过转换器内部的降压器、整流器、振荡电路、滤波器等一系列的作用之后，形成一个 14 V 左右的低压直流电，输出并存储至蓄电池中，供整车低压系统使用，如图 3-29 所示。

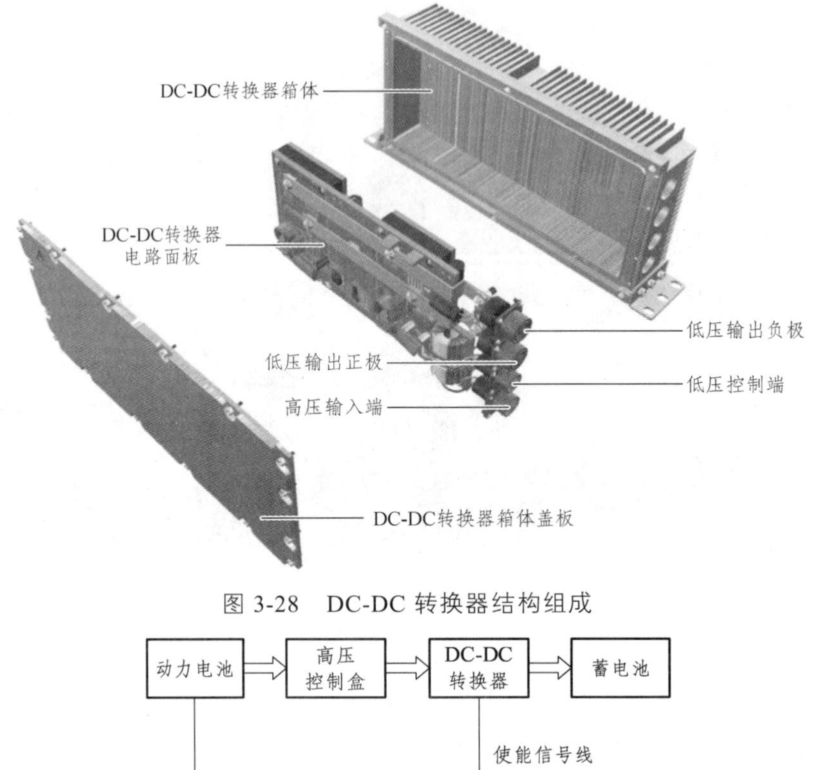

图 3-28　DC-DC 转换器结构组成

图 3-29　DC-DC 转换器工作流程

3．高压控制盒

EV160 的高压控制盒位于机舱内，如图 3-30 所示。主要用于动力电池与各高压器件之间的高压连接，实现对支路用电器件的保护。

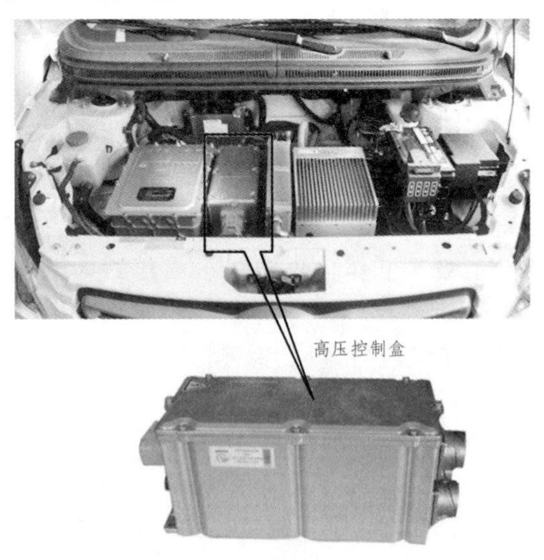

图 3-30　高压控制盒位置

（1）高压控制盒结构。

EV160 高压控制盒主要由箱体、PTC 控制面板、高压配电面板、熔断丝和快充继电器等部件组成，如图 3-31 所示。高压控制盒外部共有 5 个接线口，分别用于实现快充插接件、快充继电器、动力电池包、电机控制器、整车控制器和高压辅助等的连接。

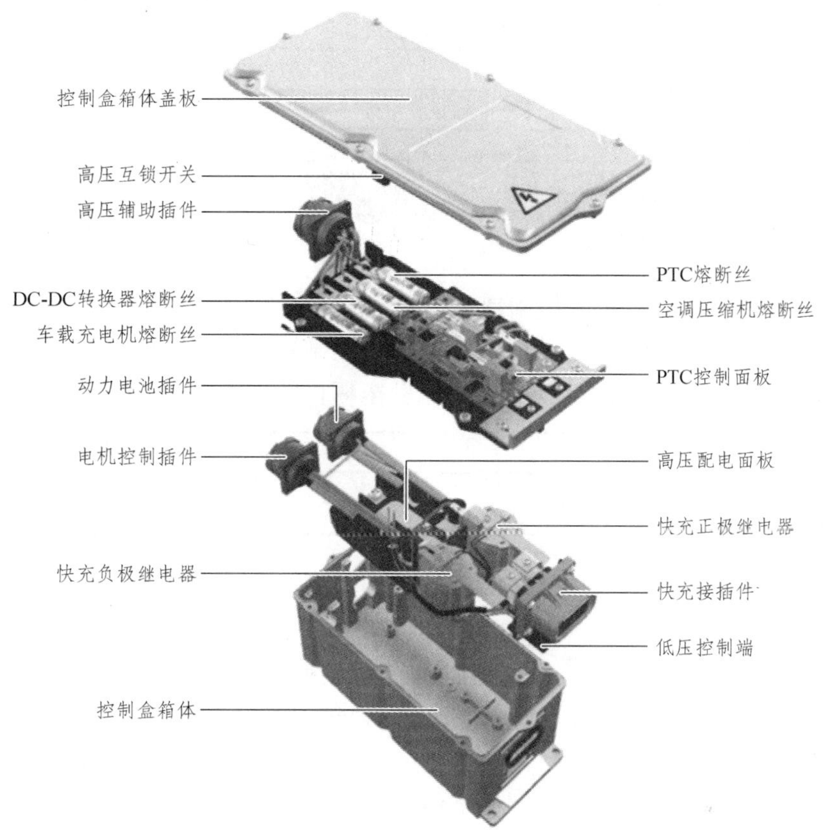

图 3-31　高压控制盒结构组成

（2）高压控制盒工作原理。

当车辆处于不同状态时，高压控制盒内各配电线路会起不同的作用，以下将分 4 种状态介绍高压控制盒的工作原理。

① 快充状态。

将直流充电枪插入快充充电口，电池管理系统与直流充电桩进行信息交互及安全监测，闭合高压控制盒快充继电器以及动力电池继电器，将直流充电桩过来的高压直流电经高压控制盒内部的快充继电器和高压配电面板存储到动力电池中，如图 3-32 所示。

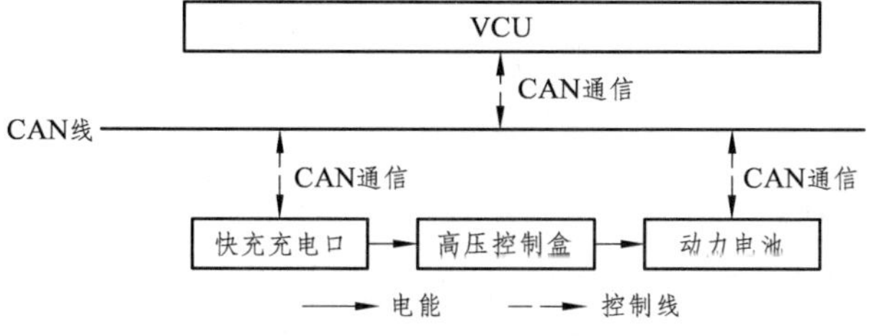

图 3-32　快充状态高压控制盒工作原理

② 慢充状态。

将交流充电枪插入慢充口后，车载充电机根据接收到的充电唤醒信号和动力电池电量信号，将从慢充充电口输送过来的交流电转换为高压直流电，经高压控制盒内部的高压配电面板和车载充电机熔断器储存到动力电池中，如图 3-33 所示。

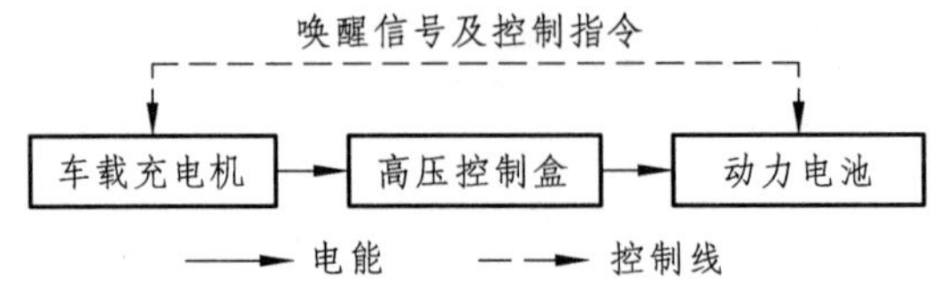

图 3-33　慢充状态高压控制盒工作原理

③ 驱动状态。

当车辆处于驱动状态时，整车控制器 VCU 根据车辆状态信息、电机控制器 MCU 和电池管理系统 MMS 信号，控制动力电池的电能经高压控制盒内部的配电面板输出送到电机控制器，电机控制器调节驱动电机的工作状态，驱动车辆行驶，如图 3-34 所示。

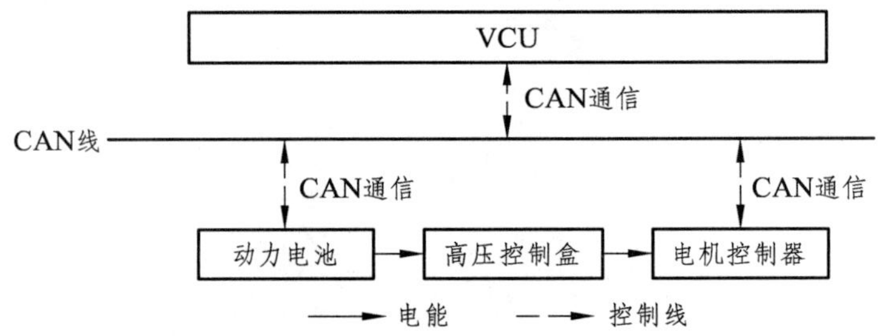

图 3-34　驱动状态高压控制盒工作原理

④ 能量回收状态。

当车辆进行能量回收时，整车控制器 VCU 根据车辆状态信号、电机控制器 MCU 和电池管理系统 BMS 检测到的状态信号，控制电源系统根据情况进行能量回收。驱动电机回收的电能通过电机控制器，经高压控制内部的高压配电面板将电能输送到动力电池中，如图 3-35 所示。

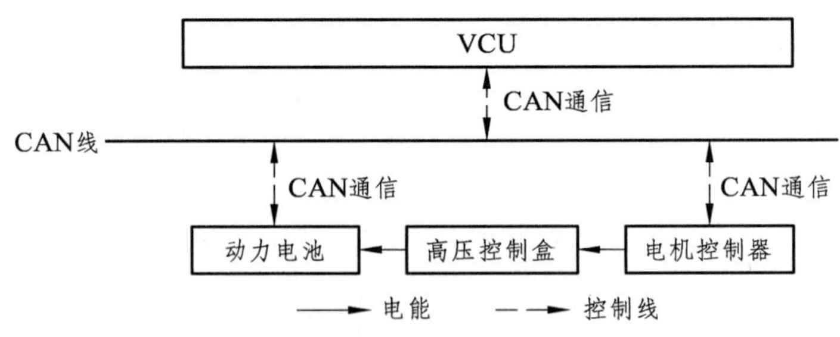

图 3-35　能量回收状态高压控制盒工作原理

（四）低压辅助电源

EV160 的低压辅助电源采用是低压铅酸蓄电池，其位于前机舱内，其作用与其他纯电动汽车一样，此处不再赘述。EV160 的低压蓄电池主要给灯光、空调、电动门窗、电动座椅等车身电器和整车控制器、电机控制器、空调控制器以及制动压力调节器等汽车控制系统相关的部件提供工作电压。

二、电源系统工作特点

EV160 电源系统的工作原理与其他纯电动汽车的原理基本相同，它的动力电池使用可靠的高压接插件与高压控制盒相连，然后输出的直流电由电机控制器转变为三相交流高压电，驱动电机工作。电源系统中高压控制盒根据电池管理系统 BMS 检测到的电压、温度、电流信号和整车控制器（VCU）传输过来的车辆行驶状态信息，实时监控动力电池的工作状态，并通过数据总线 CAN 与整车控制器（VCU）或充电机之间进行通信，对动力电池系统进行充放电等综合控制，如图 3-36 所示。

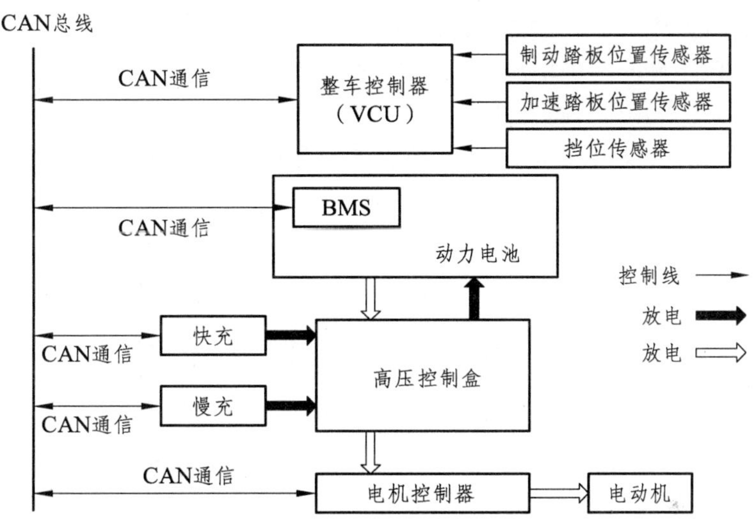

图 3-36　EV160 电源系统工作特点

三、EV160 电源系统检测

EV160 电源系统的检测要遵循由易到难、由外到内、由电气部件到机械部件的原则进行，并且一般以利用设备进行的不解体检测优先。本节主要介绍电源系统的动力电池、充电口及电池冷却系统的检测。

（一）动力电池检测

1. 动力电池基本检查

检查动力电池外观是否有破损，各接插器连接是否可靠，线束是否有破损，若发现有破损或者是异常状况应立即停止使用车辆，并将车辆移至厂家指定维修站点。

2. 动力电池在线检测（初步诊断）

在汽车启动以后，连接诊断仪读取电源系统的相关数据流，根据数据流分析电源系统的工作状况，主要需要读取的数据有动力电池总电压、最低电池电压、电池最高温度、电池状态 1、电池状态 2、电池电流、电池单压、SOC、SOH 等。

3．动力电池外部电气检测

（1）动力电池绝缘检测。

使用兆欧表的 500 V 挡位，分别检测动力电池正极输出端子和动力电池负极输出端子与车身搭铁的电阻值，测量值应大于 20 MΩ，若测量值不符合标准值，需进行检修。

（2）动力电池连接线束绝缘检测。

使用兆欧表的 500 V 挡位，分别动力电池高压线束的正极端子和动力电池高压线束的负极端子与车身搭铁的电阻值，测量值应大于 20 MΩ，若测量值不符合标准值，需进行检修。

（3）动力电池高压互锁检测。

选用万用表适当的电阻量程，将红黑表分别接动力电池互锁两个针脚测量电阻，测量值应小于 0.5 Ω，若测量电阻值不在标准范围内，需进行检修。

（4）动力电池 CAN 网络中端的电阻。

选用万用表的适当量程，将万用表的红黑表笔分别接动力电池 CAN 网络的两个端子测量电阻，测量值应在 120 Ω 左右，若测量电阻值不在标准范围内，需进行检修。

4．动力电池解体电压检测

（1）整体电压检测。

打开动力蓄电池上的箱体，并将动力蓄电池内部接触器盒盖打开，露出动力蓄电池组的正极和负极连条，用万用表的适当量程检测动力蓄电池电压，正常电压值应在 320 V 左右，若不正常需要进一步检测。

（2）模组电压检测。

拆下每个模组的正极和负极盖板，用选择万用表的合适量程检测电压，正常电压应该为 32 V 左右，若不正常需要进一步检测。

（3）模块电压检测。

拆下模块的盖板，用万用表的合适量程检测模块电压，电压应为 3.2 V 左右，若不正常，需要更换。

（二）充电口检测

1．充电口基本检查

（1）检查慢充充电盖和慢充充电口是否正常，充电盖是否存在卡滞，并检查充电口充电端子是否存在异常，若充电盖或者充电端子存在异常现象，请及时修复。

（2）检查快充充电盖和快充充电口是否正常，充电盖是否存在卡滞，并检查充电口充电端子是否存在异常，若充电盖或者充电端子存在异常现象，请及时修复。

2．快充充电口及连接线束绝缘检测

（1）断开快充充电口高压线束与高压控制盒的连接线束，使用兆欧表的 500 V 挡位，分别测量高压输入正极线束端子和高压输入负极线束端子与车身搭铁的电阻值，测量值应大于 20 MΩ。

（2）使用兆欧表的 500 V 挡位，直接测量高压输入正极线束端子和高压输入负极线束端子与车身搭铁的电阻值，测量值应大于 20 MΩ。

（三）车载充电机检测

1．车载充电机基本检查

检查车载充电机壳体，是否有破损，并检查车载充电机各连接线束插接器是否可靠，若发现有破损或者线束连接异常状况应立即停止使用车辆，并将车辆移至厂家指定维修站点进行进一步检修。

2．车载充电机及连接线束绝缘检测

（1）车载充电机至整车控制器 VCU 慢充连接线束的检测。

断开车载充电机电压线束连接器和整车控制器的连接插接器，根据电气针脚表定义，用万用表红黑表笔分别接线束的两端，测量线束电阻，测量值应小于 1 Ω，若测量电阻值不在标准范围内，需进行检修。

（2）车载充电机高压线束绝缘性检测。

断开车载充电机慢充三相线束和高压输出线束，使用兆欧表的 500 V 挡位，分别检测车载充电机的高压输出正极线束端子和高压输出负极线束端子与车身搭铁的电阻值，测量值应大于 20 MΩ，若测量值不符合标准值，需进行检修。

（3）检测三相交流电线束、三相交流电输入接口绝缘性能。

检测方法与车载充电机高压线束绝缘性能检测相同。

（四）DC-DC 转换器检测

1．DC-DC 转换器基本检查

检查 DC-DC 转换器外观，是否有破损，并检查 DC-DC 转换器各连接线束插接器是否可靠，若发现破损或者线束连接异常应立即停止使用车辆，并进行进一步检修。

2．DC-DC 转换器与低压蓄电池连接线束检测

（1）DC-DC 转换器与低压蓄电池负极连接线束检测。

选用万用表电阻挡的合适量程，测量 DC-DC 转换器与低压电源蓄电池负极连接线束的电阻，测量值应小于 1 Ω，若测量值不符合标准值，需进行检修。

（2）DC-DC 转换器与低压蓄电池正极连接线束检测。

选用万用表电阻挡的合适量程，测量 DC-DC 转换器与低压电源蓄电池正极连接线束的电阻，测量值应小于 1 Ω，若测量值不符合标准值，请进行检修。

3．DC-DC 转换器与高压控盒负极线束检测

选用万用表电阻挡的合适量程，测量高压控制盒与 DC-DC 转换器之间连接线束的电阻，测量值应小于 1 Ω，若测量值不符合标准值，请进行检修。

若电源系统相关部件的检测数值不在规定的范围内，需进一步检测确认故障，并根据故障点进行维修。EV160 电源系统标准检测数见表 3-5。

表 3-5　北汽 EV160 电源系统标准检测数据

检修内容	标准值范围
动力电池正负极母线绝缘检测	大于 20 MΩ
动力电池输出端子绝缘检测	大于 20 MΩ
动力电池 CAN 网络终端电阻检测	约 120 Ω
动力电池总电压值测量	320 V
电池模组电压值测量	32 V
动力电池互锁阻值测量	小于 0.5 Ω

技能训练

实训一　EV160 动力电池拆装

一、实训准备

1．安全操作规范

（1）拆装动力电池时需关闭点火开关，车辆处于非启动状态。

（2）车辆正在充电时不得拆装动力电池。

（3）拆装动力电池前需佩戴防护装备。

（4）拆装动力电池前需要断开高压电池维修塞。

2．实操工具准备

（1）设备准备。

2016 款北汽 EV160 型纯电动汽车、举升机、承重为 1 000 kg 升降平台。

（2）工具准备。

① 常用工具：世达 100 件工具套装；② 绝缘工具：世达 68 件绝缘工具套件；③ 检测工具：指针式扭力扳手。

二、实训步骤

1．前期准备

（1）穿戴好防护装备：穿好工作服和戴好工作手套。

（2）车辆防护：① 目测车辆正确停至工位；② 安装车轮挡块；③ 目测车辆外观无异常；④ 将点火开关置于“OFF”挡；⑤ 依次安装车内三件套；⑥ 打开前机舱盖并安装车外三件套。

（3）车辆高压断电：① 拆卸低压蓄电池负极电缆；② 拆卸动力电池维修开关；③ 等待 20 min 至高压系统残余电量耗尽。

（4）举升车辆至合适高度：① 将车辆举升垫块正确放到车辆下部，对准支撑点；② 将车辆向上举升少许，压实垫块，并检查垫块的位置是否正确；③ 在不同部位推动车身，确定举升没有问题；④ 再次举升车辆到可操作高度，并锁上举升机。

2．动力电池残余电量检测（详见本项目二维码资源）

（1）拆下动力电池的下护板：① 使用气动工具、套筒拆卸动力电池下护板固定螺栓；② 取下下护板。

（2）拆除动力电池低压控制线：① 松开动力电池低压控制线束插头固定器；② 拔出动力电池低压控制线束，并放置于合适位置。

（3）拆除动力电池正负母线：① 戴上绝缘手套；② 松开动力电池正负母线保险，并拔下插头。

（4）检测动力电池正负极的残余电量：① 使用放电仪对动力电池线束正负母线放电。② 选用万用表电压挡，检测动力电池线束端正负极母线有无电压。若无电压则进行下一步拆解；若有电压则再一次静置车辆 20 min 之后，重复检测。③ 选用万用表电压挡，检测动力电池正负极母线有无电压。若无电压则进行下一步拆解；若有电压则再一次静置车辆 20 min 之后，重复检测。

3．动力电池包拆卸（详见本项目二维码资源）

（1）举升动力电池举升机至合适位置：① 将动力电池举升机推到动力电池下方；② 将高压气管接到动力电池举升机上；③ 举升动力电池举升机至举升垫块接触动力电池底部。

（2）拆卸动力电池：① 使用气动工具、套筒依次拆卸动力电池底板固定螺栓；② 打开动力电池举升机的安全锁止阀，慢慢放下动力电池举升机。

4．动力电池包安装（详见本项目二维码资源）

（1）安装动力电池包：① 将动力电池推到车辆底下，缓慢举升动力电池举升机，确保举升过程中动力电池顶部与车辆其他零部件无干涉；② 将动力电池安装定位销与车身底盘定位孔对准，再次举升动力电池举升机，至动力电池边缘与车身贴合；③ 用手旋入动力电池固定螺栓；④ 使用气动工具、套筒依次预紧固定螺栓；⑤ 使用扭力扳手按照标准扭矩紧固动力电池固定螺栓；⑥ 放下动力电池举升机，并将工具归位。

（2）安装动力电池线束接插器及附件：① 戴上绝缘手套安装动力电池正负极母线，并锁紧插头固定装置；② 按照标志安装动力电池低压控制线，并锁紧插头固定装置；③ 安装动力电池下护板，并用手旋入固定螺栓，使用气动工具、套筒紧固固定螺栓。

5．整理归位

（1）松开举升机锁至保险，放下车辆。

（2）按照 7S 管理标准，整理工具和场地。

实训二　北汽 EV160 动力电池检修

一、实训准备

1．安全操作规范

（1）连接故障诊断仪前，点火开关需处于关闭状态。

（2）在进行高压部件相关检测时，需穿戴高压防护装备。

（3）在进行高压部件相关检测前，需先断开高压检修塞。
（4）在进行高压部件检修时，不得佩戴金属制品，如项链。
（5）在进行高压部件检修前，需放置相应的警示牌。

2．实操工具准备

（1）设备准备。
2016 款北汽 EV160 型纯电动汽车、举升机。
（2）工具准备。
① 常用工具：世达 100 件工具套装；② 绝缘工具：世达 68 件绝缘工具套件；③ 检测工具：故障诊断仪、数字万用表、数字兆欧表、绝缘电阻表、电池测试仪；④ 防护工具：车内三件套、翼子板布、前格栅布。

二、实训步骤

1．准备工作

（1）安装车轮挡块。
（2）打开车门，降下左前窗。
（3）安装车内三件套。
（4）检查车辆是否拉起手制动器，车辆是否处于 P 挡。

2．动力电池在线检测

（1）取出北汽故障诊断仪。
（2）连接诊断接口。
注意：连接诊断接口时，车辆点火开关必须处于“OFF”挡位。
（3）打开车辆点火开关。
（4）进入诊断仪界面，进入车辆诊断系统。
（5）选择“动力电池管理系统”模块，选择读取故障码，观察是否有故障码。
（6）选择“动力电池管理系统”模块，选择“读取数据流”。
（7）选择相关数据流，如动力电池电压、动力电池温度、单体电池电压、电池容量，观察数据是否正常。
注意：若发现异常数据，需进行维修检测。
（8）退出故障诊断界面。
（9）关闭点火开关。

3．动力电池高压线束绝缘性能检测（详见本项目二维码资源）

（1）断开高压检修开关：① 拉开前机舱盖拉手；② 打开前机舱盖；③ 安装前格栅布和翼子板布；④ 选用合适的工具松开低压蓄电池负极线束固定螺母，并将其取下；⑤ 打开左后车门，掀起中央通道地毯；⑥ 选用合适的工具松开，高压检修开关盖板固定螺栓；⑦ 取下盖板，取下高压检修开关。
注意：断开高压检修开关后，请等待 15 min 以上，待车辆完全放电后，再进行下一步操作。
（2）动力电池高压线束放电：① 将车辆举升至合适位置。② 断开动力电池低压插接器。③ 断开动力电池高压插接器。④ 选用数字万用表，旋至直流电压挡，红表笔接动力电池输出正极，负表笔接动力电池负极，读取电压值（标准电压值：0 V）。⑤ 使用放电仪对动力电池线束正负母线放电。选用万用表电压挡，检测动力电池线束端正负极母线有无电压，若无电压则进行下一步拆解；若有电压则再一次静置车辆 20 min 之后，重复检测。

注意：若测量电压大于 0 V，需检查动力电池系统是否存在故障。

（3）动力电池绝缘检测：① 选择数字兆欧表，旋至 500 V 挡位，红黑表笔分开，按下“测试”键，读取测量值（标准值：∞）。对接红黑表笔，按下“测试”键，读取测量值（标准值：0 Ω）。② 将数字兆欧表旋至 1 000 V 挡位，红表笔接动力电池正极，黑表笔接车身搭铁。按下“测试”键，读取绝缘电阻值。③ 将红表笔接动力电池负极，黑表笔接车身搭铁，按下“测试”键，读取绝缘电阻值（标准绝缘电阻值：大于 50 MΩ）。

注意：测量值不符合标准值，请检查数字兆欧表是否存在故障。

（4）动力电池高压线束检测：① 选择数字兆欧表，旋至 500 V 挡位，红黑表笔分开，按下“测试”键，读取测量值（标准值：∞）。对接红黑表笔，按下“测试”键，读取测量值（标准值：0 Ω）。② 将数字兆欧表旋至 1 000 V 挡位，红表笔接动力电池高压线束正极，黑表笔接车身搭铁。按下“测试”键，读取绝缘电阻值。③ 将红表笔接动力电池高压线束负极，黑表笔接车身搭铁，按下“测试”键，读取绝缘电阻值（标准绝缘电阻值：大于 50 MΩ）。

注意：若测量值不符合标准值，请检查数字兆欧表是否存在故障。

4．单体电池检测（详见本项目二维码资源）

（1）取出单体电池：① 选择合适的工具，松开动力电池总成上盖固定螺栓；② 依次取下上盖固定螺栓，并取下动力电池总成上盖；③ 取出一块单体电池。

（2）单体电池检测：① 连接电池测试仪；② 打开电池测试仪电源；③ 先连接单体电池正极，再连接负极；④ 选择单体电池测量，并输入测试记录号；⑤ 选择测试电池类型；⑥ 进行电池测试，测试完成后，读取电池的电阻、电压和容量数值；⑦ 取下电池负极连接线和正极连接线；⑧ 关闭电池检测仪。

注意：若电池测试仪中无所测电池类型，可选择自定义。

5．整理归位

按照 7S 管理标准，整理工具和场地。

实训三　北汽 EV160 充电系统检测

一、实训准备

1．安全操作规范

（1）连接故障诊断仪前，点火开关需处于关闭状态。

（2）在进行高压部件相关检测时，需穿戴高压防护装备。

（3）在进行高压部件相关检测前，需先断开高压维修开关。

（4）在进行高压部件检修时，不得佩戴金属制品，如项链。

（5）在进行高压部件检修前，需放置相应的警示牌。

2．实操工具准备

（1）设备准备。

2016 款北汽 EV160 型纯电动汽车、举升机。

（2）工具准备。

① 常用工具：世达 100 件工具套装；② 绝缘工具：世达 68 件绝缘工具套件；③ 检测工具：故障诊断仪、数字万用表、数字兆欧表、绝缘电阻表、电池测试仪；④ 防护工具：车内三件套、翼子板布、前格栅布。

二、实训步骤

1．准备工作

（1）安装车轮挡块。

（2）打开车门，降下左前窗。

（3）安装车内三件套。

（4）检查车辆是否拉起手制动，车辆是否处于 P 挡。

（5）打开前机舱盖并安装车外三件套。

2．断开高压维修开关（详见本项目二维码资源）

（1）选用绝缘棘轮扳手、接杆、10 mm 套筒组合工具松开低压蓄电池线束固定螺母，并将其取下。

（2）拆卸后排座椅。

（3）掀开后排脚垫，选用十字螺丝刀松开高压维修开关盖板固定螺栓，取下盖板。

（4）按压锁舌，断开高压维修开关，胶带密封接插器座。

注意：断开高压检修开关后，请等待 15 min 以上，待车辆完全放电后，再进行下一步操作。

3．慢充充电口检查（详见本项目二维码资源）

（1）检查慢充充电口盖开关是否有卡滞。

（2）检查慢充充电口各端子是否有异常。

（3）检查慢充充电口盖锁止是否正常。

4．车载充电机检测（详见本项目二维码资源）

（1）车载充电机基本检查：① 检查车载充电机各连接线束插接器连接是否牢靠以及线束是否有破损；② 检查车载充电机壳体是否有损坏。

注意：检查高压部件时，一定要穿戴高压防护设备。

（2）车载充电机至整车控制器慢充连接线束：① 断开车载充电机低压连接器；② 断开整车控制器的连接插接器；③ 选用数字万用表，旋至电阻挡，短接红黑表笔，读取测量值（标准阻值：0.00 ~ 0.5 Ω）；④ 将跨接器连接至整车控制器 36 号端子；⑤ 将另一个跨接线连接至车载充电机低压插头 11 号端子；⑥ 使用万用表红黑表笔测量线束电阻（标准电阻值：小于 1 Ω）；⑦ 测量完成后，收起测量工具，恢复相关线束。

注意：

a. 检测过程中，两手不能接触表笔金属部位。

b. 在测量被测电阻元件时，读取的数值应减去两表笔的阻值所得的差值才是被测元件的真实阻值。

c. 若测量电阻值不在标准范围内，需进行检修。

（3）车载充电机相关高压线束绝缘性能检测：① 断开车载充电慢充三相线束和高压输出线束。② 选择数字兆欧表，旋至 500 V 挡位，红黑表笔分开，按下“测试”键，读取测量值（标准值为 ∞）。对接红黑表笔，按下“测试”键，读取测量值（标准值为 0 Ω）。③ 选择数字兆欧表，旋至 500 V 挡位，将数字兆欧表的红表笔接高压输出正极线束端子，黑表笔接车身搭铁。按下“测试键”，读取测量值（标准绝缘电阻值：大于 20 MΩ）。④ 使用同样的办法检测高压输出负极线束、三相交流电线束、车载充电机高压输出端口和三相交流电输入接口绝缘性能。⑤ 测量完成后，收起测量工具，恢复相关线束。

注意：

a. 若测量值不符合标准值，需检查数字兆欧表是否存在故障。

b. 测量值不符合标准值，需进行检修。

5．DC-DC 转换器检测（详见本项目二维码资源）

（1）DC-DC 转换器基本检查：① 检查 DC-DC 转换器各连接线束插接器连接是否牢靠以及线束是否有破损；② 检查 DC-DC 转换器外观是否有损坏。

（2）DC-DC 转换器与低压蓄电池负极连接线束检测：① 断开 DC-DC 转换器与低压蓄电池负极连接线束插接器；② 选用万用表电阻挡。红表笔接 DC-DC 转换器输出线束端子，黑表笔接电源蓄电池负极连接线，读取电阻值（标准阻值：小于 1 Ω）。

注意：若测量值不符合标准值，需进行检修。

（3）DC-DC 转换器与低压蓄电池正极连接线束检测：① 断开 DC-DC 转换器与低压蓄电池正极连接线束插接器；② 选用万用表电阻挡，红表笔接 DC-DC 转换器输出线束端子，黑表笔接电源蓄电池正极连接线，读取电阻值（标准阻值：小于 1 Ω）。

注意：若测量值不符合标准值，需进行检修。

（4）DC-DC 转换器与高压控盒负极线束检测：① 断开 DC-DC 转换器与高压控盒负极之间的连接线束；② 选用万用表电阻挡，红表笔接 DC-DC 转换器与高压控盒负极之间的连接线束一端，黑表笔接另一端，读取电阻值（标准值：小于 1 Ω）；③ 测量完成后，收回检测仪器，恢复相关线束。

注意：若测量值不符合标准值，需进行检修。

6．快充充电口检测（详见本项目二维码资源）

（1）快充充电口基本检查：① 检查快充充电口盖开关是否有卡滞；② 检查快充充电口各端子是否有异常；③ 检查快充充电口盖锁止是否正常。

（2）检查快速充电口高压线束；① 打开充电盖；② 断开高压控制盒的快充连接器；③ 将万用表旋至电阻挡，用万用表红黑表笔分别连接充电口 5 号端子和接插器 1 号端子，测量两端子之间的电阻值（标准电阻值：小于 1 Ω）；④ 用同样的方法测量连接充电口 6 号端子和接插器 2 号端子的连接线束，判断是否断路；⑤ 测量完成，仪器复位，接插器复位。

注意：若测量值不符合标准值，则说明该线路断路损坏。

（3）快充充电口高压线束绝缘性能检测：① 选择数字兆欧表，旋至 500 V 挡位，将数字兆欧表的红表笔接高压输入正极线束端子，黑表笔接车身搭铁。按下“测试键”，读取测量值（标准绝缘电阻值：大于 20 MΩ）；② 使用同样的方法检修高压输入负极线束绝缘性能；③ 测量完成后，收回检测仪器，恢复相关线束。

注意：测量前一定要校准数字兆欧表。

7. 整理归位

按照 7S 管理标准，整理工具和场地。

任务三　比亚迪 E5 电源系统构造与检修

任务目标

（1）掌握比亚迪 E5 电源系统的组成。

（2）掌握比亚迪 E5 电源系统的工作原理。

（3）掌握比亚迪 E5 电源系统主要部件的检修方法。

（4）能按照操作规范地进行比亚迪 E5 电源系统的拆装及检修。

任务导入

一辆比亚迪 E5 型纯电动汽车（以下简称 E5）被拖送至 4S 店进行维修，车主反映使用车辆时无法启动。维修接待人员试车发现汽车上电指示灯不亮、动力电池故障警告灯点亮，且仪表信息区域显示动力电池故障。经初步诊断，故障原因指向动力电池包内部，需要针对此故障进行维修。现车间调度将任务工单派发至你手中，请先学习相关知识，然后安全规范地完成分派的检修任务。（详见本项目二维码资源——任务导入三）

知识储备

本任务将以 E5 型纯电动汽车的电源系统为例，进行该车电源系统的组成、工作原理及检修内容的具体讲解。

一、E5 电源系统组成

E5 的电源系统与其他纯电动汽车电源系统结构一样，主要由动力电池、电池管理系统、充电系统、电池冷却系统以及辅助电源低压铁电池等组成，如图 3-37 所示。其作用与其他纯电动汽车电源系统一样，主要为驱动电机提供电源，并监测和控制电源系统的供电和充电，使动力电池始终处于最佳的工作状态。

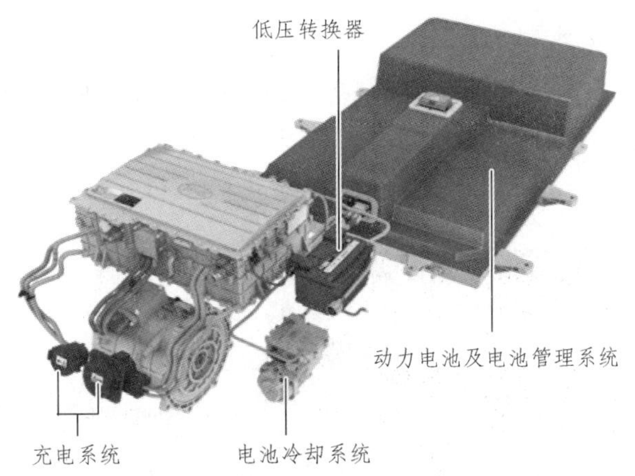

图 3-37　比亚迪 E5 电源系统组成

（一）动力电池

E5 采用的是磷酸铁锂电池，这是一种用磷酸铁锂材料做电池正极、石墨做电池负极、聚乙烯或聚丙烯材料制成的隔膜板、有机溶剂和锂盐制作的对人体组织具有腐蚀性的锂离子电解质、金属材料密封外壳的锂离子电池。E5 的动力电池位于整车底板下面，如图 3-38 所示。

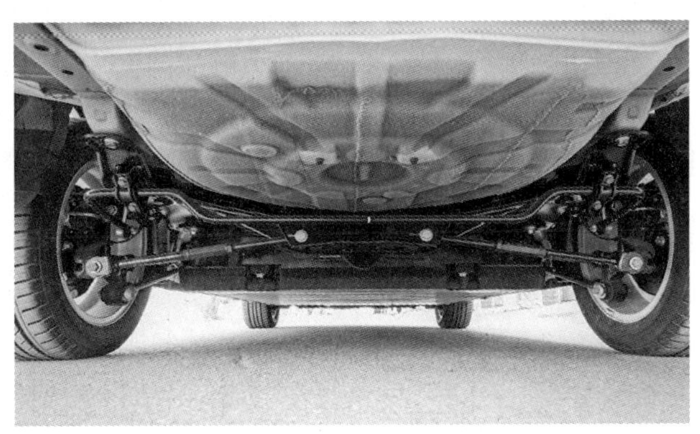
图 3-38　比亚迪 E5 动力电池位置

磷酸铁锂电池的单体电池标称电压是 3.2 V，充电终止时的最高电压为 3.6 V，最大放电的电压为 2.0 V。E5 的动力电池的额定电压约 633.6 V，额定容量 75 A·h，总电量 42.47 kW·h，能提供综合工况下 250 ~ 300 km 的续航里程，其具体参数见表 3-6。

表 3-6　E5 动力电池参数

<table>
<tr><th>磷酸铁锂电池</th><th>参　数</th></tr>
<tr><td>电池包容量 /（A·h）</td><td>75</td></tr>
<tr><td>额定电压/V</td><td>633.6（以实车为准）</td></tr>
<tr><td rowspan="2">储存温度/°C</td><td>－40 ~ 40，短期储存（3 个月）
20%≤SOC≤40%</td></tr>
<tr><td>－20 ~ 35，长期储存（小于 1 年）
30%≤SOC≤40%</td></tr>
<tr><td>质量/kg</td><td>不大于 490</td></tr>
</table>

1．比亚迪 E5 动力电池组成

E5 的动力电池也是由动力电池组、动力电池箱体、动力电池辅助装置和高压维修开关构成，如图 3-39 所示。

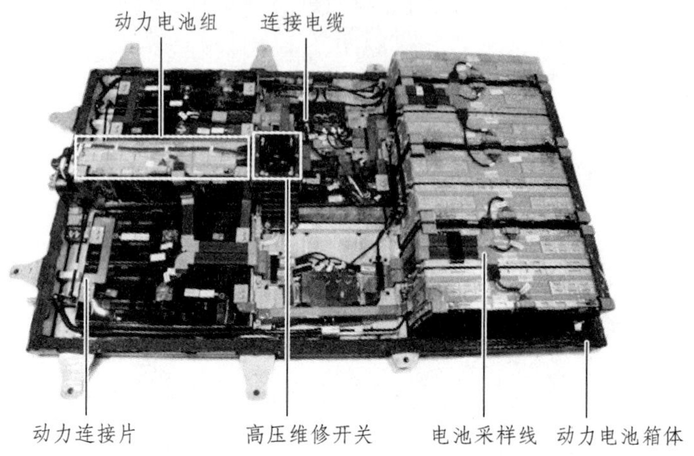

图 3-39　比亚迪 E5 动力电池组成

（1）动力电池组。

E5 的动力电池组由 13 个电池模组串联组成，动力电池的高压接口在 1 号电池模组负极、13 号电池模组正极；1 号、2 号、11 号、12 号、13 号电池模组在动力电池前端；3 号电池模组在动力电池中端，4 号、5 号、6 号、7 号、8 号、9 号、10 号电池模组在动力电池后端，如图 3-40 所示。

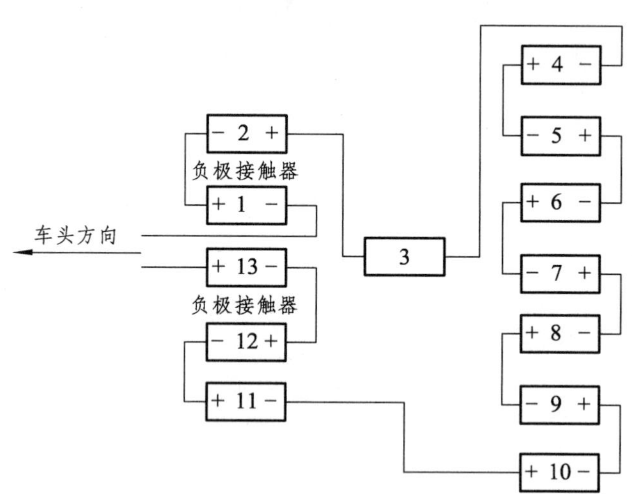

图 3-40　比亚迪 E5 动力电池组的布置

（2）动力电池箱体。

E5 动力电池的动力电池箱同样是由动力电池箱密封盖（上盖）和下托盘组成，它可以切断动力电池内部的高压电路，具有承载和保护动力电池组及内部电气元件的作用。

(3)动力电池辅助装置。

E5 动力电池的辅助装置主要有动力连接片、连接电缆、密封条和电池管理系统的电池采样线，如图 3-41 所示。电池采样线是电池管理系统的信息采集装置，它可以采集动力电池的状态信息；动力连接片和连接电缆是动力电池内部的动力电池模块和动力电子模组之间的连接元件，主要是将电池模块和电池模组串联或并联组成动力电池组；密封条是动力电池的内部密封装置，可以密封动力电池箱托盘和密封盖。

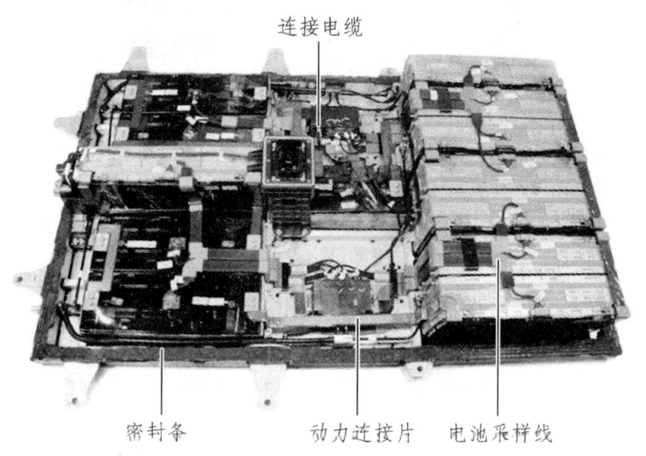

图 3-41　比亚迪 E5 动力电池辅助装置

(4)高压维修开关。

E5 的高压维修开关位于中控台储物箱下部动力电池的上面，如图 3-42 所示，其用于切断动力电池内部的高压电路，防止发生触电事故，驾驶者一般接触不到，仅供专业人员检修时使用。

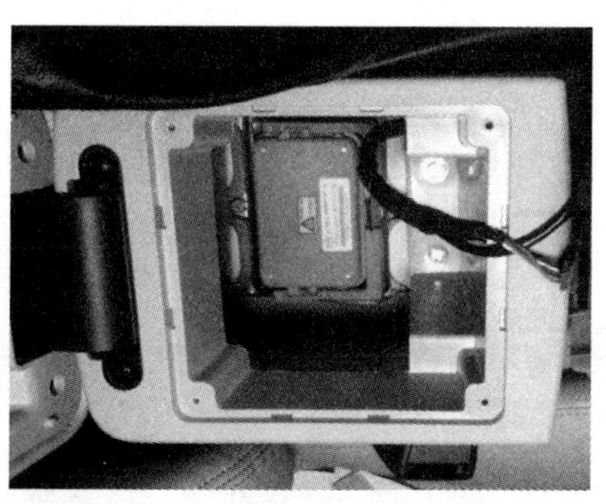

图 3-42　高压维修开关位置

2．比亚迪 E5 动力电池特征

E5 的动力电池通过几十颗螺栓加密封胶以机械方式与托盘连接在一起，其最重要的外部特征是动力电池组上带有一个 2 芯高电压接口，动力电池组通过该接口与高电压车载网络连接，如图 3-43 所示。

图 3-43　芯高压接口

（二）电池管理系统

E5 采用分布式电池管理系统，主要由 1 个电池管理控制器（BMC）、13 个电池信息采集器和 1 套电池采样线构成，如图 3-44 所示。电池管理控制器的主要功能有充放电管理、接触器控制、功率控制、电池异常状态报警和保护、SOC/SOH 计算、自检以及通信功能等。电池信息采集器的主要功能有电池电压采样、温度采样、电池均衡、采样线异常检测等。动力电池采样线的主要功能是连接电池管理控制器和电池信息采集器，实现二者之间的通信及信息交换。

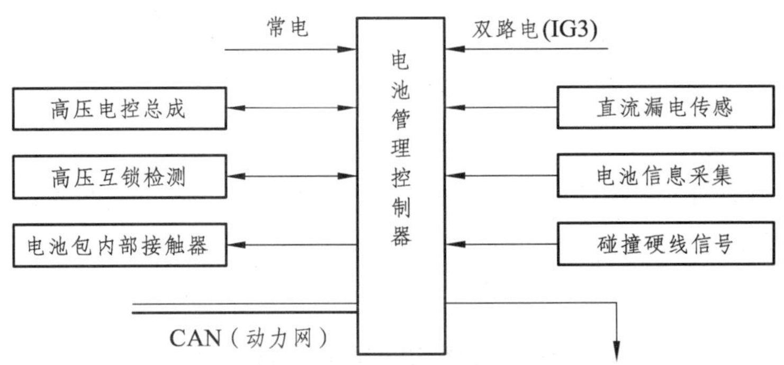

图 3-44　电池管理系统构成

E5 的动力电池管理器作为监控动力电池组、保证电池组正常工作的监控单元，其位于前机舱内高压电控后部，如图 3-45 所示。它的作用是保证每节串联电池的电压、电流、温度数据等各项性能指标一致。

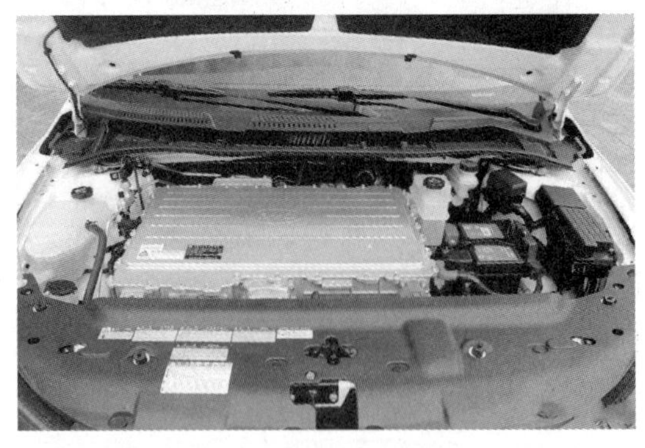

图 3-45　电池管理控制器位置

（三）充电系统

E5 充电系统与其他纯电动汽车充电系统的作用一样，其主要用于给动力电池补充电能，并满足不同应用情况下的充电需求，从而保证电源系统具有持续的能源带动汽车行驶。E5 的充电系统主要由车载充电机、高压配电盒、DC-DC 变换器、充电口、动力电池和电池管理器组成。其中，充电系统中的车载充电机、高压配电盒、DC-DC 变换器与电机电源系统的电机控制器和漏电传感器共同组成了高压控制总成。因此，E5 的充电系统也可以说是由高压电控总成、电池管理器、充电口和动力电池组成的，如图 3-46 所示。

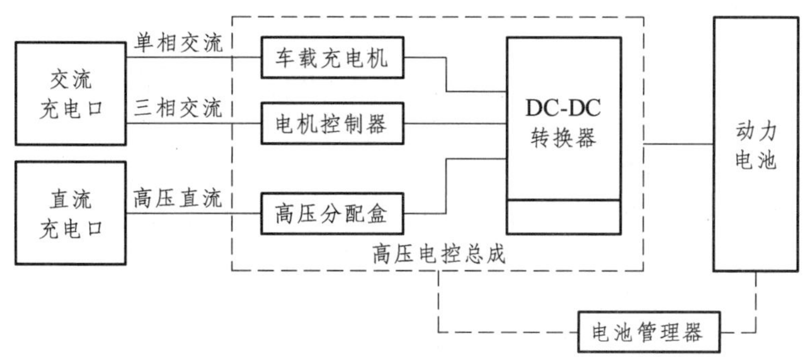

图 3-46　充电系统组成

E5 的充电口隐藏在中央格栅后面，如图 3-47 所示，接口上部有照明灯，可以提供足够的光线。E5 有两种充电方式，即交流充电（左侧）和直流充电（右侧），相应的汽车上有交流充电和直流充电两个充电系统。

图 3-47　充电口位置

1．交流充电系统

交流充电主要是通过交流充电桩、壁挂式充电盒以及家用供电插座接入交流充电口，通过高压电控总成中的车载充电机将 220 V 交流电转换为 220 V 直流电，之后利用高压电控总成中的 DC-DC 变换器将 220 V 直流电转换成 650 V 高压直流电给动力电池充电。由于这种充电方式的充电时间相较直流充电方式较长，所以也称为慢充充电系统。

交流（慢充）充电系统主要是由车载充电机、交流（慢充）充电口、交流充电桩等部件构成，其中车载充电机和交流（慢充）充电口在项目三任务一中有所阐述，这里不再赘述。

车载充电机工作过程需协调电池管理器（BMS）等部件进行充电综合管理，由 BMS 通过 CAN 通信控制车载充电机的工作状态，当监测到车载充电机温度高于 75 °C 时，充电机的输出电流变小；若温度高于 80 °C，车载充电机将切断供电，停止电能输出。另外，电池管理系统为车载充电机提供过压、欠压、过流、欠流等多种保护措施，若充电系统出现异常，电池管理系统会及时采取应对措施，甚至切断供电。

交流充电桩采用传导方式为安装有车载充电机的电动汽车提供交流电能，其具有人机操作界面和交流充电接口，以及具备相应测量保护功能的专用装置，如图 3-48 所示。

交流充电桩可应用在各种大、中、小型电动汽车充电站中，其充电功率低，输出电流小，因而充电时间较长，但对动力电池的损伤较小，可充分利用低谷时间段充电。

图 3-48　交流充电桩

电动汽车与交流充电桩有 2 种连接方式：一种是与交流充电桩连接在一起的慢充充电枪；另一种是随车标配的交流充电桩慢速充电线。

2．直流充电系统

直流充电主要是通过充电站的充电柜将直流高压电直接通过直流充电口给动力电池充电。这种充电系统实现了对动力电池快速高效的充电，所以也被称为直流（快充）充电系统。直流（快充）充电系统关系到电池组的使用寿命和充电时间，充电时还要考虑安全合理地进行电能补充，以及充电桩对各种动力电池的适用性，尽量将对充电电池的危害降到最低，以提高动力电池的使用寿命，降低汽车的使用成本。

E5 的直流（快充）充电系统主要由快充充电口、快充充电桩、快充充电枪等部件构成。

快充充电桩一般安装在大型充电站内，以三相四线制的方式连接电网，使用 380 V 的工业用电为电动汽车充电。其特点是输出的功率和电流较大，半小时即可充 80% 的电。

（四）电池冷却系统

E5 的电池冷却系统主要用于调节动力电池的工作温度，在纯电动汽车工作时，使动力电池的工作温度位于正常温度范围以内。E5 的动力电池采用水冷方式进行冷却，主要由电池冷却控制系统和电池冷却循环系统组成。电池冷却控制系统主要由温度传感器、电池控制器、高压电控总成组成。电池冷却循环系统由储液罐、电池 PTC、电动水泵、电池冷却系统热交换器、动力电池组成。电池冷却系统热交换器和电池 PTC 是专门为调节电池冷却系统中冷却液的温度而设置的，是一套独立的冷却系统。热交换器的作用是吸收电池冷却系统的热量，而电池 PTC 是在启动前期加热电池冷却系统冷却液，使动力电池在纯电动汽车起步时具有良好的供电性能。

当 E5 需要工作时，电池管理器根据接收到的温度传感器、上电开关等信号，进行比较分析，得出电池 PTC 需要加热的结论，之后发出指令给高压电控总成，高压电控总成中的配电盒将电池 PTC 的电路接通，加热电池冷却系统冷却液温度。当上电预检正常时，电池管理器控制电动水泵工作，使冷却液在电池冷却循环系统流动，流动的冷却液经过动力电池，从而使动力电池逐步加热至工作温度。

在 E5 运行过程中，电池管理器将接收到的温度传感器信号进行比较分析，得出电池工作温度偏高，需要降低动力电池工作温度的结论时，电池管理器会发出指令给高压电控总成，高压电控总成中的配电盒控制热交换器和电动水泵的工作，在电动水泵的作用下，经散热之后的冷却液进入到高压电池包对其进行冷却。冷却过程中，若冷却液不足则由储液罐进行补偿，并且部分高温冷却液以水蒸气形式返回储液罐以平衡整个管路系统的压力。

（五）辅助电源低压铁电池

E5 的低压辅助电源低压铁电池，其位于前机舱内左侧，如图 3-49 所示。E5 的低压铁电池是启动型铁电池，这种电池电压在 7.5 V 以下时，不可以直接使用外搭接蓄电池搭火，需更换低压铁电池。

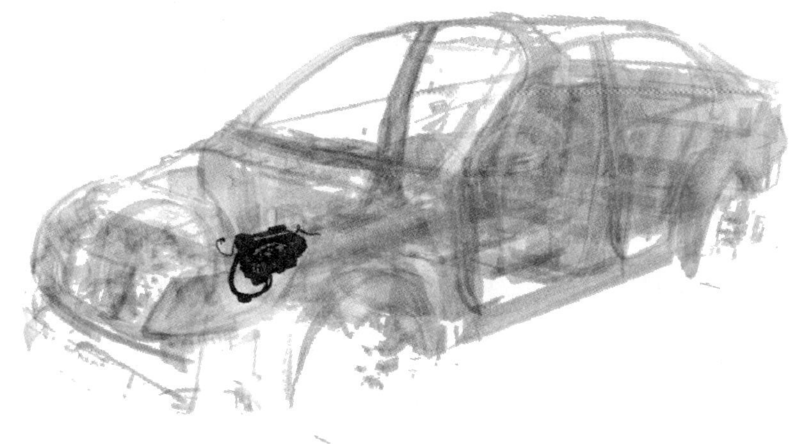

图 3-49　低压辅助电源低压铁电池位置

纯电池的主要作用是供电、保护、检测和智能充电，具体如下：

（1）供电。

对于电气系统来说，在未进入过放保护或者超低功耗情况下，铁电池都是电气设备的常用供电电源。当发电机和 DC-DC 输出不足时，由铁电池辅助向用电设备供电。

（2）保护。

铁电池还可以吸收电路中的瞬时过电压，保持汽车电器系统电压的稳定，保护电子元件。

（3）监测。

铁电池有电压、电流和温度监测功能，存在异常状态会触发故障报警功能，当铁电池故障报警时，仪表上故障指示灯点亮（常亮），同时显示“请检查低压电池系统”。

（4）智能充电。

当铁电池电量偏低时（最低单节电池电压低于 3.2 V、SOC40%），控制智能充电继电器吸合并同时发出智能充电请求给动力电池 BMS，动力电池 BMS 监测满足智能充电条件后，控制高压配电箱主吸合器工作并通过 DC-DC 放电给铁电池充电。

二、比亚迪 E5 电源系统工作特点

E5 电源系统的工作原理与其他纯电动汽车的原理基本相同，这里仅描述纯电动汽车电源系统中电源系统工作特点和电池模组工作特点。

1．比亚迪 E5 电源系统的工作特点

E5 工作过程中，电池管理器根据接收到的电池工作状态和冷却液温度等信号，得出动力电池的工作模式、冷却系统的工作状态等指令，并发出指令控制高压控制盒的配电、动力电池、充电系统和冷却系统的工作，使电动汽车在有持续电能的情况下处于恰当的工作模式和适当的工作温度。

2．比亚迪 E5 电池模组的工作特点

E5 的电池管理系统根据 13 个模组的电池信息采集器的温度、电压、电池均衡信号以及采样线的状态信号，对单体电池模组的电压、电流和温度等信息进行分析，若得出电池模组电压、温度或 SOC 异常，电池管理系统会发出控制指令，使 13 个电池模组的电压和温度平衡。

三、比亚迪 E5 电源系统检测

E5 电源系统的检测要遵循由易到难、由外到内、由电气部件到机械部件的原则进行，并且一般是优先利用设备进行的不解体检测。本节主要介绍电源系统的动力电池、充电口及电池冷却系统的检测。

（一）动力电池检测

1．动力电池基本检查

检查动力电池外观是否有破损，各接插器连接是否可靠，线束是否有破损，若发现有破损或者是异常状况应立即停止使用车辆，并将车辆移至厂家指定维修站点。

2．动力电池在线检测（初步诊断）

在汽车启动以后，连接诊断仪读取电源系统的相关数据流，根据数据流分析电源系统的工况，主要需要读取的数据有动力电池组当前总电压、电池组当前总电流、主控制器状态、最低单节电池电压、最高单节电池电压、高压系统、高压互锁和主控制器状态等数据。

3．动力电池外部电气测量

（1）动力电池绝缘检测。

使用兆欧表的 500 V 挡位，分别测量动力电池正极输出端子和动力电池负极输出端子与车身搭铁的电阻值，测量值应大于 20 MΩ，若测量值不符合标准值，需进行检修。

（2）动力电池连接线束绝缘检测。

使用兆欧表的 500 V 挡位，分别测量动力电池高压线束的正极端子和动力电池高压线束

的负极端子与车身搭铁的电阻值，测量值应大于 20 MΩ，若测量值不符合标准值，需进行检修。

（3）动力电池高压互锁检测。

选用万用表适当的电阻量程，将红黑表分别接动力电池互锁两个针脚测量电阻，测量值应小于 0.5 Ω，若测量电阻值不在标准范围内，需进行检修。

（4）动力电池 CAN 网络中端的电阻。

选用万用表的适当量程，将万用表的红黑表笔分别接动力电池网络的两个端子测量电阻，测量值应在 120 Ω 左右，若测量电阻值不在标准范围内，需进行检修。

4．动力电池解体电压检测

（1）整体电压检测。

打开动力蓄电池上的箱体，并将动力蓄电池内部接触器盒盖打开，露出动力蓄电池组的正极和负极连条，用万用表的适当量程检测动力蓄电池电压，正常电压值应在 633 V 左右，若不正常需要进一步检测。

（2）模组电压检测。

拆下每个模组的正极和负极盖板，用选择万用表的合适量程检测电压，正常的电池模组电压有两种，分别为 38 V 左右和 56 V 左右，若不正常需要进一步检测。

（3）模块电压检测。

拆下模块的盖板，用万用表的合适量程检测模块电压，电压应为 3.2 ~ 3.8 V，若不正常，需要更换模块。

（二）充电口检测

（1）充电口基本检查。

① 检查慢充充电盖和慢充充电口是否正常，充电盖是否存在卡滞，并检查充电口充电端子是否存在异常，若充电盖或者充电端子存在异常现象，请及时修复。

② 检查快充充电盖和快充充电口是否正常，充电盖是否存在卡滞，并检查充电口充电端子是否存在异常，若充电盖或者充电端子存在异常现象，请及时修复。

（2）快充充电口及连接线束的绝缘检测。

① 断开快充充电口高压线束与高压电控总成的连接线束，使用兆欧表的 500 V 挡位，分别测量高压输入正极线束端子和高压输入负极线束端子与车身搭铁的电阻值，测量值应大于 2 0MΩ。

② 使用兆欧表的 500 V 挡位，直接测量线束的高压输入正极线束端子和高压输入负极线束端子与车身搭铁的电阻值，测量值应大于 20 MΩ。

（三）电池冷却系统基本检测

（1）检查电池冷却系统各线束连接器的连接是否牢靠或者线束有无破损，若发现有破损或者是连接异常状况应及时进行检修。

（2）检查电池冷却系统冷却液循环管里是否有漏液状况，若有应及时进行检修。

（四）高压电控总成基本检查

检查高压电控总成壳体，是否有破损，并检查高压电控总成各连接线束插接器是否可靠，若发现有破损或者线束连接异常状况应立即停止使用车辆，并将车辆移至厂家指定维修站点进行进一步检修。

若电源系统相关部件的检测数值不在规定的范围内，需进一步检测确认故障，并根据故障点进行维修，具体检测标准见表 3-7。

表 3-7　比亚迪 E5 电源系统标准检测数据

检修内容	标准值范围
动力电池正负极母线绝缘检测	大于 20 MΩ
动力电池输出端子绝缘检测	大于 20 MΩ
动力电池 CAN 网络终端电阻检测	约 120 Ω
动力电池总电压值测量	320 V
电池模组电压值测量	38 V 或 56 V
动力电池互锁阻值测量	小于 0.5 Ω

技能训练

实训一　比亚迪 E5 动力电池拆装

一、实训准备

1．安全操作规范

（1）拆装动力电池时需关闭点火开关，车辆处于非起动状态。

（2）车辆正在充电时不得拆装动力电池。

（4）拆装动力电池前需穿戴防护装备。

（5）拆装动力电池前需要断开高压维修开关。

2．实操工具准备

（1）设备准备。

2018 款比亚迪 E5 型纯电动汽车、举升机、承重为 1 000 kg 升降平台、冷却液回收器。

（2）工具准备。

① 常用工具：世达 100 件工具套装；② 绝缘工具：世达 68 件绝缘工具套件；③ 防护装备：车外三件套、车内三件套。

（3）个人防护。

工作服、手套、高压绝缘手套。

二、实训步骤

1．前期准备

（1）穿戴好防护装备：穿好工作服并戴好工作手套。

（2）车辆防护：① 目测车辆正确停至工位；② 进入车内安装车内防护三件套；③ 放置举升机顶脚，并调整举升位置；④ 拉起前机舱盖手柄，打开前机舱盖，安装车外防护三件套。

2．拆卸动力电池总成（详见本项目二维码资源）

（1）车辆高压断电：① 打开低压蓄电池负极电缆保护盖拆下负极电缆，使用绝缘胶带进行绝缘处理；② 进入车内，拆卸中控储物格固定螺栓；③ 拆卸中控储物格线束插接器；④ 拆卸高压维修开关，等待 5 min 以上。

（2）拆卸动力电池相关连接件：① 拧开动力电池冷却液储液壶盖。② 举升车辆至合适位置，锁止举升机。③ 将废液回收器放置到合适位置。④ 按压冷却进水水管紧固锁舌，拆卸冷却进水水管，排放冷却液。之后以同样方法拆卸冷却水出水管。⑤ 解除动力电池控制低压接插器锁紧保险，断开低压接插器。⑥ 解除动力电池输出高压电缆母线接插器锁紧保险，断开高压电缆母线。

注意：断开动力电池高压电缆母线后，需要使用万用表测量动力电池残余电压值，测量值应小于 1 V，若存在电压则需静置 10 min 后继续监测。

（3）拆卸动力电池：① 将移动升降平板车推至合适位置，升起平板至其接触动力电池下部；② 使用 13 mm 套筒、接杆、指针式扭力扳手组合工具，预松动力电池托架 10 颗固定螺栓；③ 使用 13 mm 套筒、接杆、棘轮扳手组合工具，拧松并取下动力电池托架 10 颗固定螺栓；④ 操作泄压把手，缓慢降低平板高度，将动力电池与车辆分离；⑤ 将平板降低至合适位置后，推离车辆底部，并妥善安置。

注意：需控制平板下降速度，在此过程中密切注意动力电池情况，若存在连接附件未分离妥当等情况，需及时停止下降，并立即处理。

3．安装动力电池总成（详见本项目二维码资源）

（1）安装动力电池：① 将放置动力电池的移动升降平板车推至车辆底部合适位置；② 缓慢升起平板，直至动力电池贴合车辆；③ 对齐螺纹孔，用手拧入动力电池托架固定螺栓；④ 使用 13 mm 套筒、接杆、棘轮扳手组合工具拧紧安装动力电池托架固定螺栓；⑤ 使用定扭扳手紧固动力电池托架固定螺栓至 135 N · m。

注意：需缓慢上升，并拽出接插器和管路以防止被夹在动力电池和车身之间。

（2）安装动力电池相关连接件：① 安装动力电池低压接插器，并锁止保险锁舌；② 安装动力电池高压电缆母线接插器，并锁止保险锁舌；③ 清洁动力电池冷却出水口及水管接头，安装出水口水管，晃动出水口水管，检查其安装牢固程度；④ 以同样方法安装动力电池冷却进水口水管；⑤ 降低车辆至合适位置；⑥ 安装高压维修开关，装复中控储物格线束插接器；⑦ 加注动力电池冷却系统冷却液至“MAX”位置；⑧ 安装动力电池负极电缆，并紧固；⑨ 驱动车辆，等待动力电池冷却系统自动运行。

注意：

（1）需确保高压电缆母线接插器安装到位，并在锁止保险锁舌后晃动电缆，确保电缆安装牢固。

（2）动力电池冷却系统循环时，需注意冷却系统储液罐液位，如液位较低则需要及时添加，以保证液位始终位于“MAX”和“MIN”之间。

4．整理归位

（1）取下车内三件套。

（2）回收车外三件套。

（3）关闭机舱盖，启动车辆检查车辆情况，按照 7S 管理标准，整理工具和清扫场地。

实训二　比亚迪 E5 动力电池检修

一、实训准备

1．安全操作规范

（1）拆装动力电池时需关闭点火开关，车辆处于非启动状态。

（2）车辆正在充电时不得拆装动力电池。

（3）拆装动力电池前需佩戴防护装备。

（4）拆装动力电池前需要断开高压维修开关。

2．实操工具准备

（1）设备准备。

2018 款比亚迪 E5 型纯电动汽车、举升机。

（2）工具准备。

① 常用工具：世达 100 件工具套装；② 绝缘工具：世达 68 件绝缘工具套件；③ 测量工具：专用适配器（景格智能考训盒）、比亚迪 VDS2000 型专用诊断仪套件、万用表、示波仪；④ 防护装备：车外三件套、车内三件套。

（3）个人防护。

工作服、手套、高压绝缘手套。

二、实训步骤

1．前期准备

（1）穿戴好防护装备：穿好工作服并戴好工作手套。

（2）车辆防护：① 进入车内安装车内防护三件套；② 确认启动开关位于“OFF”位置；③ 拉起前机舱盖手柄，打开前机舱盖，安装车外防护三件套。

2．动力电池不拆解检测（详见本项目二维码资源）

（1）动力电池在线检测：① 取出比亚迪 VDS2000 型专用诊断仪套件，连接诊断仪相关线束，连接 VCDI 无线诊断接口。② 使用比亚迪 VDS2000 型专用诊断仪进行检测，打开比亚迪专用诊断仪电源开关；待电源开启后，进入比亚迪 E5 诊断系统，并读取车辆 VIN 码；选择读取整车数据；等待车辆通信完成之后，点击电池管理器模块，进入模块数据读取页面；读取电池管理器故障码，记录后清除故障码，然后重新读取故障码；退出至电池管理器模块，读取动力电池相关数据流，判断动力电池状态。

（2）动力电池不拆解检测：① 安装比亚迪 E5 专用适配器（景格智能考训盒），断开低压蓄电池负极电缆；取出专用适配器（景格智能考训盒），连接电源线束；连接专用适配器（景格智能考训盒）的 1 号线束接插器和 2 号接插器；断开车辆电池管理器三个线束接插器；安装比亚迪 E5 专用适配器（景格智能考训盒）到相应车辆线束插接器；安装低压蓄电池负极电缆；连接比亚迪 E5 专用适配器（景格智能考训盒）正极采样线束夹至蓄电池正极接线柱；连接比亚迪 E5 专用适配器（景格智能考训盒）负极采样线束夹至蓄电池负极接线柱；打开比亚迪 E5 专用适配器（景格智能考训盒）电源开关。② 调校万用表，打开万用表选用 200 Ω 挡位；将万用表的红、黑表笔对接，查看万用表的数值，若显示电阻值小于 0.5 Ω，则说明万用表正常。③ 检查电池管理器高压互锁输入电压值；选用万用表，并调整至直流电压测试挡；使用红表笔连接 BK45（A）-1 端子，黑色表笔连接车身搭铁；检查电池管理器高压互锁输出工作电压值是否正常，正常值应在 5 V 左右。④ 检查电池管理器高压互锁输出电压值；使用红表笔连接 BK45（B）-7 端子，黑色表笔连接车身搭铁；检查电池管理器高压互锁输出电压值是否正常，正常值应在 1.5 V 左右。⑤ 检查电池管理器高压互锁系统电阻值；选用万用表，并调整至电阻测试挡；使用红表笔连接 BK45（A）-1 端子，黑色表笔连接 BK45（B）-7 端子；检查电池管理器高压互锁系统电阻值。正常值应在 1 Ω 左右。⑥ 测量电池管理系统高压互锁输出波形，选用手持示波仪，开启电源开关；将通道 1 测试笔连接 B2K45（A）-1 端子，屏蔽线连接至车身搭铁，调试波形位置与单位之后，查看电池管理系统高压互锁输出 PWM 波形是否正常（若测量波形为方波且规则说明高压互锁系统工作正常，若测量波形变形或有干扰则说明高压互锁系统存在故障）。⑦ 拆卸比亚迪 E5 专用适配器（景格智能考训盒）；关闭比亚迪 E5 专用适配器（景格智能考训盒）电源开关；断开蓄电池负极；拆卸比亚迪 E5 专用适配器（景格智能考训盒）与车辆的连接线束，复原车辆。

3．动力电池拆解检测（详见本项目二维码资源）

（1）动力电池绝缘检测：① 拆卸负极电缆，打开低压蓄电池负极电缆保护盖，拆下负极电缆。② 拆卸高压维修开关，进入车内，使用十字螺丝刀拆卸中控台储物格固定螺栓；拆卸储物格上 2 个电缆接插器，取下储物格；松开动力电池高压维修开关保险器，拆卸高压维修开关。③ 测试高压维修开关，调节万用表至电阻测试挡；校表确认万用表工作良好；测试高压维修开关高压接头之间电阻值（正常电阻值应小于 0.5 Ω，若大于 0.5 Ω 说明高压维修开关高压接头接触不良）。④ 举升车辆，放置举升机顶脚，并调整举升位置；举升车辆至合适位置。⑤ 断开动力电池输出高压电缆插接器；戴好高压绝缘手套；打开动力电池输出高压电缆插接器保险锁舌；断开动力电池输出高压电缆插接器。⑥ 检测动力电池残余电量，选择万用表直流电压测试挡，测量动力电池正负极端子之间电压值，测量值应为 0 V；若大于 0 V，应静置 15 min 后再次测量确认正负极端子之间电压值为 0 V 才能进行下一步操作。⑦ 动力电池绝缘检测，选用电子兆欧表，将红色表笔连接动力电池正极输出端子，黑色表笔连接车身搭铁，调整至 1 000 V 测试挡，打开测试按钮开始测试。等待数值稳定后记录数值，绝缘测试结果应大于 20 MΩ，若低于此数值则说明高压电控总成存在绝缘故障。以同样方法检测，动力电池负极输出端子绝缘值。

注意：拆卸负极之后，需等待 15 min，待车上电容元件放电完成，才能进行下一步操作。

（2）动力电池拆卸检测：① 拆卸动力电池，拆卸动力电池总成；拆卸动力电池上部罩盖及隔热棉。② 检测动力电池总电压，选用万用表电压测试挡，分别使用红黑表笔连接动力电池正负极总串联条，检测动力电池包总电压值。标准电压值为 653.4 V，若低于标准值较多则说明动力电池电量较低，需充电后重新检测。③ 检测 13 个电池模组电压值，取下 13 个动力电池模组正负极绝缘罩盖；分别使用万用表的红黑表笔，依次连接 13 个电池模组的正极接线柱和负极接线柱，测量电池模组的电压值。整个动力电池包中电池模组的电压值有两种数值，小型电池模组的电压值约为 38 V，大型电池模组的电压约为 56 V。若出现某个电池模组电压值偏差较大情况，则说明该电池模组存在性能下降，需要及时维修或更换。④ 组装动力电池，使用高压绝缘套筒、绝缘棘轮扳手检查并紧固动力电池串联导线连接螺栓，确认串联导线安装情况良好；使用高压绝缘套筒、绝缘棘轮扳手检查并紧固动力电池模组固定螺栓，确认动力电池模组安装情况良好；组装动力电池总成，将动力电池装复至车辆上；降下车辆，装复高压维修开关，装复中控储物格。

4．复检工作

（1）连接蓄电池负极电缆。

（2）使用 VDS2000 型专用诊断仪清除整车故障码。

（3）取下 VCDI 无线诊断接口。

5．整理归位

（1）取下车内三件套。

（2）回收车外三件套。

（3）关闭机舱盖，启动车辆检查车辆情况，按照 7S 管理标准，整理工具和清扫场地。

项目小结

本项目主要介绍了纯电动汽车电源系统的结构及其工作原理，并以北汽 EV160 型和比亚迪 E5 型纯电动汽车作为典型车型，分别讲述了两种车型电源系统的构造和检修方法。

纯电动汽车的电源系统是纯电动汽车的动力源，它为驱动电机提供工作电源，并对电源系统电量进行监测、调节、控制，使动力电池始终处于最佳的工作状态，提供与车辆运行各工况相匹配的电能。

纯电动汽车的电源系统主要由动力电池包、电池管理系统、充电系统、电池冷却系统及低压辅助电源等组成。在纯电动汽车工作过程中，电源系统根据接收的用电设备的信号和驾驶员的操纵信息，控制动力电池的工作状态，并利用动力电池管理系统（BMS）内的电池信息采集器对单体电池的电压、电流和温度等信息进行监测，若监测到异常状态，电池管理系统将及时发送新的控制指令，断开高压电路，以保护动力电池。

EV160 和 E5 的电源系统主要由动力电池、电池管理系统、充电系统及低压辅助电源等组成。EV160 的电池没有配置专门的冷却装置，使用的是自然风冷却。

项目三学习资源

项目四　纯电动汽车整车控制系统构造与检修

项目概述

整车控制系统的核心部件是整车控制器，它是纯电动车型的控制核心，犹如大脑对人一样至关重要。纯电动汽车必须有一个性能优越、安全可靠的整车控制系统，在各个环节上合理控制车辆的运行状态、能源分配和协调功能，以充分协调和发挥各部分的优势，使汽车整体获得最佳运行状态。

本项目在了解电子控制系统理论知识的基础上，详细讲述整车控制系统的各组成部分、整车控制系统的工作原理及工作过程。

任务一　整车控制系统基本组成及原理

任务目标

（1）了解整车控制系统基础。

（2）掌握整车控制系统的组成及各组成器件的作用。

（3）理解整车控制系统的控制策略。

（4）掌握整车控制系统的工作过程。

（5）掌握低压电气系统、高压管理系统、车载网络系统的工作过程。

 任务导入

某高职院校新能源汽车技术专业的两名学生对纯电动汽车高压下电流程产生争议。甲认

为，只需断开蓄电池负极就可以完成高压下电；乙认为，先拔下维修开关再断开蓄电池负极才能完成高压下电。请学习纯电动汽车整车控制系统相关知识，整理出纯电动汽车高压下电的流程，判断他们的观点是否正确（详见本项目二维码资源——任务导入一）。

知识储备

整车控制系统根据驾驶员的操作和当前的整车和零部件工作状况，在保证安全和动力性的前提下，选择尽可能优化的工作模式和能量分配比例，以达到最佳的燃料经济性和排放指标。整车控制系统是在电子控制系统的理论基础上建立起来的，本任务主要介绍纯电动汽车整车控制系统基本组成、原理及工作过程。

一、整车控制系统组成

整车控制系统（Vehicle Management System，VMS），是电动汽车的神经中枢，它可以实现对各系统的数据交换、信息传递、故障诊断、安全监控、驾驶员意图解析、动力电池能量管理等功能，对电动汽车的动力性、经济性、安全性和舒适性等有很大的影响。纯电动汽车的整车控制系统按实现的功能可分为低压电气系统、高压管理系统、车载网络系统，而实现这些控制功能的整车控制系统的组成部件基本相同，主要由整车控制器、高压配电装置、DC-DC 转换器、子系统控制器、数据总线、驾驶员操纵传感器、高压互锁、绝缘检测装置（漏电传感器）、低压电源及各种低压辅助电器等组成，如图 4-1 所示。

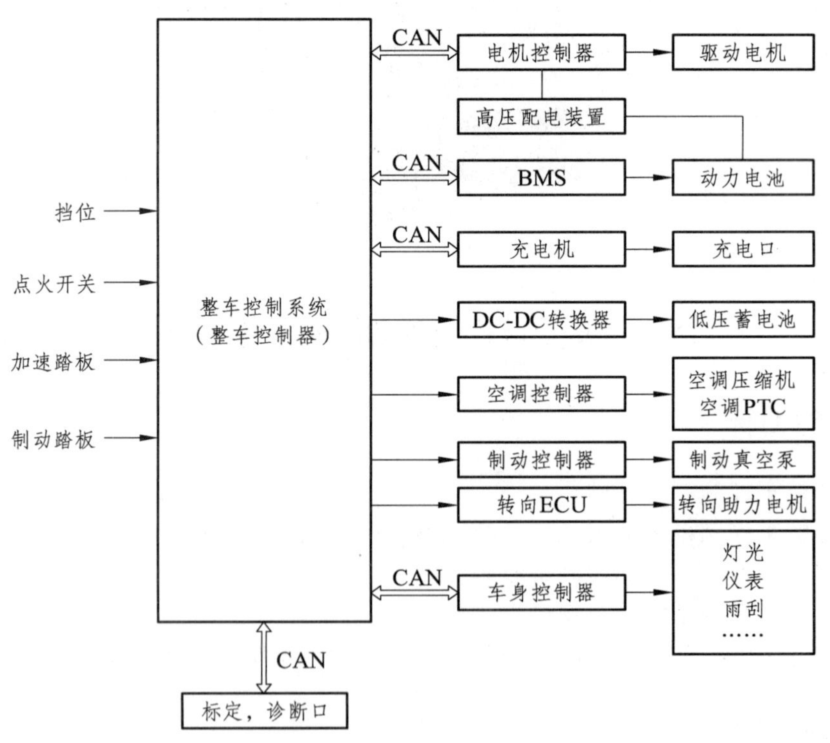

图 4-1 整车控制系统组成

整车控制系统采用一体化集成控制与分布式处理的体系结构，如图 4-2 所示。每个子系统都有独立的控制器，整车控制器除完成自身的控制功能外，还对整个系统进行能量管理及各部件的协调控制。为满足控制系统数据交换量大，实时性、可靠性要求高的特点，整个分布式控制系统之间采用 CAN 总线进行通信。

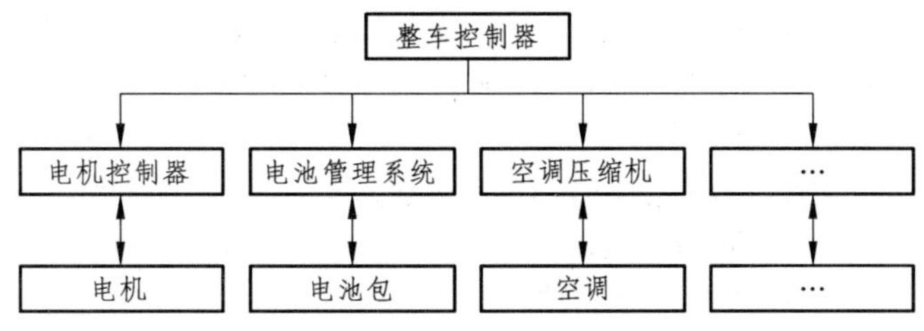

图 4-2　整车控制系统构成实例

（一）整车控制器

整车控制器是整个汽车的核心控制部件，它采集加速踏板信号、制动踏板信号及其他部件信号，并做出相应判断后，控制下层的子系统控制器的动作，驱动汽车整车控制器通过采集司机驾驶信号和车辆状态，通过 CAN 总线对网络信息进行管理、调度、分析和运算，针对车型的不同配置，进行相应的能量管理，实现整车驱动控制、能量优化控制、制动回馈控制和网络管理等功能。

1. 整车控制器的功能

整车控制器可实现驱动力矩控制、制动能量的优化控制、整车的能量管理、CAN 网络的维护和管理、故障的诊断和处理、车辆状态监视等。

（1）汽车驱动控制。

根据司机的驾驶要求、车辆状态等状况，经分析和处理，向电机控制器发出指令，满足驾驶工况要求，如启动、前进、倒退、回馈制动、故障检测和处理等工况。

（2）整车能量优化管理。

纯电动汽车的整车控制器根据加速踏板、制动踏板、点火开关等驾驶员操纵信息和动力电池状态信息，控制汽车的电机驱动系统、电池管理系统以及其他车载能源动力系统（如空调）的协调和管理，以获得最佳的能量利用率，如图 4-3 所示。

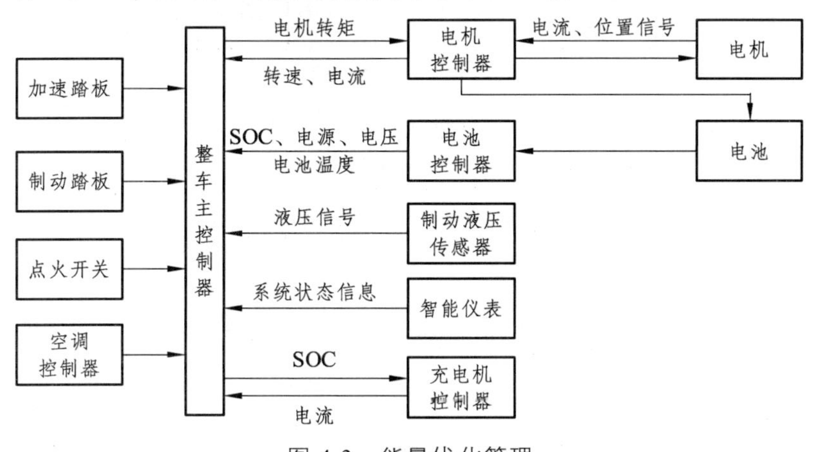

图 4-3　能量优化管理

（3）网络管理。

整车控制器作为信息控制中心，承担组织信息传输，网络状态监控，网络节点管理，网络故障诊断和处理等职责。

（4）回馈制动控制。

根据制动踏板和加速踏板信息、车辆行驶状态信息、蓄电池状态信息，向电机控制器发出制动指令，在不影响原车制动性能的前提下，回收部分能量。

（5）故障诊断和处理。

连续监视整车电控系统，进行故障诊断。存储故障码，供维修时查看。故障指示灯指示出故障类别和部分故障码。根据故障内容，及时进行相应安全保护处理。对于不太严重的故障，能做到"跛行回家"。

（6）车辆状态监测和显示。

主控制器通过传感器和CAN总线，检测车辆状态及其各子系统状态信息，驱动显示仪表，将状态信息和故障诊断信息经过显示仪表显示出来。显示内容包括车速，里程，电机的转速、温度，电池的电量、电压、电流，故障信息等。

2．整车控制器组成

整车控制器通过传感器和CAN总线，检测车辆状态及各子系统状态信息，驱动显示仪表。纯电动汽车整车控制器由电源模块、数据采集模块（模拟量输入模块和数字量输入模块）、存储模块、CAN通信模块、微控制器模块、功率驱动及保护模块、输出模块和显示模块等组成，如图4-4所示。

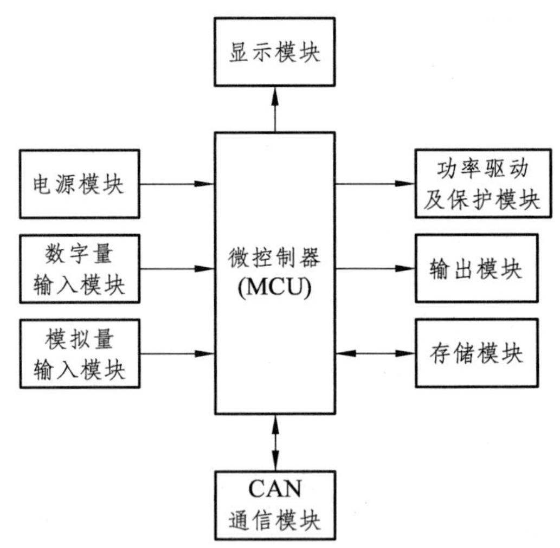

图4-4　整车控制器组成

（1）电源模块。

电源模块为整车控制器内部的其他模块提供基本的工作电压，使各部分能进入正常工作状态。

（2）数据采集模块。

数据采集模块，主要是接收各种传感器产生的模拟信号和数字信号，并送给微控制器模块。

（3）存储模块。

存储模块分为只读存储器和随机存储器，只读存储器内部储存整车控制相关的各种标准信息和控制逻辑，随机控制器记录行车过程中的各个系统在工况下的实际信息和控制，给微控制器模块提供控制参考。

（4）CAN 通信模块。

CAN 通信模块可以接收总线上的各种信息，为整车控制器制定控制策略基本信息的输入提供途径，同时也可以将 HCU 的功率分配和系统控制策略发送到 CAN 总线上。

（5）微控制器模块。

微控制器模块是整车控制器的中央处理器，它主要将接收到的数据采集模块的信息和存储器内部储存的各种信息进行比较分析，得出相应的控制指令。

（6）功率驱动及保护模块。

功率驱动及保护模块是实现整车控制器的安全保险功能的主要部件，它可以根据数据采集模块的信息和存储模块的信息判断车辆是否安全，若存在安全隐患，直接得出需要进入保护模式的结论，并发出指令驱动其进入保护模式。

（7）输出模块和显示模块。

输出模块可以接受微控制器模块的指令并通过 CAN 通信模块传送给相应执行元件，控制其工作。显示模块可以显示微控制器模块的控制指令或者功率驱动及保护模块的控制指令。

3．整车控制器工作模式

整车控制器共有 9 个工作模式，分别为停车状态、充电状态、启动状态（也可以称为自检状态）、运行状态、车辆前进/后退状态、回馈制动状态、机械制动状态、一般故障状态、重大故障状态。每个状态的工作模式如图 4-5 所示。

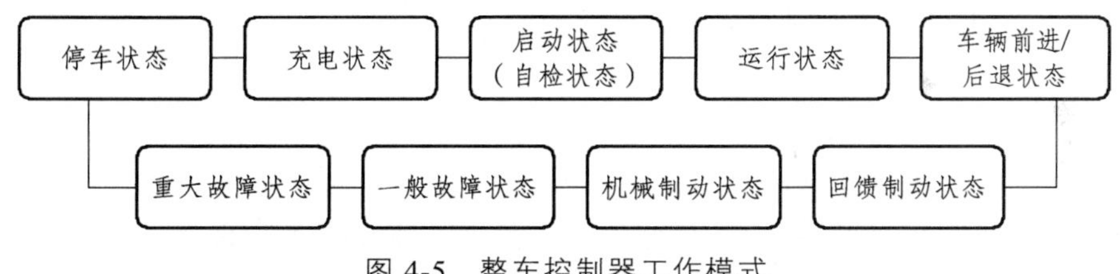

图 4-5　整车控制器工作模式

（1）停车状态：纯电动汽车处于停车状态，此时系统的主继电器断电，系统中各个节点停止运行。

（2）充电状态：当纯电动汽车在停车状态下，插上充电插头或者按下充电按钮时，整车控制器控制组合仪表显示电池充电状态，并对电池工作状态进行实时监测；电池 ECU 进入充电程序，并强制切断动力电机继电器的回路电源。

（3）启动状态：在整车控制器确认拔掉充电插头后，拨动汽车钥匙到指定位置，这时系统中各个节点进入自检状态。

（4）运行状态：拨动汽车钥匙到指定位置，整车控制器向电机 ECU 发送准备开车指令。整车控制器收到就绪指令后，闭合主继电器，进入行车程序。同时，电池 ECU 进入电池管理程序。

（5）车辆前进、后退状态：整车控制器通过对当前车辆对功率的要求和蓄电池当前的状态计算并向电机控制器发出信号，动力电机控制器接收到方向信号和驱动转矩给定值信号后，控制动力电机进入运转状态，并根据方向信号确定动力电机的转向，以及根据驱动转矩给定值信号确定动力电机输出转矩的大小，控制电机的输出功率以实现动力性目标。

（6）回馈制动状态：当加速踏板回零而且制动踏板处于回馈制动区时，整车控制器发送符合回馈制动要求的负扭矩给电机 ECU，电机 ECU 进入发电程序，电池 ECU 进入电池回馈管理程序。

（7）机械制动状态：制动踏板离开回馈制动区，电机 ECU 停止发电程序，整车控制器进入机械制动程序，电池 ECU 停止回馈。

（8）一般故障状态：ECU 检测到一般故障，整车控制器报警（报警灯闪烁、通过 CAN 总线发送相关的报警信息，通知其他的节点），整个系统降级运行。

（9）重大故障状态：ECU 报警（紧急情况采用紧急呼叫指令通知其他节点），必要时切断主继电器电源，系统停车。

4．整车控制器的工作任务

整车控制器在汽车行驶过程中执行多项任务，具体如下：

（1）接收、处理驾驶员的驾驶操作指令，并向各个部件控制器发送控制指令，使车辆按驾驶员期望行驶。

（2）与电机、DC-DC、蓄电池组等进行可靠通信，通过 CAN 总线（以及关键信息的模拟量）进行状态的采集输入及控制指令量的输出。

（3）接收处理各个零部件信息，结合能源管理单元提供当前的能源状况信息。

（4）系统故障的判断和存储，动态检测系统信息，记录出现的故障。

（5）对整车具有保护功能，视故障的类别对整车进行分级保护，紧急情况下可以关掉发电机并切断母线高压系统。

（6）协调管理车上其他电器设备。

（二）子系统控制器

子系统控制器是整车控制系统中实现分布式处理的各控制系统的控制器，整车控制器主要用于整车系统的管理协调，而子系统控制器用于相应系统中部件的工作控制。纯电动汽车上的子系统控制器有很多，这里主要是指影响纯电动汽车工作的电池管理器和电机控制器。其中，电池管理器可对电池充、放电的运行状态实时自动检测，提醒用户及时对电池进行预防性的维护，更换劣质电池，从而将电池可能发生的“潜在故障”消灭在萌芽状态，为 UPS 和 EPS 供电系统稳定、可靠的运行提供保障。电机控制器可以将动力电池提供的直流电升压逆变成驱动电机需要的三相电供给驱动电机；同时，可以根据挡位、油门、制动等驾驶员意图信息，实时调整驱动电机的输出，以控制驱动电机的转速、转向、转矩。另外，电机控制器与整车控制器通过实时通信，可以实时监测电机驱动系统的运行状态和故障，保护驱动电机系统和整车安全可靠运行。

（三）高压配电装置

高压配电装置是整车高压电的一个分配装置，类似于低压电路系统中的电器保险丝盒，其作用是将动力电池输送的高压直流电分配给电机控制器、空调压缩机和 PTC 加热器等整车高压电器使用，实现对支路用电器的保护及切断控制。此外，交流慢充时，充电电流也会经过高压配电装置流入动力电池为其充电。

高压配电装置的上游是动力电池，下游是电机控制器、DC-DC 转换器、PTC 水加热器、电动压缩机，还有充电相关的车载充电机和直流充电口，如图 4-6 所示。高压配电装置外部有高压端子、低压线束等插接口，内部主要有保险丝和芯片，以便与相关模块实现信号通信，确保整车高压用电安全。需要注意的是，高压配电装置内对电动压缩机回路、PTC 加热器回路、交流慢充回路各设有一个的熔断器。当上述回路电流超过 90 A 时，熔断器会在 15 s 内熔断；当回路电流超过 150 A 时，熔断器会在 1 s 内熔断，保护相关回路。

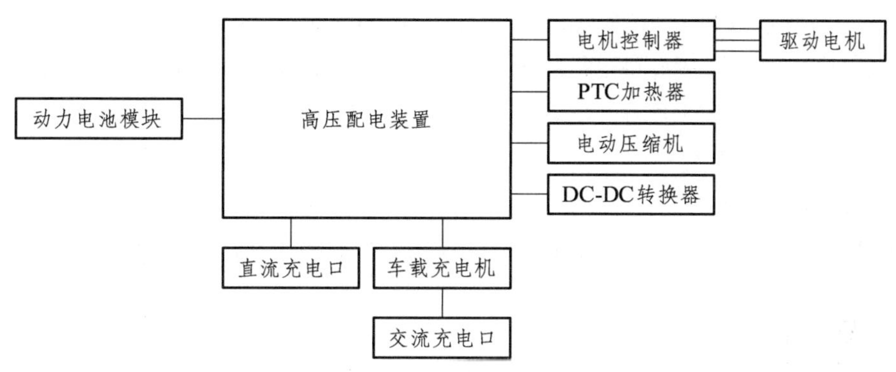

图 4-6　高压配电装置

高压配电装置在不同的高压系统中分布形式不同。在分体式高压系统中，高压配电装置与车载充电机模块、DC-DC 转换器模块、电机控制器等分散布置在机舱内；而在集成式高压系统中，高压配电装置与车载充电机模块、DC-DC 变换器模块、高压控制盒等集成布置在机舱内，并被称为 PDU（高压配电盒）。

（四）DC-DC 转换器

在新能源汽车上，DC-DC 转换器是一个将高压直流电转为低压直流电的装置，如图 4-7 所示。

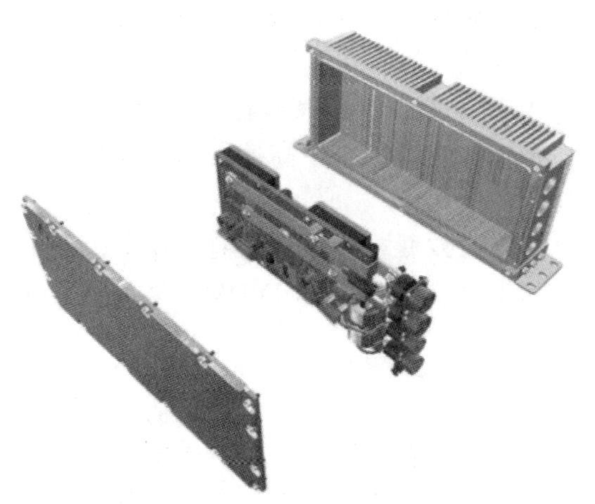

图 4-7　DC-DC 转换器

纯电动汽车上没有发动机，整车用电的来源是动力电池和蓄电池。由于整车用电器的额定电压是低压，因此需要 DC-DC 转换器将高压直流电转为低压直流电，这样才能够保持整车的用电平衡。DC-DC 转换器是开关电源芯片，利用电容、电感的储能特性，通过可控开关（MOSFET 等）进行高频开关动作，将输入的电能储存在电容（感）里，当开关断开时，电能再释放给负载，提供能量。其输出的功率或电压的能力与占空比（开关导通时间与整个开关的周期的比值）有关。用于 DC-DC 转换器的电源可以进行升压和降压。

（五）数据总线

总线是整车控制系统中各控制模块之间信号传输的通道，控制总线是传输控制信号的传输线束，它相当于各控制模块间运行控制数据的通道，即所谓的信息高速公路。对于汽车而言，控制模块之间应该可以发送和接受控制数据，需要进行双向控制数据的传输，所以汽车上使用的车用总线为数据总线。

1. 数据总线的类型

总线按照不同的类型分为不同的种类，按照总线系统的传输速率不同，可分为 A 类、B 类、C 类、C+类、D 类 5 种类型。

（1）A 类总线。

A 类总线是传输速率较低的总线，其传输位速率最大为 10 kbit/s，主要用于车内分布式电控系统内中，尤其是面向智能执行器或传感器管理的低速网络，如电动后视镜、电动车窗、电动座椅等。比较典型的 A 类总线是 LIN 线。

（2）B 类总线。

B 类总线是传输速率中等的数据总线，其传输位速率在 10 ~ 125 kbit/s，其主要用于独立开展模块间信息共享的中速数据网路。在车身电子的舒适性模块、显示仪表和故障诊断子网等设备中常采用 B 类总线。比较典型的 B 类总线是低速 CAN。

（3）C 类总线。

C 类总线是传输速率高的数据总线，其传输位速率在 125 kbit/s ~ 1 Mbit/s，其数据传输有实时性要求，主要用于动力系统和底盘系统中高速网络，如发动机电控系统、制动防抱死系统、电控自动变速器等。比较典型的 C 类总线是高速 CAN。

（4）C+类总线。

C+类总线是传输速率很高的数据总线，其传输位速率在 1 ~ 10 Mbit/s，其数据传输有实时性要求，同样应用于动力系统和底盘系统中高速网络。比较典型的 C+类总线是 FlexRay。

（5）D 类总线。

D 类总线是传输速率非常高的数据总线，其传输位速率超过 10 Mbit/s，主要用于连接通信及多媒体应用的控制器，如 CD 播放机、VCD/DVD 播放器和液晶显示等设备。比较典型的 D 类总线是 MOST。

2. 数据总线原理

数据总线实现了整车控制系统的各控制模块、传感器和执行元件之间的连接和控制信息的传输，具体原理如下：当数据总线空闲时，数据总线上连接的其他器件都以高阻态形式连接在总线上。当某一器件要与目的器件通信时，发起通信的器件驱动总线，发出数据。其他以高阻态形式连接在总线上的器件都能接收总线上的数据。发送器件完成通信，将总线让出，输出变为高阻态。

3．数据总线特点

现代汽车上采用的控制总线具有如下特点：

（1）结构特点。

控制总线从结构上简化了硬件设计和系统结构，具有良好的功能和规模扩充性、系统更新性。

（2）信息传输特点。

控制总线具有实时性强、传输距离较远、抗电磁干扰能力强、成本低等优点。

（3）使用特点。

控制总线采用双线通信方式，检错能力强，便于故障诊断和维修，并可在高噪声干扰环境中工作。

（六）高压互锁

纯电动汽车为了保证行车过程中高压电的正常传输，并尽量降低误操作对人员和设备造成的伤害，配备了高压互锁。这个高压互锁可以监测到高压电路连接异常或未连接，并在高压断电之前给整车控制器提供报警信息，预留整车系统采取应对措施的时间；也可以在人为误操作时，防止整个回路电压加在断点两端对周围的人员和设备造成伤害。

1．高压互锁的组成

纯电动汽车的高压互锁，也叫危险电压互锁回路（High Voltage Interlock System and Control Strategy），是指通过使用低压信号来监测高压系统电器、导线、导线连接器以及电器保护盖等电气完整性的低压电路。如图 4-8 所示为高压动力电池总成、电机控制器、电动空调压缩机总成以及驱动电机总成的导线连接器组成的高压互锁回路。

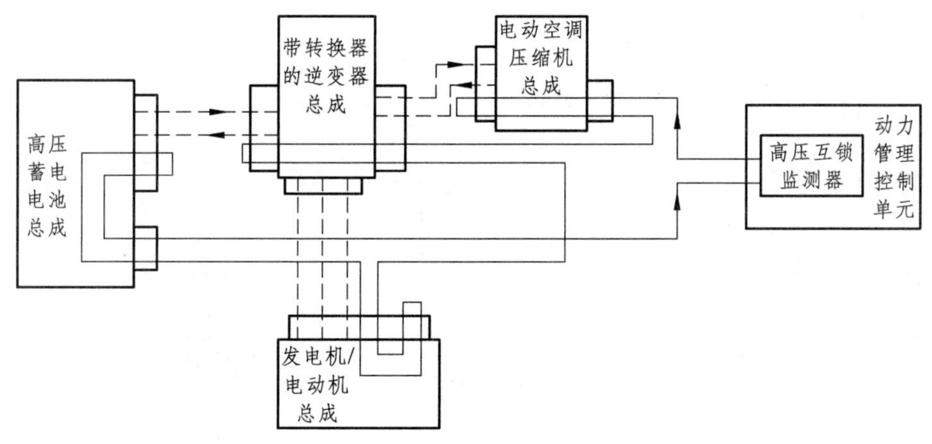

图 4-8　电动汽车高压互锁回路

互锁系统中高压动力电池总成、电机控制器等相关高压部件连接器中常安装有互锁开关，如图 4-9 所示。

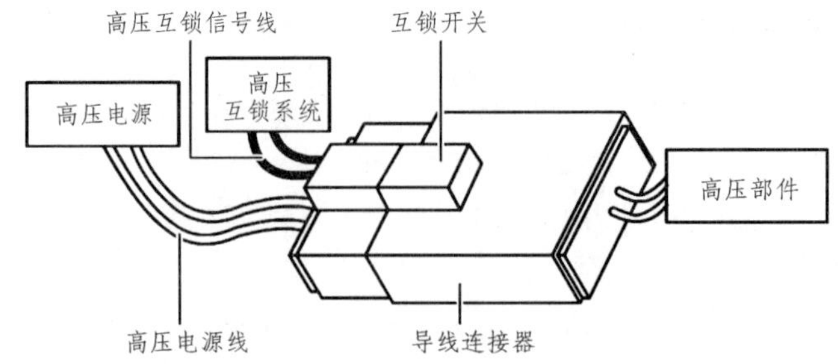

图 4-9　高压部件导线连接器中的互锁开关

2．高压互锁工作原理

电池管理器中的高压互锁监测器向高压互锁回路提供 1 个监测电压，然后检测返回的信号电压，若整个动力系统高压回路任一部分高压部件的导线连接器连接异常或未连接，则检测到的信号电压不在正常范围内（如 0 V 左右），说明高压互锁回路故障，电池管理器会切断高压供电。

（七）绝缘检测装置（漏电传感器）

电动汽车的绝缘监测装置也称为漏电传感器，它可以准确、实时地检测高压系统对车辆底盘的绝缘性能，以保证乘客安全、电气设备正常工作和车辆安全运行。当高压系统漏电时，漏电传感器会发送漏电信息给电池管理器，电池管理器接收到漏电信息，判定漏电情况，并在电池管理器接收到漏电信号以后报警，并控制立即断开高压系统，防止高压漏电对人或者物品造成伤害和损失。

绝缘检测装置（漏电传感器）通过监测动力电池输出的高压负极母线与车身底盘之间的绝缘电阻，来判断高压电池包的漏电程度。当测得绝缘电阻大于 100 ~ 120 kΩ 时，表明绝缘情况正常；当测得绝缘阻值小于或等于 100 ~ 120 kΩ 时，表明一般漏电；当绝缘阻值小于或等于 20 kΩ 时，表明严重漏电。当动力电池包漏电时，传感器发出一个信号给电池管理控制器，电池管理控制器接到漏电信号后，进行相关保护操作并报警，防止动力电池包的高压外泄，造成人或物品的伤害和损失，漏电监测原理如图 4-10 所示。

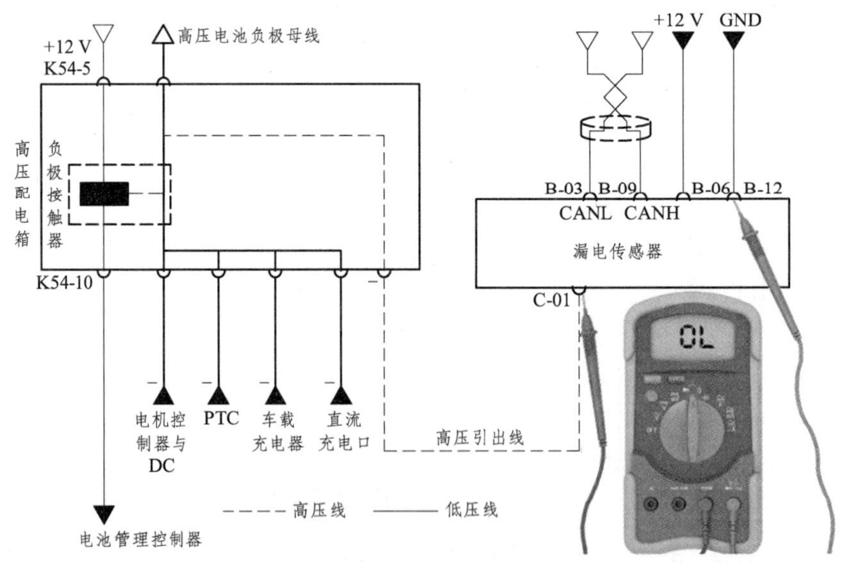

图 4-10　漏电传感器工作原理

（八）驾驶员操纵传感器

驾驶员操纵传感器是用于检测驾驶员操作意图的检测装置，它可以将驾驶员的操作信号进行转换，并输送给整车控制器，整车控制器按照设定的程序对这些信号进行分析计算，用于控制电动机输出合适的转矩、转速和功率，从而使电动汽车各项性能达到最优。纯电动汽车的驾驶员操纵传感器主要包括挡位传感器、制动位置传感器和加速踏板传感器，如图 4-11 所示。

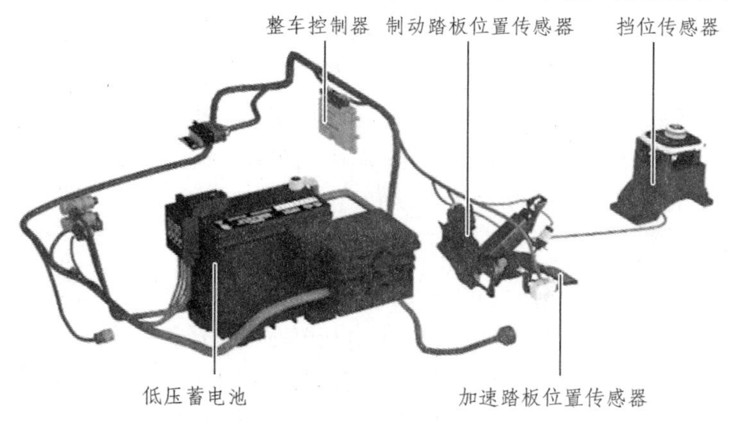

图 4-11　驾驶员操纵传感器组成

1．挡位传感器

挡位传感器的作用是检测汽车换挡杆的位置，并将信号送给整车控制器，为控制汽车的行驶状态提供必要的信息。

按照不同的分类标准，挡位传感器可分为不同的类型。挡位传感器分为接触式和非接触式，由于接触式挡位传感器在工作过程中会有磨损，通常其寿命较短、可靠性较差，所以优先选择非接触式挡位传感器。非接触式传感器目前大多采用霍尔式传感器和光电式传感器，纯电动汽车大多采用光电式挡位传感器。

2．制动踏板位置传感器

制动位置传感器安装在制动踏板轴一端，如图 4-12 所示。用于监测制动踏板的开度位置，有的也可以作为后制动灯的开关。

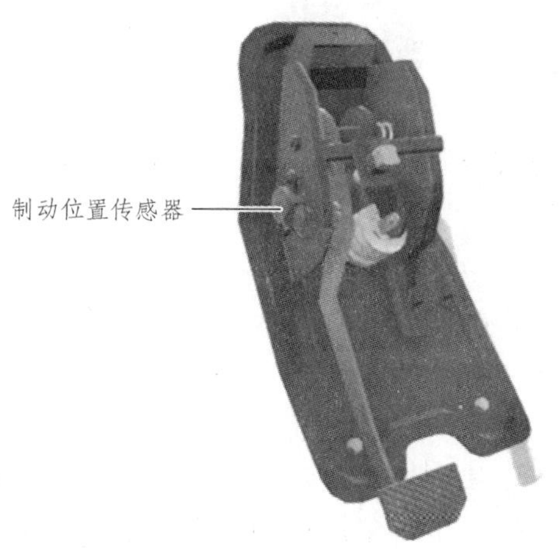

图 4-12　制动位置传感器位置

（1）制动踏板位置传感器类型。

制动踏板位置传感器有霍尔式、滑动电阻式和开关型三种。为了提高信息检测的精确度，又开发出了新型制动踏板位置传感器，包括双滑动电阻式和线性双霍尔式两种。纯电动汽车广泛应用的是双滑动电阻型制动踏板位置传感器。

（2）荣威 E50 制动位置传感器。

荣威 E50 采用的制动位置传感器有 3 个针脚，如图 4-13 所示。当驾驶员踏下制动踏板时，制动位置传感器将制动信号传输给 VCU，VCU 根据各电子控制单元采集的高压电池包状态信息和其他信息，进行数据分析和处理，并形成新的指令信号发送到相应的功能模块，迅速减小高压电池包电流，使得电动机输出更小的转矩，以实现驾驶员制动这一意愿，同时踏下制动踏板能够接通与后制动灯相连的电路使后制动灯亮起；在减速过程中，车轮通过传动装置拖动永磁同步电机转子运转，旋转的永久转子磁场，分别切割 U 相、V 相、W 相的定子绕组且产生 U、V、W 三相交流电，同时电机控制器接收 VCU 的控制信号，将输入的三相交流电整流为直流电储存到高压电池包中，如图 4-14 所示。

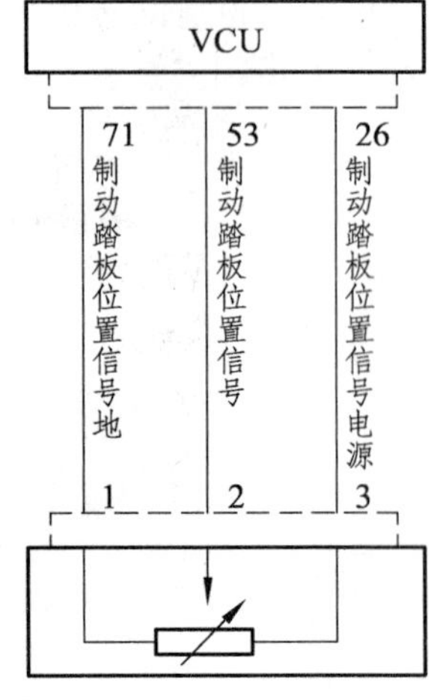

图 4-13　制动位置传感器针脚示意

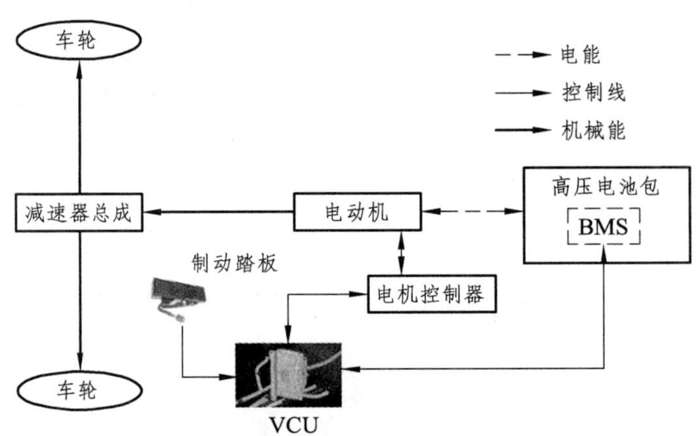

图 4-14　制动位置传感器工作原理示意

3．加速踏板位置传感器

加速踏板位置传感器，又称油门位置传感器，安装在驾驶室加速踏板轴的一端，用于检测汽车加速或减速信号，如图 4-15 所示。

（1）加速踏板位置传感器类型。

加速踏板位置传感器有霍尔式和滑动电阻式两种，新型加速踏板位置传感器有双滑动电阻式和线性双霍尔式，纯电动汽车中常采用滑动电阻型加速踏板位置传感器。

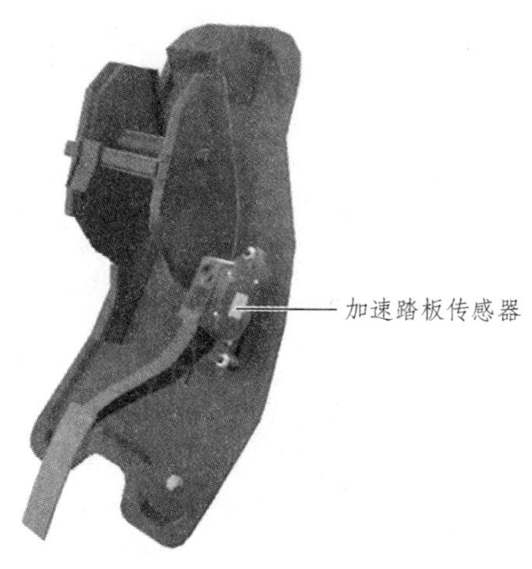

图 4-15 加速踏板传感器位置

（2）荣威 E50 加速踏板位置传感器。

荣威 E50 采用的加速踏板传感器属于电阻式传感器，安装在加速踏板轴的一端。通过脚踩加速踏板使得传感器内部指针滑动改变滑动电阻器的阻值，从而影响加载在其上面的电压值，用于监测加速踏板的加、减速信号。

荣威 E50 的加速踏板传感器采用的是双电阻式加速踏板位置传感器，有 2 个滑动电阻器、6 个针脚，每 3 个针脚形成一个完整的线路，2 个滑动电阻器分别布置在 2 个线路中，如图 4-16 所示。两组滑动电阻器可以相互检测，即使其中一个出现故障，VCU 还可以接收到另一个正确的信号。

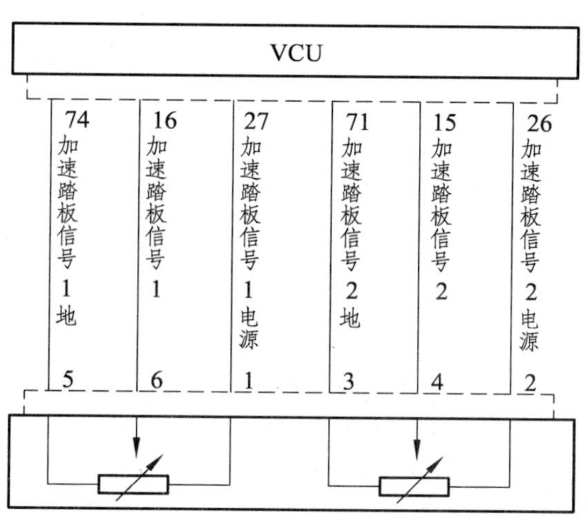

图 4-16 加速踏板传感器线路示意

当驾驶员踏下加速踏板时，加速踏板传感器将加速信号传递给 VCU，VCU 根据此信号并结合各电控单元采集到的信息，进行数据分析和处理之后，形成新的指令信号发送到高压电池包和电动机，输出合适的转速和转矩，从而使电动汽车以驾驶员预期的速度行驶，如图 4-17 所示。

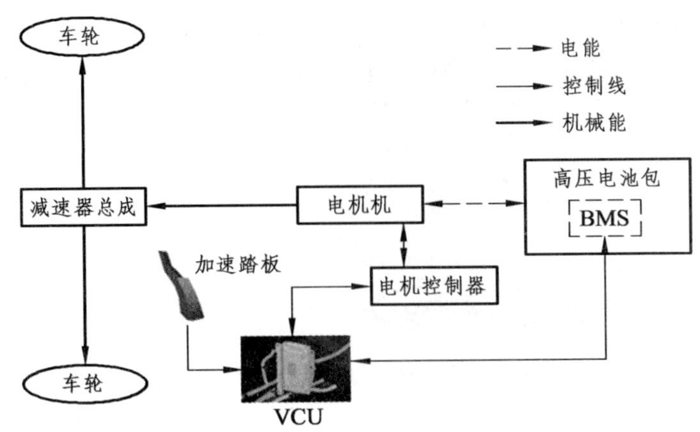

图 4-17 加速踏板传感器工作原理示意

二、整车控制系统控制策略

纯电动汽车需要在满足驾驶员意图，汽车的动力性、平顺性和其他基本技术性能以及成本控制等要求的前提下选择合适的控制策略。针对各部件的特性及汽车的运行工况，控制策略要实现能量在驱动电机、动力电池之间合理而有效的分配使整车系统效率达到最高，获得整车最大的经济性以及平稳的驾驶性能。纯电动汽车动力系统中主要由驱动电机、机械减速装置、动力电池等构成。整车控制系统要有一个性能优越、安全可靠的整车控制策略，从各个环节上合理控制车辆的运行状态、能源分配和协调功能，以充分协调和发挥各部分的优势，使汽车整体获得最佳运行状态。纯电动汽车整车控制策略主要包括：

（1）汽车驱动控制。

根据司机的驾驶要求、车辆状态、道路及环境状况，经分析和处理，向电机控制器发出相应指令，满足驾驶要求。

（2）制动能量回馈控制。

根据制动踏板和加速踏板信息、车辆行驶状态信息、蓄电池状态信息，计算再生制动力矩，向电机控制器发出指令。

（3）整车能量优化管理。

通过对车载电源系统的管理，提高整车能量利用效率，延长纯电动汽车的续驶里程。

（4）车辆状态显示。

对车辆某些信号进行采集和转换，由主控制器通过综合数字仪表显示出来。

（5）故障检测处理及诊断。

整车控制系统的整车控制器连续监视动力系统，进行故障诊断，如发生故障应及时进行相应安全保护处理。

（一）汽车驱动控制

纯电动汽车驱动控制需要实时考虑行驶工况，电池 SOC 值等影响因素，根据规则将转矩合理地分配给驱动电机。同时限定驱动电机的工作区域和 SOC 值的范围，确保动力电机和动力电池能够长时间保持高效的状态。若出现问题，系统可根据预先设定的规则对纯电动车辆系统的工作模式进行判断和选择。最终，在整车控制器与电机控制器中形成一个实时控制的闭环系统。这样既能保证驾驶员驾驶意图能够得到充分满足，也能够对车辆状态进行控制，保证驾乘的安全性和舒适性。整车驱动控制策略的核心是根据驾驶员动作分析其驾驶意图，并综合考虑动力系统状态，计算驾驶员对电机的期望转矩，然后向电机驱动系统发出指令，使纯电动轿车的行驶状态尽可能快速、准确地达到工况要求和满足驾驶员的驾驶目的，流程如图 4-18 所示。

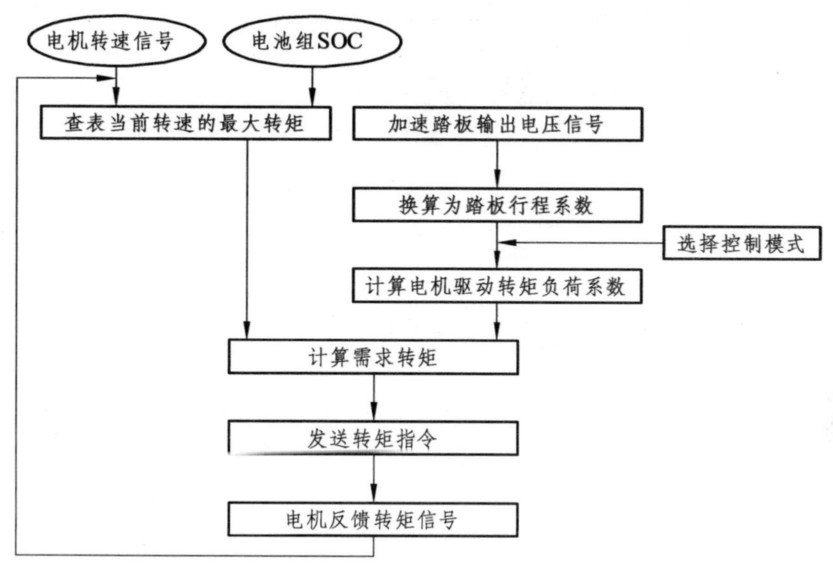

图 4-18　汽车驱动转矩控制流程

（二）制动能量回馈控制

制动能量回馈是电动汽车的标志性功能。制动能量回馈控制的原则是在最大限度提高能量回馈效率的同时，确保电制动与机械制动的协调控制，以保证汽车制动力的要求。考虑纯电动汽车机械制动系统不可调整，而且只有制动踏板开关传感器，实施了纯软件的轻度制动能量回馈控制策略。制动踏板踩下时，回馈制动功能激活，回馈制动转矩与车速的函数关系如图 4-19 所示。

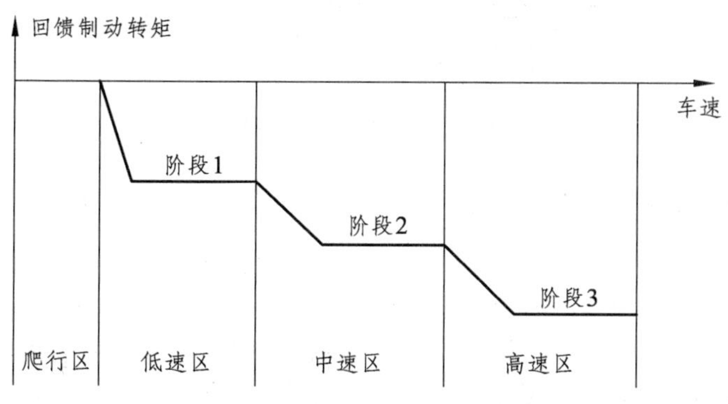

图 4-19　回馈制动转矩控制示意图

在车速很低的爬行区，回馈能量与回馈路径能量损耗基本相抵，回馈效率很低且会明显影响驾驶员制动感觉，故不进行制动能量回馈。在低速区，电机具有一定转速，施以较低制动转矩，尽量回收制动能量。中速区电机有较高转速，会产生较高的制动转矩，可以最大限度地进行能量回收。高速区时车辆惯性动能很高，可以施加较高制动转矩而不影响驾驶员制动感觉，在动力电池可接受的情况下进行能量回收。

纯电动汽车制动时，要根据制动踏板位置、动力电池剩余电量、制动时车速以及制动防抱死是否处于工作状态来控制再生制动系统的工作。能量回收时，制动能量回收系统可以承受最大回馈电流，并计算再生制动转矩、修正制动力矩，最后发送相应的制动力矩信号。为了保护动力蓄电池，回馈电流不能超过蓄电池最大充电电流，SOC 过高时取消电机再生制动，因为很容易导致电池电压过高而且电池充电难度也增加。同时，ABS 功能启动时，必须取消电机再生制动，如图 4-20 所示。

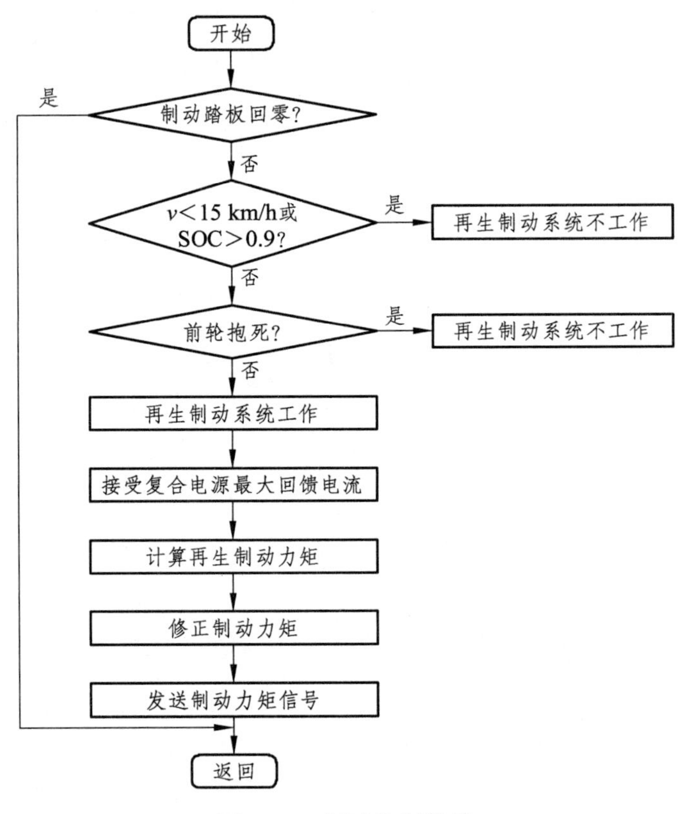

图 4-20　制动控制流程

（三）整车能量优化管理

纯电动汽车整车能量的唯一来源为动力电池，通过 BMS 有序管理，VCU 通过总线与 BMS 通信。BMS 能够向 VCU 上报剩余电量信息、动力电池总电压和总电流、动力电池温度信息、动力电池输出继电器状态等。VCU 根据汽车控制策略以及来自总线上的动力电池状态和驱动电机状态信息以闭合或者断开 BMS 的总正、负继电器，完成高压回路的闭合和断开功能。与传统燃油车相比，电动汽车能够实现制动能量回馈功能。当整车处于减速滑行或制动状态时，VCU 控制汽车产生再生制动力矩，使驱动电机发电，并将驱动电机发出的电能回充到动力电池中，以实现有效的制动能量回收。

（四）车辆状态显示

纯电动汽车的整车控制系统的整车控制器对汽车的状态信息进行采集和处理，将重要的状态和故障信息发送给仪表进行显示，其显示的主要内容有：车速信息、电机转速、电池剩余电量、电机故障信息以及电池故障信息等。

（五）故障检测处理及自诊断功能

故障处理及自诊断功能也是整车控制系统控制策略的重要组成部分，在整车控制系统整车控制器的代码中估计有 60% 以上的故障可以进行自诊断。

整车控制系统的故障主要分为传感器（加速踏板传感器）故障、继电器（空调继电器）故障以及 CAN 总线故障。依据故障的严重程度，将故障分等级进行处理，当发生任何一种故障，纯电动汽车就进入相应故障模式。为了维修人员能够快速、准确地确定故障的部位，电动汽车上整车控制系统一般采用基于通用的诊断协议的诊断服务功能进行故障自诊断，并存储相应的故障信息。

三、整车控制系统工作过程

纯电动汽车行驶过程中，整车控制器根据检测到的车辆状态信息（上电指示灯状态）、驾驶员操纵传感器信号和各种开关量信号，进行分析处理得出结论，进行电池管理控制、电机控制、空调控制、电动助力转向控制、制动控制、车辆的故障诊断和处理以及低压电气系统的工作控制。在汽车的正常行驶中，若车辆减速制动或下坡滑行时，还可以实现再生能量回收，如图 4-21 所示。整车控制系统的工作原理是通过低压电气系统、高压管理系统、车载网络系统等三个系统的工作过程来实现的。

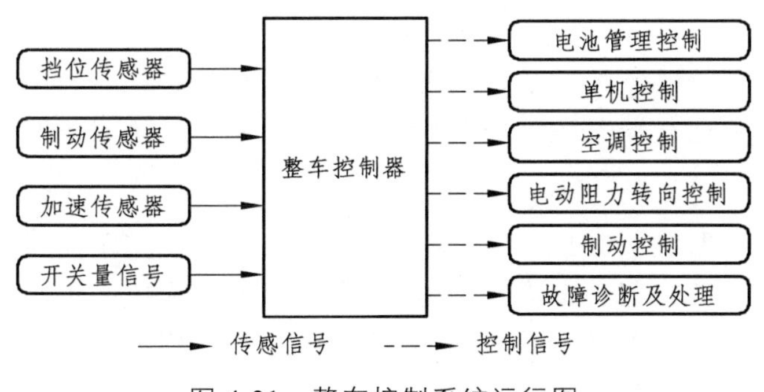

图 4-21　整车控制系统运行图

（一）低压电气系统

纯电动汽车的低压系统主要是对整车低压电气系统的工作进行控制，其作用是控制整车低压电气系统的配电，并为整车控制器、电机控制器和电动辅助装置供电，监控这些系统的运行状态和故障处理。纯电动汽车的低压电气系统主要由低压电源、DC-DC 转换器、低压电气系统（车身电器、底盘电器）等组成，其可以实现低压配电控制、车况检测以及低压电气系统的工作控制等，具体工作过程如下：

1．低压配电控制

车辆行驶过程中，12 V 的蓄电池给车上低压电器灯光、雨刮、电动辅助装置等电气系统供电的同时，也给整车控制器、电机控制器、空调控制器、高压电气设备的控制电路提供工作电压。

2．车辆实时检测和显示

整车控制系统对车辆的状态进行实时监测，并且将各个子系统的状态信息发送给车载网络系统进行传输，最终传输到仪表，通过仪表将检测到的车辆运行状态信息和故障诊断信息显示出来。

3．低压电气系统工作控制

纯电动汽车的低压系统根据车辆状态信息和工作需求信号控制相应电气控制系统的工作状态，常见的有底盘的电控动力转向系统和电动真空助力系统的工作控制。这样，可以使辅助电气系统按照驾驶员的操作意图完成相应的工作，给车内驾乘人员提供安全、舒适的环境。

（二）高压管理系统

纯电动汽车的高压管理系统的作用是进行动力电池电源的输出及分配，实现对各支路用电器的保护及切断，同时还可以控制汽车在减速制动或下坡滑行时的能量回收。高压管理系统主要由整车控制器、高压配电装置、电机控制器、电池管理器、高压互锁、漏电传感器、驾驶员操纵传感器等组成，可以实现控制模式的判定、上下电控制、高压互锁控制、漏电保护控制、整车能量管理、充电控制、故障诊断与处理，具体工作过程如下：

1．控制模式的判定

纯电动汽车在汽车运行过程中，整车控制器根据采集的钥匙信号、充电信号、加速/制动踏板位置信号等来判断当前需要的工作模式。若当前为运行模式，则根据当前的参数和前段时间工作时的记忆参数，计算出合理的输出转矩和显示数据，从而保证汽车正常行驶。

2．上下电流程控制

纯电动车的点火钥匙有“OFF”“ACC”“ON”三个状态。整车控制器根据驾驶员对行车钥匙开关的控制，进行动力电池的高压接触器开关控制，以完成高压设备的电源通断和预充电控制。上下电流程处理：协调各相关部件的上电与下电流程，包括电机控制器、电池管理系统等部件的供电，预充电继电器、主继电器的吸合和断开时间等。

（1）上电顺序。

① 低压上电：

a. 当点火钥匙由“OFF”→“ACC”时，VCU 低压上电。

b. 当点火钥匙由“ACC”→“ON”时，BMS（电池管理系统）、MCU（电机控制器）低压上电。

② 高压上电：

点火钥匙在“ON”挡位，BMS、MCU当前状态正常，且在之前一次上下电过程中整车无严重故障。

a. BMS、MCU初始化完成，VCU确认正常。

b. 闭合电池继电器。

c. 闭合主继电器。

d. MCU高压上电。

e. 如挡位在“N”挡，仪表显示“Ready”灯点亮。

上电注意事项：点火开关旋至“Start”挡，松开后回到“ON”挡；挡位处于“N”挡上电，踩下制动踏板。

上电异常情况及处理：

a. 充电指示灯亮——关好充电门板，重新上电。

b. 动力电池故障灯亮——重新上电后，如仍亮，表明电池有故障。

c. 动力电池绝缘电阻低——检查动力电池的高压线连接情况。

d. 挡位显示状态闪烁——挡位换到“N”挡。

e. 系统故障灯亮且无以上情况——需先检查蓄电池电量，VCU、MCU、BMS低压供电情况，用诊断仪读取当前故障码。

（2）下电顺序。

纯电动车下电只需将点火钥匙转到“OFF”挡，即可实现高压、低压电的正常下电。

① 点火钥匙到“OFF”挡，主继电器断开、MCU低压下电。

② 辅助系统停止工作，包括DC-DC、水泵、空调、暖风。

③ BMS断开电池继电器。

④ VCU下电。

3. 高压互锁控制

高压互锁在纯电动汽车使用过程中采用低压信号来检查电动汽车上所有与高压母线相连的高压回路连接的完整性和可靠性。高压互锁可以监测到高压回路相关的高压线束插接器自动松脱或者接触不良迹象，并在高压断电之前给整车控制器提供报警信息，预留整车系统采取应对措施的时间，避免人为误操作给断点周围的人员和设备造成伤害。

4. 漏电保护控制

漏电传感器在漏电保护控制中起核心作用，漏电传感器通过将一端和负极相连，一端与车身连接，检测电流与电压值，一旦发现有超出限制的电流和电压，则发出报警，并切断控制模块，确保用电安全。例如，比亚迪E5型车，动力蓄电池系统泄漏电流量要求不超过2 mA，整车绝缘电阻值需大于100 kΩ/1 000 V。

5. 整车能量管理

整车能量管理在电动汽车管理系统中占有重要的地位，提高整车能量利用率可以提高一次充电的续驶里程，维护整车的安全性。在纯电动车的能量管理系统中，最主要的内容是动力电池的管理和整车的能量流动控制。能量管理策略的目标是使能量能够得到有效而合理的利用，同时兼顾电池的安全性能要求。

汽车运行过程中整车管理控制器根据行车速度、驾驶人制动意图、动力电池组的荷电状态，进行综合判断，若达到相应的条件，整车控制器即会向电机控制器发出控制指令和电池管理器发出指令，使驱动电机工作和动力电池处在相应的工作状态。例如，若能达到回收后制动能量的条件，整车控制器即会向电机控制器发出控制指令使驱动电机工作在发电状态，将制动能量转变成电能存储到动力蓄电池中。即在减速制动过程中，减速和制动时的回馈能量会为电池充电。

纯电动汽车的动力全部来自动力电池的放电。能量管理的原理如图 4-22 所示，在车辆启动时，电池放电，为电机及其他元件提供电量。在车辆以正常车速行驶时，由电机驱动，这时电机工作于负荷相对较高的高效区。如果电池的 SOC 较低，车辆进行报警和提示，保证车辆的安全，在减速和制动时，电机又可把部分动能转换为电能存储于电池中。

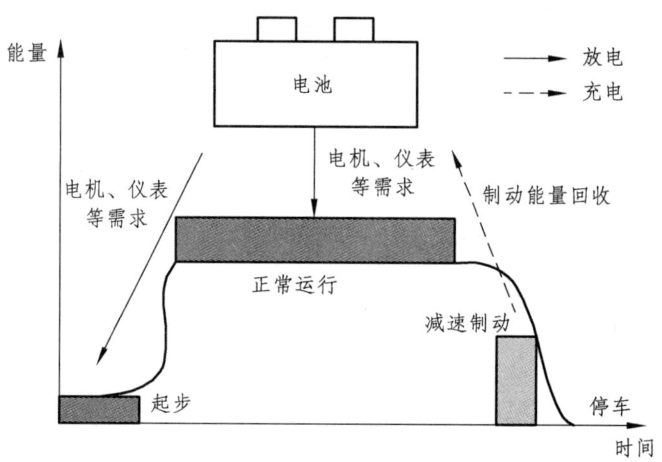

图 4-22　电池能量管理示意

6．充电过程控制

纯电动汽车进入充电状态，整车高压负接触器和充电机高压正接触器吸合，充电高压回路接通开始对动力电池充电。此时 DC-DC 工作，输出低压直流电给低压蓄电池充电。在充电状态时，整车控制器接收到充电信号，钥匙开关转到任何挡位，车辆其他系统均不能得到高压，保证车辆处于锁止状态，不能行驶；它还根据电池状态信息限制充电功率，保护电池。在充电过程中，若 BMS 检测到过充信号，则发出信号告知充电机停止工作，并且延时 3 s 后，整车控制器切断充电机高压正接触器和整车高压负接触器，从而切断充电高压回路。

7．故障诊断与处理

整车控制器连续监视动力系统，进行故障诊断，并及时进行相应安全保护处理。根据传感器的输入及其他通过 CAN 总线得到的电机、电池、踏板等的信息，对各种故障进行判断、等级分类、报警显示，并存储故障码，供维修时查看。

整车控制器将电动汽车的故障分为 4 级：

（1）一级致命故障，需紧急断开高压电。

（2）二级严重故障，电机 0 转矩输出，动力电池限流 20 A 输出。

（3）三级一般故障，跛行降低功率限速 15 ~ 20 km/h。

（4）四级轻微故障，停止能量回收，仪表进行故障显示，行驶不受影响。

（三）车载网络系统

随着汽车技术飞速的发展，以及电子技术和控制技术在汽车上的大量应用，汽车上采用的电子控制模块越来越多，由原来的几块发展到现在的几十块，传统的数据传输方式已不能满足现代汽车多模块间数据传输的要求。为了满足现在汽车控制任务越来越多、控制内容越来越精确、控制速度越来越快的要求，新型汽车的控制系统中采用了一种新型的数据传输网络，即通过总线将汽车上的各种电子装置与设备连成一个网络，实现相互之间的信息共享，形成的符合传输安全、响应快和运行可靠的信息通信系统，也就是车载网络系统，这种车载网络系统一般是由多种类型的数据总线组合而成的。在纯电动汽车中一般用于驱动及传动系统、车身系统、安全系统及多媒体信息通信系统。

1．车载网络系统的作用

车载网络系统将可以在实现数据信息的共享的同时，按照不同的协议和拓扑结构将不同系统的信息进行通信与控制，既减少了线束，又可以更好地控制和协调汽车的各个系统，在汽车动力性、经济性达到最佳的情况下，提高了乘坐的舒适度和操作的方便性。

2．车载网络系统的类型

车载网络系统按照不同的分类标准分为不同的类型，这里主要介绍常见的几种分类。

（1）按实现的控制功能分类。

纯电动汽车根据其工作特性和实现的控制功能分为启动网、动力网、电池子网和空调子网等。这些车载的网络系统大多采用高速 CAN 或者中速 CAN。

（2）按数据传输方式分类。

车载网络系统内的数据总线按照数据传输方式不同，常用的数据总线分为 CAN 总线、LIN 总线、MOST 总线、车载蓝牙系统、FlexRay、VAN 系统、LAN 系统 7 种类型。

3．典型车载网络系统（CAN 总线）

CAN 总线又称为汽车总线，其全称为“控制器局域网（Controller Area Network）”，是一种现场总线，是为了解决现代汽车中众多控制与仪器之间的数据交换而开发的一种串行数据通信协议，它可以使用双绞线来传输信号，用于汽车中各种不同元件之间的通信，以此取代昂贵而笨重的配电线束，是世界上应用最广泛的现场总线之一。CAN 总线可很好地解决传统布线方法存在的连线数量惊人且故障隐患大的问题。如今几乎每一辆在欧洲生产的新轿车都至少装配一个 CAN 总线网。而且，总线也广泛应用到火车、轮船等其他交通工具中。

（1）CAN 数据总线组成。

CAN 数据总线由一个控制器，一个收发器，两个数据传输终端以及两条数据传输线组成，除了数据传输线以外，其他元件都置于控制单元内部，控制单元功能不变。纯电动汽车控制总线 CAN 组成及原理详见本项目二维码资源。

① CAN 控制器。

CAN 控制器接收控制单元中的微处理器传来的数据，对这些数据进行处理并将其传往收发器。同样，CAN 控制器也接收由 CAN 收发器传来的数据，对这些数据进行处理并将其传往控制单元中的微处理器。

② 收发器。

它将 CAN 控制器传来的数据转化为电信号将其送入数据传输线。它也为 CAN 控制器接收和转发数据。

③ 数据传输终端。

它是一个电阻器可以防止数据在线端被反射。当数据在线端以回声的形式返回时，会影响数据的传输。

④ 数据总线。

它是双向的，对数据进行传输，两条线分别被称为 CAN 高线和 CAN 低线。数据传输线为了防止外界电磁波的干扰和向外辐射，总线采用两条线缠绕在一起，如图 4-23 所示。

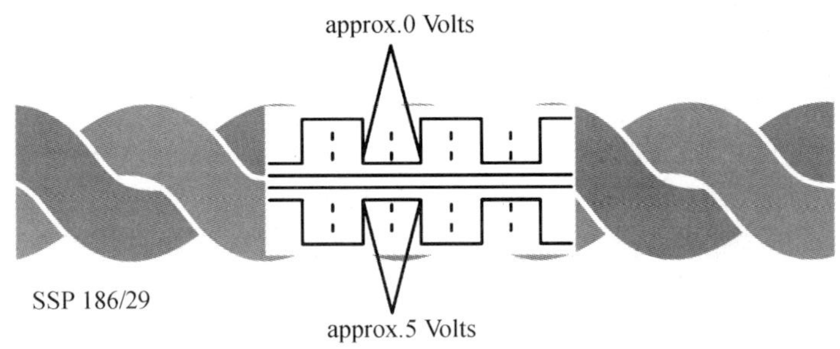

图 4-23 数据传输线

这两条线的电位相反，如果一条是 5 V，另一条就是 0 V，始终保持电压总和为 5 V，通过这种办法，CAN 数据总线得到了保护而免受外界的电磁场干扰，同时 CAN 数据总线的向外辐射也保特中性，即无辐射。

（2）CAN 控制总线工作原理。

CAN 数据总线的数据传输原理在很大程度上类似电话会议的方式。用户 1 控制单元 1 向网络中“说出”数据，而其他用户“收听”到这些数据。一些控制单元认为这些数据对它有用，它就接收并且应用这些数据，而其他控制单元也许不会理会这些数据，故数据总线里的数据并没有指定的接收者，而是被所有的控制单元接收及计算，如图 4-24 所示。

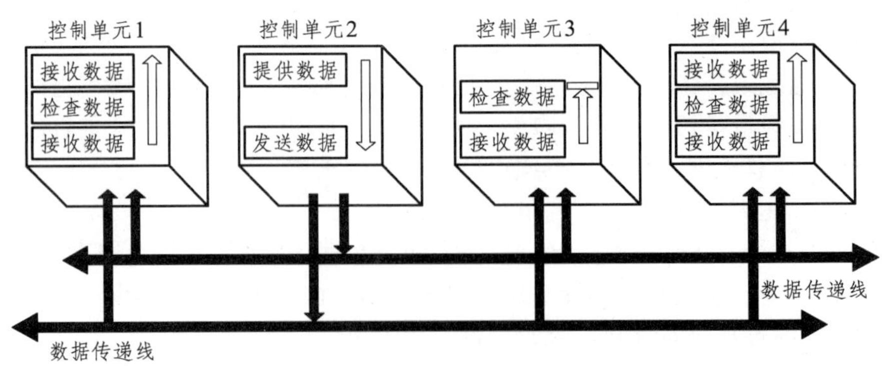

图 4-24 CAN 总线中数据的具体传输过程

CAN 数据总线是车载网络系统关键技术之一，数据总线 CAN 意味着将各个控制单元之间网络化并可进行数据交流，利用 CAN 数据总线将各个控制单元连接起来，形成了车载网络系统。

4．纯电动汽车车载网络系统架构

纯电动汽车根据不同的电气特性，整个车辆的网络系统有驱动及传动系统、车身系统、安全系统和多媒体信息通信系统，驱动及传动系统和安全系统为通信效率要求较高的实时性应用，车身系统为多路通信应用，多媒体信息中则为多媒体及信息娱乐应用，所以纯电动汽车信息通信多采用 CAN 总线进行。

纯电动汽车的车载网络系统在传统汽车的车载网络系统的基础上增加了新能源和快充通信系统，所以纯电动汽车车载网络系统主要由用于车身、安全系统及多媒体系统的信息传输的原车通信网、用于动力电池、驱动电机的信息通信的新能源网和用于快充通信的快充网组成，如图 4-25 所示。

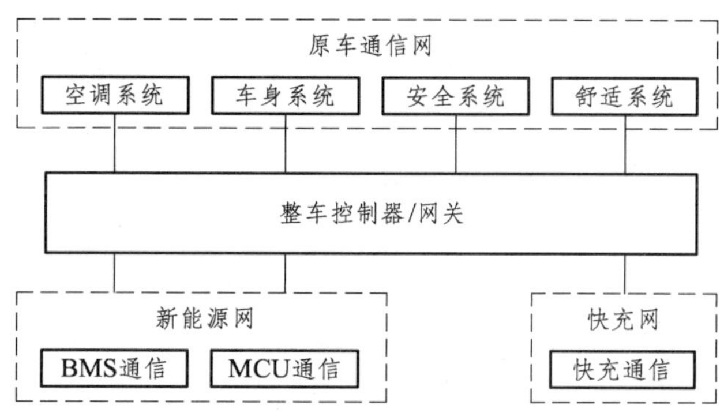

图 4-25　纯电动汽车车载网络系统总成

5．车载网络系统特点

车载网络系统特点如下：

（1）布线简单、设计简化、节约铜材、降低成本。

（2）可靠性提高，可维护性大为提高。

（3）实现信息共享，提高汽车性能。

（4）满足现代汽车电子设备种类功能越来越多的要求。

总之，使用汽车网络不仅可以减少线束，而且能够提高各控制系统的运行可靠性，减少冗余的传感器及相应的软硬件配置，实现各子系统之间的资源共享，便于集中实现各子系统的在线故障诊断。

任务二　北汽 EV160 整车控制系统结构与检修

任务目标

（1）了解北汽 EV160 整车控制系统基本组成。

（2）掌握北汽 EV160 低压电气系统的组成及原理。
（3）掌握北汽 EV160 高压管理系统与车载网络系统的组成及原理。
（4）掌握北汽 EV160 整车控制系统检测方法与标准值。
（5）能按照操作规范完成北汽 EV 系列高压控制系统与低压电气系统的检修。

任务导入

一辆北汽 EV160 纯电动汽车（以下简称 EV160）被拖送至 4S 店进行维修，车主反映该车无法启动。维修接待人员试车发现打开仪表缺少必要信息，如当前电量、剩余里程数等，且仪表上汽车上电指示灯不亮，但动力电池故障警告灯点亮、充电指示灯等警告灯点亮。经初步诊断，故障原因指向整车控制系统，需要针对此故障进行维修。现车间调度将任务工单派发至你手中，请先学习相关知识，然后安全规范地完成分派的检修任务（详见本项目二维码资源——任务导入二）。

知识储备

当纯电动汽车动力系统结构和各部件配置确定之后，需要一个整车控制系统，利用性能优越、安全可靠的控制策略来保证汽车的正常运行。整车控制控系统根据汽车运行过程中各部件的运行状态，合理控制车辆的能量分配，协调各部件工作，以充分发挥各部件的性能，在保证汽车正常运行的前提下，实现汽车的最佳运行状态。控制策略，需要控制车辆在满足驾驶人意图、汽车的动力性、平顺性和其他基本技术性能以及成本控制等要求的前提下，针对各部件的特性及汽车的运行工况，实现能量在电机、动力电池之间的合理有效分配，从而使整车系统效率达到最高，获得整车最大的经济性以及平稳的驾驶性能。本任务主要介绍 EV160 的整车控制系统组成和控制策略。

一、整车控制系统组成

纯电动汽车的整车控制系统按照实现的功能可分为低压电气系统、高压管理系统、车载网络系统。EV160 与其他纯电动汽车按照实现的功能同样有这三个系统组成，完成相应控制功能的部件主要有整车控制器、DC-DC 转换器、电机控制器、电池管理器、高压控制盒、数据总线、驾驶员操纵传感器、高压互锁、绝缘检测装置（漏电传感器）、高压母线、低压蓄电池及低压电器等部件，如图 4-26 所示。EV160 电动汽车动力系统的部件都有自己的控制器，各控制器之间采用 CAN 总线进行通信，这样不仅减少了车身线束的使用量，同时还大大提高了控制单元之间的信息共享速率和系统的稳定性，对于车辆动力输出实时性控制更为精确。

EV160 整车控制系统中的整车控制器、电机控制器、电池管理系统、数据总线、绝缘检测电阻（漏电传感器）等部件的作用及组成与其他纯电动汽车的基本相同，这里不再赘述。本节主要介绍 EV160 的电池管理器、高压控制盒、DC-DC 转换器、驾驶员操纵传感器、低压电源。

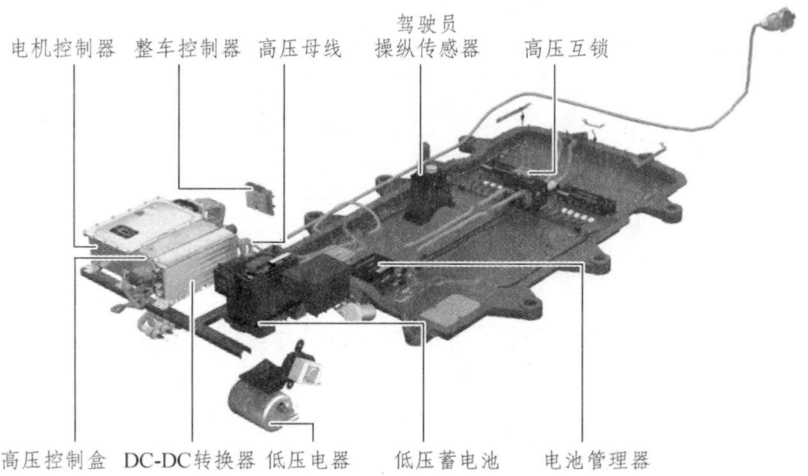

图 4-26　EV160 整车控制系统组成

（一）电池管理器

电池管理器是动力电池与整车控制器进行信息交换与控制交互的桥梁，它通过控制接触器来控制动力电池的充放电，同时向整车控制器上报动力电池系统的实时状态及故障信息，保证动力电池安全可靠地工作，并充分发挥动力电池的能力，有效延长动力电池的使用寿命。

（二）高压控制盒

EV160 的高压控制盒的作用与纯电动汽车的高压配电装置的作用一样，主要用于对动力电池中储存的电能进行分配，实现对支路用电器件的保护。EV160 的高压控制盒位于机舱内，如图 4-27 所示。

图 4-27　高压控制盒位置

EV160 的高压控制盒的具体构成请参见项目三任务二的内容。

它上面各接线口的针脚定义见表 4-1。

表 4-1　高压控制盒各接线口的针脚定义

接口	针脚位置	针脚定义
快充接插件	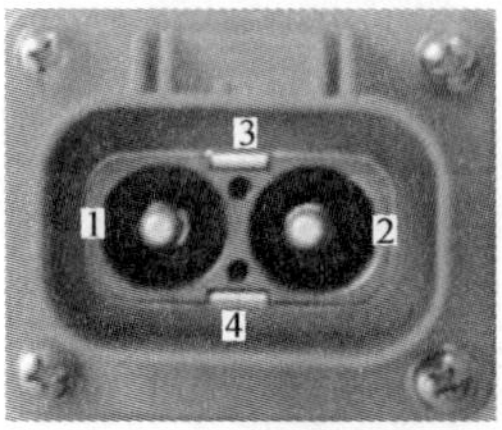	1 脚：电源负极
		2 脚：电源正极
		3 脚：互锁信号线
		4 脚：互锁信号线（到控制盒盖开关）
低压控制端	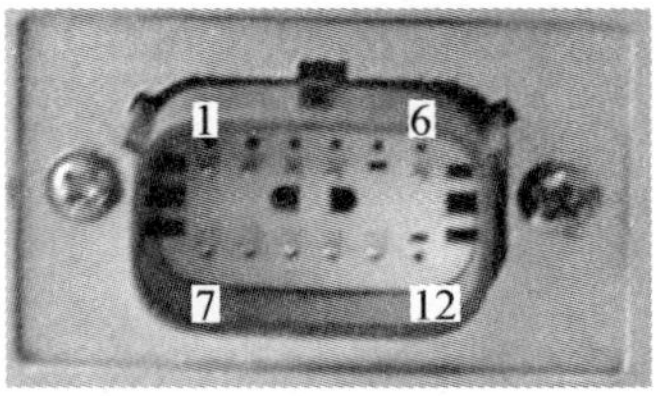	1 脚：快充继电器线圈（正极）
		2 脚：快充负继电器线圈（控制端）
		3 脚：快充正继电器线圈（控制端）
		4 脚：空调继电器线圈（正极）
		5 脚：空调继电器线圈（控制端）
		6 脚：PTC 控制器_GND
		7 脚：PTC 控制器 CAN_L
		8 脚：PTC 控制器 CAN_H
		9 脚：PTC 温度传感器负极
		10 脚：PTC 温度传感器正极
高压辅助插件		A 脚：DC-DC 电源正极
		B 脚：PTC 电源正极
		C 脚：空调压缩机电源正极
		D 脚：PTC-A 组负极
		E 脚：车载充电机电源正极
		F 脚：车载充电机电源负极
		G 脚：DC-DC 电源负极
		H 脚：空调压缩机电源负极
		J 脚：PTC-B 组负极
		K 脚：空脚
		L 脚：互锁信号线
动力电池插件	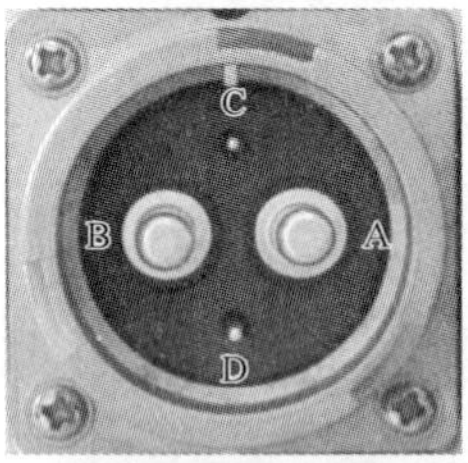	A 脚：电源负极
		B 脚：电源正极
		C 脚：互锁信号线
		D 脚：互锁信号
电机控制器插件		A 脚：电源负极
		B 脚：电源正极
		C 脚：互锁信号线
		D 脚：互锁信号线

当车辆处于不同状态时，高压控制盒内各配电线路会起不同的作用（具体见项目三任务二的内容）。

（三）DC-DC 转换器

EV160 的 DC-DC 转换器（又称“直流变压器”）与其他纯电动汽车的一样，其主要用于将动力电池的高压直流电转换为低压直流电给蓄电池及整车低压用电系统供电。

EV160 搭载的 DC-DC 转换器基本参数如表 4-2 所示。

表 4-2 DC-DC 转换器基本参数

项目名称	输入电压	输出电压	效率	冷却方式	防护等级
参数值	DC 240 ~ 410 V	DC 14 V	峰值大于 88%	风冷	IP67

1. DC-DC 转换器结构组成

EV160 的 DC-DC 转换器结构介绍详见项目三任务三，它的低压控制端与高压输入端针脚见表 4-3。

表 4-3 DC-DC 转换器针脚定义

高压输入端	低压控制端
1 A B 2	A C B
A 脚：电源负极	A 脚：控制电路电源正极（直流 12 V 启动，0 ~ 1 V 关机）
B 脚：电源正极	B 脚：电源状态信号输出（故障线，故障：12 V 高电平；正常：低电平）
中间为高压互锁短接端子	C 脚：控制电路电源

2. DC-DC 转换器工作流程

① 整车“ON”挡上电或充电唤醒上电。

② 动力电池完成高压系统预充电流程。

③ 整车控制器给 DC-DC 转换器发送控制指令。

④ DC-DC 转换器开始工作。

（四）高压互锁

EV160 的高压互锁与其他纯电动汽车的高压互锁的作用一样，这里不做赘述。

EV160 的高压互锁也是通过使用低压信号来监测高压系统电器、导线、导线连接器以及电器保护盖等电气连接的完整性，其在空调压缩机、车载充电机、DC-DC 转换器、空调 PTC 以及高压控制盒与快充充电口、动力电池、电机控制器的导线连接器中均有安装，如图 4-28 所示。

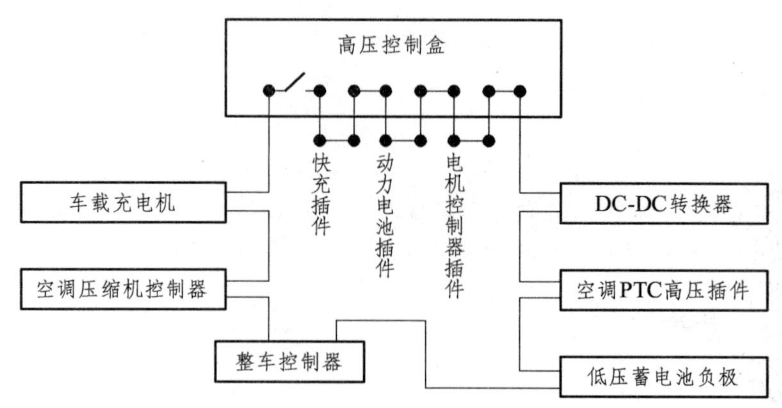

图 4-28　高压互锁作用

EV160 高压互锁系统中，整车控制器向互锁电路提供一个基准信号电压，从空调压缩机经车载充电机到高压控制盒与快充接口、动力电池、电机控制器的连接器，再到 DC-DC 转换器和空调 PTC，最后通过低压蓄电池负极形成一个回路。若整个高压回路任一部分脱开高压部件的导线连接器或者连接松动，则整车控制器就会检测到与基准信号电压不一致的信号，说明高压互锁回路断路，整车控制器就会切断高压供电来保护人员和设备的安全。

（五）驾驶员操纵传感器

EV160 纯电动汽车的驾驶员操纵传感器的作用与其他纯电动汽车的作用一样，这里不做赘述。EV160 纯电动汽车的驾驶员操纵传感器同样有挡位传感器、加速踏板位置传感器和制动踏板位置传感器。

1．挡位传感器

EV160 采用的是旋钮式电子换挡器，如图 4-29 所示，档位设置 R（倒车挡）、N（空挡）、D（前进挡）、E（用于能量回收），独有的 E 挡（E+和 E－）是能量回收可调模式，能根据用户不同感受改善能量回收及制动性能，以延长续航。驾驶员将挡位调节至 E 挡时，通过 E+和 E－按钮，对能量回收的程度进行调节，EV160 汽车的能量回收有三种模式，轻度回收、中度回收和重度回收。

图 4-29　旋钮式电子换挡器

EV160 电子换挡器的接口处有 12 个针脚，如图 4-30 所示。

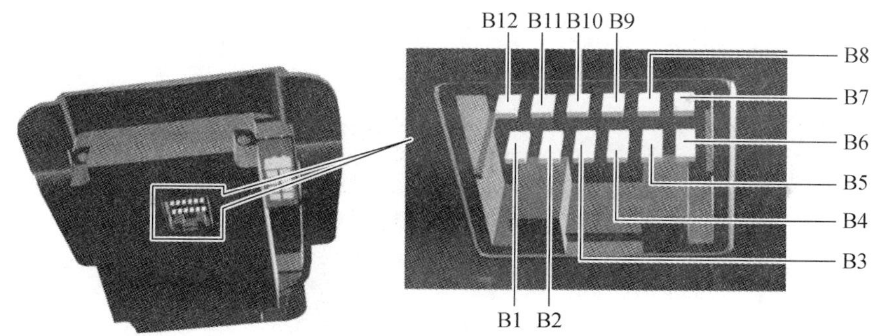

图 4-30　旋钮式电子换挡器接口针脚示意图

EV160 电子换挡器针脚定义见表 4-4。

表 4-4　旋钮式电子换挡器结构针脚定义

序号	功能定义	电压/V			电流/mA
		Min	Normal	Max	
B1	电源供电	6.50	12.00	19.00	500.00
B2	相位信号 1		4.45/0.28	—	1.00
B3	相位信号 2	—	4.45/0.28	—	1.00
B4	相位信号 3	—	4.45/0.28	—	1.00
B5	相位信号 4	—	4.45/0.28	—	1.00
B6	电源地端	—	—	—	500.00
B7	背光灯电源	0.00	12.00	—	50.00
B8	备用	—	—	—	—
B9	背光灯地端	—	—	—	50.00
B10	方向盘换挡拨片接插件脚 1（未采用）	—	—	—	—
B11	方向盘换挡拨片接插件脚 2（未采用）	—	—	—	—
B12	备用	—	—	—	—

电子换挡器对环境条件有一定的要求：

（1）使用环境温度：－40 ~ 85 °C。

（2）存储环境温度：－40 ~ 90 °C。

电子换挡器正常的工作电压范围：工作电压 9 ~ 16 V；静态电流 I 不大于 100 mA。

电子换挡的 R-N-D-E 四个挡位，相当于四个开关，其操作角度为 35°，由旋钮轨道来实现，如图 4-31 所示。

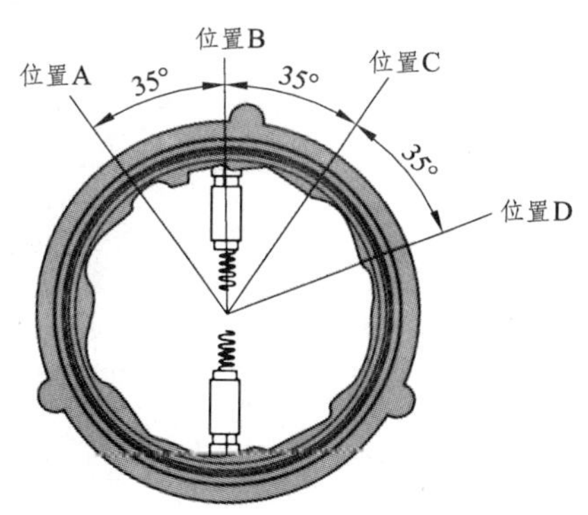

图 4-31　电子换挡器的操作角度示意

2. 加速踏板位置传感器

EV160 加速踏板位置传感器的作用与其他纯电

动汽车一样，这里不做赘述，其安装在驾驶室加速踏板轴的一端，用于检测汽车加速或减速信号，如图 4-32 所示。

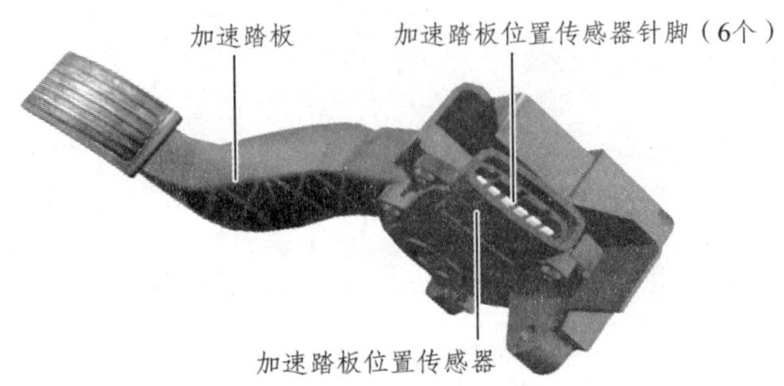

图 4-32　加速踏板位置传感器位置

EV160 采用的是双滑动电阻型加速踏板位置传感器，通过脚踩加速踏板使得传感器内部指针滑动改变滑动电阻器的阻值，从而影响加载在其上面的电压值。

EV160 的加速踏板位置传感器有 2 个滑动电阻器、6 个针脚。每 3 个针脚形成一个完成的线路，2 个电阻器分别布置在 2 个线路中，如图 4-33 所示。内部的电阻器 1 个是主信号电阻器，1 个是辅助信号电阻器，主信号电压是辅助信号电压的 2 倍；两组电阻器之间可以相互检测，如果其中一个出现故障，VCU 可以接收到另一个正确的信号。

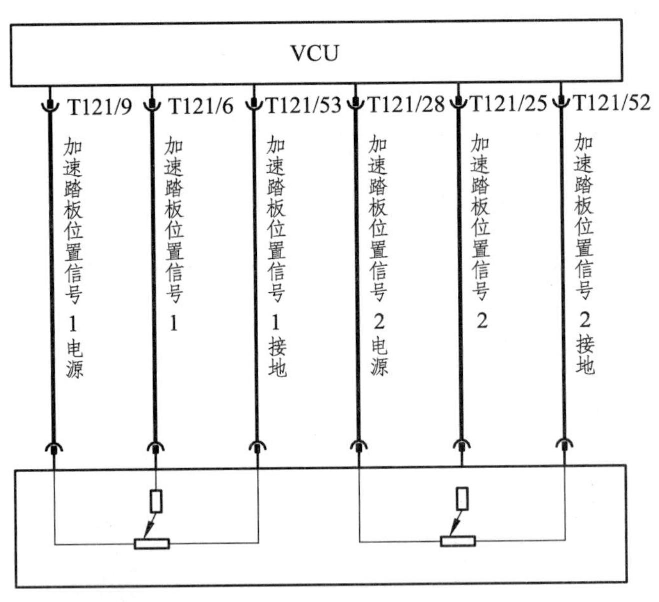

图 4-33　加速踏板位置传感器线路示意

当进行加速时，加速踏板被踩下，加速踏板位置传感器将加速信号传递给 VCU，VCU 根据此信号并结合各电控单元（MCU、BMS）采集到的信息，进行数据分析和处理以后，将指令信号输送到 MCU 和 BMS，BMS 控制动力电池增加电能输出量，MCU 控制电机输出合适的转矩，从而使车辆以驾驶员预期的速度行驶，如图 4-34 所示。

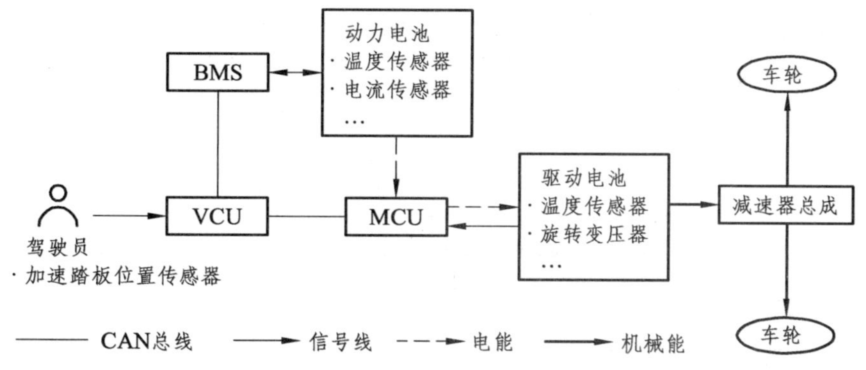

图 4-34　加速踏板位置传感器控制原理

3．制动踏板位置传感器

EV160 采用的是开关型制动踏板位置传感器，安装在制动踏板轴的一端，用于检测汽车制动状态，同时可作为制动灯的开关，如图 4-35 所示。

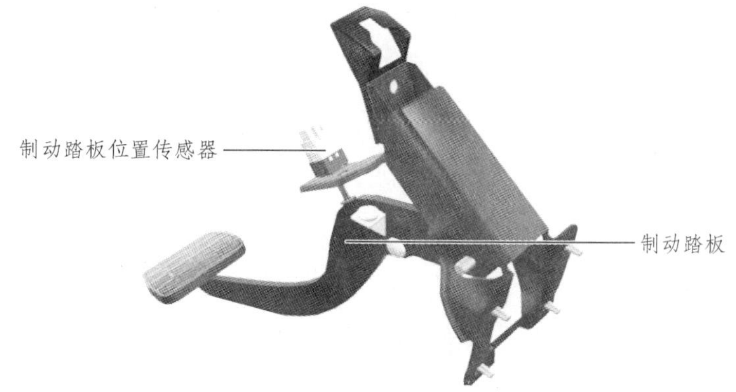

图 4-35　制动踏板位置传感器

EV160 制动踏板位置传感器有 4 个针脚，如图 4-36 所示，针脚含义见表 4-5。

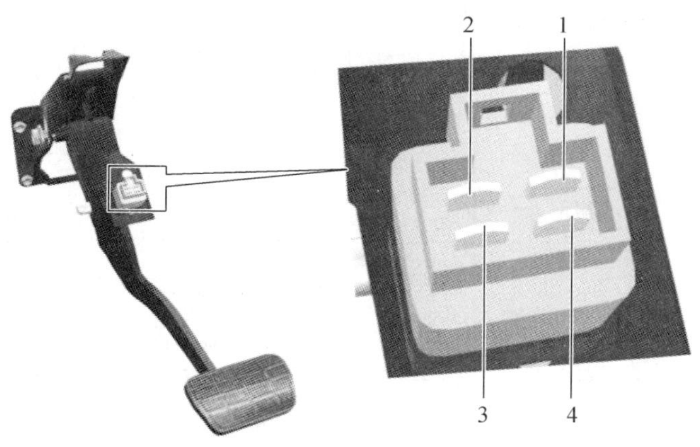

图 4-36　制动踏板位置传感器针脚

表 4-5　制动踏板位置传感器针脚含义

针脚位置	针脚定义
1	制动灯 EMS（负极）
2	VCU EMS（负极）
3	B+（电源线正极）
4	IG（点火挡位有电，正极）

2 正 2 负组成两个开关电路，连接制动灯的是常闭电路（制动灯被短路），如图 4-37 所示，连接 VCU 的是常开电路，如图 4-37 所示。

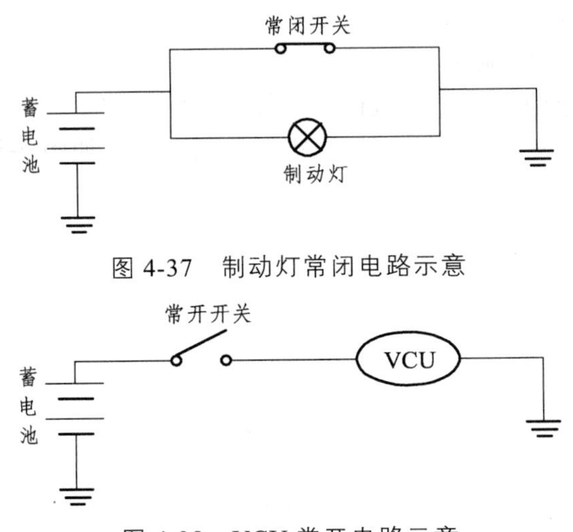

图 4-37　制动灯常闭电路示意

图 4-38　VCU 常开电路示意

当制动踏板被踩下时，制动灯电路中的常闭开关打开，制动灯点亮，同时 VCU 中的常开开关闭合，并将制动信号传输给 VCU。VCU 根据此信号，结合各电控单元（MCU、BMS）采集到的信息，进行数据分析和处理以后，将指令信号输送到 MCU 和 BMS，BMS 控制动力电池中断给 MCU 的电能，从而使车辆减速和停车。

D/E 挡位：踩下制动踏板减速时，驱动轮通过传动装置拖动永磁同步电机转子运转，旋转的永久转子磁场，分别切割 U 相、V 相、W 相的定子绕组且产生 U、V、W 三相交流电，同时电机控制器接收整车控制器回收电能的控制信号，将输入的三相交流电整流为直流电储存到动力电池中，如图 4-38 所示。

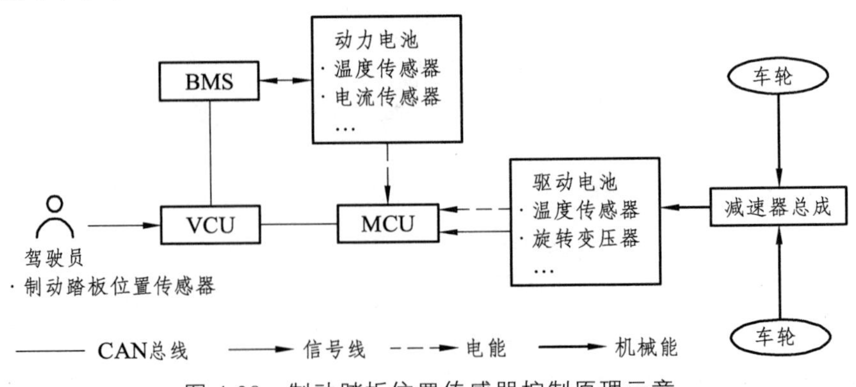

图 4-38　制动踏板位置传感器控制原理示意

（六）低压蓄电池

EV160 的低压电源采用 12 V 铅酸蓄电池，也称为低压蓄电池，它为整车控制系统的低压电气系统及相关控制器等部件提供工作电压。

二、EV160 整车控制系统控制原理

EV160 纯电动汽车前进行驶时，电源接通，整车控制器根据接收到的驾驶员操纵信号，传递给电机控制器，从而控制流向驱动电机的电流。此时动力电池组电流通过高压控制盒，一路经过电机控制器向前驱电机供电使电机运转，再经过减速器总成带动汽车行驶；另一路经 DC-DC 转换器，将动力电池 330 V 的高压直流电转换为 12 V 的低压电供整车用电设备使用。同时动力电池接受电池管理器的监控，监控电池组的瞬时电压、电流、温度、存储电量等情况，以防止动力电池过放电或温度过高损坏动力电池，如图 4-39 所示。

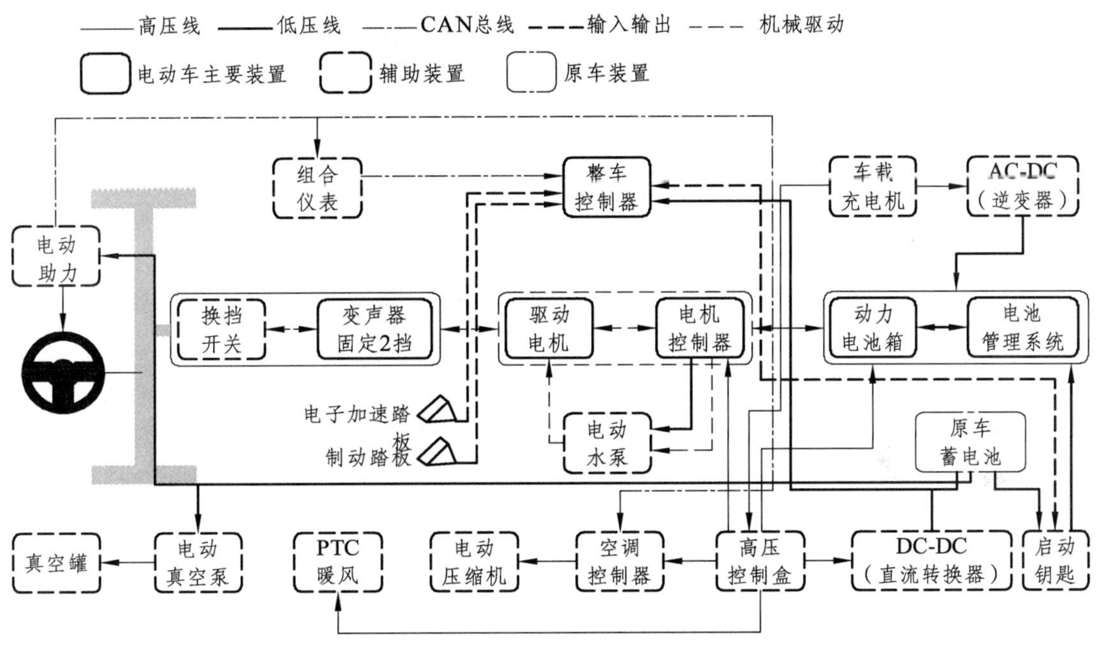

图 4-39　北汽 EV160 整车控制系统原理

EV160 的整车控制系统在汽车的正常行驶过程中可以实现再生能量回收、网络管理、故障诊断与处理、车辆的状态控制与监视等功能。这些控制功能是利用低压电气系统、高压管理系统、车载网络系统三个系统实现的，下面分别介绍各功能系统的工作过程。

（一）低压电气系统

EV160 的低压控制系统功能是给整车低压电器、整车控制器、电机控制器、电池管理器以及部分传感器提供工作电压，并监控这些系统的运行状态和故障处理。EV160 的低压电气系统主要由低压蓄电池、DC-DC 转换器以及其他低压电器组成，可实现的控制功能有低压配电控制、车况监测和低压电气工作控制。

1．低压配电控制

EV160 的低压电器、电动辅助系统以及整车控制系统的相关控制模块的工作电压是由低压辅助电源提供的。当监测到整车低压电气系统（如灯光）、电动辅助系统（如雨刮器、电动车窗等）和整车控制系统的控制元件（如整车控制器、电池管理器、电机控制器、空调控制器总成等）需要工作时，低压蓄电池给其提供适当的工作电压。需要注意的是，低压蓄电池与 DC-DC 转换器的低压输出端并联，通过正极熔丝盒为整车低压电器提供 13.8 V 左右电源。

2．车辆状态的实时监测和显示

纯电动汽车整车控制系统中整车控制器（VCU）对车辆的状态进行实时监测，并且将各个子系统的信息发送给车载信息显示系统，其过程是通过传感器和 CAN 总线，监测车辆状态及其动力系统和相关电器附件相关各子系统状态信息驱动显示仪表，将状态信息和故障诊断信息通过数字仪表显示出来，如图 4-40 所示。

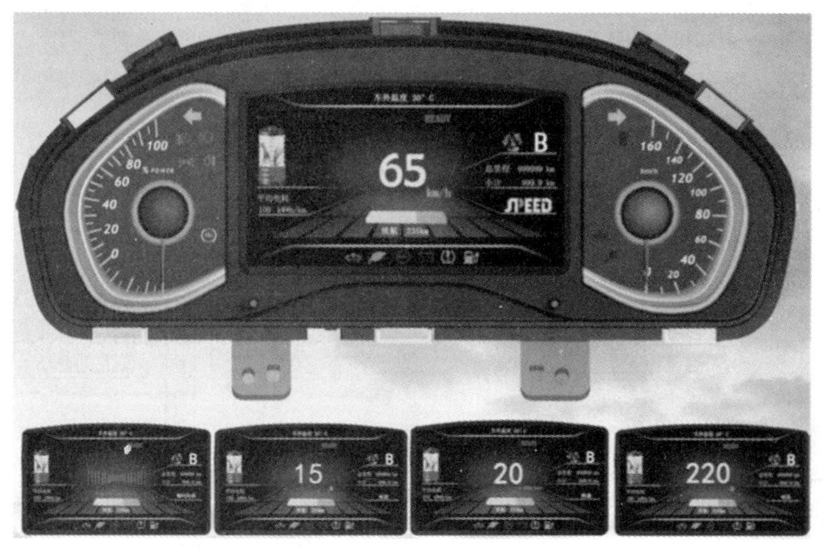

图 4-40　车辆状态监测

3．低压电气系统工作控制

纯电动汽车的低压电气系统根据车辆状态信息和工作需求信号控制相应电气系统的工作状态，常见的有底盘的电控动力转向系统和电动真空助力系统的工作控制。这样，可以使辅助电气系统按照驾驶员的操作意图完成相应的工作，给车内驾乘人员提供安全、舒适的乘车环境。EV160 的整车控制器根据实时检测的动力电池以及低压电池状态，对 DC-DC 转换器、电动化辅助系统（主要是电制动和电动助力转向）的工作进行监测和控制。

（二）高压管理系统

EV160 高压电管理系统的功能与其他纯电动汽车一样，其主要功能是保证整车系动力电能的传输，并随时检测整个高压系统的绝缘故障、断路故障、接地故障和高压故障等，以保证设备和人员安全。具体来说，其可以进行动力电池电能的输出及分配，实现对各支路用电器的保护及切断，同时还可以控制汽车在减速制动或下坡滑行时的能量回收。EV160 的高压管理系统主要由整车控制器、高压控制盒、电机控制器、电池管理器、驾驶员操纵传感器、高压互锁、绝缘监测装置（漏电传感器）及高压母线等组成，如图 4-41 所示。

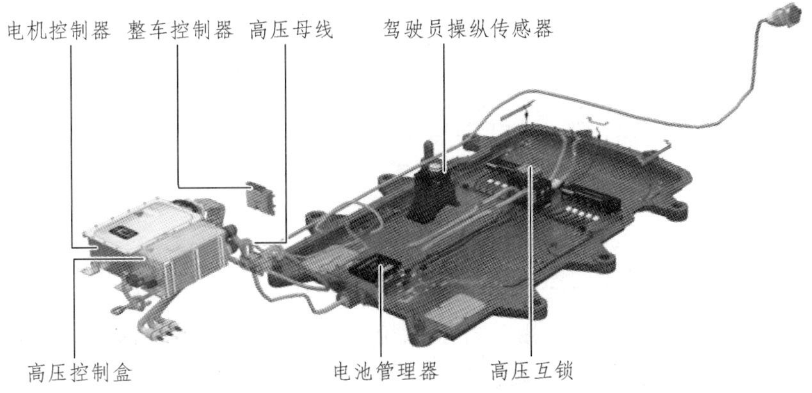

图 4-41　高压管理系统组成

其主要实现控制模式的判定、上下电控制、漏电保护控制、高压互锁控制、整车能量管理、充电控制、故障诊断与处理，具体工作过程如下：

1．控制模式的判定

整车控制器（VCU）根据驾驶员对车辆的操纵信号（加速踏板、制动踏板位置以及档位）、车辆状态、道路及环境状况等信号，经分析和处理判定纯电动汽车要进行的工作模式。若纯电动汽车要驱动车辆进入运行模式，整车控制器向 VMS（整车管理系统）发出相应的指令，控制电机的驱动转矩来驱动车辆，以满足驾驶员对车辆驱动的动力性要求，从而保证纯电动汽车的正常行驶；同时根据车辆状态，向 VMS（整车管理系统）发出相应指令，保证安全性、舒适性。

2．上下电流控制

EV160 纯电动车的点火钥匙有“OFF”“ACC”“ON”三个状态。根据驾驶员对行车钥匙开关的控制，进行动力电池的高压接触器开关控制，以完成高压设备的电源通断和预充电控制。上下电流程中需要协调各相关部件的上电与下电流程，包括电机控制器、电池管理系统等部件的供电，预充电继电器、主继电器的吸合和断开时间等，其具体流程如下：

（1）上电顺序。

① 低压上电：

当点火钥匙由“OFF”→“ACC”时，VCU 低压上电。

当点火钥匙由“ACC”→“ON”时，BMS（电池管理系统）、MCU（电机控制器）低压上电。

② 高压上电，如图 4-42 所示：

点火钥匙“ON”挡位，BMS、MCU 当前状态正常，且在之前一次上下电过程中整车无严重故障。

a. BMS、MCU 初始化完成，VCU 确认正常。

b. 闭合电池继电器。

c. 闭合主继电器。

d. MCU 高压上电。

e. 如挡位在“N”挡，仪表显示“Ready”灯点亮。

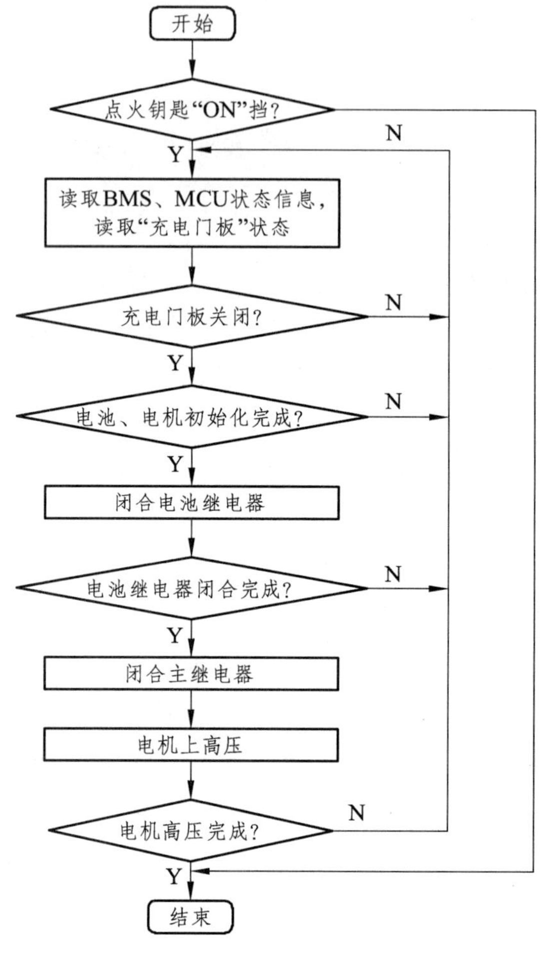

图 4-42　高压上电流程

上电注意事项：

点火开关旋至“Start”挡，松开后回到“ON”挡。

挡位处于“N”挡上电，踩下制动踏板。

上电异常情况：

点火钥匙“ON”挡时，高压不能正常上电，需注意观察仪表信息：

a. 充电指示灯亮——关好充电门板，重新“ON”上电。

b. 动力电池故障灯亮——重新“ON”上电后，如仍亮，表明电池有故障。

c. 动力电池绝缘电阻低——检查动力电池的高压线连接情况。

d. 挡位显示状态闪烁——档位换到“N”挡。

e. 系统故障灯亮且无以上情况——需先检查蓄电池电量，VCU、MCU、BMS 低压供电情况，用诊断仪读取当前故障码。

（2）下电顺序。

纯电动车下电只需点火钥匙打到“OFF”挡，即可实现高压、低压的正常下电。

① 点火钥匙到“OFF”挡，主继电器断开、MCU 低压下电。

② 辅助系统停止工作，包括 DC-DC、水泵、空调、暖风。

③ BMS 断开电池继电器。

④ VCU 下电。

3．高压互锁控制

EV160 的高压互锁在识别到危险时，整个控制器应根据危险时的行车状态及故障危险程度运用合理的安全方式进行控制，具体如下。

（1）故障报警。无论电动汽车在何种状态，高压互锁在识别到危险时，车辆应该对危险情况做出报警提示，需要仪表或指示器以声或光报警的形式提醒驾驶员，让驾驶员注意车辆的异常情况，以便及时处理，避免发生安全事故。

（2）切断高压源。当电动汽车在停止状态时，高压互锁在识别严重危险情况时，除了进行故障报警，还应通知系统控制器断开自动断路器，使高压源被彻底切断，避免可能发生的高压危险，确保财产和人身安全。

（3）降功率运行。电动汽车在高速行车过程中，高压互锁在识别到危险情况时，不能马上切断高压源，应首先通过报警提示驾驶员，然后让控制系统降低电机的运行功率，使车辆速度降下来，以使整车高压系统在负荷较小的情况下运行，尽量降低发生高压危险的可能性，同时也允许驾驶员能够将车辆停到安全地方。

4．漏电保护控制

EV160 绝缘监测装置（漏电传感器）通过将一端和负极相连，一端与车身连接，检测电流和电压值，一旦发现有超出限制的电流和电压，则发出警告，并切断控制模块，保证用电安全。动力蓄电池系统泄漏电流量不超过 2 mA；整车绝缘电阻值需大于 100 kΩ。

5．整车能量管理

EV160 运行过程中整车控制器（VCU）通过对电动汽车的电机驱动系统、电池管理系统、传动系统以及其他车载能源动力系统（如电动空调、电动水泵等）的协调和管理，提高整车能量利用效率，延长续航里程。

例如，若能达到回收制动能量的条件，整车控制器（VCU）会向电机控制器发出控制指令使驱动电机工作在发电状态，将制动能量转变成电能存储到动力蓄电池中。即在减速制动过程中，减速和制动时回馈能量是不需要电池电量的，整车控制器（VCU）根据检测的汽车运行状态的信号，控制主继电器仍然处于接通状态，在减速和制动时驱动电机反转产生再生力矩为电池充电。

6．充电过程控制

EV160 的整车控制器（VCU）与电池管理器（BMS）共同进行充电过程中的充电功率控制，整车控制器（VCU）接收到充电信号后，禁止高压系统上电，保证车辆在充电状态下处于行驶锁止状态；并根据电池状态信息限制充电功率，保护电池。

7．故障诊断与处理

连续监视动力系统，进行故障诊断，并及时进行相应安全保护处理。根据传感器的输入及其他通过 CAN 总线通信得到的电机、电池、踏板等的信息，对各种故障进行判断、等级分类、报警显示；存储故障码，供维修时查看。在行车过程中，根据故障内容作故障诊断与处理。

（三）车载网络系统

EV160 的车载网络系统的作用与纯电动汽车车载网络系统相同，这里不再赘述。EV160 的车载网络系统主要采用 CAN 总线进行信息传输和交换，如图 4-43 所示。

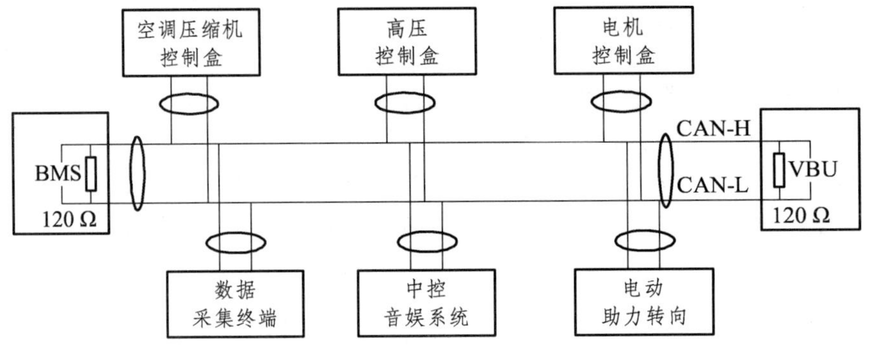

图 4-43　北汽 EV160 数据总线

1．EV160 车载网络系统组成

EV160 的控制系统按照整车部件位置来说，它有动力电控系统、车身电控系统和底盘电控系统三大控制系统，实现这三大控制系统的控制任务，需要多个车载网络系统。EV160 的车载网络系统主要是在传统车载网络的基础上增加了电机控制、电池管理、充电控制、空调控制、电动转向助力控制等网络系统，如图 4-44 所示。

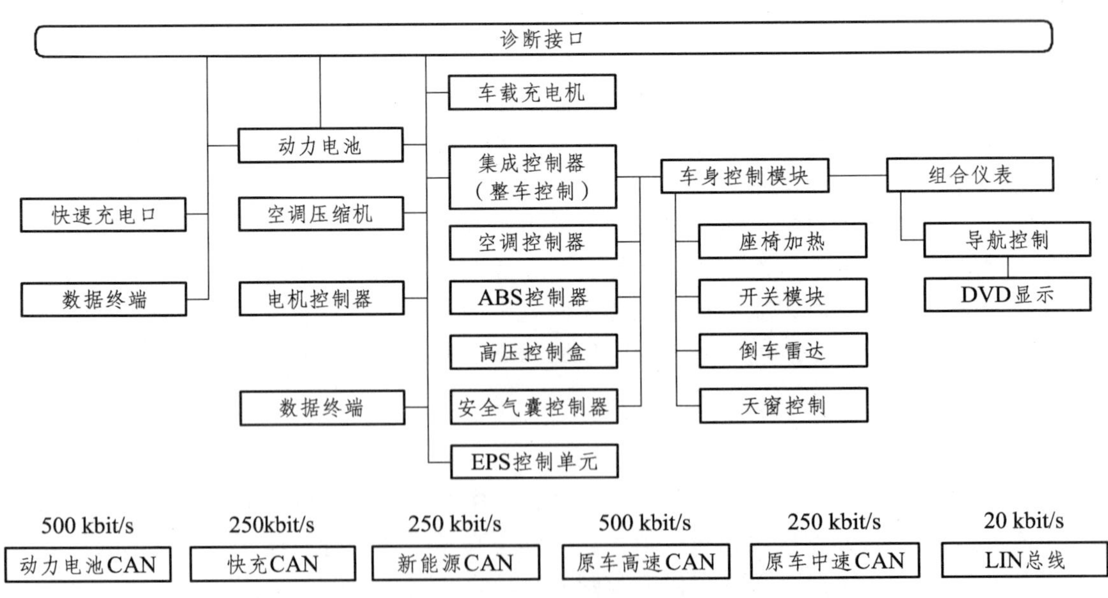

图 4-44　北汽 EV160 车载网络系统

EV160 的车载网络主要由动力电池 CAN、快充 CAN、新能源 CAN、原车高速 CAN、原车中速 CAN 和 LIN 总线等网络系统组成。新能源 CAN 总线网络中进行实时通信的主要部件有整车控制器、空调压缩机控制器、电池管理系统 BMS、数据采集终端、车载充电机、电机控制器、高压控制盒、电动助力转向控制器和空调控制器等。原车 CAN 主要指车身 CAN，组合仪表和整车控制器之间就是通过原车 CAN 进行通信。快充口和 BMS 及数据采集终端之间通过单独的快充 CAN 进行通信。通过 CAN 总线网络的即时通信，整车控制器能够实时获取整车各个子系统的运行状态信息，并在需要的时候向相应部件控制器发出指令。

每种网络系统的传输位速率不同，其中动力电池 CAN 和原车高速 CAN 传输速率都为 500 kbps，是高速 CAN；快充 CAN、新能源 CAN、原车中速 CAN 传输速率都为 250 kbps，是中速 CAN；LIN 总线传输速率为 20 kbps，属于低速 CAN。

2．EV160 车载网络系统特点

EV160 车载网络系统采用分布式布置方式，整车控制器是总控制模块作为第一层，其他各控制系统的控制器作为第二层，各控制器之间利用 CAN 总线进行信息交换和传输，共同实现控制功能，且 CAN 数据总线采用的是双绞线，可以避免信息干扰。整车控制器根据各子系统相关的信息，发出相应的控制信号送给控制器，对各系统的工作状况进行控制。

三、整车控制系统检修

EV160 整车控制系统的检测要遵循由易到难、由外到内、由电气部件到机械部件的原则进行，并且一般是优先利用设备进行的不解体检测。本节主要介绍整车控制系统的整车控制器、高压控制盒和 CAN 总线系统的检测。

（一）整车控制器检测

1．整车控制器基本检查

（1）整车控制器外观检查。

检查整车控制器是否有破损、变形情况，若有则及时进行进一步检测。

（2）整车控制器插接器检查。

检查整车控制器相连各部件接插器是否存在退针、损坏、破损现象，若有，应及时进行处理，主要是修复或更换。

2．整车控制器初步诊断

在汽车启动以后，连接诊断仪读取整车控制器中的数据信息，根据数据流分析其具体工况，主要需要读取的数据有：整车“State”状态、里程信息、供电电压、制动踏板、加速踏板、挡位信息、整车模式变量、母线电流、驱动电机目标转矩命令、驱动电机当前转速、直流母线电压实际值、车速、真空泵使能状态、真空泵工作电流和真空压力等。

3．整车控制器电气检测

在 EV160 上，整车控制的电气检测主要包含输入电路检测和输出电路检测。

（1）整车控制器输入电路检测。

整车控制器及相关传感器采用的低压供电，因此输入电路测试主要围绕低压蓄电池和输入信号电路的相关检测进行。

① 低压蓄电池检测。

蓄电池检测的主要内容有蓄电池壳体是否损坏、蓄电池电极是否受损、蓄电池固定是否牢固以及蓄电池电量状态。蓄电池壳体损坏会导致酸液流出，流出的电解液会对车辆造成严重损坏,如有此现象发生应迅速用电解液液释剂或肥皂液处理被电解液所接触的汽车零部件；蓄电池电极损坏，将无法保证蓄电池接线端子接触良好；蓄电池若在车辆上固定不牢固，则在车辆运行过程中蓄电池会发生振荡、导致栅格损坏、固定卡子损坏蓄电池壳体等故障，将会缩短蓄电池的使用寿命；蓄电池电量充足是整车低压供电系统正常工作的保证。

② 输入信号电路检测。

整车控制器输入电路产生异常的原因多为相关传感器故障，但也不排除与传感器相关线路故障，因此在进行整车控制器输入侧电路异常的检查时，主要进行的检测内容有传感器相关线路检测和传感器检测。

a. 传感器线路检测。

传感器线路一般主要指传感器工作供电线路和信号线路，所以检测主要围绕供电线路和信号线路进行。

i. 传感器信号线路检测。

传感器或开关信号传输线出现故障时，主要原因有信号线断路、短路、插接件松动等。这种情况下，传感器功能完好，只是由于线路问题导致整车控制器无法正常接收信号，因此检测时主要测试信号线路断路与否，短路与否以及相关插接件连接是否牢固。

ii. 传感器供电线路检测。

传感器供电故障主要指传感器供电回路故障，由于传感器一般为低压供电，因此这种故障下，首先应测试低压供电电源电压是否正常，在低压供电电源电压正常的情况下，再测试供电回路通断及插接件安装是否牢固。

b. 传感器检测。

整车控制器无法正常控制的原因可能是车辆运行过程中的颠簸和振动导致的传感器损坏，这种故障下，主要测试传感器信号输出端是否有信号输出，以及输出信号是否正常。在实际整车控制系统输入电路的检修过程中通常需借助故障诊断仪来缩小故障点范围。实际检修过程的具体思路如下：

i. 首先使用诊断仪读取故障码，初步确定故障点，指明排查方向。

ii. 检查供电电路和搭铁电路是否正常。

iii. 检查信号线路是否有短路、断路或虚接情况。

iv. 如上述检查均无故障，更换传感器。

（2）整车控制器输出电路检测。

在 EV160 上，整车控制器输出电路的检测主要是针对输出线路进行的。主要检测内容如下：

① 首先了解控制策略及失效模式，初步判断故障点。

② 利用故障诊断仪进行故障范围确认。

③ 查看故障相关终端插件是否有错针、退针、倒针等现象。

④ 用万用表对故障点处的信号线通断进行检查，看是否与车身短接，是否与插接件内其他回路短接。

（二）高压控制盒检测

1．高压控制盒外观检查

检查高压控制盒是否有破损、变形情况。若有，则及时进行进一步检测。

2．高压控制盒插接器检查

检查高压控制盒相连各部件接插器是否存在退针、损坏、破损现象。若有，应及时进行处理，主要是修复或更换。

（三）CAN 总线检测

CAN 总线故障主要有硬件故障、线路故障和插接件故障，硬件本身的故障可以通过更换新硬件来判定，线路和插接件故障需要借助万用表按照 CAN 总线系统特点进行检测。

CAN 总线系统中拥有一个 CAN 控制器、一个信息收发器、两个数据传输终端及两条数据传输总线，除了数据总线外，其他各元件都置于各控制单元的内部。CAN 总线系统中当汽车电源系统供电异常、汽车 CAN 总线系统的线路异常、汽车 CAN 总线系统的各控制单元故障都会引起 CAN 总线系统无法工作，电源系统的检测不在这里进行，所以 EV160 CAN 总线系统的检测主要是针对 CAN 总线系统的线路和控制单元进行读取模块数据、终端电阻测量、电压测量、信号波形测量。

1．读取模块测量数据块

使用检测仪读取某控制单元数据块，如果显示“1”，表明被检控制单元工作正常；如果显示“0”，则表明被检控制单元工作不正常，其原因可能是线路断路或该控制单元损坏。

2．终端电阻值测量

EV160 的 CAN 总线系统的两个终端分别为电池管理系统（BMS）和车身控制器（VBU），两者均内嵌有一个 120 Ω 的终端电阻，它们是并联的。单独测量一个终端电阻大约为 120 Ω，CAN 总线网络的正常电阻值应为 60 Ω，据此可以判断终端电阻正常。电阻测量过程中应注意先断开车辆蓄电池的接线，大约等待 5 min，直到系统中所有的电容器放完电后再测量。

3．电压的测量

使用万用表测量 CAN-L 或 CAN-H 的对地电压。EV160 的 CAN-L 对地电压大约为 2.2 V，CAN-H 对地电压大约为 2.8 V，测量值根据总线负载可能有大约 100 mV 的偏差。

4．CAN 总线系统的波形测量

CAN 总线正常波形是 CAN-H 和 CAN-L 电压相等、波形相同、极性相反，通过使用专用示波器和综合诊断仪可以测量波形来判断故障。

（1）测量方法。

将仪器第一通道的红色测量端子接 CAN-H 线，第二通道的红色测量端子接 CAN-L 线，二者的黑色测量端子同时接地。此时，可以在同一界面下同时显示 CAN-H 和 CAN-L 的同步波形。

（2）波形分析。

① CAN-H 对地短路：CAN-H 的电压置于 0 V，CAN-L 的电压电位正常，在此故障下，变为单线工作状态。

② CAN-H 对正极短路：CAN-H 的电压大约为 12 V，CAN-L 的电压电位正常，在此故障下，变为单线工作状态。

③ CAN-L 对地短路：CAN-L 的电压置于 0 V，CAN-H 的电压电位正常，在此故障下，变为单线工作状态。

④ CAN-L 对正极短路：CAN-L 的电压大约为 12 V，CAN-H 的电压电位正常，在此故障下，变为单线工作状态。

⑤ CAN-H 对正极通过连接电阻短路：CAN-H 线的隐性电压电位拉向正极方向，正常值应为大约 0 V，受连接电阻所影响，电阻越小隐性电压电位越大，在没有连接电阻的情况下，该电阻值位于蓄电池电压。

⑥ CAN-H 通过连接电阻对地短路：CAN-H 的显性电位移向接地方向，正常值应大约为 4 V，受连接电阻所影响，电阻越小，则显性电压越小，在没有连接电阻的情况下短路，则该电压为 0 V。

⑦ CAN-L 对正极通过连接电阻短路：CAN-L 线的隐性电压电位拉向正极方向，正常值应大约为 5 V，受连接电阻所影响，电阻越小则隐性电压电位越大，在没有连接电阻的情况下，该电阻值位于蓄电池电压。

⑧ CAN-L 通过连接电阻对地短路：CAN-L 的隐性电压电位拉向 0 V 方向，正常值应大约为 5 V，受连接电阻所影响，电阻越小则隐性电压越小，在没有连接电阻的情况下，该电压值位于为 0 V 电压。

⑨ CAN-H 与 CAN-L 相交：两线波形呈现电压相等、波形相同、极性相同。

若整车控制系统相关部件的检测数值不在规定的范围内，请进一步检测确认故障，并根据故障点进行维修，具体检测标准见表 4-6 所示。

表 4-6 北汽 EV160 整车控制系统标准检测数据

检修内容	标准值范围
CAN 总线终端电阻在线测量	约 60 Ω
CAN 总线终端电阻离线测量	约 120 Ω
CAN-H 工作信号测量	1.5 ~ 2.5 V
CAN-L 工作信号测量	1.5 ~ 3.5 V
CAN-H 和 CAN-L 的波形对比	波形呈镜像上下相反
高压绝缘电阻值测量	大于 20 MΩ
盒盖开关电阻值测量	小于 0.5 Ω

技能训练

实训一　北汽 EV160 整车控制器拆装

一、实训准备

1．安全操作规范

（1）操作前需穿戴高压安全防护装备。

（2）拆卸需要在断开蓄电池负极电缆后进行。

（3）确保整车绝缘正常情况下进行操作。

2．实操工具准备

（1）设备准备。

2016 款北汽 EV160 型纯电动汽车。

（2）工具准备。

① 常用工具：常用工具套件；② 检测工具：诊断仪；③ 防护装备：车内三件套、车外三件套。

二、实训步骤

1．前期准备

（1）穿戴好防护装备：穿好工作服，戴好工作手套。

（2）车辆防护：① 目测车辆正确停至工位；② 安装车轮挡块；③ 目测车辆外观无异常；④ 确保启动开关置于“OFF”挡，并确保手制动器处于拉起位置；⑤ 依次安装车内三件套，拉动前机舱盖拉手；⑥ 打开前机舱盖，并安装车外三件套。

（3）拆卸蓄电池负极电缆：① 选用合适的工具松开低压蓄电池负极电缆固定螺母；② 拆卸蓄电池负极电缆，并将其取下，将其固定。

2．拆卸整车控制器

（1）拔下整车控制器插接器插头。

（2）用棘轮扳手、8 mm 套筒和接杆，拆卸整车控制器的 4 颗固定螺栓。

（3）取下整车控制器。

3．安装整车控制器

（1）安放整车控制器到指定位置。

（2）用棘轮扳手、8 mm 套筒和接杆，安装整车控制器的 4 颗固定螺栓。

（3）连接整车控制器插接器插头。

注意：若完成整车控制器更换后，新的整车控制器需要用专用诊断仪与原车进行控制匹配和标定。对于不同的车型，匹配的方式不同：有的车型需要厂家或维修店手动匹配；有的车型自身就能够进行自适应匹配和标定。

4．归位整理

（1）安装蓄电池负极电缆。

（2）取下车外三件套。

（3）关闭前机舱盖。

（4）取下车内三件套

（5）按照 7S 管理标准，整理工具和场地。

实训二　北汽 EV160 车载网络系统检修

一、实训准备

1．安全操作规范

（1）严禁违规使用绝缘工具、仪器仪表，注意轻拿轻放，有序操作。

（2）严格遵守实训规程，按照指导老师要求完成实训操作。

（3）为保证教学安全，严禁在车辆行驶的条件下进行任何测试。

（4）在进行相关诊断设备连接操作时，需关闭启动开关，以保证操作的安全。

（5）CAN 总线波形需要在车辆启动时进行观测。

（6）万用表每次使用前都要校表。

2．实操工具准备

（1）设备准备。

2016 款北汽 EV160 型纯电动汽车。

（2）工具准备。

① 常用工具：常用工具套件；② 检测工具：诊断仪；③ 防护装备：车内三件套、车外三件套。

二、实训步骤

1．前期准备

（1）穿戴好防护装备：穿好工作服，戴好工作手套。

（2）车辆防护：① 目测车辆正确停至工位；② 安装车轮挡块；③ 目测车辆外观无异常；④ 确保启动开关置于“OFF”挡，并确保手制动器处于拉起位置；⑤ 依次安装车内三件套，拉动前机舱盖拉手；⑥ 打开前机舱盖，并安装车外三件套。

2．车载网络系统诊断仪检测

（1）取出 EV160 专用诊断仪或通用诊断仪，连接诊断仪相关线束，连接无线诊断接口。

注意：连接 VCDI 无线诊断接口时，车辆点火开关必须处于“OFF”挡位。

（2）打开诊断仪电源开关，待电源开启后，进入诊断系统，读取车辆 VIN 码，选择读取整车数据。

（3）读取整车控制器数据：① 等待车辆通信完成之后，点击整车控制器，进入模块数据读取页面；② 读取故障码，记录后清除故障码，然后重新读取故障码；③ 退出至整车控制器模块，读取原车 CAN 网络系统和动力电池 CAN 网络系统通信情况，判断其是否存在故障。

（4）读取动力电池网数据：① 退出整车控制器后，点击进入电池管理系统，进入模块数据读取页面；② 读取电池管理系统故障码，记录后清除故障码，然后重新读取故障码；③ 退出至电池管理系统模块，读取动力电池 CAN 网络系统通信情况，判断其是否存在故障。

（5）退出故障诊断界面。

（6）关闭点火开关。

（7）车辆下电。

3．新能源 CAN 网检测

（1）连接诊断接口跨接线。

（2）万用表校表。

（3）测动力电池 CAN 网信号电压：① 车辆上电。② 选用万用表，并调整至交流电压测试挡。③ 将红表笔连接诊断接口跨接线的 T16/1 端子，黑色表笔连接车身搭铁，检查新能源 CAN 网 CAN-H 信号电压值是否正常，正常电压值应在 2.5 ~ 3.5 V。④ 将红表笔连接诊断接口跨接线的 T16/9 端子，黑色表笔连接车身搭铁，检查新能源 CAN 网 CAN-L 信号电压值是否正常，正常电压值应在 1.5 ~ 2.5 V。⑤ 车辆下电。

（4）测量新能源 CAN 网电阻：① 用 8 mm 套筒、棘轮扳手和接杆，断开蓄电池负极电缆。② 调整万用表至电阻 200 Ω 测试挡。③ 将万用表红色表笔连接诊断接口跨接线的 T16/1 端子，黑色表笔连接诊断接口跨接线的 T16/9 端子，检查新能源 CAN 网总线电阻。在线情况下标准电阻应为 60 Ω 左右，若新能源 CAN 网总线断路情况，测量电阻则为 120 Ω 左右。④ 用 8 mm 套筒、棘轮扳手和接杆，连接蓄电池负极电缆。

（5）测量动力电池 CAN 网波形：① 车辆上电。② 选用手持示波器，打开示波器。③ 将示波器红色表笔连接诊断接口跨接线的 T16/1 端子，黑色表笔连接端搭铁子，调试示波器后，观察示波器显示屏中的新能源 CAN 网总线 CAN-H 波形。正常波形应该为矩形数字方波，无明显的突变，若有明显突变说明有强烈干扰，可能存在故障。④ 将示波器红色表笔连接诊断接口跨接线的 T16/9 端子，黑色表笔连接端搭铁子，调试示波器后，观察示波器显示屏中的新能源 CAN 网总线 CAN-L 波形。正常波形应该为矩形数字方波，无明显的突变，若有明显突变说明有强烈干扰，可能存在故障。⑤ 车辆下电。

4．快充 CAN 网检测

（1）连接诊断接口跨接线。

（2）万用表校表。

（3）测动力电池 CAN 网信号电压：① 车辆上电。② 选用万用表，并调整至交流电压测试挡。③ 将红表笔连接诊断接口跨接线的 T16/2 端子，黑色表笔连接车身搭铁，检查快充 CAN 网 CAN-H 信号电压值是否正常，正常电压值应在 2.5 ~ 3.5 V。④ 将红表笔连接诊断接口跨接线的 T16/10 端子，黑色表笔连接车身搭铁，检查快充 CAN 网 CAN-L 信号电压值是否正常，正常电压值应在 1.5 ~ 2.5 V。⑤ 车辆下电。

（4）测量快充 CAN 网电阻：① 用 8 mm 套筒、棘轮扳手和接杆，断开蓄电池负极电缆。② 调整万用表至电阻 200 Ω 测试挡。③ 将万用表红色表笔连接诊断接口跨接线的 T16/2 端子，黑色表笔连接诊断接口跨接线的 T16/10 端子，检查动力电池 CAN 网总线电阻。在线情况下标准电阻应为 60 Ω 左右，若快充 CAN 网总线断路情况，测量电阻则为 120 Ω 左右。④ 用 8 mm 套筒、棘轮扳手和接杆，连接蓄电池负极电缆。

（5）测量快充 CAN 网波形：① 车辆上电。② 选用手持示波器，打开示波器。③ 将示波器红色表笔连接诊断接口跨接线的 T16/2 端子，黑色表笔连接端搭铁子，调试示波器后，观察示波器显示屏中的快充 CAN 网总线 CAN-H 波形。正常波形应该为矩形数字方波，无明显的突变，若有明显突变说明有强烈干扰，可能存在故障。④ 将示波器红色表笔连接诊断接口跨接线的 T16/10 端子，黑色表笔连接端搭铁子，调试示波器后，观察示波器显示屏中的快充 CAN 网总线 CAN-L 波形。正常波形应该为矩形数字方波，无明显的突变，若有明显突变说明有强烈干扰，可能存在故障。⑤ 车辆下电。

5．动力电池 CAN 网检测

（1）连接诊断接口跨接线。

（2）万用表校表。

（3）测动力电池 CAN 网信号电压：① 车辆上电。② 选用万用表，并调整至交流电压测试挡。③ 将红表笔连接诊断接口跨接线的 T16/3 端子，黑色表笔连接车身搭铁，检查动力电池 CAN 网 CAN-H 信号电压值是否正常，正常电压值应在 2.5 ~ 3.5 V。④ 将红表笔连接诊断接口跨接线的 T16/11 端子，黑色表笔连接车身搭铁，检查动力电池 CAN 网 CAN-L 信号电压值是否正常，正常电压值应在 1.5 ~ 2.5 V。⑤ 车辆下电。

（4）测量动力电池 CAN 网电阻：① 用 8 mm 套筒、棘轮扳手和接杆，断开蓄电池负极电缆。② 调整万用表至电阻 200 Ω 测试挡。③ 将万用表红色表笔连接诊断接口跨接线的 T16/3 端子，黑色表笔连接诊断接口跨接线的 T16/11 端子，检查动力电池 CAN 网总线电阻。在线情况下标准电阻应为 60 Ω 左右，若动力电池 CAN 网总线断路情况，测量电阻则为 120 Ω 左右。④ 用 8 mm 套筒、棘轮扳手和接杆，连接蓄电池负极电缆。

（5）测量动力电池 CAN 网波形：① 车辆上电。② 选用手持示波器，打开示波器。③ 将示波器红色表笔连接诊断接口跨接线的 T16/3 端子，黑色表笔连接端搭铁子，调试示波器后，观察示波器显示屏中的动力电池 CAN 网总线 CAN-H 波形。正常波形应该为矩形数字方波，无明显的突变，若有明显突变说明有强烈干扰，可能存在故障。④ 将示波器红色表笔连接诊断接口跨接线的 T16/11 端子，黑色表笔连接端搭铁子，调试示波器后，观察示波器显示屏中的动力电池 CAN 网总线 CAN-L 波形。正常波形应该为矩形数字方波，无明显的突变，若有明显突变说明有强烈干扰，可能存在故障；⑤车辆下电。

6．原车 CAN 网检测

（1）连接诊断接口跨接线。

（2）万用表校表。

（3）测原车 CAN 网信号电压：① 车辆上电。② 选用万用表，并调整至交流电压测试挡。③ 将红表笔连接诊断接口跨接线的 T16/6 端子，黑色表笔连接车身搭铁，检查原车 CAN 网 CAN-H 信号电压值是否正常，正常电压值应在 2.5 ~ 3.5 V。④ 将红表笔连接诊断接口跨接线的 T16/14 端子，黑色表笔连接车身搭铁，检查原车 CAN 网 CAN-L 信号电压值是否正常，正常电压值应在 1.5 ~ 2.5 V。⑤ 车辆下电。

（4）测量原车 CAN 网电阻：① 用 8 mm 套筒、棘轮扳手和接杆，断开蓄电池负极电缆。② 调整万用表至电阻 200 Ω 测试挡。③ 将万用表红色表笔连接诊断接口跨接线的 T16/6 端子，黑色表笔连接诊断接口跨接线的 T16/14 端子，检查原车 CAN 网总线电阻。在线情况下标准电阻应为 60 Ω 左右，若原车 CAN 网总线断路，测量电阻则为 120 Ω 左右。④ 用 8 mm 套筒、棘轮扳手和接杆，连接蓄电池负极电缆。

（5）测量原车 CAN 网波形：① 车辆上电。② 选用手持示波器，打开示波器。③ 将示波器红色表笔连接诊断接口跨接线的 T16/6 端子，黑色表笔连接端搭铁子，调试示波器后，观察示波器显示屏中的原车 CAN 网总线 CAN-H 波形。正常波形应该为矩形数字方波，无明显的突变，若有明显突变说明有强烈干扰，可能存在故障。④ 将示波器红色表笔连接诊断接口跨接线的 T16/14 端子，黑色表笔连接端搭铁子，调试示波器后，观察示波器显示屏中的原车 CAN 网总线 CAN-L 波形。正常波形应该为矩形数字方波，无明显的突变，若有明显突变说明有强烈干扰，可能存在故障。⑤ 车辆下电。

7．归位整理

（1）取下车外三件套。

（2）关闭前机舱盖。

（3）取下车内三件套。

（4）按照 7S 管理标准，整理工具和场地。

任务三　比亚迪 E5 整车控制系统构造与检修

任务目标

（1）了解比亚迪 E5 整车控制系统的组成及各部分作用。

（2）理解比亚迪 E5 整车控制系统工作原理。

（3）掌握低压电气系统、高压管理系统和车载网络系统的工作过程。

（4）掌握比亚迪 E5 电机驱动系统常见故障及检修方法。

（5）能按照操作规范完成比亚迪 E5 整车控制系统检修。

任务导入

一辆比亚迪 E5 型纯电动汽车（以下简称 E5）被送至 4S 店进行维修，车主反映该车无法进行慢充充电。维修接待人员试车发现使用便携式 220 V 交流充电器连接成功后，仪表的充电指示灯点亮，但仪表没有充电时间及充电功率等信息显示。经初步诊断，故障原因指向电控线路系统，需要针对此故障进行维修。现车间调度将任务工单派发至你手中，请先学习相关知识，然后安全规范地完成分派的检修任务（详见本项目二维码资源——任务导入三）。

知识储备

E5 中整车控制系统的作用和功用与其他纯电动汽车基本相同，但是其结构、原理及检修方法有明显差别。本任务主要介绍 E5 的整车控制系统组成和原理。

一、E5 整车控制系统组成

E5 实现这些控制功能的整车控制系统由高压电控总成、主控制器总成、电池管理控制器、数据总线、驾驶员操纵传感器、高压互锁、高压母线、低压铁电池和低压辅助电器等组成，如图 4-45 所示。从组成来看，与其他纯电动汽车相比，E5 整车控制系统有两大不同点，一是 E5 上没有整车控制器，将整车控制器的功能整合到高压电控总成内部；二是 E5 的电机控制器、车载充电器、DC-DC 转换器、高压配电模块和漏电传感器集成在一起组成了高压电控总成。

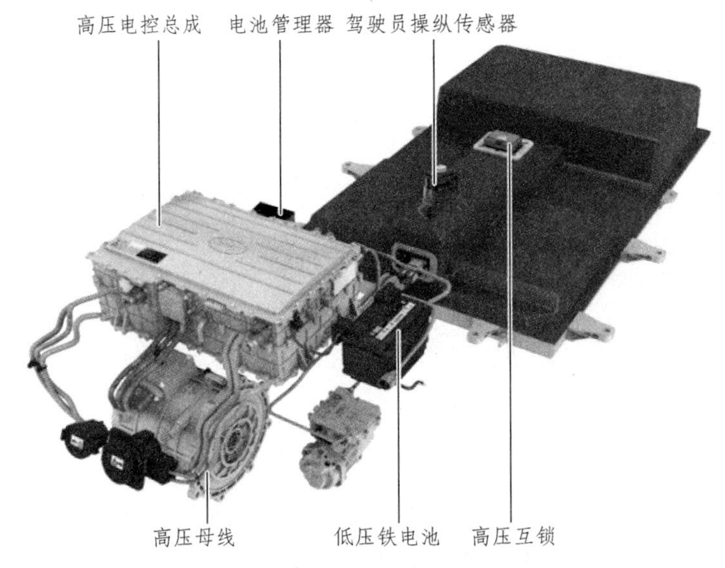

图 4-45　比亚迪 E5 整车控制系统组成

（一）高压电控总成

E5 的高压电控总成是一个多功能集成部件，它集成了电机控制器、车载充电器、DC-DC 转换器、高压配电模块和漏电传感器的功能。它可以接收制动踏板位置传感器、油门踏板位置传感器、驻车位置传感器、充电枪及充电座温度、电机温度传感器、巡航开关的信号，并将这些信号进行分析处理，得出驱动电机、动力电池、汽车空调等系统的控制指令，并控制驱动电机、动力电池和汽车空调的工作。E5 的高压电控总成位于汽车的前机舱内，如图 4-46 所示。

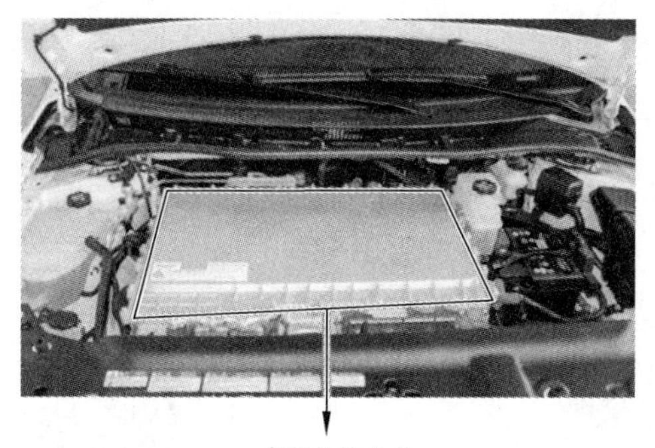

图 4-46　E5 的高压电控总成位置

在高压电控总成中，电机控制器（VTOG）和车载充电器负责实现了高压交、直流电双向逆变控制、驱动电机运转以及动力电池的充、放电功能；DC-DC 转换器负责用来实现高压直流电转化成低压直流电为整车低压电器系统供电和直流充电升压；而高压配电模块和漏电传感器则可以进行整车控制系统的高压回路配电功能以及高压漏电检测。

E5 采用的是直流漏电传感器。当高压系统漏电时，传感器会发出一个信号给电池管理器，电池管理器接收到漏电信号后会根据漏电情况马上报警并断开高压电路，防止高压漏电对人或者物品造成伤害或损失。

（二）主控制器总成

E5 整车控制系统的主控制器总成是辅助电气系统的控制单元，它位于副仪表台，如图 4-47 所示。它可以根据真空压力传感器、制动传感器和冷却液温度传感器的信号，实现对于制动真空泵、冷却风扇、冷凝风扇的控制，以确保车辆制动系统提供足够制动力以及驱动电机和空调等系统能在正常温度下工作。同时，它还可以采集车速传感器信号和碰撞信号，实现车速和里程的计算，并为其他系统提供车速信号。

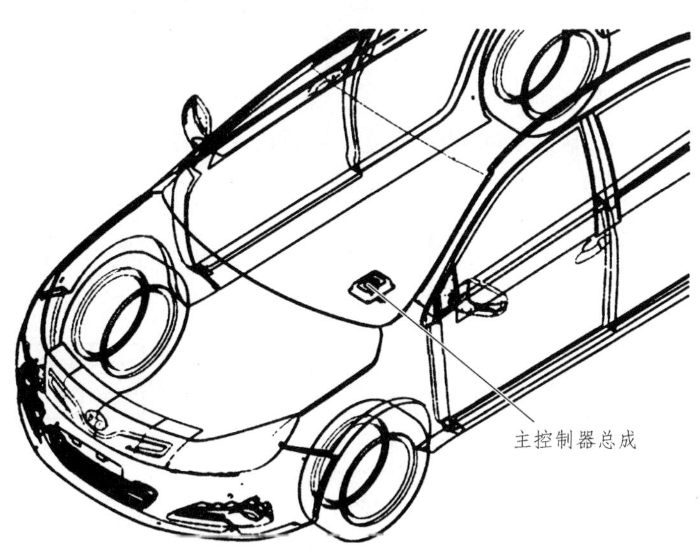

图 4-47　E5 的主控制器总成

（三）电池管理控制器

E5 的电池管理控制器与其他纯电动汽车作用基本一样，它作为监控动力电池组、保证电池组正常工作的监控单元而存在，位于前机舱内高压电控后部，如图 4-48 所示。

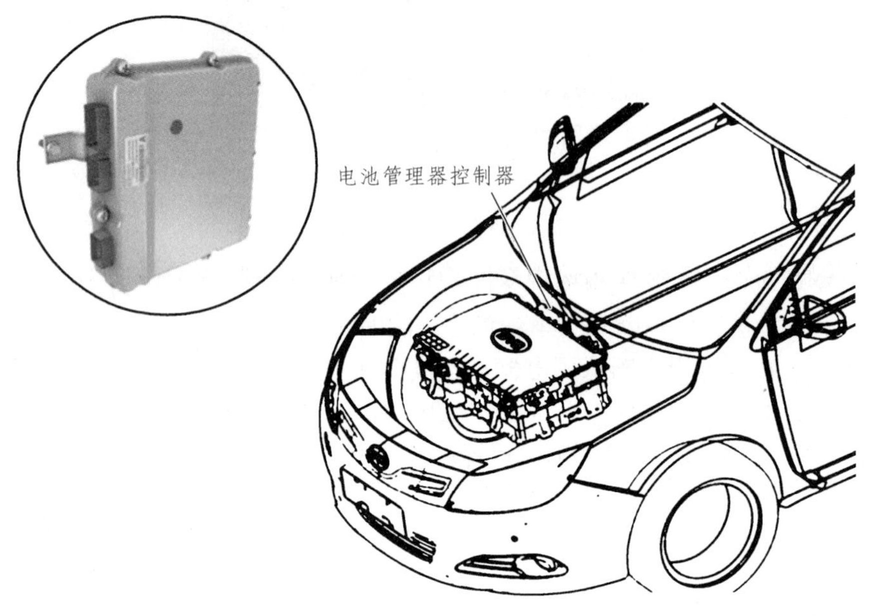

图 4-48　E5 的动力电池管理控制器

电池管理控制器的主要功能有充放电管理、接触器控制、功率控制、电池异常状态报警和保护、荷电状态 SOC/健康状态 SOH 计算、自检以及通信功能等；电池管理控制器目的是保证每节串联电池的电压、电流、温度数据等各项性能指标的一致性。

（四）高压互锁

E5 的高压互锁与其他纯电动汽车的高压互锁的作用一样，这里不再赘述。E5 的高压互锁也是通过使用低压信号来监测高压系统电器、导线、导线连接器以及电器保护盖等电气连接的完整性，在电池管理控制器、动力电池包、高压电控总成、空调 PTC 的导线连接器中均安装有互锁开关，如图 4-49 所示。

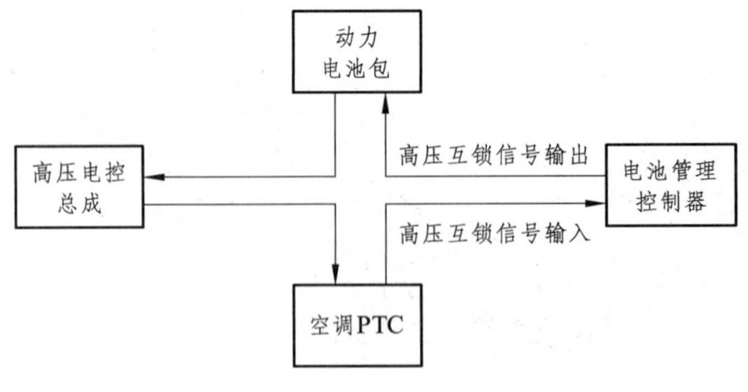

图 4-49　高压互锁作用

电池管理控制器中的高压互锁监测器向高压互锁回路提供一个信号电压，从动力电池包开始经高压电控总成和空调 PTC 返回到电池管理控制器中。若整个高压回路任一部分脱开高压部件的导线连接器或者连接松动，则检测不到返回的信号电压，说明高压互锁回路断路，电池管理控制器就会切断高压供电来保护人员和设备的安全。

（五）驾驶员操纵传感器

传感器是一种检测装置，能感受到被测量的信息，并能将感受的信息，按一定规律变换成电信号或其他所需形式的信息输送到控制单元，控制单元按照设定的程序对这些信息进行分析计算，用于在整体范围内控制各执行元件，以使电动汽车各项性能达到最优。E5 的驾驶员操纵传感器有电子拨杆式换挡器的挡位传感器、制动踏板位置传感器和加速踏板位置传感器。

1．电子拨杆式换挡器的挡位传感器

E5 汽车采用的是电子拨杆式换挡器，通过操作换挡手柄实现换挡操作，当前的挡位会在仪表显示屏以及换挡手柄上显示。E5 的挡位设置有 P（驻车挡）、R（倒车挡）、N（空挡）、D（前进挡），如图 4-50 所示。D 挡位可以在下坡滑行或减速的时候进行能量回收。

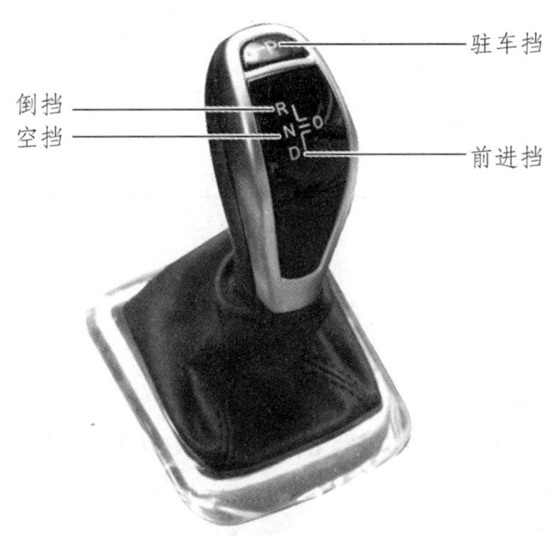

图 4-50　电子拨杆式电子换挡器

E5 挡位传感器是开关型传感器 G39，电子换挡器的 P/R/N/D 四个挡位，相当于四个开关，其操作角度为 35°，由旋钮轨道来实现，如图 4-51 所示。换挡手柄在正常状态下工作时，应可以在 P/R/N/D 四个挡位间进行切换，同时仪表面板上显示相对应的挡位字母。

E5 的挡位传感器 G39 有 8 个针脚，针脚定义见表 4-7。

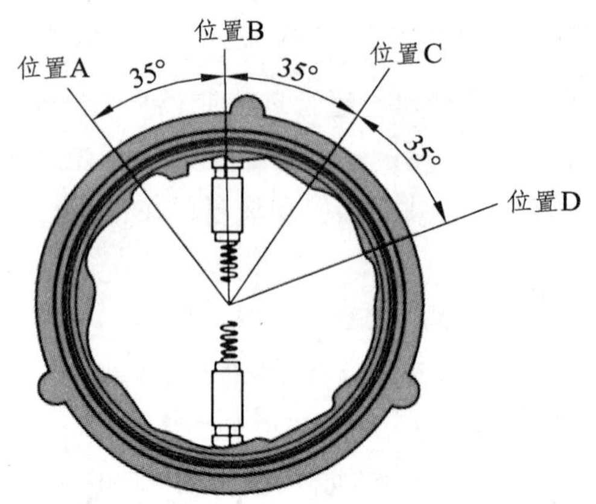

图 4-51　电子换挡器的操作角度示意图

表 4-7　E5 挡位传感器 G39 针脚定义

传感器代号	传感器针脚	针脚定义
G39	G39/1	传感器接地
	G39/2	P 挡指示灯控制信号输出
	G39/3	CAN-H
	G39/4	CAN-L
	G39/5	传感器电源
	G39/6	P 挡开关信号输出（+）
	G39/7	P 挡开关信号输出（－）
	G39/8	传感器接地

2．制动踏板位置传感器

E5 的制动踏板位置传感器也是安装在制动踏板轴的一端，采用双滑动电阻式传感器，如图 4-52 所示，它在制动踏板位置改变时产生表示制动深度的、同比例上升的两个电压信号。通过脚踩加速踏板使得传感器内部指针滑动改变滑动电阻器的阻值，从而影响加载在其上面的电压值，用于监测加速踏板的加、减速信号。E5 的制动踏板位置传感器有 6 个针脚，如图 4-53 所示。

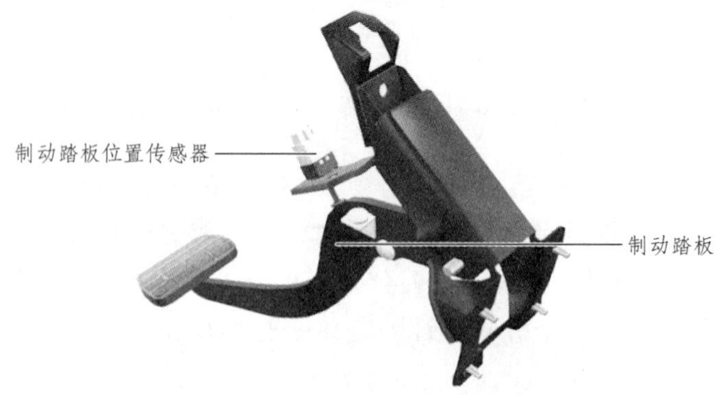

图 4-52　制动踏板位置传感器位置

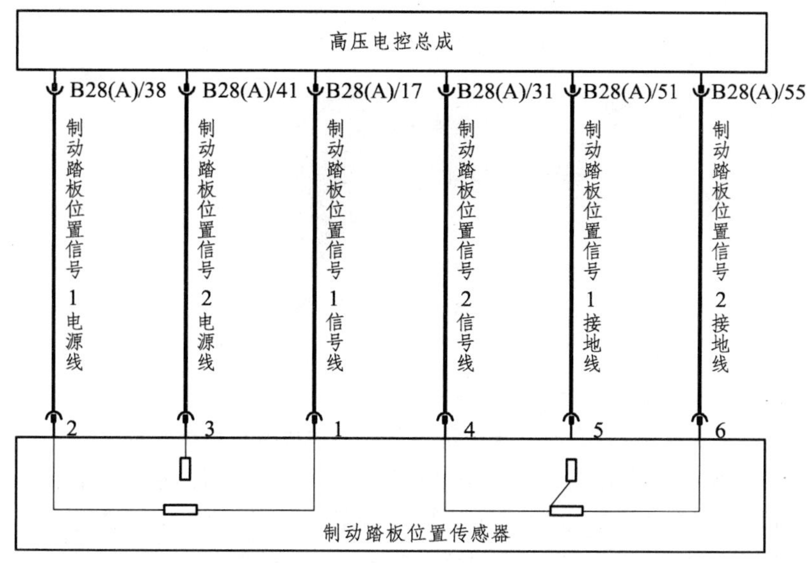

图 4-53　制动位置传感器针脚

当驾驶员踩下制动踏板时，制动位置传感器将制动信号传输给高压电控总成，高压电控总成根据各电子控制单元采集的动力电池包状态信息和其他信息，进行数据分析和处理，并形成新的指令信号发送到相应的功能模块，迅速减少动力电池包电流大小，使得电动机输出更小的转矩，以实现驾驶员制动这一意愿。同时，踏下制动踏板能够接通后制动灯的制动开关，制动灯亮起。在减速过程中，车轮通过传动装置拖动驱动电机反转产生三相交流电，经过高压电控总成内部的电机控制器整流成直流电储存到动力电池中，完成能量回收。

E5 的制动踏板位置传感器有 6 个针脚，各针脚定义如表 4-8 所示。

表 4-8　制动踏板位置传感器针脚含义

针脚序号	针脚含义
1	制动深度信号 1 信号
2	制动深度信号 1 电源
3	制动深度信号 2 电源
4	制动深度信号 2 信号
5	制动深度信号 1 接地
6	制动深度信号 2 接地

3．加速踏板位置传感器

E5 的加速踏板位置传感器是双滑动电阻型传感器，其安装在驾驶室加速踏板轴的一端，用于检测汽车加速或减速信号，如图 4-54 所示。其作用与其他纯电动汽车加速踏板位置传感器一样，这里不再赘述。

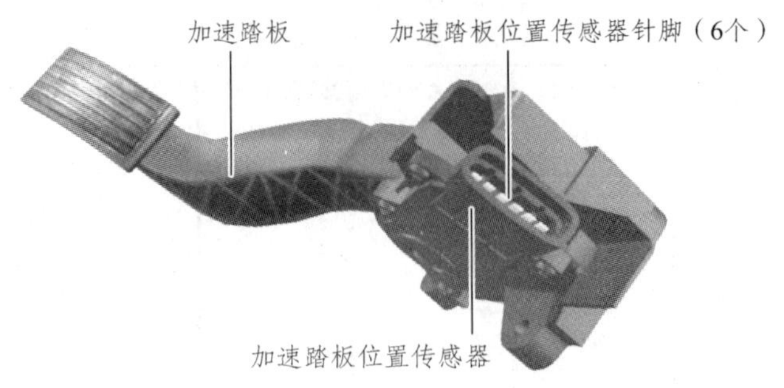

图 4-54　E5 的加速踏板位置传感器

E5 的加速踏板位置传感器有 2 个电位器、6 个针脚。每 3 个针脚形成一个完成的线路，2 个电位器分别布置在 2 个线路中，如图 4-55 所示。内部的电位器一个是主信号电位器，一个是辅助信号电位器，主信号电压是辅助信号电压的 2 倍。两组电位器之间可以相互检测，如果其中一个出现故障，则 VCU 可以接收到另一个正确的信号。

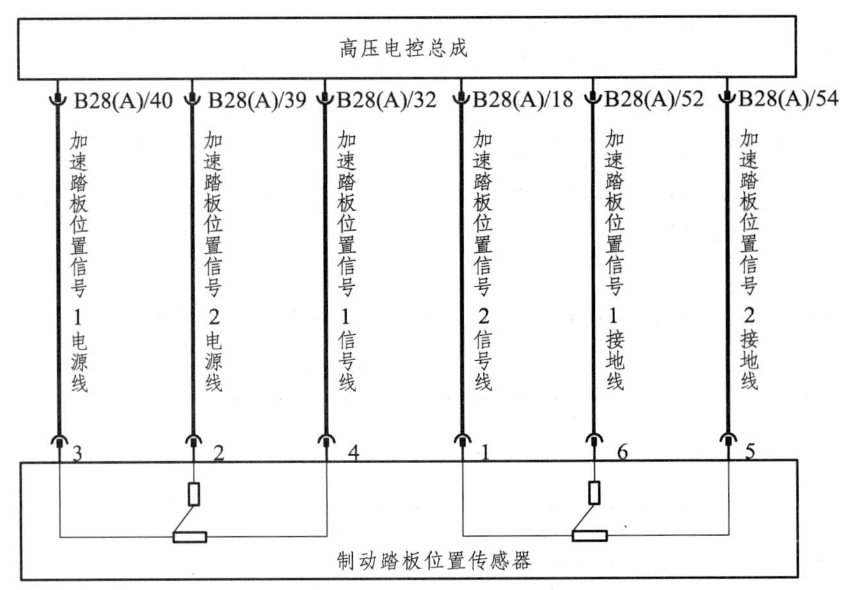

图 4-55　加速踏板位置传感器线路示意

当进行加速时，加速踏板被踩下，加速踏板位置传感器将加速信号传递给高压电控总成，高压电控总成根据此信号并结合采集到的信息，进行数据分析和处理以后，将指令信号输送到高压电控总成中的电机控制器 MCU 和电池管理系统 BMS，电池管理系统 BMS 控制动力电池增加电能输出量，电机控制器 MCU 控制电机输出合适的转矩，从而使车辆以驾驶员预期的速度行驶。

比亚迪 E5 加速踏板位置传感器针脚含义见表 4-9。

表 4-9 加速踏板位置传感器针脚含义

针脚序号	针脚含义
1	油门深度信号 2 信号
2	油门深度信号 2 电源
3	油门深度信号 1 电源
4	油门深度信号 1 信号
5	油门深度信号 1 接地
6	油门深度信号 2 接地

（六）低压辅助电器

整车控制系统的低压辅助电器主要是指电动真空泵、电动水泵、电动风扇、电子冷凝器、仪表等，它们属于低压电控系统的执行器，其作用就是完成相应的任务，提高 E5 的行车安全可靠性和舒适性。

二、比亚迪 E5 整车控制系统工作原理

E5 前进行驶时，电源接通，高压电控总成中的整车控制模块根据接收挡位控制器、加速踏板位置传感器和加速踏板位置传感器等信息，传递给高压电控总成中的电机控制器，从而控制流向前驱电机的电流。此时，动力电池组电流通过高压电控总成中的高压配电模块上的继电器之后，一路经过电机控制器向前驱电机供电使电机运转，再经过减速器总成带动汽车行驶；另一路经高压控制总成的 DC-DC 转换器，将动力电池 630 V 的高压直流电转换为 12 V 的低压电供整车用电设备使用。同时动力电池接受电池管理器的监控，监控电池组的瞬时电压、电流、温度、存储电量等情况，以防止动力电池过放电或温度过高损坏电池组。

E5 的整车控制系统在汽车的正常行驶过程中可以实现再生能量回收，网络管理，故障诊断与处理，车辆的状态控制与监视等功能（详见本项目二维码资源）。这些控制功能是利用低压电气系统、高压管理系统、车载网络系统三个系统实现的，下面分别介绍各功能系统的工作过程。

（一）低压电气系统

E5 的低压电控系统主要功能是给整车低压电器、高压电控总成、主控制器总成、电池管理器、部分传感器提供工作电压，并监控这些系统的运行状态和故障处理。它主要由 12 V 的低压铁电池、DC-DC 转换器、汽车电气控制系统组成，可实现的控制内容有低压配电控制、车况检测和低压电气工作控制。

1．低压配电控制

E5 的主控制器将监测到的整车低压电气系统的状态信息，送给电池管理器（BMC），电池管理器（BMC）通过高压控制总线给低压铁电池控制指令，使其给整车低压电器提供工作

电压。低压铁电池与 DC-DC 转化器输出端的低压电并联，通过正极熔丝盒为整车低压电器提供 13.8 V 左右的电源，如图 4-56 所示。

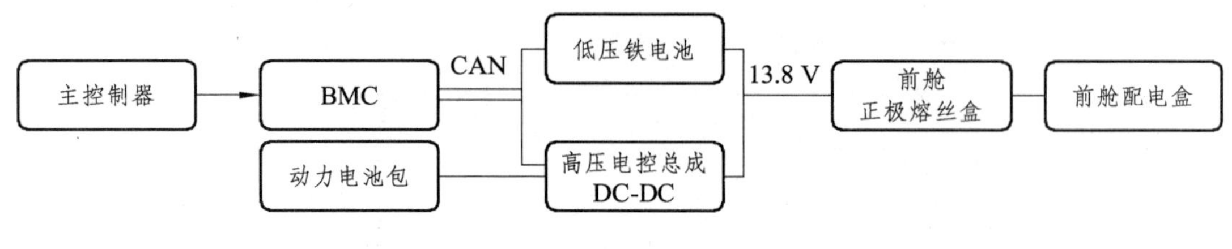

图 4-56　低压配电控制

2．车辆状态的实时监测和显示

E5 的高压电控总成和主控制器在工作过程中对车辆的状态进行实时监测，并且将各个子系统的信息发送给车载信息显示系统，其过程是通过传感器和 CAN 总线，监测检测车辆运行状态及各系统状态信息驱动显示仪表，将状态信息和故障诊断信息通过数字仪表显示出来。

3．低压电气系统工作控制

纯电动汽车的低压电气系统根据车辆状态信息和工作需求信号控制相应电气系统的工作状态，常见的有底盘的电控动力转向系统和电动真空助力系统的工作控制。这样，可以使辅助电气系统按照驾驶员的操作意图完成相应的工作，给车内驾乘人员提供安全、舒适的乘车环境。E5 的主控制器根据实时检测的动力电池以及低压电池状态，对 DC-DC 转换器、电动化辅助系统（电制动的真空泵和电驱及电池冷却系统的冷却风扇）的工作进行监测和控制。

（二）高压管理系统

E5 的高压管理系统可以进行动力电池电能的输出及分配，实现对各支路用电器的保护及切断，同时还可以控制汽车在减速制动或下坡滑行时的能量回收。E5 的高压管理系统主要由集成在高压电控总成中的高压配电模块和电机控制器、电池管理器、高压互锁、漏电传感器、主控制器总成、驾驶员操纵系统传感器及高压母线等组成。其主要实现控制模式的判定、上下电控制、整车能量管理、充电控制、故障诊断与处理，具体工作过程如下。

1．控制模式的判定

E5 在汽车运行过程中，高压电控总成根据采集的钥匙信号、充电信号、加速/制动踏板位置信号和挡位开关信号等来判断当前需要的工作模式，如图 4-57 所示。若当前为运行模式，则根据当前的参数和前段时间工作时的记忆参数，计算出合理的输出转矩和显示数据，从而保证汽车正常行驶。

2．上下电流控制

纯电动车的点火钥匙有“OFF”“ACC”“ON”三个状态。高压电控总成根据驾驶员对行车钥匙开关的控制意图，进行动力电池的高压接触器开关控制，以完成高压设备的电源通断和预充电控制。从而对各相关部件进行上电与下电流程控制，包括电机控制器（位于高压电控总成内部）、电池管理系统等部件的供电，预充电继电器、主继电器的吸合和断开时间等。

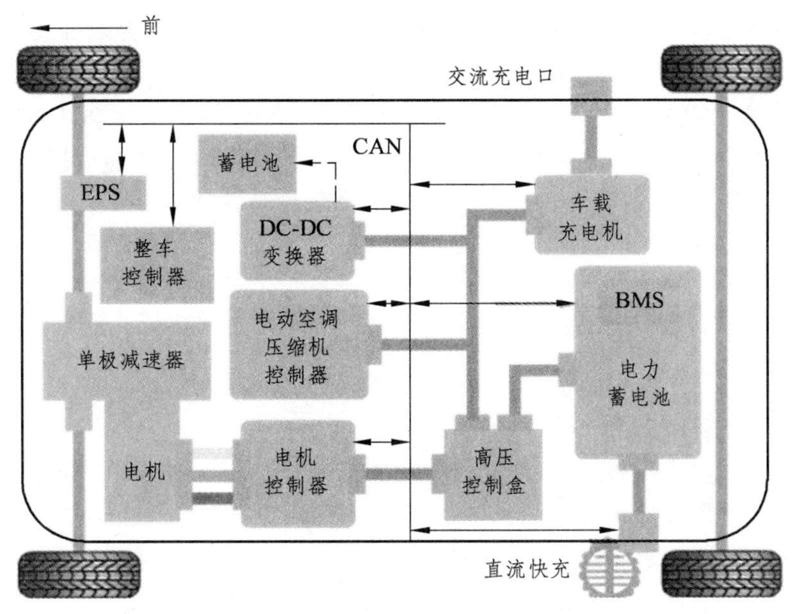

图 4-57　控制模式

（1）上电步骤。

对于纯电高压系统的整个动力电路，存在着大量的容性负载。如果在高压电路接通过程中不采用有效的防范措施，高压电路在上电瞬间，由于系统电路容性负载的存在，将会对整个高压系统电路造成上电冲击。因此，高压上电时要有一个先后过程。E5 的下电只需将点火钥匙转到“OFF”挡，即可实现高压、低压电的正常下电，下电流程如图 4-58 所示。

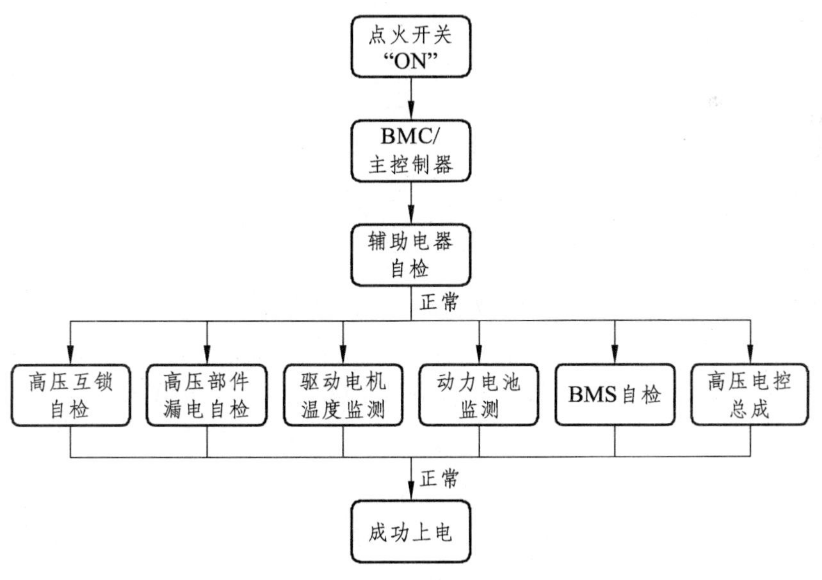

图 4-58　上电流程

① 低压上电

当点火钥匙由“OFF”→“ACC”时，VCU 低压上电。

当点火钥匙由“OFF”→“ON”时，BMC（电池管理器）、主控制器总成低压上电。

② 高压上电

点火开关放到“START”位置，首先是进行高压互锁监测、高压部件漏电监测、驱动电机温度监测、动力电池的温度、电压及电流监测，与此同时进行BMC（电池管理器）和高压电控总成当前状态正常与否的检测。若正常，且之前一次上下电过程中整车无严重故障E5就会成功上电。

（2）下电步骤。

E5纯电动车下电只需点火钥匙转到“OFF”挡，即可实现高压、低压电的正常下电，流程如图4-59所示。

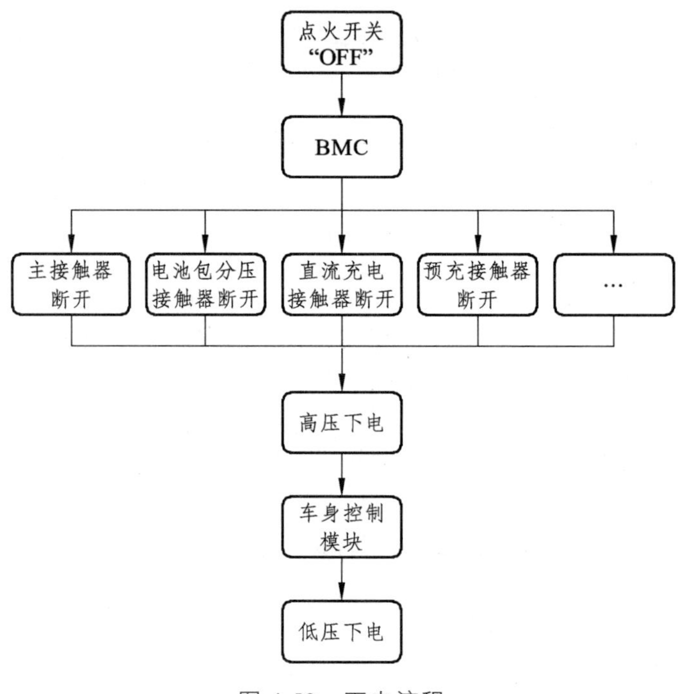

图4-59　下电流程

① 高压下电。

当点火钥匙转到“OFF”挡，BMC控制主继电器断开，完成高压下电。

② 低压下电。

车身控制器控制车辆的低压系统模块，进入休眠状态，完成低压下电。

3．高压互锁（互锁控制）

高压互锁是指危险电压互锁回路通过使用电气小信号，来检查整个高压导线、连接器及护盖的电气完整性（连续性），识别到回路异常断开时，及时断开高压电，以保障用户的安全。E5高压互锁的源头是电池管理控制器，电池管理控制器互锁发出监测信号到动力电池互锁，再到高压电控总成互锁，经空调PTC互锁，最后回到电池管理控制器，这样确认低压信号检测回路正常，汽车进入下一步上电监测环节。

E5高压互锁在识别到危险时，整个控制器应根据危险时的行车状态及故障危险程度运用合理的安全方式进行控制，这些方式包括以下几点。

（1）故障报警。

无论电动汽车在何种状态，高压互锁在识别到危险时，车辆应该对危险情况做出报警提示，需要仪表或指示器以声或光报警的形式提醒驾驶员，让驾驶员注意车辆的异常情况，以便及时处理，避免发生安全事故。

（2）切断高压源。

当电动汽车在停止状态时，高压互锁在识别严重危险情况时，除了进行故障报警，还应通知系统控制器断开自动断路器，使高压源被彻底切断，避免可能发生的高压危险，确保财产和人身安全。

（3）降功率运行。

电动汽车在高速行车过程中，高压互锁在识别到危险情况时，不能马上切断高压源，应首先通过报警提示驾驶员，然后让控制系统降低电机的运行功率，使车辆速度降下来，以使整车高压系统在负荷较小的情况下运行，尽量降低发生高压危险的可能性，同时也允许驾驶员能够将车辆停到安全地方。

4．漏电保护控制

E5 的漏电保护器在漏电保护控制中起核心作用，如图 4-60 所示。它通过将一端和负极相连，一端与车身连接，检测电流和电压值，一旦发现有超出限制的电流和电压，则发出警告，并切断控制模块，保证用电安全。动力蓄电池系统泄漏电流量不超过 2 mA；整车绝缘电阻值应大于 100 Ω/V。

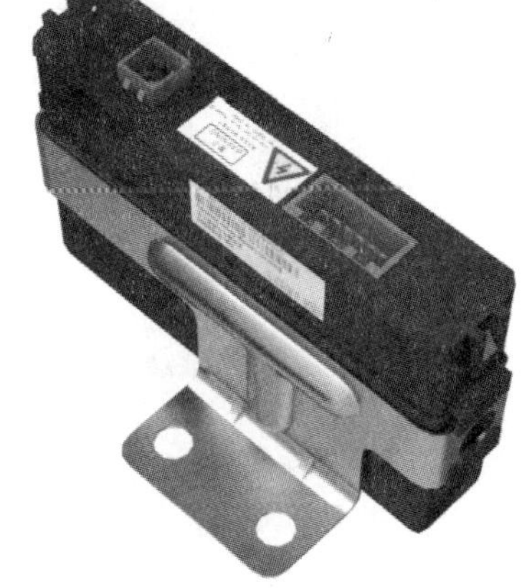

图 4-60　漏电保护器

5．整车能量管理

E5 在运行过程中，整车控制系统的高压控制总成根据速度信号、制动踏板位置信号、动力电池组的荷电状态，进行综合判断，若达到相应的条件，高压控制总成就会向电机控制器（高压总成内部）和电池管理器发出指令，使驱动电机和动力电池处在相应的工作状态。

例如，若能达到回收制动能量的条件，高压电控总成会向电机控制器发出控制指令使驱动电机工作在发电状态，将制动能量转变成电能存储到动力蓄电池中。即在减速制动过程中，减速和制动时回馈能量是不需要电池电量的，电机反转产生再生力矩为电池充电。例如，在汽车减速或制动过程中，高压控制总成根据检测的汽车运行状态的信号，控制主继电器仍然处于接通状态，在减速和制动时驱动电机反转产生再生力矩为电池充电。

6．充电过程控制

E5 进入充电状态后，整车高压负接触器和预充接触器先结合，充电高压回路接通开始对动力电池充电。当大电容电压升至电源电压时，正极主接触器结合，将预充电阻短路，动力电池正式进入工作模式。此时 DC-DC 转换器工作，输出低压直流电给低压蓄电池充电。在充电状态时，高压电控总成接收到充电信号，钥匙开关打到任何挡位，车辆其他系统均不能得到高压，保证车辆处于锁止状态，不能行驶。另外高压电控总成还根据电池状态信息限制充电功率，保护电池。在充电过程中，若 BMS 检测到过充信号，则发出信号告知充电机停止工作，并且延时 3 s 后，高压电控总成切断充电机高压正接触器和整车高压负接触器，从而切断充电高压回路，如图 4-61 所示。

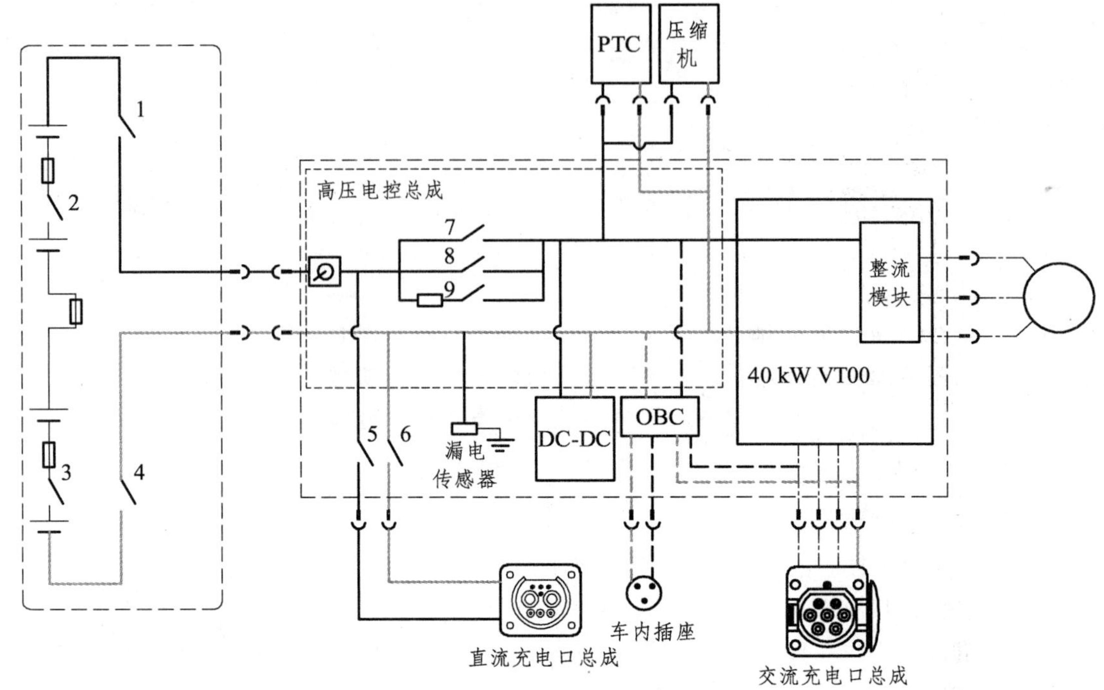

1—正极接触器；2—电池包分压接触器 1；3—电池包分压接触器 2；4—负极接触器 1；5—直流充电正极接触器；6—直流充电负极接触器；7—主接触器；8—交流充电接触器；9—预充接触器。

图 4-61　充电过程控制

E5 可进行快充充电和慢充充电，具体充电过程如下：

（1）快充过程。

当动力电池需要快速充电，快充充电桩、动力电池和电池管理系统通过 CAN 线进行数据信息交互，确认动力电池状态信息后，电池管理器接通主继电器。电能依次通过充电桩、充电口进入高压电控总成，然后经过正极继电器、主继电器进入动力电池再从负极继电器出来，回到充电口形成回路。

（2）慢充过程。

当动力电池需要慢速充电，电池管理器接通主继电器。电能依次通过充电桩、充电口进入高压电控总成，然后经过车载充电机、DC-DC 转换器和主继电器进入动力电池再回到充电口形成回路。

7．故障诊断与处理

高压电控总成实时监视动力系统，对其进行故障诊断及相应的安全保护处理。根据传感器的输入信息及其他通过 CAN 总线通信得到的驱动电机、动力电池、油门踏板和加速踏板等的信息，对各种故障进行判断、等级分类、报警显示，并存储故障码，供维修时查看。

（三）车载网络系统

E5 的车载网络系统的作用与纯电动汽车车载网络系统相同，这里不再赘述。E5 的车载网络系统主要采用 CAN 总线的传输方式进行信息传输和交换。

1．E5 的车载网络系统组成

E5 的车载网络系统主要由启动网、舒适网、空调子网、动力网、ESC 网和电池子网组成（详见本项目二维码资源）。其中，空调子网属于舒适网，电池子网属于动力网。每种信息传输网络的传输位速率不同，启动网和舒适网传输速率为 125 kbps，属于中速 CAN；动力网和 ESC 网传输速率分别为 250 kbps 和 500 kbps，都是高速 CAN。

2．E5 的车载网络系统工作特点

车载总线通信系统采用分布式布置方式，通常高压系统各控制模块中均会设有通信系统，通过网线连接成总线系统，总线通信系统各设备负责与外部诊断设备的连接和诊断通信，实现诊断服务，包括数据流读取，故障码的读取和清除，控制端口的调试。

主控制器是 E5 上众多控制器中的一个，是 CAN 总线中的一个节点。在整车网络系统中，主控制器是信息控制的中心，负责信息的组织与传输、网络状态的监控、网络节点的管理、信息优先权的动态分配以及网络故障的诊断与处理。

三、E5 整车控制系统检修

E5 整车控制系统的检测要遵循由易到难、由外到内、由电气部件到机械部件的原则进行，并且一般优先进行不解体检测。本节主要介绍整车控制系统的高压电控总成和 CAN 总线系统的检测。

（一）高压电控总成检测

1．高压电控总成基本检查

（1）高压电控总成外观检查。

检查高压电控总成是否有破损、变形情况，若有则及时进行进一步检测。

（2）高压电控总成插接器检查。

检查高压电控总成相连各部件接插器是否存在退针、损坏、脱落等破损现象，若有应及时进行处理，主要是修复或更换。

2．高压电控总成初步诊断

在汽车启动以后，连接诊断仪读取高压电控总成模块的数据信息，根据数据流分析其具体工况，主要需要读取的数据有：电池当前总电压、电池当前总电流、漏电次数、充电次数、单次充电电量、单次放电容量、绝缘电阻值、预充状态、主控制器状态、高压系统状态、高压互锁状态等。

3．高压电控总成电气检测

在 E5 上，高压电控总成的检测主要包括供电检测和绝缘检测。

（1）高压电控总成供电检测。

高压电控总成的供电是双路电，选用万用表合适挡位和量程，分别检测高压电控总成配电箱箱两个电源端子与搭铁端子的电压值，检查高压电控总成常用电源是否正常，正常值应该在 10 ~ 14 V。

（2）高压电控总成绝缘检测。

高压电控总成是 E5 的核心部件，它的绝缘检测主要是针对动力电池、驱动电机、快充和慢充端子进行。

① 高压电控总成与动力电池相连接端子绝缘检测。

断开动力电池高压线束与高压电控总成的连接线束，使用兆欧表的 500 V 挡位，分别测量线束的高压输入正极线束端子和高压输入负极线束端子与车身搭铁的电阻值，标准绝缘电阻值应大于 20 MΩ。

② 高压电控总成与驱动电机相连接端子绝缘检测。

断开驱动电机高压线束与高压电控总成的连接线束，使用兆欧表的 500 V 挡位，分别测量线束的高压电控总成与驱动电机 A 相、B 相、C 相相连的端子与车身搭铁的电阻值，标准绝缘电阻值应大于 20 MΩ。

③ 高压电控总成与快充连接端子绝缘检测。

断开快充充电口高压线束与高压电控总成的连接线束，使用兆欧表的 500 V 挡位，分别测量线束的高压输入正极线束端子和高压输入负极线束端子与车身搭铁的电阻值，标准绝缘电阻值应大于 20 MΩ。

④ 高压电控总成与慢充连接端子绝缘检测。

断开慢充充电口高压线束与高压电控总成的连接线束，使用兆欧表的 500 V 挡位，分别测量线束的高压输入正极线束端子和高压输入负极线束端子与车身搭铁的电阻值，标准绝缘电阻值应大于 20 MΩ。

（二）CAN 总线检测

CAN 总线故障主要有硬件故障、线路故障和插接件故障，硬件本身的故障可以通过更换新硬件来判定，线路和插接件故障需要借助万用表按照 CAN 总线系统特点进行检测。

CAN 总线系统中拥有一个 CAN 控制器、一个信息收发器、两个数据传输终端及两条数据传输总线，除了数据总线外，其他各元件都置于各控制单元的内部。CAN 总线系统中当汽车电源系统供电异常、汽车 CAN 总线系统的线路异常、汽车 CAN 总线系统的各控制单元故障都会引起 CAN 总线系统无法工作，电源系统的检测不在这里进行，所以 E5 CAN 总线系统的检测主要是针对 CAN 总线系统的线路和控制单元进行读取模块数据、终端电阻测量、电压测量、信号波形测量。

1. 读取模块测量数据块

使用检测仪读取某控制单元数据块，如果显示“1”，表明被捡控制单元工作正常；如果显示“0”，则表明被捡控制单元工作不正常。其原因可能是线路断路或该控制单元损坏。

2. 终端电阻值测量

E5 纯电动汽车的 CAN 总线系统内有两个 120 Ω 的终端电阻，它们是并联的。单独测量一个终端电阻大约为 120 Ω，CAN 总线网络的正常电阻值应为 60 Ω，据此可以判断终端电阻正常。

电阻测量过程中应注意：先断开车辆蓄电池的接线，大约等待 5 min，直到系统中所有的电容器放完电后再测量，因为控制单元内部电路的电阻是变化的。

3．电压的测量

使用万用表测量 CAN-L 或 CAN-H 的对地电压。E5 的 CAN-L 对地电压大约为 2.2 V，CAN-H 对地电压大约为 2.8 V，这些测量值根据总线负载可能有大约 100 mV 的偏差。

4．CAN 总线系统的波形测量

CAN 总线正常波形是 CAN-H 和 CAN-L 电压相等、波形相同、极性相反，通过使用专用示波器和综合诊断仪可以测量波形来判断故障。

（1）测量方法。

将仪器第一通道的红色测量端子接 CAN-H 线，第二通道的红色测量端子接 CAN-L 线，二者的黑色测量端子同时接地。此时，可以在同一界面下同时显示 CAN-H 和 CAN-L 的同步波形。

（2）波形分析。

① CAN-H 对地短路：CAN-H 的电压置于 0 V，CAN-L 的电压电位正常，在此故障下，变为单线工作状态。

② CAN-H 对正极短路：CAN-H 的电压大约为 12 V，CAN-L 的电压电位正常，在此故障下，变为单线工作状态。

③ CAN-L 对地短路：CAN-L 的电压置于 0 V，CAN-H 的电压电位正常，在此故障下，变为单线工作状态。

④ CAN-L 对正极短路：CAN-L 的电压大约为 12 V，CAN-H 的电压电位正常，在此故障下，变为单线工作状态。

⑤ CAN-H 对正极通过连接电阻短路：CAN-H 线的隐性电压电位拉向正极方向，正常值应为大约 0 V，受连接电阻所影响，电阻越小隐性电压电位越大，在没有连接电阻的情况下，该电阻值等于蓄电池电压值（12 V）。

⑥ CAN-H 通过连接电阻对地短路：CAN-H 的显性电位移向接地方向，正常值应为大约 4 V，受连接电阻所影响，电阻越小，则显性电压越小，在没有连接电阻的情况下短路，则该电压为 0 V。

⑦ CAN-L 对正极通过连接电阻短路：CAN-L 线的隐性电压电位拉向正极方向，正常值应大约为 5 V，受连接电阻所影响，电阻越小则隐性电压电位越大，在没有连接电阻的情况下，该电阻值等于蓄电池电压值（12 V）。

⑧ CAN-L 通过连接电阻对地短路：CAN-L 的隐性电压电位拉向 0 V 方向，正常值应大约为 5 V，受连接电阻所影响，电阻越小则隐性电压越小，在没有连接电阻的情况下，该电压值位于为 0 V 电压。

⑨ CAN-H 与 CAN-L 相交：两线波形呈现电压相等、波形相同、极性相同。

若整车控制系统相关部件的检测数值不在规定的范围内，请进一步检测确认故障，并根据故障点进行维修，具体检测标准见表 4-10 所示。

表 4-10　E5 整车控制系统标准检测数据

检修内容	标准值范围
CAN 总线终端电阻在线测量	约 60 Ω
CAN 总线终端电阻离线测量	约 120 Ω
CAN-H 工作电压测量	约 2.8 V
CAN-L 工作电压测量	约 2.2 V
CAN-H 和 CAN-L 的波形对比	波形呈镜像上下相反
高压绝缘电阻值测量	大于 20 MΩ

技能训练

实训一　比亚迪 E5 高压电控总成拆装

一、实训准备

1．安全操作规范

（1）操作前需穿戴高压安全防护装备。

（2）拆卸高压系统部件时需要使用绝缘工具。

（3）举升机的操作应符合使用规范。

2．实操工具准备

（1）设备准备。

2018 款比亚迪 E5 型纯电动汽车、举升机、冷却液回收器、吊架。

（2）工具准备。

① 常用工具：世达 100 件工具套装；② 绝缘工具：世达 68 件绝缘工具套件；③ 防护装备：车外三件套、车内三件套

（3）个人防护。

工作服、手套、高压绝缘手套。

二、实训步骤

1．前期准备

（1）穿好防护装备：穿好工作服和戴好工作手套。

（2）车辆防护：① 目测车辆正确停至工位；② 进入车内安装车内防护三件套；③ 放置举升机顶脚，并调整举升位置；④ 拉起前机舱盖手柄，打开前机舱盖，安装车外防护三件套。

（3）车辆高压断电：① 打开低压蓄电池负极电缆保护盖拆下负极电缆，使用绝缘胶带进行绝缘处理；② 进入车内，拆卸中控储物格固定螺栓；③ 拆卸中控储物格线束插接器。拆卸高压维修开关，等待 5 min 以上。

（4）排放冷却液：① 拧下驱动系统冷却液储液壶盖；② 举升车辆，并锁止举升机；③ 拆卸车辆散热器下底板；④ 将液体回收器推放至车底合适位置，拧松散热器放水螺栓并取下，等待冷却液流净后，安装散热器放水螺栓并紧固。

（5）降下举升机，放下车辆。

2．拆卸相关附件（详见本项目二维码资源）

（1）拆卸雨刮器保护盖。

（2）拆卸水刮导液板：① 使用套筒、棘轮扳手拧松雨刮器固定螺母，旋出固定螺母并取下，用同样方法拆卸另一侧雨刮器固定螺母；② 用手取下两侧雨刮器摇臂；③ 用手取下水刮导液板。

（3）拆卸雨刮器总成：① 按压锁舌断开雨刮电机线束接插器；② 使用套筒、接杆和棘轮扳手，拧松雨刮器固定螺栓，旋出固定螺栓并取下，以同样方法拆卸另一侧固定螺栓；③ 取下雨刮器总成。

（4）拆卸前围上盖板：拧松前围挡板固定螺栓，以同样方法拆卸剩余的固定螺栓，取下前围上盖板。

（5）拆卸水箱框架上饰板：使用内饰专用拆卸工具，拆卸水箱框架上饰板固定卡扣，取下水箱框架上饰板。

3．拆卸高压电控总成（详见本项目二维码资源）

（1）松开接插器保险，按压锁舌断开动力电池输入正极电缆和负极电缆。使用万用表，选择 1 000 V 电压挡，测量正负极电缆之间电压值（0 V）。

注意：若正负极电缆之间存在电压，则需立即停止操作。静置等待 15 min 后，再次测量，确认正负极电缆之间电压值为 0 V 才能进行下一步操作。

（2）解开高压电控总成快充电缆接插器保险，按压接插器锁舌，拆卸快充电缆接插器。

（3）解开高压电控总成慢充电缆接插器保险，按压接插器锁舌，拆卸慢充电缆接插器。

（4）拆卸驱动电机三相高压电缆：① 使用 10 mm 套筒、棘轮扳手组合工具，拆卸驱动电机三相高压电缆 4 颗固定螺栓；② 晃动驱动电机三相高压电缆接头至其松动后，取下三相高压电缆接头。

（5）使用尖嘴钳拆卸电机驱动冷却系统放气水管卡夹，拆卸放气水管。

（6）使用尖嘴钳拆卸高压电控总成出水管卡夹，拆卸出水管。

（7）拆卸直流输出电缆：① 使用 10 mm 套筒、棘轮扳手组合工具，拧松直流输出电缆固定螺母。旋出固定螺母并取下；② 断开接直流输出电缆线。

（8）拧松空调采暖系统储液壶固定螺栓，旋出固定螺栓并取下。

（9）按压锁舌断开 64pin 低压信号接插器。

（10）按压锁舌断开 33pin 低压信号接插器。

（11）松开接插器保险，按压锁舌断开动力电池 PTC 高压电缆接插器。

（12）松开接插器保险，按压锁舌断开空调电动压缩机高压电缆接插器。

（13）松开接插器保险，按压锁舌断开空调供暖系统 PTC 高压电缆接插器。

（14）拆卸电池管理器 3 个线束接插器。

（15）拆卸高压电控总成进水管：① 使用水管钳拆卸高压电控总成进水管固定卡夹；② 取下高压电控总成进水管。

（16）使用 13 mm 套筒、棘轮扳手组合工具拆卸高压电控总成左侧搭铁线。

（17）使用 10 mm 扳手拆卸高压电控总成水管支架固定螺栓，取下水管固定支架。

（18）使用 13 mm 套筒、棘轮扳手组合工具拆卸高压电控总成右侧搭铁线。

（19）使用 13 mm 套筒、接杆和棘轮扳手拧松高压电控总成固定螺栓。旋出 6 颗固定螺栓并取下。

（20）拆卸高压电控总成：① 使用安全绳捆绑高压电控总成；② 两人配合，使用吊架吊起高压控制器总成，并确保吊装可靠；③ 缓慢吊起高压电控总成至合适高度；④ 平稳移出高压电控总成，并妥善安置。

注意：（1）若发生重心偏移或绳索滑脱等情况，需及时停止吊装，并放下调整。

（2）吊起过程中需注意高压电控总成位置，尽可能减少晃动，以避免撞击其他部件。

4．安装高压电控总成（详见本项目二维码资源）

（1）安装高压电控总成：① 使用吊架举升并平稳移动高压电控总成至合适安装位置；② 两个人配合，缓慢降低高压电控总成，使其准确放置于车辆前部支架上；③ 将高压电控总成调节至正确安装位置，降低举升臂，取下安全绳。

注意：降低高压电控总成时需注意控制下降速度，并确保下降过程中无部件造成阻碍，以免造成部件损坏。

（2）使用 13 mm 套筒、接杆和棘轮扳手安装 6 颗高压电控总成固定螺栓，并使用定扭扳手紧固至 80 N · m。

（3）使用 13 mm 套筒、棘轮扳手组合工具安装高压电控总成右侧搭铁。

（5）安装水管固定支架，使用 10 mm 扳手安装高压电控总成水管支架固定螺栓。

（6）使用 13 mm 套筒、棘轮扳手组合工具安装高压电控总成左侧搭铁。

（7）安装高压电控总成进水管：① 将高压电控总成进水管与高压电控总成连接；② 使用水管钳安装高压电控总成进水管固定卡夹。

（8）安装电池管理器 3 个线束接插器。

（9）安装空调供暖系统 PTC 高压电缆接插器，并锁闭接插器保险。

（10）安装动力电池输入正极电缆和负极电缆，并锁闭接插器保险。

（11）安装动力电池 PTC 高压电缆接插器，并锁闭接插器保险。

（12）安装空调电动压缩机高压电缆接插器，并锁闭接插器保险。

（13）安装 33pin 低压信号接插器。

（14）安装 64pin 低压信号接插器。

（15）安装直流输出电缆：① 将直流输出电缆放置于安装位置；② 使用 10 mm 套筒、棘轮扳手组合工具，安装直流输出电缆固定螺母并紧固。

（16）安装空调采暖系统储液壶：① 将空调采暖系统储液壶放置于安装位置；② 使用

10 mm 套筒、棘轮扳手，安装储液壶固定螺栓并紧固。

（17）安装高压电控总成出水管，使用尖嘴钳安装水管卡夹。

（18）安装电机驱动冷却系统放气水管，使用尖嘴钳安装水管卡夹。

（19）安装驱动电机三相高压电缆接头：① 将驱动电机三相高压电缆接头放置到高压电控总成接口上；② 使用 10 mm 套筒、棘轮扳手组合工具，安装驱动电机三相高压电缆 4 颗固定螺栓并紧固。

（20）安装高压电控总成快充电缆接插器，安装接插器保险。

（21）安装高压电控总成慢充电缆接插器，安装接插器保险。

5．安装相关部件（详见本项目二维码资源）

（1）安装水箱框架上饰板：① 将水箱框架上饰板放置在指定位置；② 安装水箱框架上饰板固定卡扣。

（2）安装前围上盖板：① 将前围板放置在指定位置；② 安装前围挡板固定螺栓，并拧紧。

（3）安装雨刮器总成：① 安装雨刮器总成，使用 10 mm 套筒、接杆和棘轮扳手组合工具安装固定螺栓并紧固；② 安装水刮导液板；③ 安装两侧雨刮器摇臂，使用 13 mm 套筒、接杆和棘轮扳手组合工具安装固定螺栓并紧固；④ 安装雨刮器保护盖。

（4）添加驱动系统冷却液。

（5）举升车辆安装散热器下护板。

6．整理归位

（1）取下车内三件套。

（2）回收车外三件套。

（3）关闭机舱盖，启动车辆检查车辆情况，将设备放回原位，实训作业完成。

实训二　比亚迪 E5 高压电控总成检修

一、实训准备

1．安全操作规范

（1）操作前需穿戴高压安全防护装备。

（2）带电检修时需使用绝缘工具。

（3）举升机的操作应符合使用规范。

2．实操工具准备

（1）设备准备。

2018 款北汽比亚迪 E5 型纯电动汽车、举升机、承重为 1 000 kg 的升降平台。

（2）工具准备。

① 常用工具：常用工具套件；② 绝缘工具：绝缘工具套装；③ 检测工具：数字兆欧表、数字万用表、示波仪、比亚迪 E5 专用诊断仪；④ 防护装备：车内三件套、车外三件套。

二、实训步骤

1．前期准备

（1）穿戴好防护装备：穿好工作服和戴好工作手套。

（2）车辆防护：① 目测车辆正确停至工位；② 安装车轮挡块；③ 目测车辆外观无异常；④ 将点火开关置于“OFF”挡；⑤ 依次安装车内三件套；⑥ 打开前机舱盖并安装车外三件套。

2．高压电控总成在线检测（详见本项目二维码资源）

（1）取出比亚迪 VDS2000 型专用诊断仪套件。

（2）连接诊断仪相关线束，连接 VCDI 无线诊断接口。

（3）打开比亚迪专用诊断仪电源开关，待电源开启后，进入比亚迪 E5 诊断系统，读取车辆 VIN 码。

（4）读取故障码：① 选择读取整车数据，等待车辆通信完成之后，点击 VTOG，进入 VTOG 数据读取页面；② 读取 VTOG 故障码；③ 记录后清除故障；④ 重新读取故障码。

（5）读取数据流：读取 VTOG 相关数据流，判断高压电控总成工作状态。

3．高压电控总成绝缘检测（详见本项目二维码资源）

（1）断开蓄电池负极电缆。

（2）断开车辆高压维修开关。

注意：断开高压维修开关后，请等待 15 min 以上，待车辆完全放电后，再进行下一步操作。

（3）拆卸高压电控总成输入高压电缆插接器。

（4）检测高压电控总成的残余电量：将万用表调整至直流电压测试挡，分别使用万用表红黑表笔连接高压电缆两端子，查看高压电控总成的残余电量。

注意：若检测到高压电控总成的残余电量大于 1 V 则等待 10 min 后重新测量，直至残余电量耗尽。

（5）检测高压总成与动力电池相连端的绝缘情况：① 选用电子兆欧表，调整电子兆欧表量程至 1 000 V 测试挡，将红表笔接高压电控总成一侧的高压输入端子，黑色表笔接车身搭铁；② 打开测试按钮，开始测试，等待数值稳定读取并记录数值；③ 以同样方法，检测高压电控总成另一侧的高压输入端子绝缘情况。

注意：绝缘测试结果应大于 20 MΩ，若低于此数值则说明高压电控总成存在绝缘故障。

（6）检测高压总成三相输出端子的绝缘情况：① 拆卸高压电控总成输出三相高压电缆线束插接器；② 使用电子兆欧表，调整电子兆欧表量程至 1 000 V 测试挡，分别检测高压电控总成三相输出端子绝缘电阻，并记录数值；③ 安装高压电控总成输出三相高压电缆线束插接器。

注意：绝缘测试结果应大于 20 MΩ，若低于此数值则说明高压电控总成存在绝缘故障。

（7）安装高压电控总成输入高压电缆插接器。

（8）安装高压维修开关，并装复蓄电池负极电缆。

4．高压电控总成不拆解检测（详见本项目二维码资源）

（1）连接 E5 专用适配器（景格智能考训盒）：① 断开蓄电池负极。② 拆卸高压电控总成 64pin 线束插接器。安装 E5 专用适配器（景格智能考训盒）64pin 线束接插器。③ 拆卸高压电控总成 32pin 线束插接器。安装 E5 专用适配器（景格智能考训盒）32pin 线束接插器。④ 装复蓄电池负极电缆。⑤ 安装电池正极线束夹和负极线束夹。⑥ 安装适配器电源线，打开适配器电源开关。

（2）测量高压电控总成供电：① 启动车辆。② 选用万用表，将万用表调整至直流电压测试挡，红色表笔连接高压电控总成适配器的 B28（A）-1 端子，黑色表笔连接高压电控总成适配器的 B28（A）-7 端子，检查高压电控总成双路电电源是否正常（正常电压值应在 10 ~ 14 V）。③ 红色表笔连接高压电控总成适配器 B28（A）-2 端子，黑色表笔连接高压电控总成适配器 B28（A）-8 端子，检查高压电控总成常用电源是否正常（正常电压值应在 10 ~ 14 V）。

注意：高压电控总成上插接口的针脚号与 E5 专用适配器的针脚号是对应的。

（3）测量高压电控总成接触器。

① 检测主接触器控制电阻。

a. 选用万用表，调整至电阻测试挡，红色表笔连接高压电控总成适配器 B28（B）-24 端子，黑色表笔连接高压电控总成适配器 B28（B）-32 端子，检查主接触器控制电阻是否正常（正常电阻值应在 20 ~ 50 Ω）。

b. 红色表笔连接高压电控总成适配器 B28（B）-24 端子，黑色表笔连接高压电控总成适配器 B28（B）-29 端子，检查主预充接触器控制电阻是否正常（正常电阻值应在 50 ~ 120 Ω）。

② 检测直流正极充电接触器电阻。

a. 将万用表调整至电阻测试挡，红色表笔连接高压电控总成适配器 B28（B）-25 端子，黑色表笔连接高压电控总成适配器 B28（B）-30 端子，检查直流正极充电接触器控制电阻是否正常（正常电阻值应在 10 ~ 50 Ω）。

b. 红色表笔连接高压电控总成适配器 B28（B）-25 端子，黑色表笔连接高压电控总成适配器 B28（B）-31 端子。检查直流负极充电接触器控制电阻是否正常（正常电阻值应在 10 ~ 50 Ω）。

c. 红色表笔连接高压电控总成适配器 B28（B）-25 端子，黑色表笔连接高压电控总成适配器 B28（B）-32 端子，检查交流正极充电接触器控制电阻是否正常（正常电阻值应在 10 ~ 50 Ω）。

（4）测量高压电控总成直流漏电传感器：① 测漏电传感器工作电压。选用万用表，调整至直流电压测试挡，红色表笔连接高压电控总成适配器 B28（B）-4 端子，黑色表笔连接高压电控总成适配器 B28（B）-8 端子，检查高压电控总成双路电电源是否正常（正常值应在 10 ~ 14 V）。② 测漏电传感器信号电压。红色表笔连接高压电控总成适配器 B28（B）-14 端子，黑色表笔连接车身搭铁，检查直流漏电传感器动力网 CAN-H 信号电压是否正常（正常电压值应在 2.5 ~ 3.5 V）。红色表笔连接高压电控总成适配器 B28（B）-15 端子，黑色表笔连接车身搭铁，检查直流漏电传感器动力网 CAN-L 信号电压是否正常（正常电压值应在 1.5 ~ 2.5 V）。

（5）测量高压电控总成总线通信：① 测量高压电控总成总线电压。选用万用表，调整至直流电压测试挡，红色表笔连接高压电控总成适配器 B28（A）-49 端子，黑色表笔连接车身搭铁，检查动力网 CAN-H 工作电压是否正常（正常电压值应在 1.5 ~ 2.5 V）。红色表笔连接高压电控总成适配器 B28（A）-50 端子，黑色表笔连接车身搭铁，查动力网 CAN-L 工作电压是否正常（正常电压值应在 1.5 ~ 2.5 V）。② 测量高压电控总成总线电阻。选用万用表，调整至电阻测试挡，红色表笔连接高压电控总成适配器 B28（A）-50 端子，黑色表笔连接 B28（A）-49 端子，检查动力网总线电阻（正常电阻值：在线情况下应为 60 Ω 左右，断开测量情况下 120 Ω 左右）。③ 测量高压电控总成总线波形。选用手持示波仪，开启电源开关。检测高压电控总成总线 CAN-H 波形。将示波器的红表笔连接高压电控总成适配器 B28（A）-49 端子，屏蔽线连接至车身搭铁，调整示波器的波形位置与单位，查看 CAN-H 波形，若 CAN-H 是标准矩形波，且呈镜像对称，则说明高压电控总成与动力网的 CAN-H 通信线正常。检测高压电控总成总线 CAN-L 波形。将示波器的红表笔连接高压电控总成适配器 B28（A）-50 端子，屏蔽线连接至车身搭铁，调整示波器的波形位置与单位，查看 CAN-L 波形，若 CAN-L 是标准矩形波，且呈镜像对称，则说明高压电控总成与动力网的 CAN-L 通信线正常。

（6）测量高压电控总成充电系统：在车辆上电情况下，选用万用表，调整至直流电压测试挡，红色表笔连接高压电控总成直流输出端子，黑色表笔连接车身搭铁，检查高压电控总成中 DC-DC 模块的工作情况（正常电压值应为 13 ~ 16 V）。

（7）拆卸 E5 专用适配器：① 车辆下电；② 断开低压蓄电池负极电缆；③ 关闭适配器电源开关；④ 拆卸适配器电源线；⑤ 拆卸 E5 专用适配器 32pin 线束接插器，安装高压电控总成 32pin 线束插接器；⑥ 拆卸 E5 专用适配器 64pin 线束接插器。安装高压电控总成 64pin 线束插接器；⑦ 安装低压蓄电池负极电缆连插器。

（8）使用 VDS2000 型专用诊断仪清除整车故障码，看高压电控总成相关数据，确认系统正常。

（9）关闭诊断仪，取下 VCDI 无线诊断接口。

5. 整理归位

（1）取下车外防护三件套，关闭机舱盖。

（2）取下车内防护三件套，关闭车门。

（3）按照 7S 管理标准，整理工具和清扫场地。

实训三　比亚迪 E5 车载网络系统检修

一、实训准备

1. 安全操作规范

（1）严禁违规使用绝缘工具、仪器仪表，注意轻拿轻放，有序操作。

（2）严格遵守实训规程，按照指导老师要求完成实训操作。

（3）为保证教学安全性，严禁在车辆行驶的情况下进行任何测试。

（4）在进行相关诊断设备连接操作时，需关闭启动开关，以保证操作的安全。

（5）CAN 总线波形需要在车辆启动时进行观测。

2. 实操工具准备

（1）设备准备。

2018 款比亚迪 E5 型纯电动汽车。

（2）工具准备。

① 常用工具：常用拆装套件；② 绝缘工具：绝缘工具套件；③ 检测工具：数字兆欧表、适配器（景格智能考训盒）、比亚迪 VDS2000 型专用诊断仪套件、万用表、手持式示波器；④ 防护装备：车内防护三件套、车外防护三件套。

二、实训步骤

1．前期准备

（1）穿戴好防护装备：穿好工作服和戴好工作手套。

（2）车辆防护：① 目测车辆正确停至工位；② 安装车轮挡块；③ 目测车辆外观无异常；④ 确保启动开关置于“OFF”挡；⑤ 依次安装车内三件套，拉动前机舱盖拉手；⑥ 打开前机舱盖，并安装车外三件套。

2．车载网络系统诊断仪检测（详见本项目二维码资源）

（1）取出比亚迪 VDS2000 型专用诊断仪套件。连接诊断仪相关线束，连接 VCDI 无线诊断接口。

（2）打开比亚迪专用诊断仪电源开关，待电源开启后，进入比亚迪 E5 诊断系统，读取车辆 VIN 码，选择读取整车数据。

（3）读取动力网数据：① 等待车辆通信完成之后，点击 VTOG，进入模块数据读取页面；② 读取 VTOG 故障码，记录后清除故障码，然后重新读取故障码；③ 读取各网络通信情况，判断动力网总线是否存在故障。

（4）读取动力电池子网数据：① 退出 VTOG 后，点击进入电池管理系统，进入模块数据读取页面；② 读取电池管理系统故障码，记录后清除故障码，然后重新读取故障码；③ 读取各网络通信情况，判断动力电池子网是否存在故障。

3．动力电池子网检测（详见本项目二维码资源）

（1）安装动力电池子网适配器（景格智能考训盒）：① 断开低压蓄电池负极电缆；② 取出 E5 电池管理系统适配器（景格智能考训盒）。连接电源线束，连接 1 号线和 2 号束接插器；③ 断开车辆电池管理器 3 个线束接插器；④ 安装 E5 适配器（景格智能考训盒）车辆线束插接器；⑤ 装复蓄电池负极电缆；⑥ 安装电源正极线束夹，安装电池负极线束夹；⑦ 安装适配器（景格智能考训盒）电源线，打开电源开关。

（2）万用表校表：① 打开万用表，调整到 200 Ω 挡；② 将万用表的红、黑表笔对接，查看万用表的数值，若显示电阻值小于 0.5 Ω，则说明万用表正常。

（3）测量动力电池网电压：① 选用万用表，并调整至交流电压测试挡。② 将红表笔连接 BK45（C）-8 端子，黑色表笔连接车身搭铁，检查电池子网 CAN-H 工作电压值是否正常（正常电压值应在 2.5 ~ 3.5 V）。③ 将红表笔连接 BK45（C）-1 端子，黑色表笔连接车身搭铁，检查电池子网 CAN-L 工作电压值是否正常（正常电压值应在 1.5 ~ 2.5 V）。

（4）测量动力电池网电阻：① 调整万用表至电阻 200 Ω 测试挡；② 将万用表红色表笔连接 BK45（C）-8 端子，黑色表笔连接 BK45（C）-1 端子，检查电池子网总线电阻（在线情况下标准电阻应为 60 Ω 左右，若出现动力电池子网总线断路情况，测量电阻则为 120 Ω 左右）。

（5）测量动力电池网波形：① 选用手持示波仪，打开示波仪。② 将示波仪红色表笔连接 BK45（C）-8 端子，黑色表笔连接端搭铁子。调试示波仪后，观察示波仪显示屏中的电池子网总线 CAN-H 波形。正常波形应该为矩形数字方波，无明显的突变，若有明显突变说明有强烈干扰，可能存在故障。③ 将示波仪红色表笔连接 BK45（C）-1 端子，黑色表笔连接端搭铁子。调试示波仪后，观察示波仪显示屏中的电池子网总线 CAN-L 波形。正常波形应该为矩形数字方波，无明显的突变，若有明显突变说明有强烈干扰，可能存在故障。

（6）关闭车辆，断开蓄电池负极。

（7）拆卸 E5 电池管理系统适配器（景格智能考训盒）与车辆的连接线束。

4．动力网检测（详见本项目二维码资源）

（1）安装动力网适配器（景格智能考训盒）：① 取出与 E5 高压电控总成相连的动力网适配器（景格智能考训盒），连接电源线束；② 连接动力网适配器（景格智能考训盒）1 号和 2 号线束接插器；③ 断开车辆高压电控总成 64pin 线束插接器，断开车辆高压电控总成 32pin 线束插接器；④ 安装 E5 专用动力网适配器（景格智能考训盒）64pin 线束插接器，安装 E5 专用动力网适配器（景格智能考训盒）32pin 线束插接器；⑤ 安装蓄电池负极电缆；⑥ 安装电池正极线束夹和负极线束夹；⑦ 打开动力网适配器（景格智能考训盒）电源开关。

（2）万用表校表：① 打开万用表，调整到 200 Ω 挡；② 将万用表的红、黑表笔对接，查看万用表的数值，若显示电阻值小于 0.5 Ω，则说明万用表正常。

（3）测量动力网电压：① 选用万用表，并调整至交流电压测试挡；② 将红表笔连接 B28（A）-49 端子，黑色表笔连接车身搭铁，检查动力网 CAN-H 工作电压值是否正常（正常电压值应在 2.5 ~ 3.5 V）。③ 将红表笔连接 B28（A）-50 端子，黑色表笔连接车身搭铁，检查动力网 CAN-L 工作电压值是否正常（正常电压值应在 1.5 ~ 2.5 V）。

（4）测量动力网电阻：① 调整万用表至电阻 200 Ω 测试挡；② 将红色表笔连接 B28（A）-49 端子，黑色表笔连接 B28（A）-50 端子，检查动力网总线电阻（在线情况下标准电阻应为 60 Ω 左右，若出现动力网总线断路情况，测量电阻则为 120 Ω 左右）。

（5）测量动力网波形：① 选用手持示波仪，打开示波仪。② 将示波仪红色表笔连接 B28（A）-49 端子，黑色表笔连接端搭铁端子，调试示波仪后，观察示波仪显示屏中的电池子网总线 CAN-H 波形。正常波形应该为矩形数字方波，无明显的突变，若有明显突变说明有强烈干扰，可能存在故障。③ 将示波仪红色表笔连接 B28（A）-50 端子，黑色表笔连接端搭铁端子，调试示波仪后，观察示波仪显示屏中的电池子网总线 CAN-L 波形。正常波形应该为矩形数字方波，无明显的突变，若有明显突变说明有强烈干扰，可能存在故障。

（6）关闭车辆，断开蓄电池负极电缆。

（7）拆卸 E5 高压电控总成适配器（景格智能考训盒）与车辆的连接线束。

（8）装复车辆高压电控总成线束插接器。

（9）安装蓄电池负极电缆。

5．整理归位

（1）取下车外防护三件套，关闭机舱盖。

（2）取下车内防护三件套，关闭车门。

（3）按照 7S 管理标准，整理工具和清扫场地。

项目小结

本项目主要介绍了纯电动汽车整车控制系统的结构及其工作原理，并以北汽 EV160 型和比亚迪 E5 型纯电动车作为典型车型，分别讲述两种车型整车控制系统的构造和检修方法。

纯电动汽车的整车控制系统按实现的功能可分为低压电气系统、高压管理系统、车载网络系统，而实现这些控制的整车控制系统由整车控制器、高压配电盒、DC-DC 转换器、子系统控制器（电池管理器、电机控制器）、控制总线 CAN（高压控制总线 CAN-H、低压控制总线 CAN-L）、驾驶员操纵系统及整车各种低压辅助电器等组成。在汽车的正常行驶过程中，整车控制系统可以实现再生能量回收、网络管理、故障诊断与处理、车辆的状态控制与监视等功能。

EV160 的整车控制系统主要有整车控制器、DC-DC 转换器、电机控制器、电池管理器、高压控制盒、数据总线、驾驶员操纵传感器、高压互锁、绝缘检测装置（漏电传感器）、低压蓄电池及低压电器等部件。

EV160 的整车控制系统通过低压电气系统、高压管理系统、车载网络系统三个系统实现控制功能。

E5 的整车控制系统由高压电控总成、主控制器总成、电池管理控制器、数据总线、驾驶员操纵传感器、高压互锁、高压母线、低压铁电池和低压辅助电器等组成。

项目四学习资源

项目五　纯电动汽车空调系统构造与检修

项目概述

纯电动汽车的空调系统与传动汽车相比存在较大差异。目前，国内新能源汽车发展尚处于起步阶段，国内生产电动汽车的厂家在空调的零部件选择上，主要是选用压缩机和控制模式。虽然国内纯电动汽车空调系统无论是对汽车内空气质量的改善，还是在综合调控自动化等方面，都已经有了很大的提高，但是相比起步较早的国外纯电动汽车技术还不够成熟，在“节能”“高效”以及实用性上仍需努力改进。

本项目以北汽 EV160 型纯电动汽车空调系统为例，介绍纯电动汽车空调系统的组成和功能，从而让学生了解并掌握纯电动汽车空调系统相较于传统汽车的异同之处。

任务一　汽车空调系统的功能及组成

任务目标

（1）了解纯电动汽车空调系统的功用、组成及原理。

（2）理解空调制冷循环系统、采暖系统、配气系统及控制系统的工作原理。

（3）了解空调通风和空气净化系统装置组成及类型。

任务导入

在一堂汽车电气设备课上，老师讲述了传统汽车空调系统的组成及功能。小陈是学校汽车爱好者社团的成员，下周将要在社团活动中分享目前纯电动汽车革新技术。为了更好地完成本次分享，他向老师求证，纯电动汽车空调系统的组成和功能与传统汽车的是否有明显差别。同学们，你们能否替老师解答小陈的疑问吗（详见本项目二维码资源——任务导入）？

知识储备

随着人们对乘车舒适度的要求越来越高，汽车空调在汽车上的应用越来越广泛，与此同时空调的功能也越来越多。空调可以将车内空间的环境调整到对人体最适宜的状态，创造良好的劳动条件和工作环境，以提高驾驶人的劳动生产率和行车安全。本任务主要讲述纯电动汽车空调系统的组成、原理与检修。

一、汽车空调系统功能

汽车空调系统把经过处理的空气以一定的方式送入车内，从而将车内的环境状况控制在一定范围内，以满足驾乘人员对舒适的需求，包括对车内温度调节、车内湿度调节、车内空气流速调节、车内空气过滤净化等（详见本项目二维码资源）。

1．调节车内的温度

汽车空调在冬季利用其采暖装置升高车内的温度，在夏季利用其制冷装置降低车内的温度。

2．调节车内的湿度

空调系统的除湿功能不但可以提高车内环境的舒适度，还可以预防或去除风窗玻璃上的雾、霜和冰雪，为驾乘人员提供良好的驾驶视野，改善驾驶条件，保障行驶安全。

3．调节车内的空气流速

空气的流速和方向对人体舒适性影响很大。夏季，气流速度稍大，有利于人体散热降温；但气流流速过大，也会使人感到不舒服。冬季，气流流速过大，影响人体保温。根据人体生理特点，头部对冷比较敏感，脚部对热比较敏感，因此，在布置空调出风口时，应采取上冷下暖的方式，即让冷风吹到乘员的头部，暖风吹到乘员的脚部。

4．过滤、净化车内的空气

由于车内空间小，乘员密度大，车内极易出现缺氧和二氧化碳浓度过高的情况。此外，引入车内的新鲜空气可能含有一氧化碳、粉尘等有害物质，会造成车内人员的身体不适。因此，纯电动汽车空调需将外界的新鲜空气引入车内前，通过过滤、净化装置，对吸入车内的空气进行净化处理，以提高车内空气的洁净度。一般纯电动汽车空调上都设有进风门、排风门、空气过滤装置和空气净化装置。

二、汽车空调系统组成与原理

汽车空调由制冷系统、空调采暖系统、空调配气系统、空调控制系统、空调通风与空气净化系统组成。

（一）空调制冷系统

现代汽车大多采用的是自动空调，其空调制冷系统主要由空调制冷循环系统和控制系统组成。空调制冷系统可以在车内温度较高时降低车厢内的温度，使驾乘人员感到凉爽、舒适。这里将重点介绍空调制冷系统中的空调制冷循环系统。

1．空调制冷循环系统的组成

汽车空调系统产生冷气的过程称为制冷，汽车空调制冷循环系统由压缩机、冷凝器、蒸发器、膨胀阀、储液干燥器、制冷剂、冷冻润滑油、电动风扇及管路组成，如图 5-1 所示。

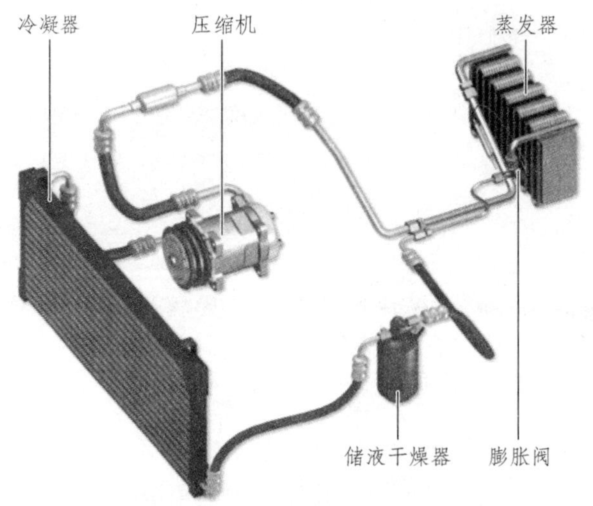

图 5-1　空调制冷系统的组成

（1）空调压缩机。

① 空调压缩机的作用。

空调压缩机是纯电动汽车空调制冷系统的心脏，其作用是吸入来自蒸发器的低温、低压气态制冷剂，将其压缩成高温、高压状态后送往冷凝器，保证制冷剂在系统中的循环流动。空调压缩机实物如图 5-2 所示。

图 5-2　压缩机

② 空调压缩机的类型。

空调压缩机根据不同的分类标准可以分为不同的类型。

a. 按原理分类。

根据工作原理的不同，空调压缩机可以分为定排量式压缩机和可变排量式压缩机，如图 5-3 所示。定排量压缩机的排气量是随着发动机转速的提高而成比例的提高，它不能根据制冷的需求而自动改变功率输出，而且对发动机油耗的影响比较大。

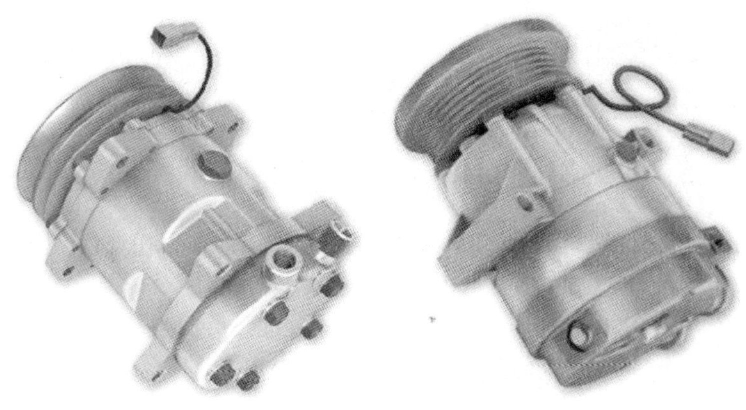

（a）定排量压缩机　　（b）变排量压缩机

图 5-3　空调压缩机按工作原理分类

变排量压缩机可以根据制冷的需求自动调节功率输出。空调系统根据空调管路内压力的变化信号控制压缩机的压缩比，从而调节制冷系统的制冷强度，使空调制冷系统的温度达到设定的温度。

b. 按工作方式分类。

根据工作方式的不同，空调压缩机一般可以分为往复式和旋转式，如图 5-4 所示。

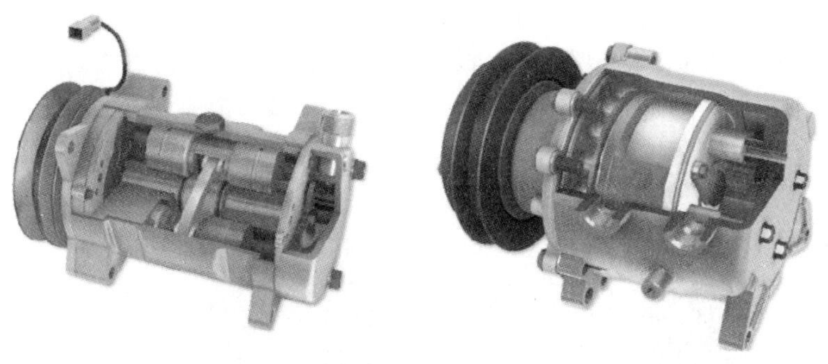

（a）往复式压缩机　　（b）旋转式压缩机

图 5-4　空调压缩机按工作方式分类

i. 往复活塞式压缩机。

往复活塞式压缩机活塞在往复运动的过程中会不断地吸入低压制冷剂气体，将其压缩，压力升高后排入冷凝器，使制冷剂在冷气系统内循环。往复活塞式压缩机对材料的要求低、加工容易、造价低廉。它能适应较广泛的压力范围和制冷量范围，热效率高；不足之处是，由于活塞作往复运行，动力平衡性能差，限制了压缩机转速的提高，结构复杂、易损件多、维护工作量大。

常见的往复式压缩机有曲轴连杆式压缩机和轴向活塞式压缩机，如图 5-5 所示。

曲轴连杆式压缩机，只应用在客车领域，小排量压缩机已不再采用该结构。轴向活塞式压缩机制造技术成熟，结构紧凑，对制造有一定的要求，制造成本较低。同时，在排量方面可大可小，能够广泛应用在各类车型上。

（a）曲轴连杆式压缩机　　　（b）轴向活塞式压缩机

图 5-5　往复式压缩机类型

轴向活塞式压缩机根据驱动结构不同分为摇盘式压缩机和斜盘式压缩机。摇盘式压缩机具有更高的可靠性，耐恶劣工况优势明显，被普遍引用在卡车、工程车上。斜盘式压缩机更容易实现小型化、轻量化、高转速、高效率，因此更多的应用在乘用车上。

ii. 旋转式压缩机。

常见的旋转式压缩机有旋转叶片式和涡旋式，如图 5-6 所示。

旋转叶片式压缩机体积与质量均可以做到很小，便于在狭小的空间里布置，该压缩机具备高转速、高效率、低噪声等优势。但其对加工精度要求高、制造成本较高，因结构及加工技术的限制，目前该类压缩机无法做到大排量。

涡旋式压缩机具有质量小、高转速、高可靠性、高能效比、低噪声、零件少等诸多优势，在小型化方向应用较多。但是，因对加工精度要求非常高，制造成本较高，且在大排量应用上不足，不能适应制冷量要求较高的领域。

（a）旋转叶片式压缩机　　　（b）涡旋式压缩机

图 5-6　旋转式压缩机类型

③ 空调压缩机组成及工作原理。

早期的轿车广泛使用的是可变排量的斜盘式压缩机，本节主要介绍斜盘式压缩机的组成和工作原理。

a. 斜盘式压缩机组成。

斜盘式空调压缩机是连续可变排量型压缩机，它的排量可以根据空调的制冷负荷进行调节，其主要由轴、接线板、活塞、滑蹄、曲柄室、气缸和电磁控制阀组成，如图 5-7 所示。其中，曲柄室与吸气通道相连；电磁控制阀安装在吸气通道（低压）和排放通道（高压）之间，根据空调放大器的信号，电磁控制阀以占空比控制的方式进行工作。

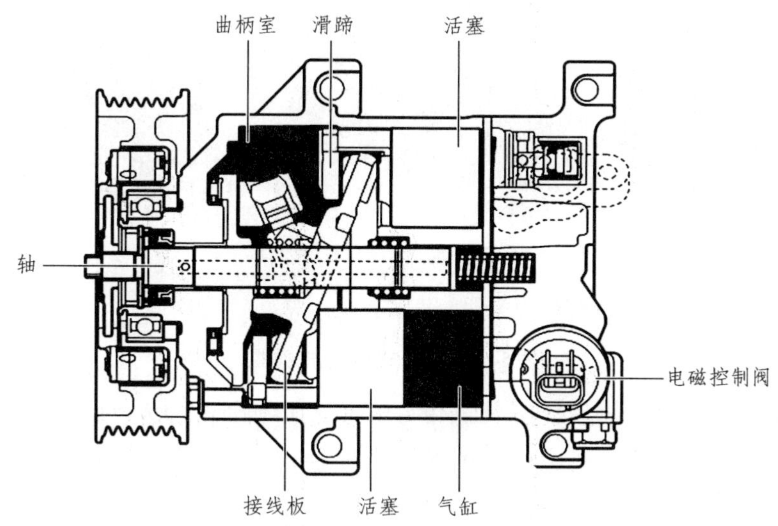

图 5-7　斜盘式压缩机组成

b. 斜盘式压缩机工作原理。

电磁控制阀闭合的时候（电磁线圈通电），会产生一个压差，曲柄室内的压力降低。然后，作用在活塞右侧的压力将高于作用在活塞左侧的压力。这样就会压缩弹簧并倾斜接线板。因此，活塞行程增加且排量增加。电磁控制阀打开（电磁线圈不通电）时，压差消失，作用在活塞左侧的压力将变得与作用在活塞右侧的压力相同，弹簧伸长且消除接线板的倾斜，这样活塞行程减小且排量减少，其工作原理如图 5-8 所示。

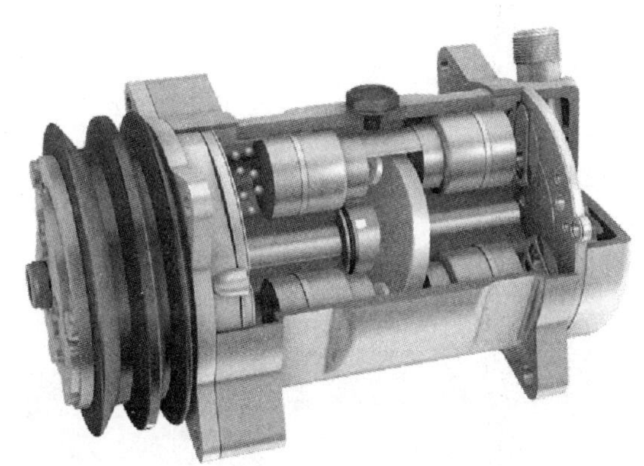

图 5-8　斜盘式压缩机的工作原理

（2）冷凝器。

冷凝器主要利用环境冷却介质（空气或水），将来自压缩机的高温、高压制冷蒸气的热量带走，使高温、高压制冷剂蒸气冷却，冷凝成高压、中温的制冷剂液体。值得一提的是，冷凝器在把制冷剂蒸气变为制冷剂液体的过程中，压力是不变的，仍为高压。

① 冷凝器的类型。

用于纯电动汽车空调中的冷凝器，常用的有管片式（管翅式）冷凝器、管带式冷凝器和平流式冷凝器。如图 5-9 所示。

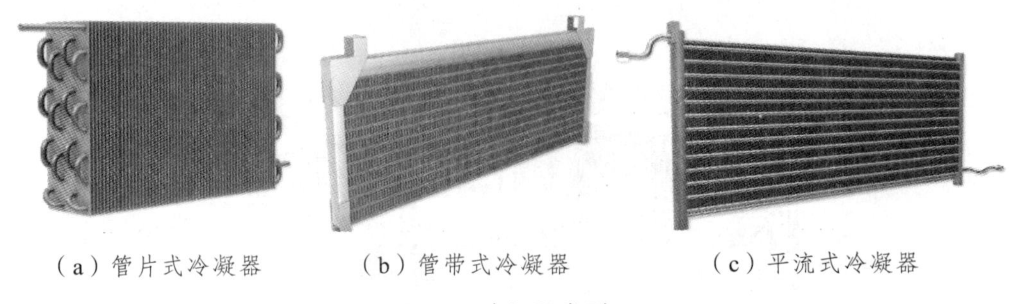

（a）管片式冷凝器　　（b）管带式冷凝器　　（c）平流式冷凝器

图 5-9　冷凝器类型

a. 管片式（管翅式）冷凝器。

管片式（管翅式）冷凝器制作工艺简单，它是由圆铜管上 0.2 mm 铝片组合而成，是较早采用的一种冷凝器形式，目前一般用在大中型客车上。

b. 管带式冷凝器。

管带式冷凝器普遍使用在小型纯电动汽车上。它采用一整根扁形管，弯成蛇形。管内用隔筋隔成若干个孔道，管外用 0.2 mm 铝片焊在上下两管外皮处，铝片折成皱纹状以增大散热面积。这种冷凝器结构紧凑（单管多孔）、质量小（全部铝质）、可靠性高（不用多处弯头焊接），但其管内制冷剂流动阻力要高于管片式。

c. 平流式冷凝器。

平流式冷凝器是为纯电动汽车空调使用新型制冷剂 R134a 而开发的。制冷剂由输入端接头进入圆柱主管中，再分别同时流入多个扁管，并平行地流至对面的主管，再集中经过跨接管流至冷凝器输出端接头。平流式冷凝器具有制冷剂侧的压力损失小、导热系数高、制冷剂充注量少等特点，更适合具有 R134a 性质的制冷剂在纯电动汽车空调中的使用。现代纯电动汽车的空调系统就是使用的平流式冷凝器。

② 冷凝器的组成。

冷凝器是一个热交换设备，一般安装在散热器的前面，主要由制冷剂管路、翅片、入口和出口等构成。如图 5-10 所示。

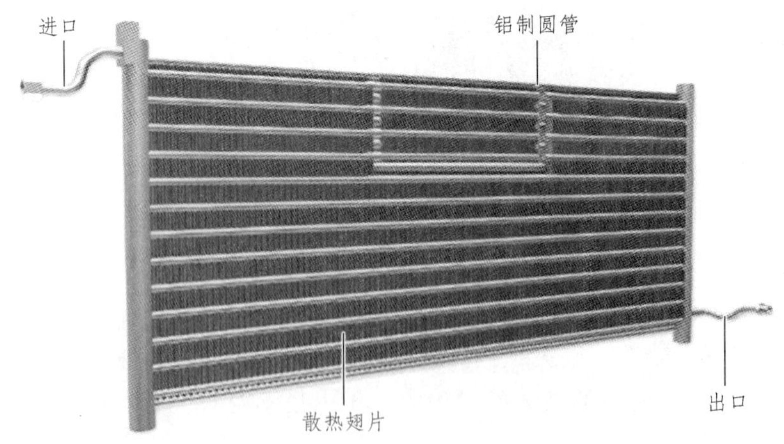

图 5-10　冷凝器组成

③ 冷凝器的工作原理（详见本项目二维码资源）。

经压缩机压缩后的高温、高压气态制冷剂，从冷凝器顶端的入口进入冷凝器内部的螺旋状管路，将热量传递给管路和翅片，此时发动机冷却风扇运转，使周围的空气对冷凝器管路和翅片内的制冷剂进行冷却，直至冷凝器释放潜热，制冷剂凝结成液态。

（3）蒸发器。

蒸发器也是一个热交换设备，其作用是将经过节流降压后的液态制冷剂汽化，吸收蒸发器周围空气的热量而使之降温，鼓风机再将冷风吹到乘客舱内（详见本项目二维码资源）。

蒸发器通常位于仪表台下方的空调箱壳体总成内，主要由螺旋管、翅片、入口管路和出口管路等组成，如图 5-11 所示。

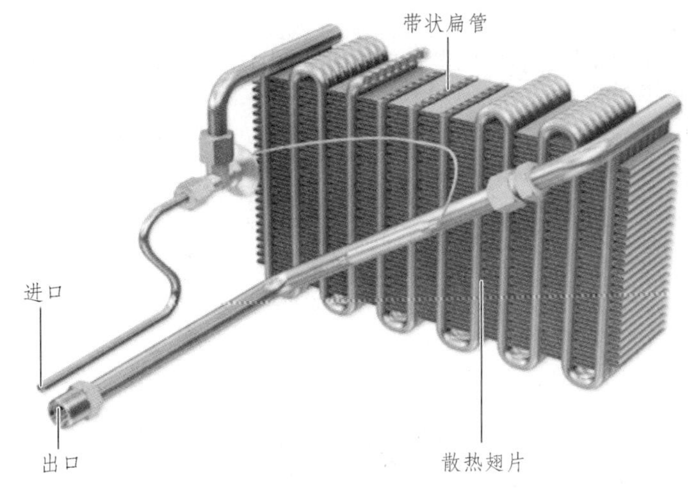

图 5-11　蒸发器结构

（4）膨胀阀。

膨胀阀安装在蒸发器入口，它是空调制冷循环系统的节流部件。

① 膨胀阀的作用。

膨胀阀主要作用有三个（详见本项目二维码资源）：

a. 节流作用：高温、高压的液态制冷剂经过膨胀阀的节流孔节流后，成为低温、低压的雾状液压制冷剂，为制冷剂的蒸发创造条件。

b. 调节作用：安装在膨胀阀体上的恒温控制阀按照要求改变开启或关闭位置来控制通过节流孔的液态制冷剂流量。

c. 控制制冷剂的流量：进入蒸发器的液态制冷剂，经过蒸发器后，制冷剂由液态蒸发为气态，吸收热量，降低车内的温度。膨胀阀可以控制制冷剂的流量，保证蒸发器的出口完全为气态制冷剂，若流量过大，出口含有液态制冷剂，可能进入压缩机产生液击；若制冷剂流量过小，提前蒸发完毕，造成制冷不足。

② 膨胀阀的类型。

按照平衡方式不同，常见的膨胀阀类型有内、外平衡式膨胀阀；按照结构特点不同，常见的膨胀阀类型有 H 形膨胀阀以及孔管式膨胀阀，如图 5-12 所示。

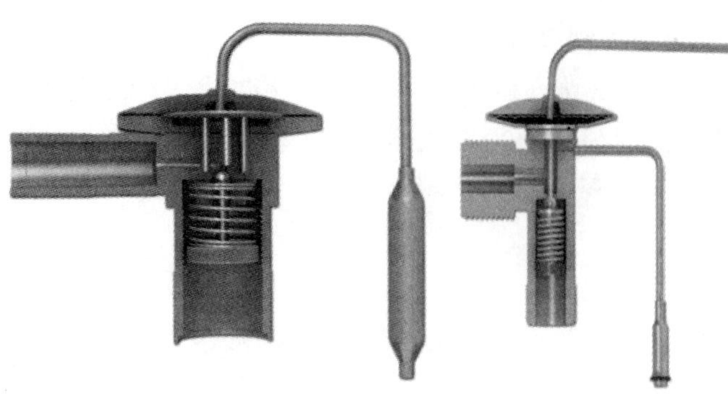

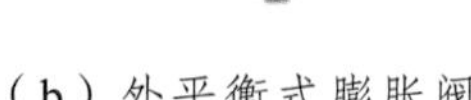

（a）内平衡式膨胀阀　　（b）外平衡式膨胀阀　　（c）H 形膨胀阀

图 5-12　膨胀阀类型

内平衡式的平衡压力来自蒸发器入口，外平衡式平衡压力来自蒸发器的出口。内平衡式膨胀阀一般用在家用空调上。纯电动汽车空调的冷量一般比较大，制冷剂在蒸发器里的压力损失也较大，因此采用外平衡式膨胀阀。

③ 膨胀阀的组成。

膨胀阀主要由感温器、毛细管、膜片、球阀、顶杆、弹簧等构成，如图 5-13 所示。

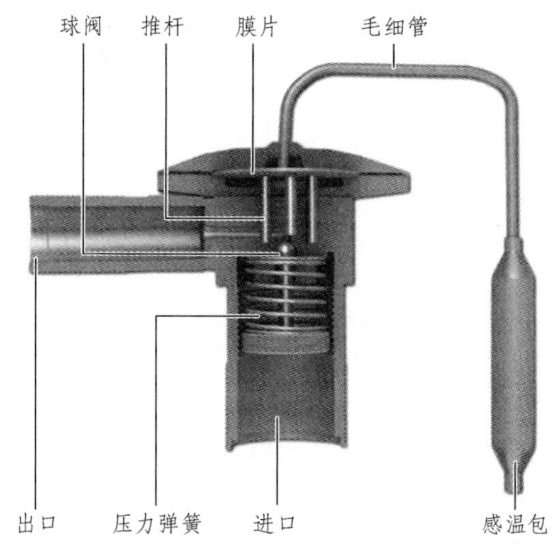

图 5-13　膨胀阀结构

④ 膨胀阀的工作原理。

从储液干燥罐来的中温、高压液态制冷剂，进入到 H 形膨胀阀，在球阀（钢球和压力弹簧）的作用下，另一侧压力大幅度下降，经过节流降压后的制冷剂进入蒸发器。在蒸发器中汽化吸热后的制冷剂从蒸发器出来，再次进入 H 形膨胀阀的另一个腔内，使处在制冷剂中的温度检测元件直接感知到蒸发器出口制冷剂的温度，并将温度传给膜片室，通过膜片室内饱和制冷剂热胀冷缩的效应，使滑动阀杆做上下移动，以控制钢球的位置，进而控制制冷剂的流量。从 H 形膨胀阀出来的制冷剂流回到压缩机再循环。

高制冷效果的需求会使制冷剂的温度升高，这些制冷剂会将这部分热传递给温度检测元件和膜片室。膜片室内的饱和制冷剂将会膨胀并且向下推动钢球和压力弹簧，使节流孔增大，进入蒸发器的制冷剂流量增加，这也就增加了制冷能力，因此从蒸发器出来的制冷剂温度将会下降。

如果从蒸发器出口流入膨胀阀的制冷剂温度下降，温度检测元件会将下降的温度传给膜片室，膜片室内的制冷剂收缩，在压力弹簧的作用下，钢球向上移动，这就导致了节流孔的开度减小，因而降低了进入蒸发器的制冷剂流量。

（5）储液干燥器。

储液干燥器用于装有膨胀阀的空调系统中，位于冷凝器和膨胀阀之间的高压侧。其作用是临时存储在冷凝器中液化的制冷剂，根据制冷负荷需要，随时供给蒸发器，保证流入蒸发器的制冷剂是纯液态，并补充系统中的微量渗漏以及对系统中的水分和杂质进行干燥和过滤。

① 储液干燥器的结构。

储液干燥器主要由储存瓶、过滤器、干燥剂和提取管路等构成，如图 5-14 所示。

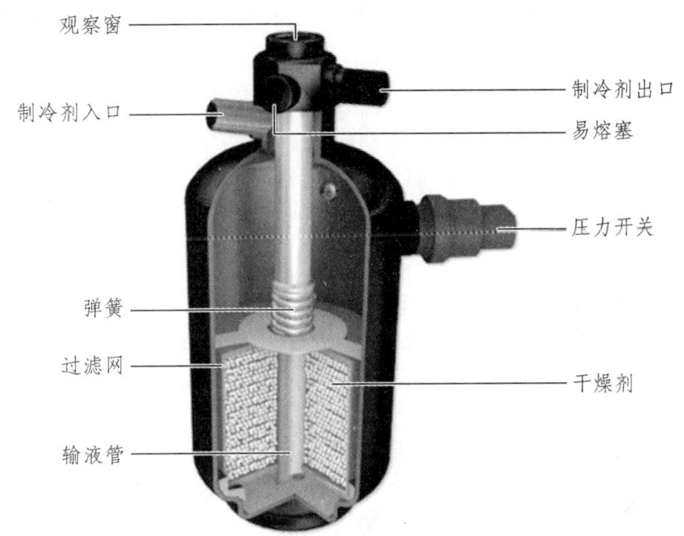

图 5-14　储液干燥器结构

其中，储存瓶用来储存液态制冷剂；过滤器用来去除冷冻油和制冷剂中的颗粒物；干燥剂用来除去系统中的湿气；提取管路则是为了确保只有液态制冷剂才能离开储液干燥器；提取管路底部还包括一个被校准过的通道，用于调整返回系统的冷冻油流量。

② 储液干燥器的工作原理（详见本项目二维码资源）。

在正常的工作过程中，制冷剂从冷凝器的出口流到储液干燥器的顶部。制冷剂中的湿气被干燥剂吸收后，再通过微粒过滤器和提取管路返回系统。

（6）制冷剂。

制冷剂是制冷循环系统中传热的载体，通过物理状态变化吸收和放出热量，因此要求制冷剂在常温下容易汽化，在适当的凝结压力时，临界温度（物质由气态转变为液态的最高温度）要高，在状态变化时要尽可能多地吸收或放出热量。同时制冷剂还应具备以下性质：

① 无色、无味、无毒、无刺激，对人体健康无损害。

② 不易燃烧，不易爆炸。

③ 与冷冻油接触时，化学、物理安定性良好，且可任意比互溶。

④ 泄漏时容易侦测。

⑤ 价格合理，容易制取。

制冷剂（Refrigerant）的牌号中常用 R 来代表制冷剂，后面表示制冷剂名称，如 R12、R22、R134a 等。过去常用的制冷剂是 R12（氟利昂），这种制冷剂各方面的性能都很好，但是有一个致命的缺点，就是会破坏大气中的臭氧层，使太阳的紫外线直接照射到地球，对植物和动物造成伤害。我国目前已停止生产用 R12 作为制冷剂的汽车空调系统。

（7）冷冻润滑油。

在空调制冷系统中有相对运动的部件（压缩机），需要对其润滑。由于制冷系统中的工作条件比较特殊，所以需要用专门的润滑油——冷冻润滑油。冷冻润滑油除了起到润滑作用以外，还可以起到冷却、密封和降低机械噪声的作用。在制冷系统中的润滑油还有一个特殊的要求，就是要与制冷剂相溶，并且随着制冷剂一起循环。因此在冷冻润滑油的选用上，一定要注意正确选用冷冻润滑油的型号，切不可乱用，否则将造成严重的后果。

冷冻润滑油使用要求：

① 冷冻润滑油应保存在干燥、密封的容器里，存放在阴暗处，避免空气中的水分和其他杂质进入油中。

② 不同牌号的冷冻油不能混装、混用。

③ 制冷系统中不能加注过量的冷冻油，以免影响制冷效果。

（8）电动风扇。

电动风扇位于冷凝器的后方，用来提高通过冷凝器的空气流速，增强冷凝器的散热能力，加速气态制冷剂的冷凝。它主要由集风罩、电动机、冷却风扇等组成，如图 5-15 所示。

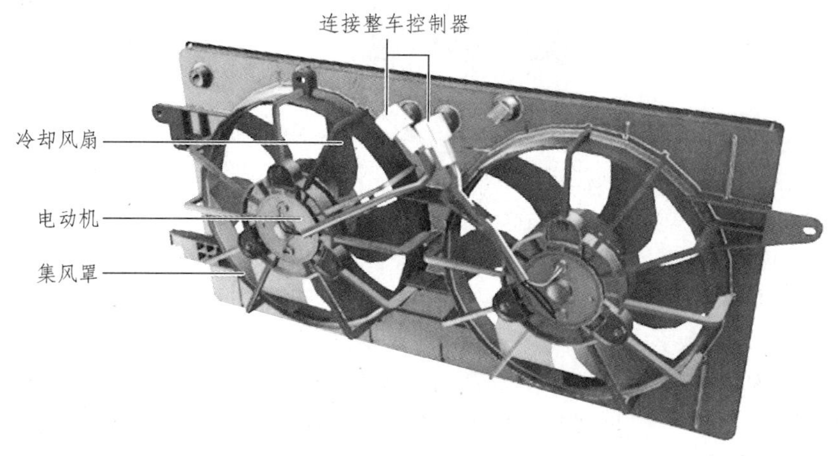

图 5-15　电动风扇

2．空调制冷系统的工作原理（详见本项目二维码资源）

纯电动汽车的电动压缩机将气态的制冷剂从蒸发器中抽出，并将其压入冷凝器，低压气态制冷剂经冷凝器时液化而进行热交换（释放热量），热量被车外的空气带走。高压液态的制冷剂经膨胀阀的节流作用而降压，低压液态制冷剂在蒸发器中气化而进行热交换（吸收热量），蒸发器附近被冷却了的空气通过鼓风机吹入车厢。气态的制冷剂又被压缩机抽走，泵入冷凝器，如此使制冷剂进行封闭的循环流动，不断地将车厢内的热量排到车外，使车厢内保持适宜的温度。

纯电动汽车制冷系统的工作包括压缩、冷凝、干燥、节流和蒸发 5 个过程，具体如下：

（1）压缩过程：空调压缩机吸入蒸发器出口处的低温低压的气态制冷剂，将其压缩成高温、高压的气态制冷剂。

（2）冷凝过程：高温、高压的气态制冷剂进入冷凝器后，将热量释放到空气中，冷凝成中温、高压的液态制冷剂。

（3）干燥过程：经冷凝器冷凝后的液态制冷剂进入储液干燥罐后，储液干燥罐将水分和微小杂质过滤后的液态制冷剂送到膨胀阀。

（4）节流过程：中温、高压的液态制冷剂经过节流膨胀装置（膨胀阀）后体积变大，压力和温度急剧下降，变成低温低压的液态制冷剂（呈雾状）。

（5）蒸发过程：低温低压的液态制冷剂进入蒸发器，由于此时制冷剂沸点远低于蒸发器内的温度，低温、低压的液态制冷剂蒸发成低温、低压的气态制冷剂。

（二）空调采暖系统

空调采暖系统的主要作用是与蒸发器一起共同将空气调节到使人感到舒适的温度；在寒冷的冬季向车内提供纯暖气，提高车内空气的温度；当车窗玻璃结雾或结霜，影响司机和乘客的视线，不利于行车安全时，可通过采暖装置吹出热风来除雾或除霜。

1．空调采暖系统组成

纯电动汽车空调供暖系统是由 PTC 加热器、PTC 温度传感器、PTC 控制器等部件组成，如图 5-16 所示。

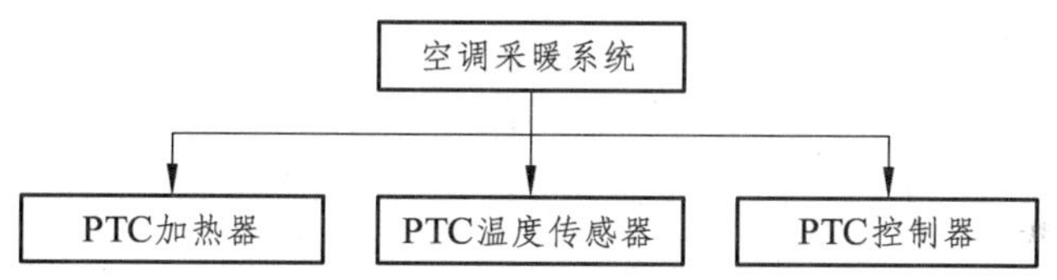

图 5-16　空调采暖系统组成

（1）PTC 加热器。

PTC 加热器，如图 5-17 所示。PTC 加热器具有体积小、制热效率高的优点，是一种自动恒温、省电、安全的电加热器。PTC 加热器的突出特点在于安全性能上，如遇鼓风机故障停转时，PTC 加热器因得不到充分散热，其功率会自动急剧下降，加热器的表面温度维持在居里温度左右（一般在 250 °C 上下），不会产生像电热管加热器表面“发红”现象，不会因温度过高而引起火灾等安全隐患。

图 5-17　PTC 加热器

① PTC 加热器的组成。

PTC 加热器是由 PTC 发热单体和铝制散热器组成。在 PTC 加热器中共有 7 根 PTC 发热单体，通过内部电路的连接形式划分成两个功率不同的加热模块，如图 5-18 所示。一个是由 3 根发热单体并联组成的功率为 1.5 kW 的加热模块，另外一个是由 4 根发热单体并联组成的功率为 2 kW 的加热模块，它们的工作状态及工作方式均由 PTC 控制器控制。

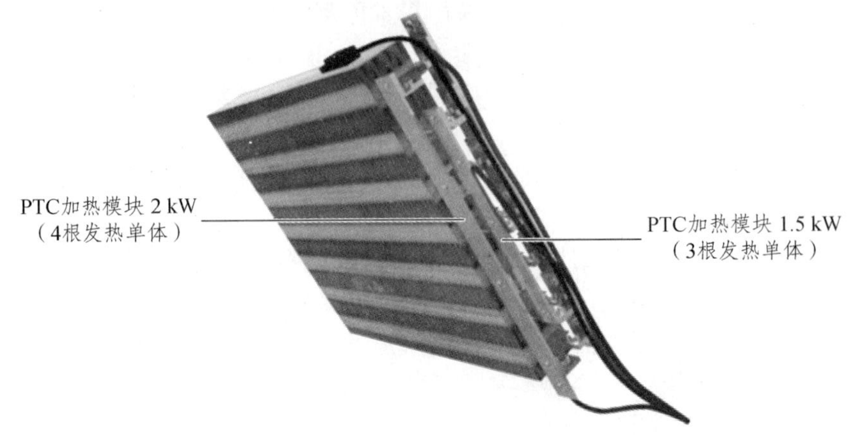

图 5-18　PTC 加热模块

PTC 加热器安装于通风系统的风道中，从空气进入通风管道的流动方向来看，其位于蒸发器后方，流经 PTC 加热器的空气流量受到冷暖风门翻板的控制。

② PTC 加热单体的物理特性。

PTC 加热单体是一种用于恒温加热的正温度系数热敏电阻器，其恒温发热特性是由材料特性决定的。PTC 热敏电阻通常是用半导体材料制成的，PTC 热敏电阻元件因具有随环境温度高低的变化，其电阻值随之增加或减小的变化特性，所以 PTC 加热器具有节能、恒温、安全和使用寿命长等特点。按材质可以分为陶瓷 PTC 热敏电阻和有机高分子 PTC 热敏电阻。用于空调辅助电加热器的是陶瓷 PTC 热敏电阻。当 PTC 加热单体通上电后，电能转化成热能使得元件本体温度上升，随着温度的增加，加热单体自身的电阻值也在急剧增大。在正常的工作范围内，流过元件的电流增大，电功率就增大。元件的温度升高，使阻值增大、电流减小、电功率减小。当电功率引起的温升与散热量达到平衡时，元件本体的温度、阻值都趋于稳定，发热量处于恒温发热的状态。

由 PTC 加热器单体“温度-电阻”特性曲线可知，元件自身的阻值变化与自身的温度成正比例的关系。当某种原因造成流过元件的电流突然增大，则突然增大的电功率会使元件的自身电阻值很快呈高阻状态，使电流降至接近于零，起到限流保护作用（PTC 加热器工作原理详见本项目二维码资源）。

③ PTC 加热器的工作过程。

当空调系统处在制冷/通风换气工况时，PTC 加热器受 PTC 控制器控制处于断电状态。冷暖风门翻板将关闭流向 PTC 加热器的通风管道入口（PTC 加热器自身不发热），空气流穿过蒸发器后直接经相关的模式风门进入车厢，从出风口吹出的风为冷风/自然风。

当空调系统处于供暖工况时，冷暖风门翻板开启一定角度将一部分来自蒸发器的空气流引入 PTC 加热器，PTC 控制器控制 PTC 加热器通电产生热量。经过加热后的部分空气流从加热腔室流出后与从蒸发器流出的空气混合形成温度适宜的空气流，从相关模式风门吹出进入车厢进行供暖。

（2）PTC 温度传感器。

PTC 温度传感器是一个负温度系数的热敏电阻器，如图 5-19 所示。该温度传感器用于将

PTC 加热器的实时温度数值转换成电压信号传送至 PTC 控制器。通过 PTC 温度传感器的反馈信号，控制器能实现对加热器的发热量进行有效控制。

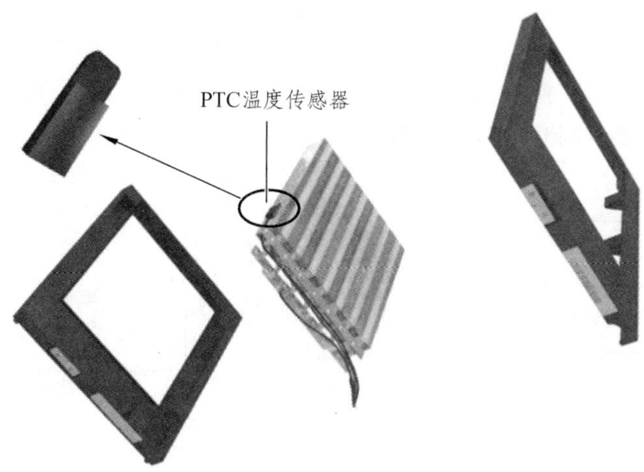

图 5-19　PTC 温度传感器

（3）PTC 控制器。

PTC 控制器安装在车舱 PDU 内部，安装位置如图 5-20 所示。PTC 控制器对 PTC 加热器的供电控制（通电模式、电流导通时间），接收空调控制单元的制热触发指令并根据系统对热量的需求情况，精确控制 PTC 加热器的发热量。

图 5-20　PTC 加热器控制器安装位置

PTC 控制模块根据接收到的加热请求信号、集成控制器控制信号、PTC 总成内部传感器温度反馈等信号综合控制 PTC 加热器通断。PTC 控制模块采集的信息包括风速、冷暖程度设置、出风模式、加热器启动请求、环境温度。

2．空调采暖系统的类型

燃油汽车空调系统的暖风热源主要由发动机冷却液提供，而电动纯电动汽车的暖风系统与之不同。纯电动纯电动汽车空调采暖系统常见的热源有热泵、PTC 加热器、余热+辅助 PTC 三种。

（1）热泵。由传动带驱动的直流无刷电机的电动纯电动汽车热泵式空调系统工作原理，如图 5-21 所示。空调系统的制热模式由电磁四通换向阀转换，实线箭头表示制冷工况，虚线箭头表示制热工况。从原理上讲，该系统与普通的热泵空调并无区别，但是用于电动纯电动汽车上，其专门开发了双工作腔滑片压缩机、直流无刷电机和逆变器控制系统。在热泵工况下，系统从融霜模式转为制热模式时，风道内换热器上的冷凝水将迅速蒸发，在风窗玻璃上结霜，影响驾驶的安全性。

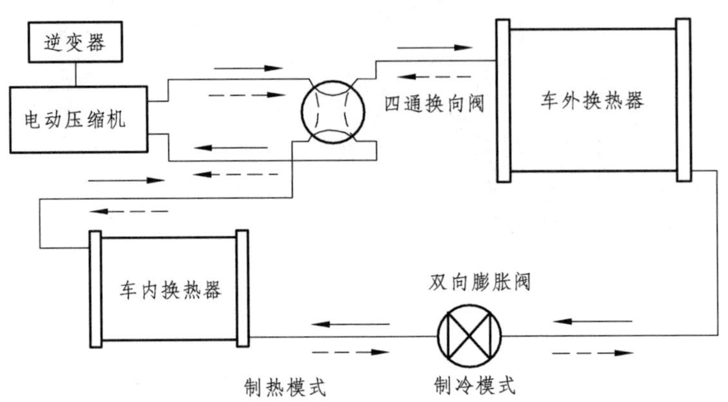

图 5-21　热泵式空调系统原理

（2）PTC 加热采暖系统。PTC 加热采暖系统工作原理如图 5-22 所示。

利用 PTC 热电阻制成的加热器为电动纯电动汽车车室内供暖时，虽然具有恒温发热、无明火、温升速度快、成本低、使用寿命长、绿色环保、不需要控制系统等优点，且不需要改动暖风机总成的壳体，但是能耗较高。当车内要满足除霜、取暖等相关法规要求时，PTC 需要达到 3 kW 以上的功率。这样不仅会对蓄电池产生较大的影响，同时还会产生异味，存在安全隐患。但对于电动纯电动汽车而言，PTC 加热器目前是最佳的取暖方案。

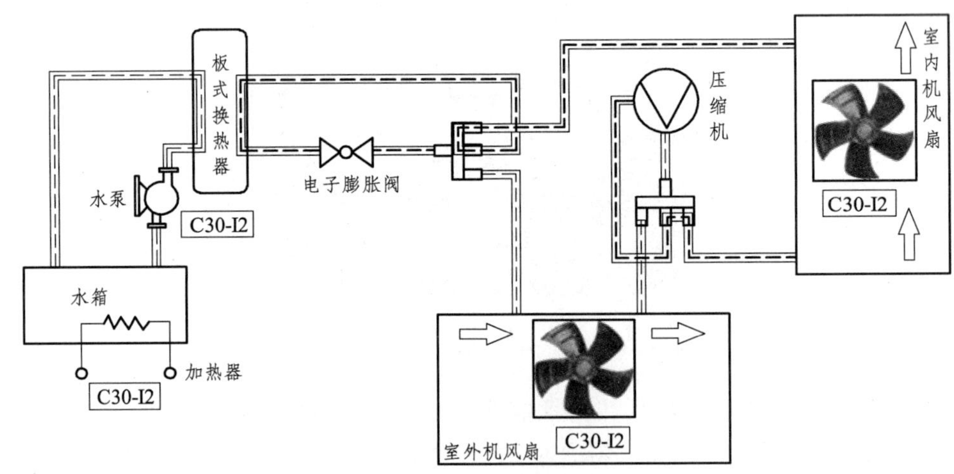

图 5-22　PTC 加热采暖系统工作原理

（3）余热+辅助 PTC。利用大功率器件（功率变换、驱动电机、电机控制器等）工作时产生的热量，对车内环境进行热交换。当热量不足时，启用辅助 PTC 加热器。

（三）空调配气系统

1．空调配气系统的类型

纯电动汽车空调配气系统主要有冷暖独立式、冷暖转换式、半空调试和全空调式 4 种。

（1）冷暖独立式。在夏季，车内空气在鼓风机吹动下，通过蒸发器冷却后吹向车内，降低车内温度。在冬季，车内空气与车外空气混合，在鼓风机的吹送下，通过加热升温，从中、下风门输送到车内，或经上风口吹向风窗玻璃进行除霜。

（2）冷暖转换式。当选择制冷功能时，混合空气经蒸发器冷却后吹出；当选择制热功能时，混合空气经加热升温后由地板风口吹出；当选择除霜功能时，热风由除霜风口吹向风窗玻璃；当加热器和蒸发器全关闭时，送入车内的为自然风。

（3）半空调式。车内循环空气和新鲜空气经风门调节混合后，先经过蒸发器冷却，后经鼓风机送入风门调节，一部分或大部分进入加热器，冷风出口不再进行调节，已经被除湿。如果不开蒸发器，送出的是暖风；若两者都不开，则送出来的是自然风。

（4）全空调式。也称空气混合式，即新鲜空气和车内循环空气经过风门调节后，由鼓风机吹向蒸发器进行降温除湿，再经风门进入加热器加热，出来的冷气和热气混合后，按功能要求送入车内。

汽车空调配气系统的结构及工作原理详见本项目二维码资源。

2．空调配气系统的工作过程

纯电动汽车配气系统的工作过程一般由空气进入阶段、空气混合阶段、空气分配阶段三部分构成。

第一部分为空气进口段，主要由气源风门和鼓风机组成，用来控制室外新鲜空气和室内再循环空气的比例。

第二部分为空气混合段，主要由蒸发器、加热器和调温风门组成，用来调配所需温度和湿度的空气。

第三部分为空气分配段，分配段的除霜门、中风门、下风门，可调节空调风吹向挡风玻璃、乘员的中上部或脚部，控制空调器内风机转速，调节空调风的流量，改变人体感觉的温度，如图 5-23 所示。

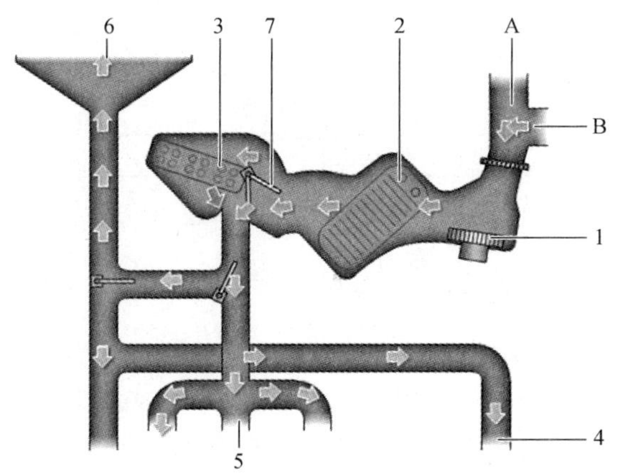

1—鼓风机；2—蒸发器；3—加热器；4—脚部吹风口；
5—中央吹风口；6　除霜风口；7—调温风门；
A—外气；B—内气。

图 5-23　空调配气系统工作过程

（四）空调控制系统

空调自动控制系统是指利用自动控制装置，保证某一特定空间内的空气环境状态参数达到期望值的控制系统。其作用是通过对车室内空气的温度、风量、流向进行操纵，实现对制冷和暖风系统的温度、压力进行控制，以完善空调系统的各项功能。

1．空调控制系统组成

纯电动汽车空调控制系统主要由传感器、控制器和执行调节机构组成。

（1）传感器。传感器是将空调系统的工作状况，转化为电信号，发送给空调控制器，作为纯电动汽车空调控制的输入参数。其主要包括车外环境温度传感器、车内温度传感器、蒸发器温度传感器、光照传感器、制冷剂压力传感器等。

（2）控制器。空调控制器与操纵面板制成一体，称为空调控制器总成，它对输入的各种传感器和功能选择键的输入指令进行计算、分析、比较后发出指令，控制各个执行元件动作，使车内温度、空气流动状况等始终保持在设定的水平上，另外空调控制器还具有自诊断功能。

（3）执行调节机构。执行调节机构根据来自空调控制器的调节信号控制电动阀门、电磁阀等执行器的工作，从而实现相应的控制功能。执行控制机构包括进风伺服电机、鼓风机、压缩机等。

2．空调控制系统的原理

空调控制器采集到空调 A/C 开关信号、空调压力开关信号、蒸发器温度信号、风速信号以及环境温度信号，经过运算处理形成控制信号，通过 CAN 总线传输给空调的电动压缩机和 PTC 加热器，空调控制器控制空调压缩机和 PTC 加热器的工作，从而使纯电动汽车内具有适当的温度，如图 5-24 所示。

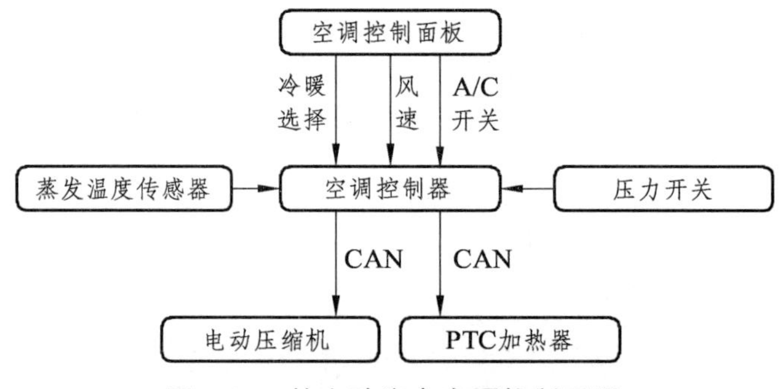

图 5-24　纯电动汽车空调控制原理

（五）空调通风与空气净化系统

纯电动汽车通风和空气净化系统是其空调系统的重要组成部分。车厢内有人呼吸排出的二氧化碳、蒸发的汗液、吸烟以及从车外进入的灰尘、花粉等污染物。因此，对车厢内进行通风换气以及对车内空气进行过滤、净化是十分必要的。

1．通风系统

（1）空调通风系统组成。

将新鲜空气送进车内，取代污浊空气的过程，称为通风。通风系统的作用是在纯电动汽车行驶时保证室内通风，即向纯电动汽车内不断加入新鲜空气，驱排混有尘埃、二氧化碳及来自发动机的有害气体。在寒冷的冬季，还应对新鲜空气进行加热，以保证室内温度适宜。纯电动汽车空调通风系统主要由鼓风机、风门伺服电机、风门、出风口、各出风管道和蒸发箱等组成，如图 5-25 所示。

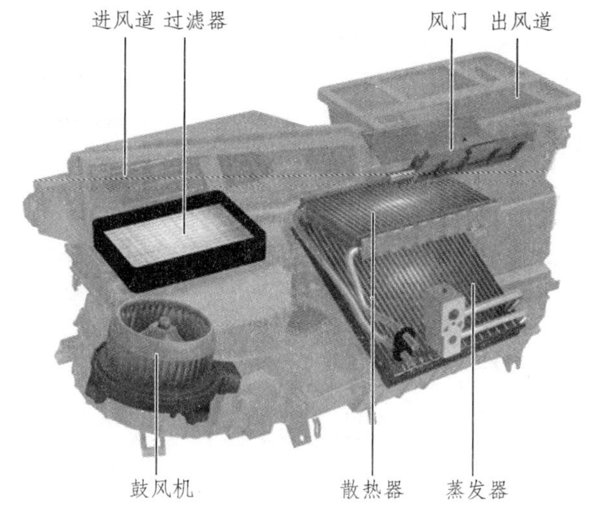

图 5-25　通风系统组成

（2）空调通风系统的类型。

纯电动汽车空调的通风方式一般有动压通风、强制通风和综合通风三种。

① 动压通风。动压通风也称自然风，它是利用纯电动汽车行驶时对车身外部所产生的风压为动力，在适当的地方开设进风口和排风口，以实现车内的通风换气。轿车风洞试验的车身表面压力分布如图 5-26 所示，车身外部大多受到负压，只有在车前及前风窗玻璃周围为正压区。进风口应设置在正风压区，并且离地面尽可能的高，以免引入车辆行驶时的扬尘。排风口则设置在纯电动汽车车厢后部的负压区，并且应尽量加大排气口的有效流通面积，提高排气效果，注意防尘、噪声以及雨水的侵入。

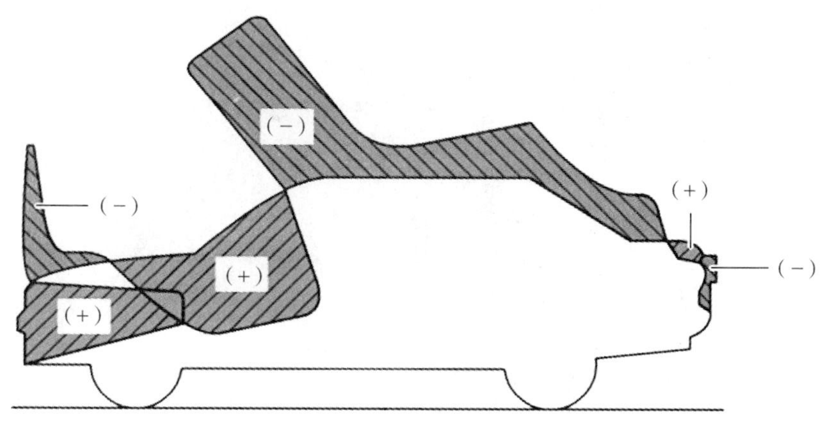

（－）—正压力；（+）—负压力。

图 5-26　轿车车表面压力分布

动压通风时，车内空气的流动情况如图 5-27 所示。自然风通过进风口流入，车外空气的动能压力大于车厢内空气，挤压车内空气从排风口排出，车外空气与车内空气完成通风换气。动压通风不消耗动力，结构简单，通风效果较好，轿车大都设有动压通风口。

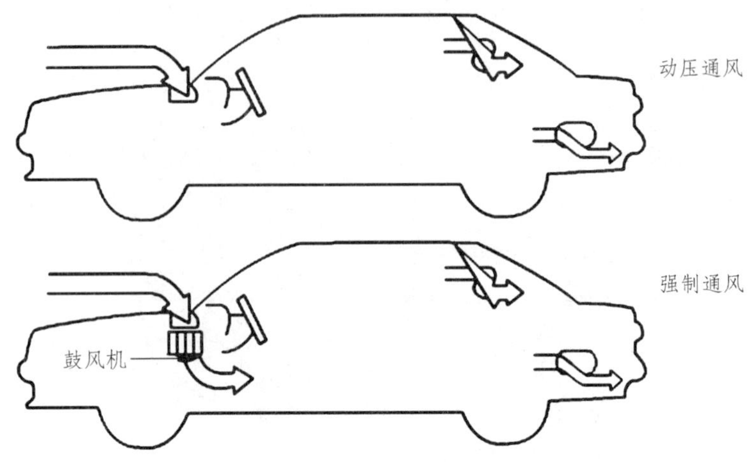

图 5-27　纯电动汽车的通风方式

② 强制通风。强制通风是利用鼓风机强制将车外空气送入车厢内进行通风换气，进气口和排气口一般与自然通风的风口在相同的位置。在冷暖一体化的纯电动汽车空调上，大多采用通风、供暖和制冷的联合装置，将外气与空调冷暖空气混合后送入车内。

③ 综合通风。综合通风是一辆纯电动汽车上同时采用动压通风和强制通风。综合通风系统结构复杂，但省电、经济性好、运行成本低，特别是在春秋季节的天气，用动压通风导入凉爽的外气，以取代制冷系统工作，同样可以保证舒适性要求。

2．空调空气净化系统

空调空气净化系统就是通过车内外通风实现空调对车内空气的净化，除去车内空气中的异味、有毒有害气体、细菌病毒等污染源，使车内保持清洁舒适的空气环境，如图 5-28 所示。

图 5-28　空调空气净化系统

（1）空调空气净化系统组成。

现在传统汽车普遍使用的空气净化系统主要由滤网型车载空气净化器和鼓风机组成。滤网型车载空气净化器可以有效净化纯电动汽车内的灰尘、甲醛、苯、细菌等有害物质，达到清洁车内空气的目的。鼓风机则是一个微风扇，负责将冷气或热气输送到室内，为空调空气净化系统提供风动力。

而纯电动汽车的空气净化系统则主要由空气质量传感器、负离子发生器、空调滤清器和鼓风机组成。空气质量传感器用来检测和控制车内流通的空气质量，对各种空气污染源都有极高的灵敏度，响应时间快，随时保证空气的净化质量达标。负离子发生器则是通过碳纤维毛刷的直流副高压放电形成负离子，改善车内空气质量，为驾驶员及乘客营造健康、舒适的车内环境。空气滤清器主要用于过滤掉空调吸入空气中的杂质，对车内空气起到净化作用。

（2）空调空气净化系统的工作原理。

系统内的鼓风机（微风扇）使车内空气循环流动，污染的空气通过机内的 $PM_{2.5}$ 过滤网和活性炭滤芯后将各种污染物过滤或吸附，然后经过装在出风口的负离子发生器将空气不断电离，产生大量负离子，被微风扇送出，形成负离子气流，达到清洁、净化空气的目的，如图 5-29 所示。

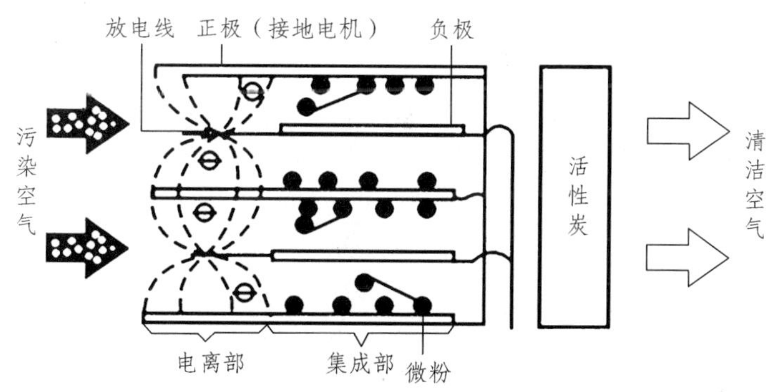

图 5-29　空气净化系统工作过程

（3）空调空气净化系统中空气净化装置的类型。

目前常见的车载空气净化装置类型主要有空气过滤式和静电集尘式两种。

① 空气过滤式净化器。

空气过滤式净化器设置在空调系统的进风口处，采用风扇强制换气，利用多孔性滤材，如活性炭、滤纸、纤维、泡棉等，对空气中的悬浮颗粒、有害气体进行吸附，从而有效过滤悬浮物和少量有害物质。其结构比较简单，只需定期清理过滤网上的灰尘和杂物，对臭味异味、病原菌、病毒、微生物及装饰材料造成的空气污染有一定作用。但滤网型车载空气净化器只对被动吸入的空气进行净化，由于功率的限制，无法把车内的空气进行吸入而净化，因此净化效果有限。

空气过滤式净化器广泛用于各种纯电动汽车空调系统中，EV160 电动空调系统采用的就是空气过滤式净化器。

② 静电集尘式空气净化器。

静电集尘式空气净化器是在空气进口的过滤器后再设置一套静电集尘装置或单独安装一套用于净化车内空气的静电集尘装置。

静电集尘式车载空气净化器是利用纤维状活性炭滤网及静电滤尘网净化空气。

静电滤网的原理是在无纺布纤维内植入正负向永久性电荷，使布面上充满高电压的强力静电，用来吸附空气中的悬浮粒子，使对人体有害的分子在通过滤网时被吸附在滤网内，滤网清净效率可达到95%。

静电集尘式空气净化器的工作过程如下：

首先，永久性网孔预过滤器将风机带进的脏空气和大型颗粒如毛发和纤维屑挡住。

其次，空气清洁器的空气净化滤网内的高压电离器使空气中的污染物（小到如细菌和病毒这样 0.01 μm 左右的微粒）带电，并被吸附在收集盘中， 这样可以阻止有害的刺激物在室内流通。

然后，活性炭过滤器吸收异味。

最后，净化后的空气又回到了车厢内。

通过定期洗涤，可以很方便地更新空气净化滤网。但静电集尘型车载空气净化器是需要与其他器材配合才能达到高效的净化效果，因为静电集尘式车载空气净化器并不能完全吸附并消除异味，也无法完全分解有毒化学气体。同时，其净化效果和净化效率会随着悬浮微粒的累积增加而递减，需要经常清洗集尘板以恢复其效果与效率，故维护成本较高，只用于高级轿车和旅行车上。

任务二　纯电动汽车空调系统的组成及检修

任务目标

（1）掌握北汽 EV160 汽车空调系统的组成及工作原理。

（2）掌握北汽 EV160 汽车空调系统常见故障检修。

任务导入

一辆纯电动汽车被送至 4S 店进行维修，车主反映该车突然出现空调制冷工作异常。维修接待人员试车发现空调制冷效果是逐渐变弱的，直至制冷效果完全丧失。经初步诊断，故障原因指向空调制冷循环系统，需要针对此故障进行维修。现车间调度将任务工单派发至你手中，请先学习相关知识，然后安全规范地完成分派的检修任务。

知识储备

一、EV160 纯电动汽车空调系统

EV160 与其他纯电动汽车一样，其空调系统主要由制冷系统、采暖系统、控制系统、通风系统等组成。

（一）EV160 空调制冷系统

1．EV160 汽车空调制冷系统组成

EV160 的电动空调制冷系统采用的是循环离合器膨胀阀系统，其结构主要由电动压缩机、冷凝器、蒸发器、膨胀阀、储液干燥器、电动风扇、高低压管路以及管路内循环的制冷剂和冷冻润滑油组成，如图 5-30 所示。各部件之间通过铝管和高压橡胶管连接成一个密闭的循环系统。和传统内燃机空调制冷系统相比主要区别在于北汽 EV160 空调系统采用了电动压缩机、电子膨胀阀。

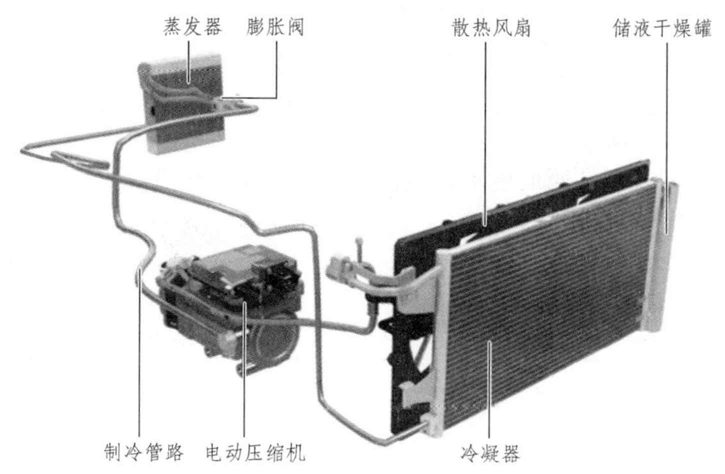

图 5-30　EV160 电动空调制冷系统组成

（1）电动压缩机。

EV160 与其他纯电动汽车一样，没有发动机作为空调压缩机的动力源，采用电动压缩机作为空调制冷系统的动力源。

① EV160 电动压缩机组成。

EV160 采用同轴独立式驱动的电动压缩机，其结构类型为涡旋式，位于蒸发器和冷凝器之间，其本身具有调速功能，控制系统与传统空调压缩机控制有明显不同。该压缩机的电能来源于纯电动汽车上动力电池的直流电，压缩机靠单独电机驱动，压缩机转速单独可控，因此可以通过精确的控制以及在常见热负荷工况下的高效率运转来降低空调系统的能耗，从而提高整车的经济性。

EV160 压缩机是涡旋式电动压缩机，其主要由压缩机控制器、驱动电机、涡盘泵体总成、壳体以及内部密封圈和轴承等组成，如图 5-31 所示。

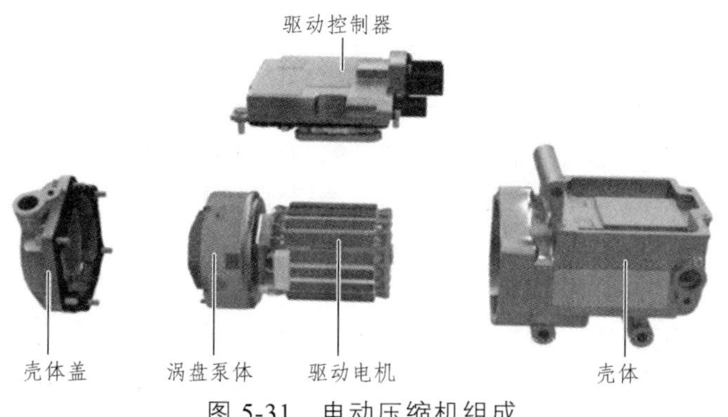

图 5-31　电动压缩机组成

a. 驱动控制器。

直流电机的驱动控制器是一种对直流电机的运行过程进行综合控制的电气装置，又可称为直流变频控制器，其安装位置如图 5-32 所示。

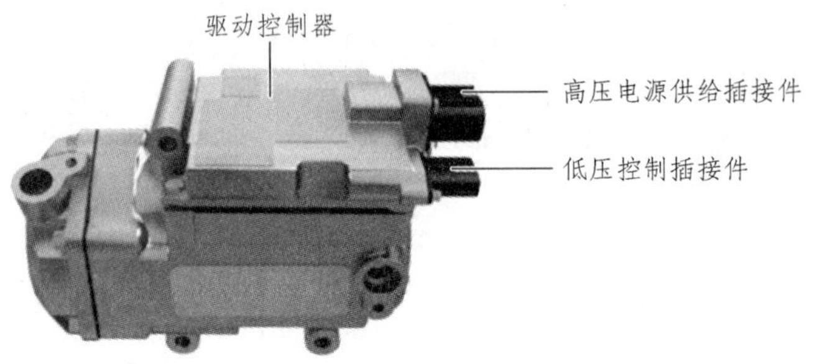

图 5-32 驱动控制器位置

驱动控制器的外部有两个插接件接口：一个接高压电源供给插接件，一个接低压控制插接件。两个插接件接口的引脚定义见表 5-1。

表 5-1 驱动控制器插接件接口引脚定义

插接件	引脚端口	接口定义	备 注
1 A B 2 高压两芯（动力接口）	A	高压正	控制器与 PDU（动力电池）连接
	B	高压负	
A C B 低压六芯（控制信号接口）	1	DC 12 V 正极	控制器与低压控制系统连接
	2	高低压互锁信号	
	3	高低压互锁信号	
	4	低压蓄电池接地	
	5	CAN-H	
	6	CAN-L	

电动压缩机转速的调节是通过驱动控制器改变无刷同步直流电机的供电频率而实现的。驱动控制器通过 CAN 总线与空调控制器及整车控制器进行通信，从而可按实际负荷工况需求控制空调压缩机的运行速度。

b. 驱动电机。

驱动电机是电动压缩机的动力来源，将电能转化为机械能，带动压缩机压缩制冷剂。其位于压缩机壳体内部，与涡盘泵体总成中的动涡盘同轴转动，如图 5-33 所示。

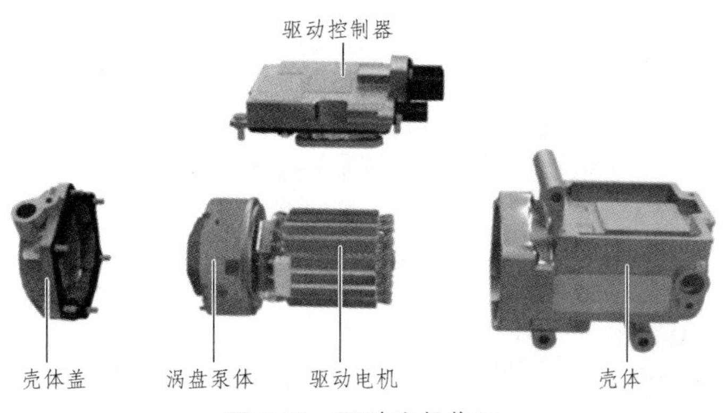

图 5-33　驱动电机位置

其详细参数见表 5-2。

表 5-2　驱动电机参数

项　目	参　数
最大使用转速/（$r \cdot min^{-1}$）	3 500
最小使用转速/（$r \cdot min^{-1}$）	1 500
转速误差	不大于 1%
排量/（$cc \cdot rcv^{-1}$）	27
制冷剂	R134a
冷冻油	RL68H；（POE68）
最大使用制冷量/W	2 500

EV160 选用的是无刷同步直流电机。无论是在纯电动纯电动汽车上，还是在混合动力纯电动汽车上，在空调制冷系统的压缩机中都充满了制冷剂蒸汽，而有刷电机的碳刷及换向器在电机转动时会产生火花、碳粉等，容易造成危险。

c. 涡盘泵体总成。

涡旋式压缩机涡盘泵体总成（由涡轮动盘、涡轮静盘相互啮合而成，见图 5-34）将来自蒸发器的低压气态制冷剂压缩成高压气态制冷剂，送至冷凝器。这两个涡盘都是渐开线形且在相互啮合的情况下呈偏心渐开线运动，它们相互错开 180° 安装在一起，即相位角相差 180°。其中涡轮动盘是不能自转的，只能围绕涡轮静盘做很小回转半径的公转运动。

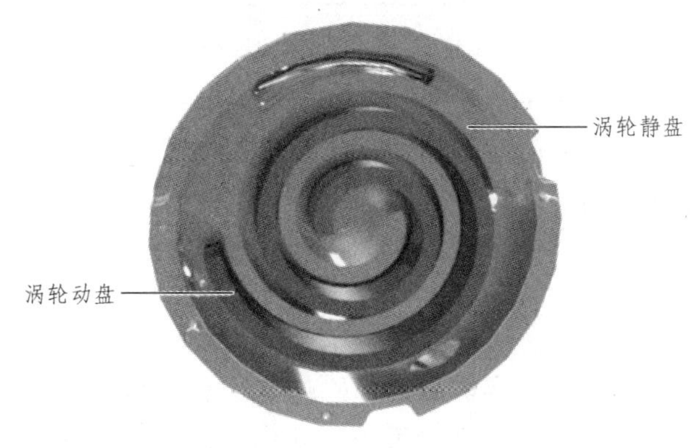

图 5-34　涡盘泵体啮合示意图

在压缩机吸气、压缩、排气的工作过程中，涡轮静盘通过支架固定在壳体上，涡轮动盘由偏心轴驱动并由防自转机构制约，围绕涡轮静盘基圆中心做很小半径的平面转动。来自蒸发器的低温、低压气态制冷剂被吸入到涡轮动盘的外围，随着偏心轴的旋转，气态制冷剂在涡轮动盘、涡轮静盘贴合所组成的若干个月牙形压缩腔内被逐步压缩，然后由涡轮静盘中心部件的轴向孔连续挤出至冷凝器。涡旋式压缩机结构及工作原理详见本项目二维码资源。

d. 壳体。

涡旋式电动压缩机壳体采用铝合金材质，壳体主要用于密封驱动电机、涡盘泵体总成，并支撑电动压缩机整体。

② 电动压缩机控制特点。

EV160 的空调电动压缩机电路原理，如图 5-35 所示。空调继电器控制压缩机 12 V 低压电源，低压电源电压是空调压缩机控制器的通信信号传输及控制功能得以正常运行的可靠保证。整车控制器 VCU 通过数据总线 CAN-H、CAN-L 与空调压缩机控制器相连接，再由压缩机控制器控制空调压缩机的高压电源线 DC +（正）与 DC –（负）通断。高压互锁信号线在高压上电前确保整个高压系统的完整性，使高压电处于一个封闭的环境下工作，提高安全性。空调压缩机的高压互锁开关，串联在整车控制器和车载充电机之间，是电压互锁系统的一部分。空调压缩机的高压线束与低压线束相互独立，DC +（正）是由高压控制盒输出的高压直流电源正极，DC –（负）是由高压控制盒输出为高压直流电源负极。

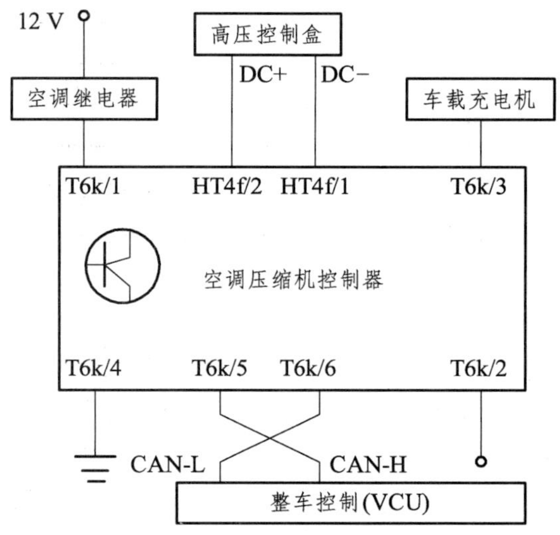

图 5-35　北汽 EV160 空调电动压缩机电路原理

为了更好地提高电动空调系统的效率，EV160 采用的是可变频式电动压缩机。在电动空调系统工作情况下，压缩机驱动电机的转速可以按实际负荷工况需求调节，以适应整车行驶工况并达到节约车载能源的目的。

（2）冷凝器。

EV160 采用的是平行流式冷凝器，如图 5-36 所示。

依据集流管分段与否，平行流式冷凝器可分为多元平行流式和单元平行流式，EV160 选用的是多元平行流式冷凝器，安装在机舱前保险杠进气格栅处，位于压缩机排气口和膨胀阀之间，采用铝合金材质铸造使得整体质量更小且导热性能更好，同时在制冷剂流通的扁管条之间装有用于增强散热效果的铝翅片使得散热效率更高。

图 5-36　冷凝器结构

（3）蒸发器。

EV160 的蒸发器安装在通风系统总成中，在膨胀阀的后方，其结构特性方面与冷凝器一样都是采用的平行流式设计，如图 5-37 所示。

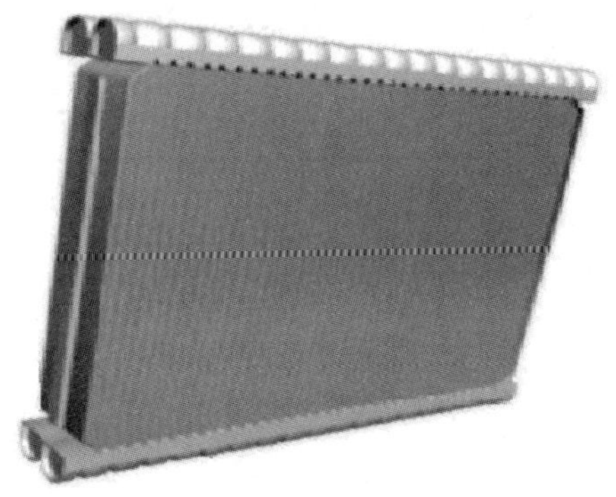

图 5-37　蒸发器

（4）膨胀阀。

EV160 使用的是 H 形膨胀阀，该类型膨胀阀具有调节灵敏度高，结构紧凑，抗振性能优良等特点。H 形膨胀阀主要由感温元件、钢球和压力弹簧组成，在 H 形膨胀阀外部有 4 个管路接口，分别与储液干燥罐出口、蒸发器入口、蒸发器出口和压缩机入口连通，如图 5-38 所示。

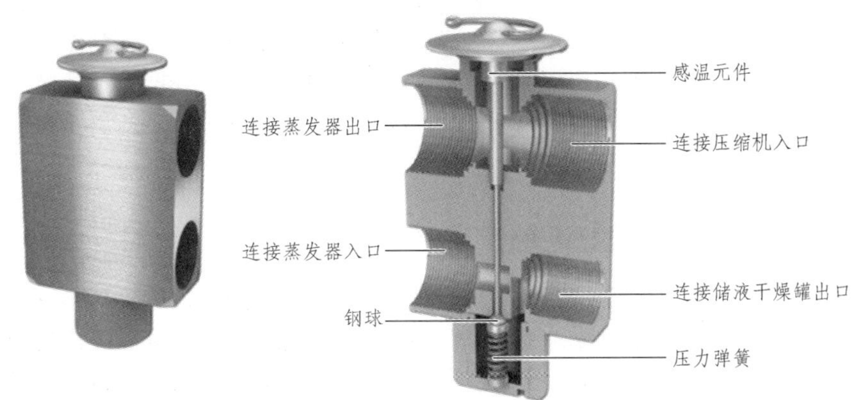

图 5-38　膨胀阀结构

（5）电动风扇。

EV160 的电动风扇是两级调速电子风扇，有两种运动状态：高速运转和低速运转。其运行状态的切换是由整车控制器（VCU）控制的，高速运转的触发信号是压力开关发出的中压信号。

（6）制冷剂。

EV160 的空调制冷系统采用的是替代制冷剂 R134a，其分子式为（CH_2FCF_3），对臭氧的破坏系数（ODP）为 0，不可燃，毒性非常低，安全类别为 A1，是很安全的制冷剂。其物理性质参见表 5-3。

表 5-3　R134a 制冷剂物理性质表

项　目	参　数
沸点/°C	－26.18
冰点/°C	－101
临界温度/°C	101.5
临界压力/MPa	4.065

制冷剂 R134a 的使用要求：

① R134a 与 R12 制冷剂是不可相溶的，绝不能将两者混合，如果混用制冷剂，将导致压缩机损坏。

② 回收制冷剂时应使用制冷剂回收机，不可将制冷剂排至大气，工作维修区空气应保持流通。

（7）冷冻润滑油。

EV160 采用的是 R134a 制冷剂，与之对应的冷冻油为 POE（PolyolEster），又称聚酯油，它是一种全合成的多元醇酯类油。

2．EV160 空调制冷系统的控制逻辑（详见本项目二维码资源）

当新能源汽车空调制冷系统工作时，空调控制模块密切监控并控制空调系统各执行器的工作情况。蒸发器温度传感器实时监控蒸发器温度，当蒸发器温度较高时，控制电子膨胀阀节流口开度加大，增加流过的制冷剂量以达到加速降温的目的。当蒸发器温度较低时，控制电子膨胀阀节流口开度减小，减少流过制冷剂量以减小降温速度防止蒸发器结冰。出风口温度传感器监控出风口温度，并与驾驶员选择的制冷温度对比，以确定所需制冷量。空调控制模块根据所需制冷量控制电动压缩机的转速以实现变频控制，达到节能的目的。

（二）北汽 EV160 空调采暖系统

由于没有发动机，纯电动纯电动汽车需要用其他热源来进行供热。EV160 与其他纯电动汽车一样，也没有发动机余热可以利用以达到取暖、除霜的效果，而且其他发热部件产生的热量不足以满足车厢内的供暖需求。所以，EV160 采暖系统同样采用电子采暖装置——PTC 加热器进行供热。

1．采暖系统组成

EV160 采用的是 PTC 加热器的方式进行供热。其电动空调暖风系统采用两级式控制，其原理如图 5-39 所示。PTC 控制器根据环境温度、PTC 加热器温度、空调温度调节旋钮以及动力电池电压等控制 PTC 加热器中两个电热芯的通断。新款 EV160 的两个电热芯的功率分别为 1.5 kW 和 2 kW，这样可以实现三级控制，控制精度和乘员舒适性都有所提高。

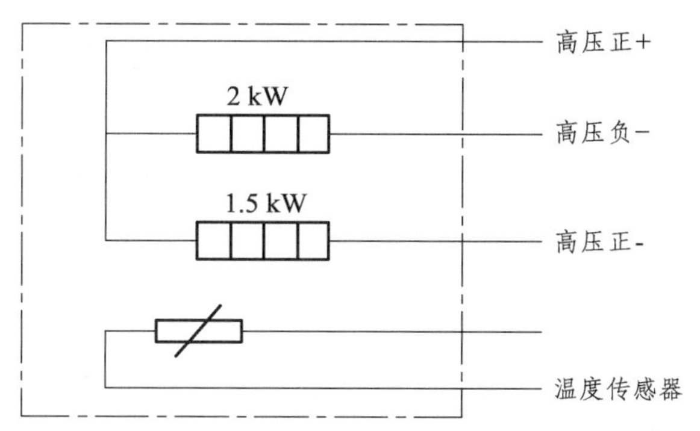

图 5-39　EV160 PTC 控制模块原理

2．空调采暖系统工作原理（详见本项目二维码资源）

空调供暖系统依据驾乘人员对车厢温度的需求，通过空调控制器采集空调操作面板上的温度调节旋钮的具体指示位置以初步判定驾乘人员对车厢内部的温度期望值，并参考环境温度传感器反馈的实时车厢外温度值和蒸发器温度传感器的温度信号，综合计算出供暖系统所需的制热量以及冷暖风门翻板的开启度。通过空调控制器内的 CAN 总线收发模块将控制指令发送给 PTC 控制器。PTC 控制器接收到该信号并对信号解析处理，依据内部程序存储器中的控制程序控制加热模块 1.5 kW（或加热模块 2 kW）或者两者同时接地使加热模块工作，并通过 PTC 温度传感器的温度反馈监控 PTC 加热器的状态。

（三）EV160 空调控制系统

1．EV160 空调控制系统的组成

EV160 电动空调控制系统也是由信号检测装置、空调控制单元和执行元件组成。信号检测装置主要包括温度传感器、空调系统压力开关、风门翻板位置传感器以及空调控制相关开关等；空调控制单元主要是指空调控制器总成；执行元件包括风门电机、鼓风机、空调压缩机、冷凝器、散热风扇和各种空调状态指示灯等。

（1）信号检测装置。

① 温度传感器。

温度传感器广泛应用于检测现代汽车冷却液温度、进气温度、空调系统环境温度和室内温度等，为汽车的自动控制提供重要依据。纯电动汽车的温度传感器为热敏电阻式，而且为负温度系数热敏电阻式，其随着温度的上升电阻值逐渐下降，如图 5-40 所示为负温度系数热敏电阻传感器工作特性。

EV160 的空调系统中有 3 个温度传感器，分别为环境温度传感器、蒸发器温度传感器和 PTC 温度传感器，如图 5-41 所示。

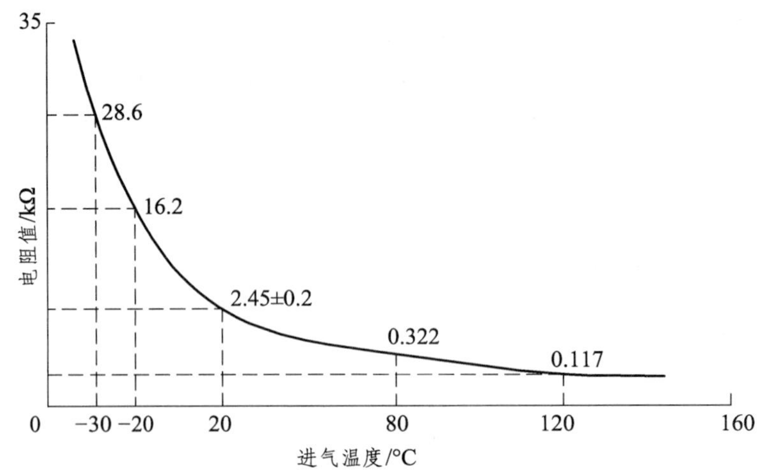

图 5-40　进气温度传感器的工作特性

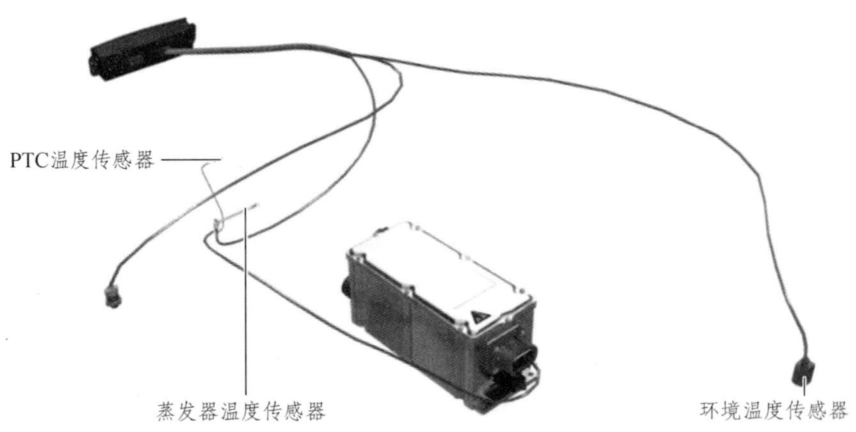

图 5-41　温度传感器线束连接关系

a. 环境温度传感器。

环境温度传感器安装在冷凝器之前进气格栅处，如图 5-42 所示。

图 5-42　环境温度传感器安装位置

环境温度传感器主要用于测量车厢内、外的环境温度，并将测到的温度信息转换为电信号发送给空调控制器，空调控制器将此信号作为计算空调系统制冷/供暖量的重要参考依据。

在 EV160 的空调系统局部电路图 5-43 中，环境温度传感器的两个引脚分别通过导线连接至空调控制器的 T16a/6 和 T16a/11 端子，其中 T16a/11 端子通过空调控制器内部直接接地，空调控制器内部的温度检测电路通过测取 T16a/6 端子的电压实时数据，计算出实际温度值。

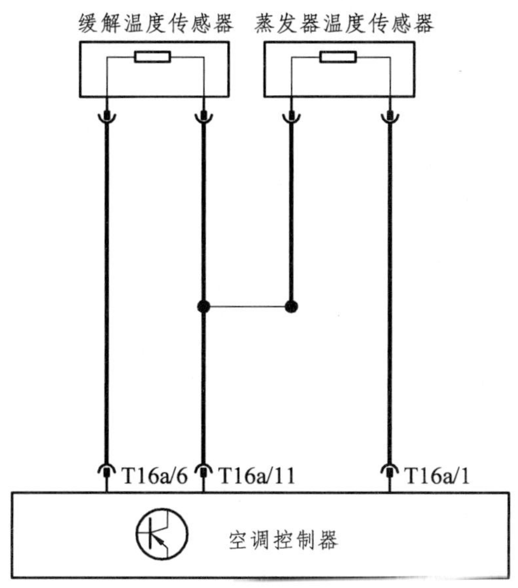

图 5-43 EV160 汽车空调系统电路图（局部）

b. 蒸发器温度传感器。

蒸发器温度传感器安装在蒸发器与 PTC 加热器之间的风道中，用于检测流经蒸发器后的空气温度，并将温度信号传送至空调控制器，该信号作为空调控制器控制电动压缩机工作输出排量的重要参考依据。它向空调控制器发送信号，如果温度低于 – 1.5 °C，压缩机会停止运行，以防蒸发器表面结冰，如图 5-44 所示。空调控制器将电压（5 V）施加到蒸发器温度传感器（空调热敏电阻）上，并且在蒸发器温度传感器（空调热敏电阻）的电阻改变时读取它的电压变化值。

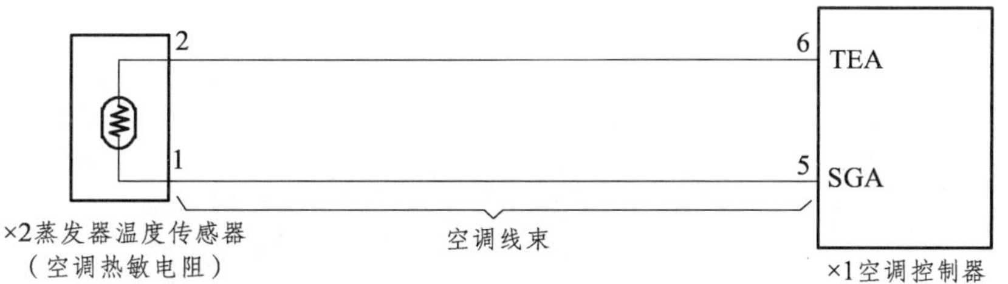

图 5-44 蒸发器传感器与空调控制器之间的线路关系

在 EV160 空调系统局部电路图 5-45 中，蒸发器温度传感器的两个引脚分别通过导线连接至空调控制器的 T16a/11 和 T16a/1 端子，其中 T16a/11 端子通过空调控制器内部接地，蒸发器温度传感器通过 T16a/1 端子将流经蒸发器后的空气流温度信号传送给空调控制器内部检测电路。

c. PTC 温度传感器。

PTC 温度传感器安装在 PTC 加热器的铝散热器表面，在与铝散热器表面接触的一面涂敷一层导热硅脂，可增强热量的传导效率，如图 5-46 所示。主要用于测量 PTC 加热器的温度，并将测到的温度信息转换为电信号发送给 PTC 控制器。PTC 控制器通过此信号对 PTC 加热器的发热量进行有效控制。

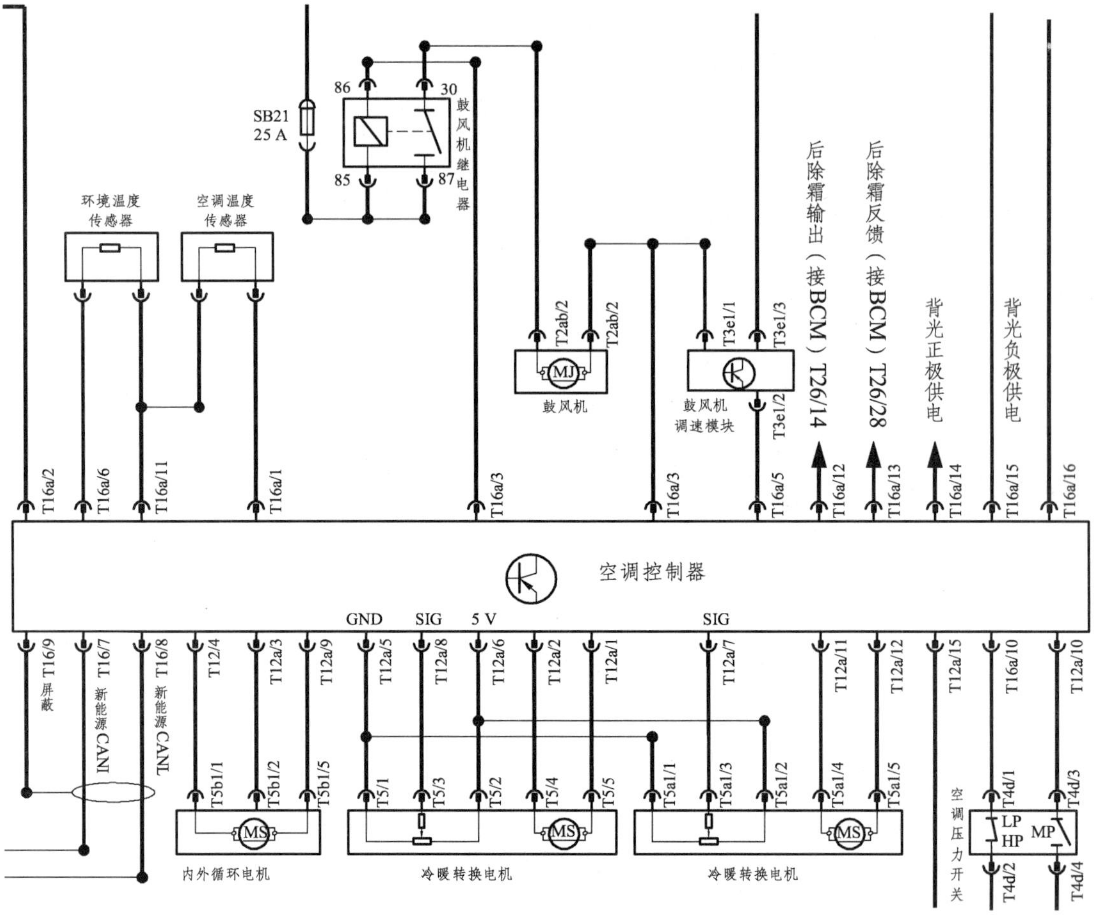

图 5-45　EV160 汽车空调系统电路图（局部）

图 5-46　PTC 温度传感器安装位置

在 EV160 PTC 控制系统局部电路图 5-47 中，PTC 温度传感器通过导线连接至 PTC 控制器的 T12g/1 和 T12g/2 端子。当 PTC 加热器的散热器表面温度升高时，PTC 温度传感器的阻值随之减小至与当前温度对应的电阻值，PTC 控制器内部检测电路通过检测 PTC 温度传感器两端的实时电压，并与数据存储器中的数据对比，计算出此时 PTC 加热器的温度值大小。

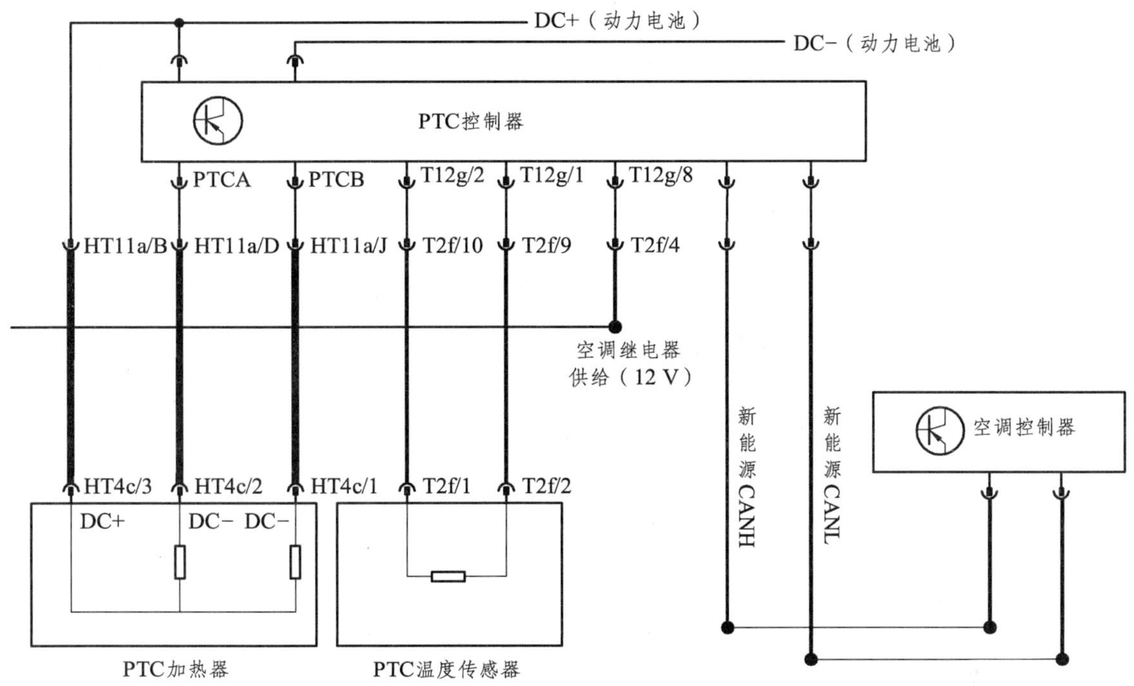

图 5-47　PTC 控制系统电路图（局部）

② 空调系统压力开关。

压力开关安装在汽车空调制冷系统循环的高压管路中，可检测制冷系统高压管路的压力变化情况。当检测到压力过低或过高时，空调控制器控制电动压缩机停止运转，以防止制冷系统被损坏；当压力达到中等压力时，冷凝器散热风扇高速旋转。常见的压力开关主要有高压开关、低压开关和三位压力开关等。EV160 采用的是三位压力开关，其位置位于储液干燥罐和膨胀阀之间的管路中，如图 5-48 所示。

图 5-48　压力开关位置

三位压力开关由高压开关、中压开关和低压开关组成。在制冷系统中高压管路的压力符合标准规定时，高、低压力开关一直处于常闭状态；在制冷系统高压管路中的压力没有达到 1.77 MPa 时，中压开关一直处于常开状态，如图 5-49 所示。其中高压开关开启（触点断开）压力为 3.14 MPa，中压开关闭合压力为 1.77 MPa，低压开关开启（触点断开）压力为

0.196 MPa。压力保护开关的触点状态是受空调制冷系统高压管路中的压力决定的。当制冷剂压力高于或者低于规定压力（规定压力为 0.196 ~ 3.14 MPa）时，空调控制器会控制电动压缩机停止运行；当制冷剂压力达到 1.77 MPa 时，空调控制器通过 CAN 总线与集成控制器通信，控制冷凝器的散热风扇以高速挡运行，利于降温降压。

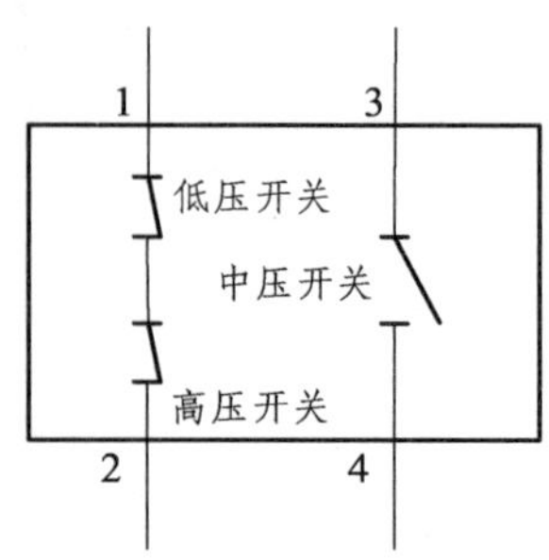

图 5-49　压力开关端子

在 EV160 汽车空调系统局部电路图 5-50 中，压力开关共有 4 个端子，其中高、低压开关是串联关系，通过导线将 T4d/1 端子与空调控制器的 T16a/10 端子连接，T4d/2 端子通过导线连接至低压蓄电池负极。当制冷系统高压侧的制冷剂压力处在 0.196 ~ 3.14 MPa 时，高、低压力开关都处于闭合状态，此时空调控制器检测到 T16a/10 端子为低电平，制冷系统压力处于正常状态。反之，当制冷系统压力小于 0.196 MPa 或大于 3.14 MPa 时，低/高压力开关处在断开状态，空调控制器检测到 T16a/10 端子为高电平，制冷系统压力失常，空调控制器随即发出强制停止电动压缩机运行控制指令，并通过 CAN 总线传送给电动压缩机控制器，电动压缩机控制器切断给电动压缩机的供电，空调制冷系统停止工作不再制冷。

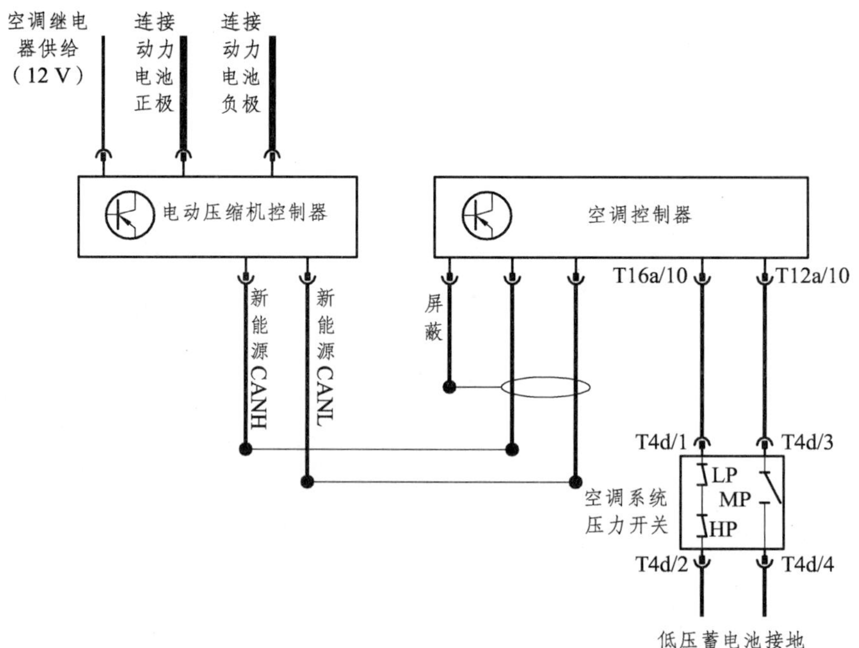

LP—低压开关；HP—高压开关；MP—中压开关。

图 5-50　北汽 EV160 空调系统电路图（局部）

从 EV160 空调系统局部电路图 5-51 中，可以看到中压开关是一个单独设置的开关，其端子 T4d/3 通过导线与空调控制器的 T12a/10 端子连接，另一端子 T4d/4 经导线连接至低压蓄电池负极；按下 A/C 开关，电动压缩机启动，对制冷剂进行压缩，当制冷系统高压侧压力尚未达到 1.77 MPa 时，中压开关一直处于断开状态，冷凝器散热风扇低速运转；当制冷系统的高压侧制冷剂的压力达到 1.77 MPa 时，中压开关由断开状态转变为闭合状态，空调控制器检测到 T12a/10 端子为低电平，空调控制器通过 CAN 总线与集成控制器通信，控制冷凝器的散热风扇以高速挡运行。

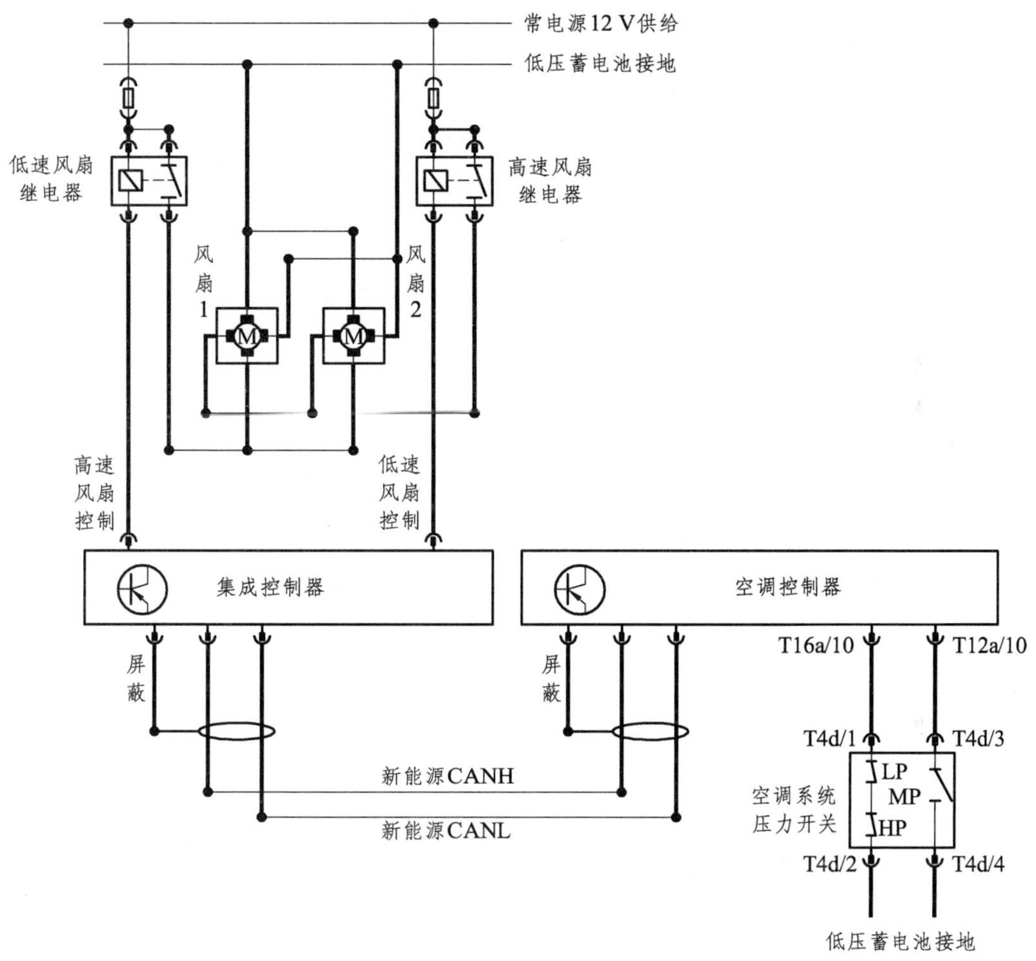

LP—低压开关；HP—高压开关；MP—中压开关。

图 5-51　北汽 EV160 电动空调系统电路图（局部）

③ 风门翻板位置传感器。

EV160 汽车空调系统中有两个风门翻板位置传感器（冷暖风门位置传感器、模式风门位置传感器），它们分别位于冷暖风门执行机构和模式风门执行机构中的风门电机内。

冷暖风门翻板位置传感器和模式风门翻板位置传感器都属电位器式传感器，其滑动电阻触头随风门电机转子旋转做同步移动，随着风门电机转子的旋转带动风门翻板转动，位置传感器中的滑动触头上的电压值也随即发生改变。风门翻板位置传感器主要检测风门位置信号并发送给空调控制器，空调控制器就是通过此电压值大小，来确定风门翻板的实际开度是否达到对应模式下规定的开启角度。

EV160 空调系统一共有 5 种出风模式（脸部出风、脚部出风、前挡风玻璃出风、脸和脚部同时出风、前挡风玻璃和脚部同时出风）。在每一种出风模式工作状态下，风门位置传感器的滑动触头反馈至空调控制器的电压值是唯一的，这样空调控制器通过位置传感器反馈的电压值，可识别出风门翻板的开启角度对应的是哪一种出风模式，以及在特定的出风模式下风门翻板开启的角度是否达到了规定值。

对于冷暖风门翻板而言，开度的大小决定着流入 PTC 加热器的空气流量。依据驾乘人员对车厢内温度的需求，空调控制器采集温度调节旋钮的输入信号即驾乘人员对温度的期望值，通过控制冷暖风门电机旋转继而带动冷暖风门翻板打开一定的角度，在这个过程中冷暖风门翻板位置传感器可实时监测风门翻板的开度，并将开度信号转换成电信号反馈给空调控制器，便于空调控制器对冷暖风门翻板的开度做出修正和识别冷暖风门电机的工作是否正常。

在 EV160 汽车空调系统局部电路图 5-52 中，空调控制器中的端子 T12a/6 和 T12a/5 为冷暖风门执行机构和模式风门执行机构中的位置传感器提供 5 V 的工作电压。空调控制器通过 T12a/8 和 T12a/7 端子接收冷暖风门执行机构和模式风门执行机构中位置传感器的反馈信号。

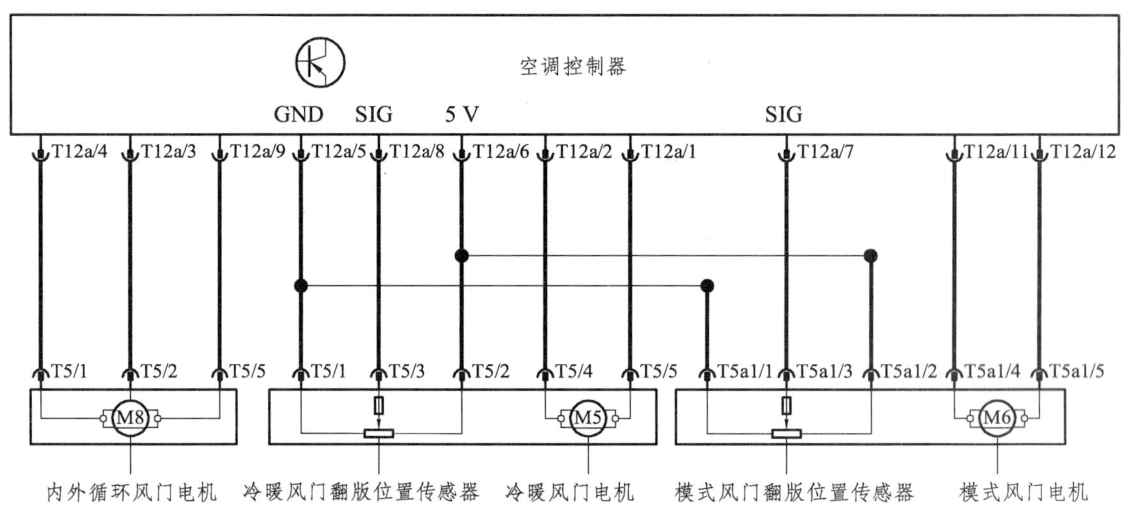

图 5-52　风门翻板位置传感器电路图

（2）空调控制器单元。

空调控制器单元即空调控制器总成，它由空调操作面板和空调控制器组成，位于中央多媒体显示器的正下方，如图 5-53 所示。空调操作面板主要给驾乘人员进行空调功能的基本设定，空调控制器通过采集操作面板上的按钮信息确定驾乘人员的操作意图，然后做相应的控制动作。

空调操作面板上的功能按钮见图 5-54 所示，通过这些功能按钮可以实现：车内温度的调节，出风量调节，通风循环模式选择，出风模式调节以及前、后挡风玻璃除雾等空调系统的功能。

空调控制器总成上有两组插接件：A 端插接件和 B 端插接件，其中 A 端插接件中有 16 个引脚，B 端插接件有 12 个引脚，如图 5-55 所示。A 端插接件引脚功能见表 5-4，B 端插接件引脚功能见表 5-5。

图 5-53　空调控制器总成位置

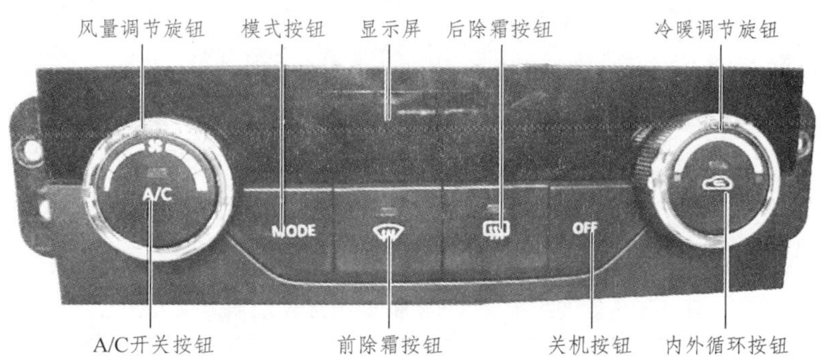

图 5-54　空调控制器总成功能按钮

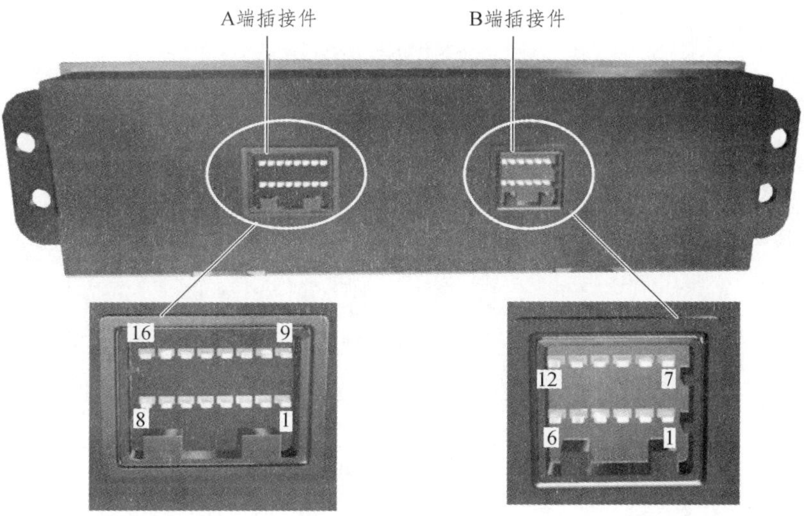

图 5-55　空调控制器总成插接件

表 5-4　空调控制器总成 A 端插接件引脚功能说明

序　号	引　脚	功能说明
A-1	EVAP Sensor	蒸发器温度传感器
A-2	IG2	点火电压
A-3	鼓风机上电继电器	鼓风机上电继电器
A-4	FAN F/B	鼓风机反馈信号
A-5	BLW CTRL	鼓风机控制信号
A-6	AMB Sensor	环境温度传感器
A-7	CAN-H	高速 CAN
A-8	CAN-L	低速 CAN
A-9	CAN-SHIELD	CAN 屏蔽
A-10	管路压力高/低	管路压力高/低触发
A-11	SGND	传感器接地
A-12	RDEF	后除霜信号
A-13	RDEF F/B	后除霜反馈
A-14	—	—
A-15	—	—
A-16	GND	接地

表 5-5　空调控制器总成 B 端插接件引脚功能说明

序　号	引　脚	功能说明
B-1	SREF+	电位器+
B-2	SGND	模拟地
B-3	INTAKE FRE	外循环－
B-4	INTAKE REC	内循环－
B-5	TEMP COOL	温度冷－
B-6	TEMP WARM	温度暖－
B-7	MODE VENT	模式－
B-8	MODE DEF	模式+
B-9	新风电机电源	新风电机电源
B-10	管路压力中	管路压力中压触发
B-11	TEMP F/B	冷暖风门反馈
B-12	MODE F/B	模式风门反馈

（3）执行元件。

EV160 空调控制系统的执行元件主要有风门电机和鼓风机。

① 风门电机。

EV160 的风门电机主要有混合门电机、模式门电机和进风风门电机三种类型。混合门电机驱动混合门，改变进入车内的冷气和热气的比例，调节车内空气温度。模式门电机用于驱动模式门，调节出风口出风方式，可以形成吹脸、双层、吹脚、吹脚/除雾、除雾五种出风类型。进风风门电机驱动进气门，调节新鲜空气循环量。

② 鼓风机。

空调系统鼓风机可将空调滤清器过滤后的空气输送至车厢内，实现车厢内空气的循环流动，达到通风换气的目的。

a. 鼓风机的组成。

空调系统采用离心式鼓风机，鼓风机在通风系统中的安装位置如图 5-56 所示。

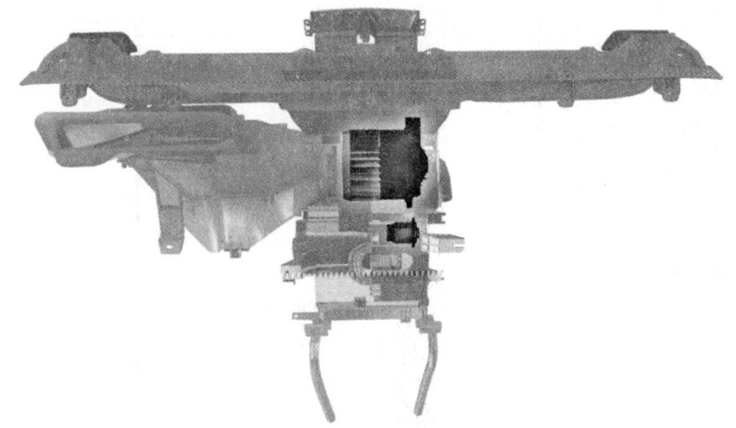

图 5-56　鼓风机安装位置

鼓风机主要由鼓风机电机、鼓风机涡扇、鼓风机调速模块组成，如图 5-57 所示。鼓风机电机采用的是永磁直流驱动电机，鼓风机调速模块上装有铝合金散热片。

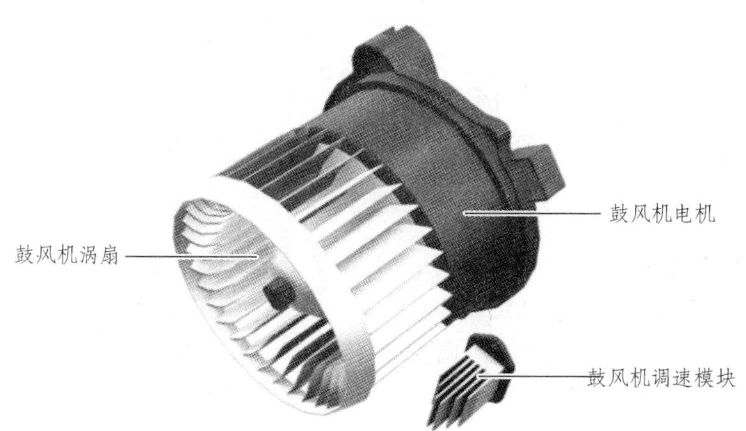

图 5-57　鼓风机组成

b. 鼓风机调速。

在鼓风机转速控制方面，通过空调控制器对鼓风机调速模块的占空比控制，实现多个挡位转速。鼓风机调速模块为一个内部带有大功率开关晶体管的器件，当鼓风机运行时调速模块中的晶体管接收空调控制器的脉宽调制信号，此时晶体管使鼓风机的控制端子不断地处于高频的开闭接地动作状态。在此工作过程中流经鼓风机调速模块的工作电流很大，容易发热，为了保证调速模块能长时间稳定工作，在调速模块上安装有铝合金散热片。鼓风机调速模块安装在通风配气系统总成壳体的风道中，位于鼓风机气流出口位置。

EV160 鼓风机模块电路图，如图 5-58 所示。鼓风机的电源供给是受鼓风机继电器控制的。当空调控制器接收到空调操作面板的触发指令（制冷、制热、通风换气）时，通过控制 T16a/3 端子使其接地电流流经鼓风机继电器线圈产生电磁吸力吸合导通 30 端子与 87 端子，将 12 V 电压施加到鼓风机的 T2ab/2 端子。

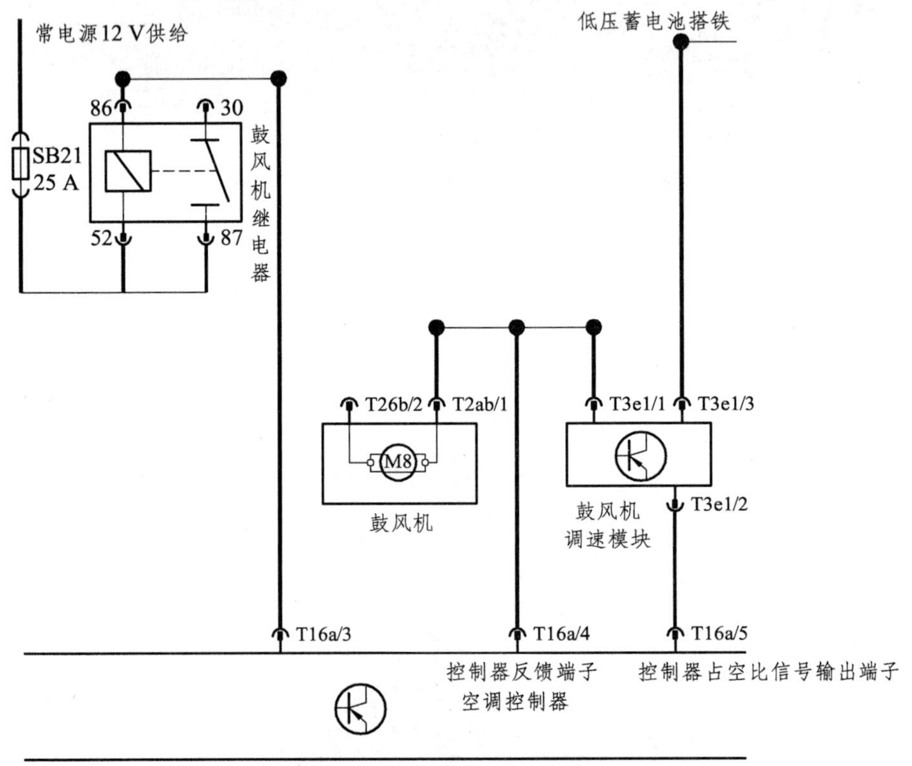

图 5-58　EV160 空调系统电路图（局部）

鼓风机调速模块上共有 3 个端子，T3e1/1 端子通过导线与鼓风机的 T2ab/1 端子连接；T3e1/2 端子通过导线与空调控制器的 T16a/5 端子连接，用于接收空调控制器的占空比信号；T3e1/3 端子连接至低压蓄电池负极。空调控制器通过检测 T16a/4 端子的电压反馈情况，监控鼓风机系统运行正常与否。鼓风机系统运行状态正常的情况下，T16a/4 端子与 T16a/5 端子的单位时刻脉宽相等相位相反。

c. 鼓风机工作过程。

当驾乘人员在空调操作面板上选择某一出风模式（面部、脚部、面部和脚部、前挡风玻璃、前挡风玻璃和脚部）时，空气流从该模式的风门入口进入通风管道流向鼓风机的涡轮中心。空调通风系统的鼓风机通过电动机驱动安装于转子轴头的涡扇叶轮旋转，在离心力的作用下空气从涡扇叶轮中心被甩出并沿通风系统壳体总成内的通风管道流向蒸发器及空气混合调节区域，经温度调节后的空气从空调出风口吹出进入车厢内。

2．EV160 空调控制系统的控制原理

EV160 电动空调控制系统的控制原理如图 5-59 所示，其工作原理为通过空调面板采集风速调节旋钮、温度调节旋钮、A/C 开关和模式循环开关上的按钮信号，并将所采集到的按钮信号发送给整车控制器（VCU），然后 VCU 根据空调面板发送的按钮信号、蒸发器温度传感器所采集到的温度信号、BMS 发送的电池信息按照预设策略对压缩机、PCT 加热器冷凝器风扇和散热风扇进行控制，以实现空调功能。

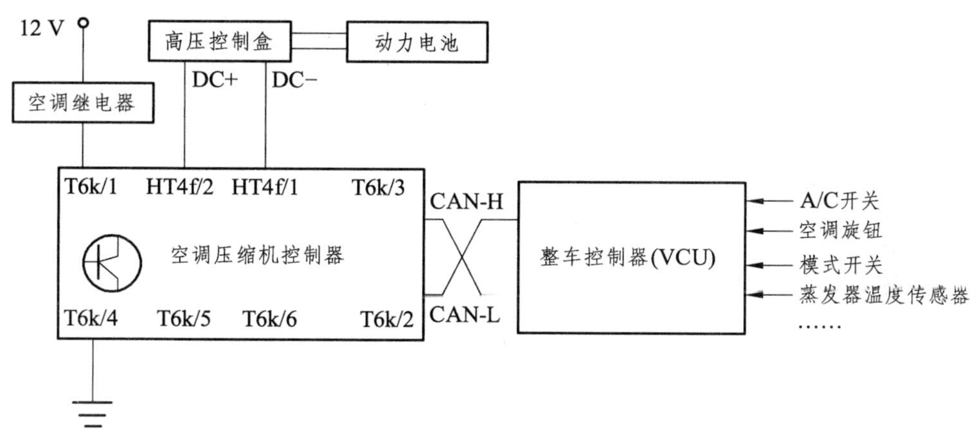

图 5-59　EV160 电动空调控制系统控制原理

（1）开关控制。

① 汽车静止时。

VCU 通过 CAN 从 BMS 获取动力电池的电池信息，根据动力电池剩余电量（SOC）和最大可放电功率来判断电动空调压缩机是否可以运转。一般来说当剩余电量小于 5% 或者最大可放电功率小于 6 kW 时，空调系统不能使用。当空调在使用过程中，剩余电量小于 3% 或者最大可放电功率小于 5 kW 时，VCU 会关闭空调，以防止动力电池过放电。

② 汽车行驶中。

VCU 判断车辆续驶里程是否低于某一预设数值，若低于该数值，则 VCU 通过仪表对驾驶人进行提示，以提示驾驶人可通过关闭空调系统来延长续驶里程，通常该数值设定为 30 km。

③ 汽车在充电中。

当车辆处于充电模式下时，VCU 根据 BMS、CAN 报文获取动力电池的剩余电池电量，考虑到车辆在充电时开启空调动力电池的 SOC 有可能降低（电池的输入功率低于空调系统的消耗功率时），为防止动力电池因空调系统工作而造成过放电，当电池 SOC 低于 10% 时，禁止使用空调。当空调在使用过程中，剩余电量小于 5% 时，VCU 会关闭空调，以防止动力电池过放电。

（2）模式控制。

VCU 根据从温度调节旋钮采集到的信号、A/C 开关信号和循环模式开关信号控制空调的工作模式。具体控制过程如下：

① 当 A/C 开关和循环模式开关均未被按下或温度调节旋钮处于中间状态时，VCU 不对压缩机与 PTC 加热器进行控制，此时空调处于待机状态。

② 当 A/C 开关被按下时，VCU 会通过 CAN 网络向压缩机控制器发送使能命令与转速值。其中，转速值是 VCU 根据温度调节旋钮所确定的冷暖风门位置计算而来的。压缩机的转速值与冷暖风门位置呈非线性关系，温度调节旋钮越偏向制冷侧，压缩机转速就越高。

③ 当仅有循环模式开关被按下时，VCU 会通过 CAN 网络向 PTC 控制器发送使能命令与 PTC 加热器的工作功率值。其中，PTC 加热器的工作功率值是 VCU 根据温度调节旋钮所确定的冷暖风门位置计算而来的。PTC 加热器的工作功率值与冷暖风门位置呈非线性关系，温度调节旋钮越偏向制热侧，PTC 加热器的工作功率值就越高。

④ 当 A/C 开关和循环模式开关均被按下时，VCU 判断这两个按钮哪个先被按下，并以先按下的按钮为准对空调进行控制。另外，若 A/C 开关和循环模式开关同时被按下，则 VCU 向压缩机发出使能命令，否则延时 30 s 后发出使能命令，以保护压缩机。

（3）风扇控制。

① 冷凝器风扇控制。

VCU 根据 A/C 信号、冷暖选择信号、制冷系统压力信号来控制冷凝器风扇转速，防止制冷系统压力过高，以达到用户要求制冷量的目的。和传统汽车相比，EV160 只要 A/C 开关接通，空调冷凝器风扇就开始工作。

② 散热风扇控制。

当驾驶人通过 A/C 开关关闭压缩机（PTC 加热器）之后，VCU 通过压缩机控制器将对应的关闭指令发送至压缩机驱动控制模块（PTC 驱动控制板），在压缩机（PTC 加热器）停止工作后，VCU 控制散热风扇继续对蒸发器（PTC 加热器）散热一段时间。

（4）送风速度控制。

送风速度控制是通过调节鼓风机转速控制送风速度，调节室内空气的降温或升温速度。

① 预热控制。

冬天，开到暖风时若马上打开鼓风机，此时吹出的是冷空气而不是想要的暖气。因此，鼓风机要在 PTC 加热器温度到一定值时，才能逐步转向正常工作。

② 时滞控制。

夏天，车内温度较高，若打开空调制冷系统就马上打开鼓风机，则此时吹出的是热风而不是想要的冷风。因此，鼓风机有一段延时，等蒸发器温度降低后才工作。

二、纯电动汽车空调系统检修

汽车空调系统的检修按照由外到内、由简单到复杂、由整体到部分的思路进行，具体的检修主要包括空调制冷系统检修、采暖系统检修。

（一）空调制冷系统检修

1. 空调制冷基本检查

（1）打开空调。

启动汽车，打开空调开关 A/C，调整开关至制冷位置。

（2）空调制冷系统工况检查。

启动制冷系统 15 ~ 20 min 后，用手触摸空调系统管路及各部件，感受其温度。正常情况下，检查系统主要零部件温度低压管路呈低温状态，高压管路呈高温状态。低温区是从膨胀阀出口→蒸发器→压缩机，这些部件表面应该由凉到冷再到凉，连接部分有结露，但不应有霜冻。高温区是从压缩机的出口→冷凝器→储液干燥器→膨胀阀的入口处，这些部件表面温度为 40 ~ 65 °C，手感热而不烫。具体情况如下：

① 压缩机进口处手感冰凉，出口处手感较热，进、出口温差明显。若温差不大，说明制冷剂不足；若没有温差，说明制冷剂有泄漏。

② 膨胀阀进口处手感较热，出口处手感冰凉，进、出口温差明显，有结露。若有霜冻现象，则说明膨胀阀阀口堵塞，可能是脏堵或冰堵。

③ 储液干燥器应是热的，表面无结露，进、出口温度相等。如果其表面出现结露，则可能是干燥剂破碎堵住制冷剂流通的管路；若进口热，出口冷，也说明其内部被堵塞。

④ 冷凝器进、出口管应有温差，出口管温度应低于进口处温度。

（3）观察视液窗。

观察视液窗，判断制冷剂量，具体情况如下：

① 视液窗清晰，孔内偶有气泡。可能有三种情况：一是系统内无制冷，二是制冷剂过量，三是制冷剂适量。

a. 不见液体流动，用手触摸压缩机进、排气口，没有冷热感觉，出风口无冷风，表示系统内无制冷剂，这时应立即关闭空调。

b. 看见液体快速流动，用手触摸压缩机进、排气口高压侧有烫手感，低压侧有冰霜，表示制冷剂过量。

c. 看见有液体稳定地流动，用手触摸压缩机进、排气口，高压侧热，低压侧凉，表示制冷剂适量。

② 少量有气泡，可能有两种情况：一是制冷剂不足，二是制冷系统中有水分。

a. 当膨胀阀有冰堵时，则表明制冷系统中有水分。

b. 当膨胀阀没有冰堵时，则说明制冷系统中制冷剂不足。这时应进行检漏并补充制冷剂。

③ 有大量气泡，说明制冷剂严重不足并有大量的水分。

④ 观察孔的玻璃上有条纹状的油渍或黑油状泡沫，可能有三种情况：一是冷冻机油过多，二是冷冻机油变质、脏污，三是无制冷剂。

a. 若压缩机进排气口有明显的温差，关闭空调后孔内油渍干净，则说明冷冻机油过多。

b. 若压缩机进排气口有明显的温差，关闭空调后孔内仍有油渍或其他杂物，则说明冷冻机油变质、脏污。

c. 若压缩机进排气口无温差，空调器出风口无冷风，则说明无制冷剂，视窗镜上是冷冻机油，应立即关闭空调。

2．汽车空调制冷系统的在线检测

在进行制冷系统在线检测时，连接纯电动汽车专用诊断仪，并进入空调模块，读取车辆空调制冷系统相关故障码和数据流，主要根据车内温度、车外温度、蒸发器温度、压力值、压力状态、散热风扇工作状态、电动压缩机状态、电动压缩机占空比、水泵继电器状态、蓄电池电压、BMS是否允许空调高压模块功能、空调高压模块状态、电子膨胀阀、蒸发器出口制冷剂温度、蒸发器出口压力等数据判断空调制冷系统工况是否正常。

3．汽车空调制冷系统的泄漏检查

（1）制冷剂泄漏的部位。

汽车空调系统工作条件比较恶劣，极易造成部件管道损坏和接头松动，使制冷剂发生泄漏。常发生制冷剂泄漏的部件有冷凝器、蒸发器、储液干燥器、制冷剂管道、压缩机，其常发成泄漏的部位见表5-6。

表5-6 汽车空调系统制冷剂常发生泄漏的部位

部件	常发生泄漏的部位
冷凝器	冷凝器进气管和出液管连接处； 冷凝器盘管
蒸发器	蒸发器进口管和出口管的连接处； 蒸发器； 蒸发器盘管；
储液干燥器	易熔塞； 管道接头喇叭口处
制冷剂管道	高、低压软管； 高、低压软管各接头
压缩机	压缩机轴封、压缩机吸、排气阀处； 前、后盖密封处；与制冷剂管道接头处

（2）制冷剂泄漏的检测方法。

汽车空调制冷系统的检漏方法常用的有目测检漏法、皂泡检漏法、染料检漏法、检漏灯检漏法、电子检漏仪检漏法、抽真空检漏法和压检漏法等。

① 目测检漏法。

用肉眼查看制冷系统各部件和制冷系统的管接头是否有润滑油渗漏痕迹，有油迹的部位就是泄漏处。

② 肥皂液检漏。

对施加了压力的制冷系统，用毛刷或棉纱蘸肥皂液涂抹在被检查部位，查看被检查部位是有气泡产生。这种方法捡漏时不受设备的限制、使用成本低，因此应用广泛，但是要求一定要细致、认真。

③ 着色检漏法。

把黄色或红色的颜料溶液通过歧管压力表组引入空调系统，漏点周围会有染料积存。染料检漏不会影响系统的正常运行，是较理想的检漏方法。

④ 检漏灯检漏法。

检漏灯检漏的原理是根据卤素与吸入制冷剂燃烧后产生的火焰颜色来判断泄漏量。泄漏量少时，火焰呈浅绿色；泄漏较多时，火焰呈蓝色；泄漏量很大时，火焰呈紫色。该方法检测精度低，已逐渐被淘汰。

⑤ 电子检漏仪检漏法。

使用电子检漏仪时应当遵照电子检漏仪制造厂家的规定。一般方法是接通电源开关，经短时间热机后，将探头伸入检测部位，通过声音或仪表显示即可判断泄漏量。该方法使用方便、安全，灵敏度高，应用广泛。

⑥ 抽真空检漏法。

对制冷系统抽真空，真空度应达到 0.1 MPa，保持 24 h 内真空度没有明显变化即可。这种方法只能说明制冷系统是否泄漏，而不能确定泄漏的具体部位。

⑦ 加压检漏法。

对于制冷剂全部漏光时的检漏，可以使用加压检漏法，分别将歧管压力表的高压软管和低压软管连接在压缩机的高、低压检能阀上。打开高、低压检修阀，向系统中充入干燥氮气，其压力一般应为 1.5 MPa 左右。系统达到规定压力后，用检漏设备进行检漏，泄漏大的地方有微小声音，检漏应进行 3 ~ 5 次，发现渗漏处应做上记号并及时加以修复，然后再去检查其他接头处直至渗漏彻底排除。修漏完毕，应试漏，让系统保压 24 ~ 48 h，则检漏合格；倘若压力有显著降低，必须重新进行检漏，直至找出泄漏部位并予以消除为止。

4．汽车空调制冷系统的压力检测

汽车空调制冷系统可以根据利用歧管压力表检测制冷系统高、低压侧的压力，根据压力大小分析故障原因，判断故障部位。

（1）连接歧管压力表。

按照正确的步骤取下汽车空调制冷系统高、低压管路维修接口防尘罩，并规范连接歧管压力表到指定位置。

（2）打开空调。

打开空调开关、调节空调温度，调节空调温度至最冷，并打开所有车门。

（3）再次读取压力表数值并分析。

打开空调后等待 10 ~ 15 min 后读取压力表读数，根据读取的压力表数值分析空调制冷系统的工作状态。

通过以上检查判断出制冷系统的故障之后，严格按照排空制冷剂、系统检漏、抽真空、充注制冷剂的顺序对空调制冷系统进行维修。

（二）空调采暖系统检修

1．空调采暖基本检查

（1）打开空调。

启动汽车，打开空调开关 A/C，调整开关至制热位置。

（2）空调制冷系统工况检查。

① 检测空调采暖系统各部件外观情况，如部件的外观有破损、漏液等情况应及时维修。

② 调节空调温度至 20 °C 以上，查看空调系统出风口温度是否正常升高，并观察采暖系统相关部件运转是否有噪声、振动等不正常情况。

③ 调节出风模式，查看出风口是否能正常处分，并检测出风口风量是否正常。若启动采暖设置后，若空调吹出风仍为冷风，则空调 PTC 不工作，需要检测 PTC，必要时更换。

④ 若启动采暖设置后，若空调出风口吹出的风异常升高或者从空调出风口嗅到塑料焦煳

气味，则可能为空调 PTC 控制模块损坏、粘连、不能正常断开，则需要关闭空调制热功能，整车下电后检查 PTC 加热器及 PTC 控制模块。

2．空调采暖在线检测

在制冷系统在线检测时，连接纯电动汽车专用诊断仪，并进入空调模块，读取车辆空调采暖系统相关故障码和数据流。主要根据车内温度、车外温度、PTC 状态、PTC 占空比、蓄电池电压、BMS 是否允许空调高压模块功能、空调高压模块状态等数据判断空调采暖系统工况是否正常。

3．空调采暖系统检测

（1）使用万用表检测 PTC 控制电压值，若不正常需要检修空调采暖系统相关线路。

（2）使用万用表检测 PTC 电阻值，若不正常需要检修空调 PTC。

纯电动汽车空调系统检修过程中的标准参数见表 5-7。

表 5-7 北汽 EV160 空调系统标准检测数据

检修内容	标准值范围
空调制冷系统高压压力/MPa	1.3 ~ 1.5
空调制冷系统低压压力/MPa	0.25 ~ 0.35
电动压缩机绝缘电阻值/MΩ	20
PTC 加热器电阻值/Ω	80 ~ 300（单级冷态电阻）
空调制冷系统出风口温度/°C	全力制冷模式下小于 10
空调采暖系统出风口温度/°C	全力采暖模式下大于 39

技能训练

实训一　纯电动汽车电动压缩机拆装

一、实训准备

1．安全操作规范

（1）操作前需穿戴高压安全防护装备。

（2）拆卸高压系统部件时需要使用绝缘工具。

（3）断开空调压缩机连接管路前穿戴安全防护装备。

2．实操工具准备

（1）设备准备。

E5 纯电动汽车、举升机和制冷剂加注机（见图 5-60）。

（a）E5 纯电动汽车

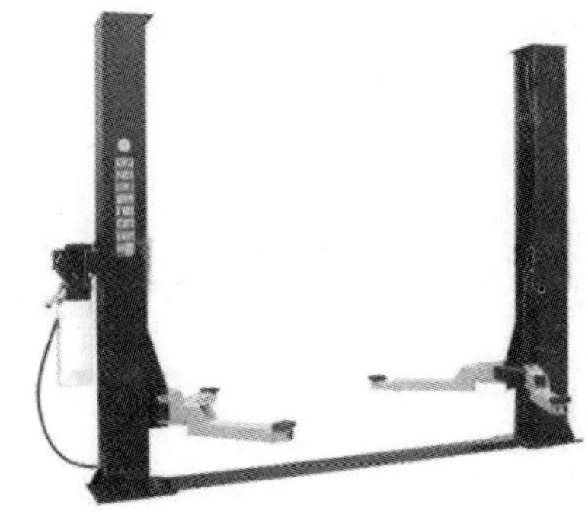

（b）举升机

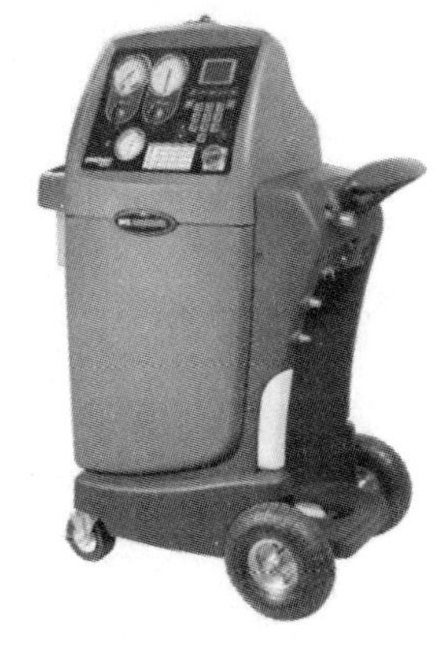

（c）制冷剂加注回收机

图 5-60　拆装设备

（2）工具准备。

① 常用工具：世达 100 件工具套装。

② 绝缘工具：世达 68 件绝缘工具套件。

③ 检测工具：指针式扭力扳手、电子检漏仪。

④ 耗材：制冷剂、冷冻润滑油、密封 O 形圈。

二、实训步骤

1．前期准备

（1）安装车轮挡块和底盘垫块。

（2）打开车门降下左前窗，安装车内三件套。

（3）检查车辆是否处于 P 挡，是否拉起手制动器。

（4）打开发动机机舱盖，安装翼子板布和前格栅布。

（5）佩戴手套和护目镜。

2．断开维修开关

（1）选用绝缘棘轮扳手、接杆、10 mm 套筒拆卸低压蓄电池固定螺栓，取下蓄电池负极电缆。

（2）拆卸动力电池高压维修开关。

① 拆卸后排座椅。

② 掀开后排脚垫，选用十字螺丝刀松开高压维修开关盖板固定螺栓，取下盖板。

③ 按压锁舌，断开高压维修开关，胶带密封接插器座。

注意：断开高压维修开关后，请等待 15 min 以上，待车辆完全放电后，再进行下一步操作。

3．汽车空调压缩机拆卸

（1）用制冷剂加注回收机回收空调系统的制冷剂。

（2）举升车辆至合适位置。

（3）拆卸车轮左前轮。
（4）用卡扣起子拆下底盘护板。
（5）断开空调压缩机低压线束插接器
（6）断开空调压缩机高压线束插接器
（7）用 19 号扳手断开空调压缩机与低压管路连接接头。
（8）用 17 号扳手断开空调压缩机与高压管路连接接头。
（9）用棘轮扳手、接杆和 13 号套筒拆卸空调压缩机的固定螺栓。
（10）取下空调压缩机。

4．汽车空调压缩机安装

（1）按照维修手册要求，向空调压缩机内部注入规定数量的冷冻润滑油。
（2）安放空调压缩机到安装位置。
（3）用棘轮扳手、接杆和 13 号套筒拆安装空调压缩机的固定螺栓，并紧固。
（4）用 17 号扳手安装空调压缩机与高压管路连接接头。
（5）用 19 号扳手安装空调压缩机与低压管路连接接头。
（6）连接空调压缩机高压线束插接器。
（7）连接空调压缩机低压线束插接器。
（8）用手安装底盘护板。
（9）安装车轮左前轮。
（10）松开举升机保险，放下车辆。
（11）按照维修手册要求添加制冷剂。

5．整理归位

（1）安装动力电池高压维修开关。
（2）安装低压蓄电池负极电缆。
（3）取下车内三件套。
（4）取下车外三件套。
（5）收回底盘垫块和车轮挡块。
（6）按照 7S 管理标准，整理工具和场地。

实训二　纯电动汽车空调 PTC 拆装

一、实训准备

1．安全操作规范

（1）操作前需穿戴高压安全防护装备。
（2）拆卸高压系统部件时需要使用绝缘工具。

2．实操工具准备

（1）设备准备。

2016 款北汽 EV160 型纯电动汽车、举升机和制冷剂加注机。

（2）工具准备。

① 常用工具：世达 100 件工具套装。

② 绝缘工具：世达 68 件绝缘工具套件。

二、实训步骤

1．前期准备

（1）安装车轮挡块。

（2）打开车门降下左前窗，安装车内三件套。

（3）检查车辆是否处于 P 挡，是否拉起手制动器。

（4）打开发动机机舱盖，安装翼子板布和前格栅布。

2．断开维修开关

（1）选用绝缘棘轮扳手、接杆、10 mm 套筒拆卸低压蓄电池固定螺栓，取下蓄电池负极电缆。

（2）拆卸动力电池高压维修开关。

① 拆卸后排座椅。

② 掀开后排脚垫，选用十字螺丝刀松开高压维修开关盖板固定螺栓，取下盖板。

③ 按压锁舌，断开高压维修开关，胶带密封接插器座。

注意：断开高压维修开关后，请等待 15 min 以上，待车辆完全放电后，再进行下一步操作。

3．汽车空调 PTC 拆卸

（1）拔下驾驶室储物箱下方右下角 PTC 加热器高压线束插头。

（2）用手拆卸副驾驶室地板左前角的 PTC 加热器护板。

（3）拔下低压线束插头。

（4）用棘轮扳手、接杆和 8 号套筒拆下 PTC 加热器搭铁线螺栓。

（5）用 T30 拆下 PTC 加热器两个固定螺栓。

（6）抽出 PTC 加热器总成。

4．汽车空调 PTC 安装

（1）插入 PTC 加热器总成至安装位置。

（2）用 T30 安装 PTC 加热器两个固定螺栓。

（3）连接低压线。

（4）用棘轮扳手、接杆和 8 号套筒安装 PTC 加热器搭铁线螺栓，固定搭铁线。

（5）用手安装 PTC 加热器护板。

（6）连接 PTC 高压线束插头。

（7）按规范进行上电操作。

（8）打开空调开关。
（9）冷热调节旋钮调到最热位置。
（10）鼓风机旋钮调到适当位置。
（11）调节出风模式检查暖风效果，如果各出风口温度正常，说明 PTC 加热器工作正常。

5．整理归位

（1）安装动力电池高压维修开关。
（2）安装低压蓄电池负极电缆。
（3）关闭空调并取下三件套。
（4）按照 7S 管理标准，整理工具和场地。

实训三　纯电动汽车空调制冷系统检修

一、实训准备

1．安全操作规范

（1）保证作业场所通风良好。
（2）加注制冷剂前穿戴安全防护装备。

2．实操工具准备

（1）设备准备。
2016 款北汽 EV160 型纯电动汽车、举升机、制冷剂加注回收机。
（2）工具准备。
① 检测工具：歧管压力表、电子检漏仪、风速仪。
② 耗材：冷冻机油、制冷剂。

二、实训步骤

1．前期准备

（1）安装车轮挡块。
（2）打开车门降下左前窗，安装车内三件套。
（3）检查车辆是否处于 P 挡，是否拉起手制动器。
（4）打开发动机机舱盖，安装翼子板布和前格栅布。
（5）准备并适时佩戴手套和护目镜。

2．汽车空调制冷系统工况检查

（1）车辆上电，插上车辆钥匙，打到“START”位置，观察仪表板是否显示“Readey”。
（2）打开空调 A/C 开关，启动空调制冷系统。
（3）旋转空调风速调节旋钮，将风量调到最大。
（4）旋转温度调节旋钮，将温度调到最低。

（5）按动空调模式调节按钮，将出风模式调整为仅面部出风，用风速测量仪检测空调出风口温度和湿度。

（6）按下空调 A/C 开关，关闭空调制冷系统。

3．汽车空调制冷系统压力检测

（1）连接歧管压力表。

① 取下汽车空调制冷系统高、低压管路维修接口防尘罩。

② 将歧管压力表组挂到前机舱盖锁扣上。

③ 关闭歧管压力表高压软管手动阀门和高压软管手动阀门，一般高压软管的颜色为红色，低压软管的颜色为蓝色。

④ 将歧管压力表的低压软管连接到空调低压管路维修接口。

⑤ 将歧管压力表的高压软管连接到空调高压管路维修接口。

⑥ 打开低压管路接口，观察并记录低压数值，低压管路压力应该在 0.25 ~ 0.3 MPa。

⑦ 打开高压管路接口，观察并记录高压数值，高压管路压力应该在 1.3 ~ 1.5 MPa。

⑧ 关闭高低压管路维修接口。

（2）打开空调制冷系统。

① 接通 A/C 开关。

② 调节鼓风机风速到最大风量。

③ 调节空调温度到最冷并打开所有车门。

（3）再次读取压力表数值并分析。

打开空调后等待 10 ~ 15 min 后读取压力表读数，根据读取的压力表数值分析空调制冷系统的工作状态。

通过以上检查判断出制冷系统的故障之后，严格按照排空制冷剂、系统检漏、抽真空、充注制冷剂的顺序对空调制冷系统进行维修。

4．汽车空调制冷系统检漏

以 EV160 为例，对汽车空调系统进行检漏作业。

（1）用电子检漏仪检漏。

① 打开前机舱盖。

② 按下电子检漏仪开关键，此时检漏仪发出高频的嘀嘀声。

③ 按下调节灵敏度键（Sensitivity），使第一个 LED 灯点亮，同时检漏仪发出低频嘀嘀声。将探头放至制冷剂容易泄漏的位置检测其是否泄漏。

注意：

a. 探头不要碰到机械设备，缓慢移动探头，移动速度不要高于 5 cm/s。

b. 当嘀嘀声频率增高，同时 LED 灯点亮数量增加时，说明有泄漏，应将泄漏部位做标记，以便维修。

④ 检查膨胀阀处是否泄漏。

⑤ 检查空调系统高低压管路是否泄漏。

⑥ 放置探头到制冷系统冷凝器处，检查冷凝器与储液干燥器是否泄漏。

⑦ 举升车辆至合适位置。

⑧ 放置探头到电动压缩机进出管路接头位置，检查是否泄漏。

⑨ 检测完毕后按下开关键，关闭电子检漏仪，并降下车辆。

如果制冷剂不足，而未在上述位置发现泄漏问题，说明可能是蒸发箱处发生泄漏，此时可以打开鼓风机，并在空调出风口处进行检漏。

（2）用制冷剂加注机抽真空检漏。

注意：

a. 抽真空检漏只能判断制冷系统是否有泄漏，不能直接找到泄漏制冷剂的具体位置，因此抽真空检漏的方法一般在空调制冷系统装配后进行，目的是保证在加注制冷剂之前，空调系统中没有空气、水分和泄漏点。

b. 不能将纯电动车制冷剂加注机与传统汽车空调系统使用的制冷剂加注一体机混用，以免不同型号的冷冻机油混合。

① 取下汽车空调制冷系统高低压管路维修接口防尘罩。

② 连接加注机电源插头。

③ 在控制面板上打开加注机电源开关。

④ 佩戴护目镜、手套。

⑤ 转动加注机高压软管手动阀门使其处于关闭状态，加注机高压软管的颜色为红色。

⑥ 转动加注机低压软管手动阀门使其处于关闭状态，加注机低压软管的颜色为蓝色。

⑦ 将加注机的低压软管连接到空调低压管路维修真空泵接口。

⑧ 将加注机的高压软管连接到空调高压管路维修接口。

⑨ 打开加注机面板上高低压阀门。

⑩ 按“排气”键，进行加注机系统排气。

⑪ 按“取消”键回到主页面。

⑫ 按回收键再按“确认”键进行管路清理。

⑬ 当面板上清理管路显示 50 s 时，打开空调高低压管路上的维修接口进行制冷剂回收。

⑭ 当低压侧压力达到 33.86 kPa 时按“取消”键停止回收。

⑮ 显示屏显示回收制冷剂的量，并提示是否排油，按面板上的“确认”键，开始排油。

⑯ 按面板上的“确认”键，开始第一次抽真空。第一次抽真空采用双管路，通过数字键盘设定所需的抽真空时间。

⑰ 当光标在显示屏上 15 min 处闪动时，选择数字键，设定时间 15 min，按“确认”键开始抽真空操作。

⑱ 当显示屏显示抽真空完成，下一步是否保压时，记录高低压表读数，按“确认”键，开始保压 15 min。

⑲ 保压完成后观察高低压表，查看读数有无变化，无变化说明系统无泄漏位置，读数变大则说明制冷系统有泄漏，需要查找泄漏位置后重新进行抽真空作业。

5．汽车空调制冷系统加注制冷剂

以 EV160 电动空调系统为例，对汽车空调系统进行制冷剂加注作业，加注制冷剂是在排空制冷剂并抽真空后进行的，这里介绍用一体机加注制冷剂的步骤。

（1）制冷剂加注回收机的检查与空调管路的连接。

① 制冷剂加注回收机的面板检查。

a. 检查仪器面板上仪表、显示屏、按键是否正常，有无破损。

b. 检查面板上高低压阀门是否处于关闭位置。

c. 检查罐内制冷剂压力是否在 700 kPa 以上。

d. 检查高低压软管接头处是否连接正常，快速接头是否处于关闭位置。

e. 检查注油瓶内的冷冻油是否清洁、充足、是否过满。

注意：

a. 要保证注油瓶内的油量充足，否则补充冷冻油环节就会把空气带入制冷管路。

b. 检查排油瓶油量过满时，要进行排油环保处理。

② 制冷剂回收加注机管路排气。

a. 按下操作面板中的“排气”键，排除管路内气体。

b. 听到工作罐有排气的声音，说明排气成功。

注意：排气键是手动压力过载保护装置，不能一直按着排气键不放，这样会把罐内的制冷剂排出过量，造成环境污染。

③ 连接仪器与空调制冷的管路。

a. 佩戴防护目镜和橡胶防护手套。

b. 分别用手逆时针拧下高低压阀盖，将高低压阀盖放在工具车上。

c. 用压缩气体清洁高低压阀口。

d. 从回收加注机侧面取下低压快速接头并安装在空调制冷管路的低压阀口上，确认安装可靠。

e. 顺时针慢慢拧开低压快速接头阀门，观察到低压表有压力指示时，继续拧阀门直到完全打开为止。

f. 从回收加注机侧面取下高压快速接头并安装在空调制冷管路的高压阀口上。

g. 顺时针慢慢拧开高压快速接头阀门，观察到高压表有压力指示时，继续拧阀门直到完全打开为止。

④ 记录罐内制冷剂量。

（2）回收制冷剂和冷冻机油。

① 回收制冷剂。

a. 点击操作面板上的“回收”按钮。

b. 打开面板上的低压阀和高压阀。

c. 按下“开始/确认”键开始回收。

d. 管路自清理 1 min 自动进行。

e. 管路清理完成后自动开始回收制冷剂。

f. 回收的标准是低压表指针降到（负）-10PSI 后等待 5 ~ 10 s 按下“停止/取消”键停止回收。

② 排（回收）冷冻机油。

a. 排（回收）油前，根据油瓶表面刻度查看排油瓶内的废油液面并记录。

b. 按“确认”键，开始进行排废油；排油结束后设备自动停止，警示灯闪 3 次，蜂鸣器同时发 3 声“滴”。

c. 等待一段时间，废油无气泡，查看排油瓶废油液面并记录，计算出排出的冷冻油量（废油）。其计算公式为：排油量 = 排油后的瓶内油量 – 排油前的瓶内油量。

③ 关闭面板上的高低压阀开关。

注意：回收所有制冷剂并排油之后，空调系统抽真空。

（3）系统抽真空。

① 按“抽真空”键，仪器进行抽真空。

② 按数字键，选择抽真空时间，按“确认”键进行抽真空，抽真空时间可以设置，一般情况下为 3 min 左右。

③ 打开高压阀，关闭低压阀。

④ 抽真空至系统真空度低于 – 90 kPa，按“取消”键，停止抽真空。

⑤ 抽真空完成后，进行保压。

根据屏幕显示“抽真空已完成，下一步保压”进行保压设置，保压时间 3 ~ 15 min，观察高低压表，指针应无回升，表示系统无泄漏。

（4）充注制冷剂。

① 充注冷冻油。

a. 关闭低压阀门，打开高压阀门。

b. 当操作界面出现“下一步，注油”，按下绿色“开始/确认”键，开始注油。

c. 垂直观察冷冻油的下降量。

d. 按经验公式，设定注油量为排出量加 20 mL，按下绿色“开始/确认”键进行注油。

e. 当注油瓶内的液位接近设定的注油量时，按下绿色“开始/确认”键停止注油。按下红色“取消”键，返回原始界面。

f. 关闭仪器面板上的高低压阀。

② 空调系统充注制冷剂。

a. 查看维修手册，查阅制冷剂的型号和充注量。

b. 点击“充注”菜单键，用数字键设定充注量。

c. 关闭管路上的低压快速连接阀门，确认高压管上快速阀门处于打开位置。

d. 按下绿色“开始/确认”键，自动始按量充注。

e. 充注完成后，关闭仪器面板上的高低压阀。

③ 管路清理。

a. 充注完成后，关闭管路上的高压手动阀。从管路上取下高低压手动阀，打开高低压面板阀，开始管路清理。

b. 管路清理完成（2 min 后），关闭高低压面板阀，此时，确认管路清理结果，高低压表压力应显示为负压。

（5）充注后检漏作业。

使用电子检漏仪依次对高低压维修阀口进行检漏，探头停留在每个阀口的时间不低于 3 s。

6．整理归位

（1）关闭并整理制冷剂加注相关设备。

（2）取下车外三件套。

（3）取下车内三件套。

（4）按照 7S 管理标准，整理工具和场地。

项目小结

本任务介绍了纯电动空调系统的构造与检修。

纯电动汽车空调系统的主要功能是调节车内的温度、湿度、气流速度和空气洁净度等，使其在舒适的标准范围内。

空调采暖系统的主要作用是与蒸发器一起共同将空气调节到使人感到舒适的温度；在寒冷的冬季向车内提供纯暖气，提高车内空气的温度；当车窗玻璃结雾或结霜，影响司机和乘客的视线，不利于行车安全时，可通过采暖装置吹出热风来除雾或除霜。

纯电动汽车空调配气系统主要有冷暖独立式、冷暖转换式、半空调试和全空调式四种。

纯电动汽车空调控制系统主要由传感器、控制器和执行调节机构组成。其作用一方面是用以对制冷和暖风系统的温度、压力进行控制，另一方面是对车室内空气的温度、风量、流向进行操纵，以完善空调系统的各项功能。

EV160 电动空调制冷系统采用的是循环离合器膨胀阀系统，其制冷系统主要由电动压缩机、冷凝器、储液干燥器、膨胀阀、蒸发器、制冷剂、冷冻润滑油、电动风扇和高低压管路附件等组成。各部件之间通过铝管和高压橡胶管连接成一个密闭的循环系统。

项目五学习资源

参考文献

[1] 孔超. 纯电动汽车电池及管理系统拆装与检测[M]. 北京：机械工业出版社，2018.
[2] 申荣卫. 纯电动汽车整车控制系统检测与修复[M]. 北京：机械工业出版社，2018.
[3] 祝良荣，葛东东. 纯电动汽车构造与检修[M]. 北京：机械工业出版社，2019.
[4] 周华英，陈晓宝. 纯电动汽车结构与原理[M]. 北京：机械工业出版社，2016.
[5] 何泽刚. 纯电动汽车常见故障诊断与排除[M]. 北京：机械工业出版社，2018.